"法大史学"丛书

WUSI QIANHOU DE
ZHONGGUO SHEHUI YU WENHUA

五四前后的
中国社会与文化

■ 赵晓华　　高翔宇　主编

知识产权出版社
全国百佳图书出版单位
—北京—

图书在版编目（CIP）数据

五四前后的中国社会与文化/赵晓华，高翔宇主编. —北京：知识产权出版社，2021.3
（2021.10 重印）

ISBN 978 - 7 - 5130 - 7383 - 7

Ⅰ.①五… Ⅱ.①赵… ②高… Ⅲ.①五四运动—影响—社会变迁—研究—中国—民国
②五四运动—影响—文化发展—研究—中国—民国 Ⅳ.①K261.107②G129

中国版本图书馆 CIP 数据核字（2020）第 263164 号

责任编辑：兰　涛　　　　　　　　　　责任校对：谷　洋
封面设计：郑　重　　　　　　　　　　责任印制：刘译文

五四前后的中国社会与文化

赵晓华　高翔宇　主编

出版发行：	知识产权出版社有限责任公司	网　　址：	http：//www.ipph.cn
社　　址：	北京市海淀区气象路 50 号院	邮　　编：	100081
责编电话：	010 - 82000860 转 8325	责编邮箱：	lantao@cnipr.com
发行电话：	010 - 82000860 转 8101/8102	发行传真：	010 - 82000893/82005070/82000270
印　　刷：	北京虎彩文化传播有限公司	经　　销：	各大网上书店、新华书店及相关专业书店
开　　本：	787mm×1092mm　1/16	印　　张：	23.75
版　　次：	2021 年 3 月第 1 版	印　　次：	2021 年 10 月第 2 次印刷
字　　数：	389 千字	定　　价：	98.00 元

ISBN 978 - 7 - 5130 - 7383 - 7

前　言

　　2019 年不仅是五四运动发生一百周年，也是中华人民共和国成立 70 周年。在探索并生成中国道路的进程中，五四的精神遗产在继承中发展、超越及转化。一百年来，五四话语在实现中华民族伟大复兴的征途中焕发着生机与活力，不断激励着优秀的中华儿女与时俱进，开拓创新，走向世界。

　　五四运动是一次伟大的爱国运动，标志着中国工人阶级登上历史舞台，促进了马克思主义的传播，为中国共产党的成立奠定了坚实的阶级基础；五四运动是一场空前的思想解放运动，涌现了不同的政治主张、思想流派、学术团体，马克思主义、文化民族主义等社会思潮在并存中竞逐，五四运动以全民族的行动激发了追求真理、追求进步的伟大觉醒；五四运动还带来了丰富而深刻的社会变革，旧式陋俗的革除、新式生活的初现、传统文化的再造、现代观念的建构、中西礼俗的融汇、性别秩序的重构、民族主义的高涨、世界主义的崇尚，构成了急剧变化时代中的历史图景。

　　五四历史经验不仅关系到中国现代史上政治经济、社会文化、思想学术的众多议题，同时与中国道路的生成、发展存在着密不可分的联系。从五四运动到中华人民共和国成立，三十年风雨的征途中，各民族各阶层在学习、吸收外来经验的基础上，探索出一条适合本土的发展路径，并在抗日战争中投身民族救亡的浪潮，走上了独立自主、自强不息的民族复兴之路。

　　有鉴于此，中国政法大学人文学院历史研究所主办的"五四经验与中国道路的生成"学术研讨会于 2019 年 6 月 14 - 16 日在北京紫玉饭店召开。来自中国社会科学院、北京大学、清华大学、北京师范大学、中央民族大学、北京理工大学、对外经济贸易大学、首都师范大学、上海大学、东华大学、中山大学、湖南师范大学、中南大学、东南大学、西南大学、中国政法大学等高校和科研机构的学者，以及《学术研究》《福建论坛》《中共党史研究》《中国政法大学学报》《中华女子学院学报》《中国社会科学报》等学术报刊的编辑，共计近六十人参加了本次会议。

与会学者分别从五四百年记忆、政治与外交、历史人物、党史党建、思想文化、作家作品、灾荒史、妇女史等不同维度，立足学术前沿问题，对于五四时期的中国以及新时代下如何弘扬五四精神等问题进行了非常充分的探讨。例如，北京大学历史学系王晓秋教授发表《五四时期中外文化的交流与互鉴》一文，深入分析了五四时期中外文化交流与互鉴的原因、中国知识分子面对中西文化冲击的态度，阐释了五四时期文化交流与互鉴对今天建设中国特色社会主义文化的历史启示；中国社会科学院近代史研究所李长莉研究员发表《五四新文化人家庭观念的差异与限度——〈浮生六记〉的不同解读》一文，以《浮生六记》为研究视角，引述俞平伯、林语堂、潘光旦对此书的多视角解读，由此探讨了五四新文化人家庭观的分歧与限度；北京大学历史学系牛大勇教授发表《略论蔡元培对中国现代教育制度建设的宝贵探索》一文，从学科调整、管理改制、学术增进、民主办学、教授治校等方面，论述了蔡元培执掌北京大学校印时在现代教育制度等方面的艰辛探索和努力实践；上海大学历史系廖大伟教授等发表《五四运动时期中国工人阶级的成长路——以上海纺织工人运动的斗争实践为视角》一文，通过对史料的梳理，得出中国共产党的领导和马克思主义理论的指导是促使中国工人运动蓬勃发展的重要因素这一论断；北京理工大学马克思主义学院郭丽萍教授发表《国货运动中的长城符号研究》一文，指出作为民族符号的长城被标识化的过程，她认为现代民族认同的形成需要岁月累积，民族符号并非成于一时。总之，会议既注重宏观研究与微观研究的互动和结合，又从历史学、文学、马克思主义、社会学等跨学科的角度，对"五四"前后的中国社会发展进行了多维度的讨论，取得了良好的效果。

《五四前后的中国社会与文化》文集所收录的22篇论文，一部分选自本次学术研讨会的会议论文，一部分来源于与会学者提交的代表作。我们将收录的论文按照"前沿视点""政治与外交""文学与作家""思想与文化""慈善与救灾""女性与儿童""中西文明与法律文化"七个专题编排。本次学术研讨会的召开及本文集的编辑，得到了许多学界同人、师友的关心和帮助。中国政法大学人文学院研究生杨宁、上官忭、李卿茹、刘文、崔李酉子、李颖、苏骁潇、李娜以及西班牙语特色实验班周雨霏同学承担了本次学术研讨会的会务工作。知识产权出版社的兰涛女士为本书出版费心颇多，在此一并表示诚挚的感谢。

编者

2020 年 5 月 29 日

目 录

前沿视点

政治与外交

文学与作家

思想与文化

慈善与救灾

女性与儿童

中西文明与法律文化

前沿视点

五四时期中外文化的交流与互鉴

王晓秋*

文化因交流而丰富多彩，因互鉴而发展进步。百年前的五四运动时期，在中国的思想文化领域，出现了一个空前活跃壮观的中外文化交流互鉴的局面。外来文化如滚滚浪潮，汹涌而入，许多知识分子如饥似渴地吸收新思想，如痴如醉地迷恋新文化，各种主义、学说、流派，百家争鸣。几年之间，中国简直成了一个世界文化表演与激荡的大舞台。为什么在五四时期会产生这样的文化现象？它为我们提供了什么宝贵的经验教训？对今天建设中国特色社会主义文化又有什么有益的启示呢？本文试图作初步探讨。

一、文化交流与开放

五四时期之所以出现中外文化交流与互鉴的高潮，有以下一些原因。

第一，这是历史潮流和世界潮流大势所致。20 世纪初以来，特别是经过了第一次世界大战和俄国十月革命，民主科学、社会主义、无产阶级革命已成为一股汹涌澎湃的时代新潮流。北京大学学生创办的刊物《新潮》在 1919 年 1 月创刊号上对此作了极其生动形象的描绘："却说现在有一股浩浩荡荡的

* 作者简介：王晓秋，北京大学历史学系教授，第九届、第十届、第十一届全国政协委员，国家清史编纂委员会委员，曾任教育部中国近现代史纲要教学指导委员会副主任。

世界新潮",以俄罗斯革命为起点,由东欧进入中欧、西欧,波及美洲,影响非洲,经印度洋,"进太平洋而来黄海、日本海"。由于所遇障碍最多,"所以潮流的吼声愈响,浪花的飞腾愈高",而现在这股洪流已经席卷了中华大地。①湖南出版的《湘江评论》也高呼:"时机到了,世界的大潮卷得更急了。洞庭湖的闸门动了,且开了;浩浩荡荡的新思潮业已奔腾澎湃于湘江两岸了,顺他的生,逆他的死"。②

第二,中国内部也存在接受外来新思潮的条件和要求。辛亥革命推翻了清王朝和君主专制,民主共和观念逐渐深入人心。而帝国主义和北洋军阀勾结造成的严重民族危机和尊孔复古逆流,促使进步的中国人放眼世界,迫不及待地寻求救国救民的新思想武器。浙江《双十》(半月刊)在《创刊宣言书》大声疾呼:"诸位,旧思想的末日到了,人类解放期就在目前了!假如再不趁此吸收些新的学识,那么现在二十世纪上就要天演淘汰。"③这正是当时中国进步知识分子的心声。

第三,作为中外文化交流的主体——中国知识分子的变化也是重要原因。清末学制改革以来,随着废除科举考试和兴办新式学校以及出国留学热潮,中国近代新型知识分子群体在逐步成长壮大。他们不同于那种政治上依附型、知识结构封闭型的旧式士大夫,而是具有初步新文化科学知识素养,强调自主意识和社会责任感,富于批判精神、进取心理和开放意识的新型知识分子。据《第一次中国教育年鉴统计》,1917 年全国已有国立、公立、私立和教会办的各类大、中、小学十几万所,学生达到 400 万人左右。④尽管在全国 4 亿多人口中仅占百分之一,然而毕竟已经形成了一个新的社会群体,而且充当了五四新文化运动和五四爱国运动的骨干力量。特别是其中的归国留学生更成为沟通中外文化的重要桥梁。他们在国外直接接触和吸收外国文化,眼界开阔,思想开放,因此成为传播外来文化和促进中外文化交流的先锋力量,其中一些人成了五四运动的领袖人物和活跃分子。

第四,文化交流需要相对开放包容与民主自由的文化环境与氛围。当时中国虽然还处于北洋军阀反动统治之下,但在某些地区和学校却形成了较好

---

① 罗家伦. 今日之世界新潮 [J]. 新潮,1919 – 01 – 01.
② 湘江评论发刊词 [J]. 湘江评论,1919 – 07 – 14.
③ 创刊宣言书 [J]. 双十,1919 – 10 – 10.
④ 陈学洵. 中国近代教育大事记 [M]. 上海:上海教育出版社,1981:295.

的"小气候",其中最突出的就是北京大学。自从 1917 年蔡元培任校长后,北大实行了"兼容并包"的开放方针。蔡元培在北大的第一次演说中就明确宣布:"我对于各家学说,依各国大学通例,循思想自由原则,兼容并包。"①这个方针在当时封建思想尚占统治地位的条件下,具有为新文化思潮开拓道路的重大进步意义。蔡元培还积极聘请具有新思想的学者陈独秀、李大钊、胡适、鲁迅等来北大任教,除了在讲坛上传播新思想外,还出版刊物,组织社团,举行演讲,开展辩论。生气勃勃的北京大学成为中国新文化运动的摇篮,也形成中外文化交流与互鉴的重要园地。

第五,中外文化交流的渠道方式多样化。通过报纸、期刊、书籍来翻译介绍外国新文化和新思潮,是五四时期中外文化交流最主要的方式。五四前创办的各种新报纸和新刊物如雨后春笋,多达三四百种。而且多数刊物宣称以介绍新思潮和改造社会为自己的宗旨。因此各报刊都大量刊登国外各种思潮流派、外国文学作品译著和评介文章。很多报刊竞相出版介绍外国文化思想的专辑,如《新青年》有《马克思研究专号》《易卜生号》,《新教育》有《杜威专号》。据统计,1918—1923 年共翻译介绍了 30 多个国家的 170 多位作家的文学作品,② 还出版了大量外国社会科学、自然科学和文学艺术的译著和译文集。

第六,中外人员交往也是中外文化交流的重要途径。除了中国人出国留学、访问、考察、游历、出使等,也有外国学者、作家、记者、传教士等来华讲学、访问、游历。其中五四时期对中国思想界影响最大的是美国人杜威和英国人罗素。杜威是美国著名实用主义哲学家,1919 年 5 月,他应邀来华讲学,曾先后在上海、南京、北京、湖南、广东等十几个省、市演讲。《杜威五大讲演录》两年间即再版十次之多。杜威自称:"我今把美国顶新的文化拿到顶古的文化国中来谈谈。"另一位是英国新实证主义哲学家罗素,1920 年 9 月,他应北京大学等校邀请来华,曾在北京、江苏、湖南等地演讲。《新青年》《晨报》《时事新报》《东方杂志》都纷纷刊登其讲演和文章。

因此,可以说五四时期中外文化交流的规模之大,翻译介绍外国学说、著作、文学作品数量之多,影响之大,在中国历史上是空前的。

---

① 蔡元培. 蔡元培选集 [M]. 杭州:浙江教育出版社,1993:334.
② 朱德发. 中国五四文学史 [M]. 济南:山东文艺出版社,1986:79.

二、文化交流与选择

如上所述，五四时期形形色色的外国思想文化如潮水般地涌入中国，除马克思主义以外，从 18—19 世纪的欧洲启蒙思想、民主主义，到 20 世纪的新康德主义、新实证主义和美国杜威的新实用主义；从普鲁东、克鲁泡特金的无政府主义，到英国罗素宣扬的基尔特社会主义、日本学者小路笃实的新村主义、俄国托尔斯泰的泛劳动主义等，几乎当时所有东、西方流行的各种五光十色的思想流派都一齐登上了中国的文化思想舞台，使五四时期的中国青年感到目眩眼迷，究竟哪种思想武器、哪条道路才能救中国呢？这个问题一度使他们陷入了迷惑的境地。

瞿秋白的一段回忆十分典型。他说："社会主义的讨论，常常引起我们无限的兴味。然而究竟如俄国 19 世纪 40 年代的青年思想似的，模糊影响，隔着纱窗看晓雾，社会主义流派、社会主义意义都是纷乱的，不十分清晰的。正如久蓄的水闸，一旦开放，旁流杂出，虽是喷沫鸣溅，究不曾自定出流的方向。其时一般的社会思想大半都如此。"①

那么，对于各种外来思潮与文化应该怎样来分析和选择呢？《新潮》的《发刊旨趣书》提出四点：一要了解今日世界文化发展阶段；二要掌握现代思潮的发展趋向；三要明确中国现状与现代思潮的距离；四要考虑用什么方法"纳中国于思潮之轨"。他们认为只有这样，才能自觉地引导中国"同浴于世界文化之流也"。②

在选择过程中，首先要了解和掌握新思潮或新文化流派的内容和实质。例如，社会主义是当时人们公认的新思潮，可是不少文章却把无政府主义、新村主义、基尔特社会主义、伯恩斯坦的社会民主主义等流派都当成社会主义思潮来介绍宣扬。《新潮》的一篇文章甚至把资产阶级民主主义和社会主义混为一谈，认为"无大差别"。③还有人声称："布尔什维主义是兼有马克思、克鲁泡特金、托尔斯泰三人的主义。"④即使在《新青年》的《马克思研究专

① 五四运动回忆录：上册 [M]. 北京：中国社会科学出版社，1979：80.
② 发刊旨趣书 [J]. 新潮，1919 - 01 - 01.
③ 孟真. 社会革命——俄国式的革命 [J]. 新潮，1919 - 01 - 01.
④ 瑞麟复峻雪信 [J]. 五七，1921（1）.

号》上，也只有李大钊的《我的马克思主义观》是比较科学地宣传了马克思主义的主要组成部分，而有的文章则是在宣扬社会民主主义或无政府主义。

因此，翻译研究关于社会主义和马克思主义的经典著作，领会和掌握其精神实质就十分重要。为此，1920 年 12 月，李大钊倡导成立了北京大学社会主义研究会，以"集合信仰和有能力研究社会主义的同志，互助的来研究并传播社会主义思想"为宗旨。① 其方法是编译社会主义丛书、社会主义研究集，发表论文和作讲演宣传。1921 年 11 月，在李大钊指导下，又公开成立了北京大学马克思学说研究会（实际上 1920 年 3 月该研究会就已秘密组成），是"以研究关于马克思派的著述为目的"。② 研究会还收集、购买有关马克思主义的各种著作和文献，并提供会员借阅，组织会员合作翻译了《共产党宣言》和《资本论》第一卷。研究会定期举行讨论会和演讲会，还成立了唯物史观、阶级斗争、剩余价值等 10 个专题组，进行深入的专题研究。

有比较才有鉴别，真理越辩越明。北京大学马克思学说研究会曾组织了题为《社会主义是否适宜于中国》的两天大辩论，最后由李大钊作总结。一位原来反对社会主义的北大学生听后说："李先生以唯物史观的观点论社会主义之必然到来，真是一针见血之论，使我们再也没话可说了。"③ 李大钊等中国早期马克思主义者还通过与胡适等人的问题与主义论战，与无政府主义者的论战，以及与张东荪等人的关于社会主义问题的论战，与改良主义、无政府主义及形形色色空想社会主义划清了界线，加深了对科学社会主义与马克思主义的理解，使其在中国广泛传播。在 1923 年 12 月 17 日北京大学建校 25 周年纪念日，北大平民教育讲演团曾举行过一次民意测验。当问到"现在中国流行关于政治方面的各种主义你相信哪一种"时，在被调查的 426 位男学生中，社会主义获得 203 票，其他主义如三民主义得 103 票，民主主义 51 票，合作主义仅 1 票。而在被调查的 30 位女学生中，竟有 22 票赞成社会主义，占绝对优势。④ 可见当时中国青年对新思潮进行选择的结果，社会主义思潮已经成为后期新文化运动的主流。

---

① 北京大学日刊 [N]. 1920 – 12 – 04.
② 北京大学日刊 [N]. 1921 – 11 – 17.
③ 五四时期的社团（二）[M]. 北京：生活・读书・新知三联书店，1979：295.
④ 北京大学日刊 [N]. 1924 – 03 – 04、1924 – 03 – 07.

三、文化交流与互鉴

中外文化交流与互鉴的过程必然涉及中国文化与西方文化的关系，以及传统文化与现代文化的关系。由于异质文化接触后的碰撞甚至冲突，五四时期中国思想界、学术界曾展开一场激烈的中西文化大论战。各种观点五花八门，少数顽固保守派盲目排外，拒绝一切外来文化；有的坚持"中体西用论"，或宣扬东西文化调和论；还有少数主张"全盘西化"，走向另一个极端。

实际上，中外文化的互鉴融合是一个整合与创新的过程，是在广泛深入地进行文化交流的基础上，深刻理解传统文化与外来文化的内容和特点，继承发扬传统文化的优秀成果和宝贵遗产，借鉴吸收外来文化的精华成果和合理因素，批判扬弃两者的糟粕毒素，经过文化整合改造，提高和再创造，建立起一种更能适应时代和国情、更有生命力的新文化体系。

五四时期只是中外文化交流与互鉴并对传统文化进行改造重组以建设中国新文化的一个开端和尝试。然而已经取得了初步的效果。例如，在思想领域，马克思主义作为一种外来新思潮传入中国，就有一个如何与中国的国情、革命实际、文化土壤及传统文化相融合的问题。中国早期马克思主义者最初由于理论素养不够，所以对马克思主义理解不深。他们通过认真学习经典和投入斗争实践逐步成熟起来，如通过"问题与主义论战"使他们认识到必须坚持用马克思主义研究实际问题；通过与无政府主义以及关于社会主义问题的论战，又推动他们认真分析中国的国情，不仅从理论上肯定了中国必须走社会主义道路，而且认识到必须深入工农群众和实际斗争中去。他们开始把马克思主义中国化，并且与中国的工农运动及革命实践相结合，才有了1921年中国共产党的诞生。

再如文学领域，五四新文学的先驱者们把借鉴外国文学作为中国文学改革和创新的重要途径。同时力图把西方文学的精华与中国传统文学的优秀成分融合起来，追求世界性和民族性的统一。如鲁迅就是从翻译介绍外国文学开始其文学道路的，而且他提倡积极主动吸收外国文化一切优秀成果的"拿来主义"。五四时代的很多中国新文学作家对外国文学优秀遗产既兼收并蓄又有所择取。他们虽然也崇拜文艺复兴，倾心于人文主义，尊崇易卜生、莎士比亚、歌德，但对他们影响最大的还是19世纪俄国的现实主义作家，如果戈理、屠格涅夫、契诃夫、托尔斯泰、高尔基等。五四新文学的产生和发展正是这种中外文化交流互鉴的积极成果。

四、经验教训与启示

五四时期的中外文化交流和互鉴，对中国文化思想和社会的发展都起到了巨大的推动作用，促使中国文化跨出了现代化的第一步，开创了文化开放的新局面。在这个中外文化交流的热潮里，中国先进知识分子经过艰苦认真的探索和选择，终于在各种外国思潮中，找到了最锐利的思想武器——马克思主义，认定了只有社会主义才能救中国，从而把新文化运动发展为传播社会主义和马克思主义的思想运动，并推动马克思主义与中国革命实践相结合，诞生了中国共产党。

通过中外文化的交流与互鉴，中国文化吸取了传统文化和外来文化的丰富营养，得到创新发展。在哲学、社会科学、自然科学、文学艺术的各个领域都取得了重大的进步和成果，还出现了蔡元培、陈独秀、李大钊、胡适、鲁迅等一批学贯中西的文化巨人，并培育成长了一代文化新人。

然而，五四时期的中外文化交流与互鉴也存在不少局限与教训。首先，当时的文化开放仍然受到北洋军阀黑暗统治政治环境的严重制约。即使如北京大学，也常常遭到反动政府的干扰压制。其次，当时中国教育还不够发达，整体国民素质很低，中外文化交流只能在少数知识分子圈子里进行，缺少群众基础。即使在知识分子中，因对中外文化互鉴的理论准备不足，翻译水平不高，以及缺乏对外来文化的鉴别消化能力，往往产生对外国思想文化生吞活剥地引进、一知半解地吸收、肤浅地理解甚至造成误解与曲解的现象，并常常带有简单化、教条化的倾向。最后，在中外文化交流与互鉴的过程中，一些知识分子对待中国传统文化，往往愤激批判有余，而冷静分析、继承发扬、理智扬弃不足。有些人甚至对传统文化全面否定，一概骂倒，或主张全盘西化，取消汉字，走向了极端的民族虚无主义。这既不符合文化发展规律，又伤害民族自尊自信，反而增加了文化革新的心理阻力。

五四时期中外文化交流与互鉴的历史经验教训，对我们今天建设新时代有中国特色社会主义新文化有什么启示呢？我认为：第一，是要坚定不移地坚持改革开放的方针，促进中外文化的交流与互鉴。文化是一个国家的灵魂，文化只有广泛交流与互鉴，才能发展进步和丰富多彩。我们要有宽大的胸怀，吸收和借鉴人类一切优秀文化遗产和成果，创造性地建设面向世界、面向未来的中国特色社会主义新文化。第二，要辩证地处理好传统文化与外来文化、现代化的关系。传统文化是我们民族的根，要充分发掘研究和继承发扬中华传统文化的优秀遗产，树立文化自信，并根据时代需要创造性地发展转化。同时也要扬弃传统文化中的糟粕，绝不能走回头路守旧复古。另外，我们又要积极吸收借鉴外来文化的优秀成果，对外国文化加以分析鉴别，取其精华，弃其糟粕，而不能简单全盘照搬、简单模仿，更不能把外国的错误思想、文化垃圾当宝贝。第三，我们要坚持以马克思主义为指导，立足当代中国现实，结合当今时代条件，适应广大人民群众的要求和愿望，创造民族的、科学的、大众的、有中国特色、中国风格、中国气派的社会主义新文化，并培养出有高度文化水平和修养的社会主义新人，造就一批文化巨人，铸就中华民族伟大复兴的新辉煌。

弘扬五四精神，开创中国
文物保护与利用的新局面

牛大勇　曹宏*

五四新文化运动至今已经 100 周年了，如何继承和弘扬五四精神，坚持新文化运动开辟的中国历史文物和文化遗产事业的正确发展方向，为文物保护工作打开与时俱进的新局面？这是需要我们今天加以研究和总结的一个课题。

习近平同志代表党中央在党的十九大上所作的报告，通过深刻揭示我国现阶段的主要矛盾，精辟概括当代国情，提出"满足人民过上美好生活，必须提供丰富的精神食粮"，还提出要"加强文物保护利用和文化遗产保护传承"。① 在党的全国代表大会报告中，清晰地阐释文物和文化遗产事业在国家建设中所具有的重要战略地位，这还是第一次。这无疑是习近平新时代中国特色社会主义思想中熠熠生辉的思维火花，令人欣喜，催人奋进！

在中国共产党十八大至十九大这段最新的历史进程中，中国特色社会主义建设跨入全面建成小康社会的决胜阶段。改革开放成就斐然，综合国力明显增强，产业结构优化转型，供给侧改革力度加大，新型城镇化进度加快。

＊ 作者简介：牛大勇，北京大学历史学系教授，曾任北京大学历史学系主任、教育部历史学科教学指导委员会副主任、北京大学研究生院常务副院长。曹宏，北京大学考古文博学院副研究员、北大赛克勒考古艺术博物馆副馆长。

① 决胜全面建成小康社会　夺取新时代中国特色社会主义伟大胜利——在中国共产党第十九次全国代表大会上的报告［EB/OL］．http：//www.gov.cn/zhuanti/2017–10/27/content_5234876.htm．

去产能、去库存、去杠杆、降成本、补短板，从谋求高速增长转为稳定增长与高质量发展。实体经济、科技创新、现代金融、人力资源协同发展，我国的经济创新力和竞争力不断增强。与此同时，习近平同志把加强精神文明建设、弘扬中华优秀传统文化，提升到同经济发展并重的战略高度，对中华文物保护和利用的事业尤为重视，多次作出指示和批示，充分体现了中国文物保护与利用事业的宝贵价值，以及党和国家的高度重视。

这一段新时期的国情发展态势，要求中华文物事业从传统的被动保护逐渐转向主动提供公共服务，动员更多社会力量参与，深化体制改革，不断进行领域拓展与管理方法创新。我国文物界面对挑战与机遇，呈现出蓬勃发展的新局面，引起海内外各界人士的高度关注，相关的学术领域理应对这个阶段努力探索符合国情的文物保护与利用之路，做出必要的梳理和总结。

一、高度凝聚对文物保护利用的重视与共识

这几年，党和国家领导人多次公开发表保护文化遗产、重视传统文化方面的讲话，引导人民关注和支持文物保护与利用事业的发展，并将其重大意义提升到国家战略的高度。2012 年 11 月，习近平同志在国家博物馆调研时指出：《复兴之路》这个展览的重大意义在于，"回顾了中华民族的昨天，展示了中华民族的今天，宣示了中华民族的明天，给人以深刻教育和启示"。[1]"实现中华民族伟大复兴，就是中华民族近代以来最伟大的梦想。"[2] 从而把博物馆的研究和展示工作，同实现民族复兴的伟大理想紧密联系起来。

2013 年 12 月，习近平同志在中央城镇化工作会议上提出："让城市融入大自然，让居民望得见山、看得见水、记得住乡愁；要融入现代元素，更要保护和弘扬传统优秀文化，延续城市历史文脉。"[3] 由此，我国城市建设和传统村落保护，与自然环境的保护被放到同等重要的地位，是城镇化建设中必须同步抓好的要素，而保护优秀传统文化，延续历史文脉，是比融入现代元

---

① 习近平：继续朝着中华民族伟大复兴目标奋勇前进 ［EB/OL］. http：//www. gov. cn/ldhd/2012－11/29/content_2278733. htm.

② 同①。

③ 中央城镇化工作会议举行 习近平、李克强作重要讲话 ［EB/OL］. http：//www. gov. cn/ldhd/2013－12/14/content_2547880. htm.

素更优先的城建考量。

2016 年 3 月 16 日，国务院总理李克强在人民大会堂会见采访十二届全国人大四次会议的中外记者时说，"我们保护文物实际上也是在推动文化事业的发展，来滋润道德的力量，传承我们的传统优秀文化，来推动经济和社会协调发展。现在经济领域有不少大家诟病的问题，像坑蒙拐骗、假冒伪劣、诚信缺失，这些也可以从文化方面去找原因、开药方"。① 在此，文物的保护与利用，不仅同更广阔的国家大局迫切需求紧密联系起来，而且是驱动经济社会协调发展的动力。

近几年来，党和政府对文物工作的重视达到空前程度，发布了一系列指导文件和条例，不仅在国家"十三五"规划及专项规划列入了一批重大的文物项目，还对新时代的文物工作作出了全面部署。文化部和国家文物局召开了多种类的文物工作会议。据这些部门统计，这期间习近平同志亲自考察指导文物博物馆单位的工作近 30 次，出席文物领域的重大活动 10 余次，有关文物工作的重要指示和批示达 40 余次。

全社会文物保护意识普遍提高，如国家文物局刘玉珠局长在《加强文物保护 坚定文化自信》一文中提到：全国有"30 个省（区、市）召开全省（区、市）文物工作会议，28 个省（自治区、直辖市）和新疆生产建设兵团印发关于进一步加强文物工作的实施意见；11 个省（区、市）将文物工作纳入地市级党政领导班子综合考核评价体系或年度考核指标体系"。②

二、高屋建瓴，纠正城市建设中忽视文物保护的偏差

必须注意的是，前述习近平同志对城镇化新思路的产生，绝非偶然。他在长期工作中就已形成了必须结合中国国情，加强保护和利用历史文物的思想。党的十八大后不久，习近平在 2013 年 11 月对武汉原中共中央机关旧址的纪念馆筹建报告作批示时就强调，"修旧如旧，保留原貌，防止建设性破

---

① 李克强. 经济领域有不少诟病 可从文化方面开药方［EB/OL］. http：//www.chinanews.com/gn/2016/03－16/7799482.shtml.

② 加强文物保护 坚定文化自信［EB/OL］. http：//theory.people.com.cn/n1/2017/1102/c40531－29623636.html.

坏。"① 2014 年 2 月 25 日，习近平又针对北京市的有关工作指出："历史文化是城市的灵魂，要像爱惜自己的生命一样保护好城市历史文化遗产。"② 这既是对以往文化古都建设方针的失误提出的含蓄批评，又为今后的城市建设明确了必须遵循的基本原则。中国城镇化建设从此进入一个新时代，走向以"保护好城市历史文化遗产"为"灵魂"、为"生命"的新路。

对新时代新路向的开拓，还体现在习近平同志对原有城建方针的一系列反思中。他尖锐地批评："现在有的地方搞旧城拆迁改造，把一些文物古迹搞得荡然无存，这是非常可惜的。"③ 2006 年 6 月，他在"文化遗产日"调研时说："城市化率的提高往往意味着'建新拆旧'，意味着农村变城市，意味着现代化的过程。但是在这个过程中，也隐藏着对文化遗产进行破坏的危险，在现实中就存在着城市文化个性的轻视甚至埋没，造成文脉的断裂，造成'千城一面'的现象"。④ "'推陈出新'，不是胡乱'拆旧建新'，建几条假古街，造几座仿古楼，甚至用假古董破坏真古董，毁掉珍贵的文物。"⑤ 他断言："如果说以前无知情况下的不重视还可以原谅，那么现在有认识情况下的不重视，那就是意识问题、政绩观问题。"⑥ 他谆谆告诫："要本着对历史负责、对人民负责的精神，传承历史文脉，处理好城市改造开发和历史文化遗产保护利用的关系，切实做到在保护中发展、在发展中保护。"⑦

三、高瞻远瞩，树立科学正确的政绩观

针对忽视文物保护的思想根源，习近平同志于 2016 年 4 月又一次就文物

① 习近平对筹建武汉中共中央机关旧址纪念馆作批示 [EB/OL]. http：//politics. people. com. cn/n/2015/0110/c1001 - 26361412. html.

② 习近平在北京考察 就建设首善之区提五点要求 [EB/OL]. http：//www. xinhuanet. com/politics/2014 - 02/26/c_119519301. htm.

③ 习近平文物保护简史：父子合力保林则徐古迹 [EB/OL]. http：//politics. people. com. cn/n/2015/0111/c1001 - 26363328 - 3. html.

④ 习近平"七城记"：历史文化是城市灵魂，规划要保护文脉延续 [EB/OL]. https：//www. thepaper. cn/newsDetail_forward_1412806_1.

⑤ 习近平 文物 保护 简史 [EB/OL]. http：//www. xinhuanet. com/politics/2015 - 01/11/c_1113951139. htm.

⑥ 守护民族的根与魂 品味习近平保护文化遗产三境界 [EB/OL]. http：//news. youth. cn/wztt/201606/t20160612_8109082_2. htm.

⑦ 同④。

工作作出重要指示："保护文物功在当代，利在千秋。"①他要求："各级党委和政府要增强对历史文物的敬畏之心，树立保护文物也是政绩的科学理念，统筹好文物保护与经济社会发展。"②"各级文物部门要不辱使命，守土尽责，提高素质能力和依法管理水平，广泛动员社会力量参与，努力走出一条符合国情的文物保护利用之路。"③ 这实际上是对各地政府片面追求经济增长指标而忽视文化遗产保护的普遍现象而做的一种严正纠偏，是对我国国情健康发展的有力促动，是对各级领导要树立科学正确的政绩观的明确要求，是对文物部门要大胆依法管理文物、发动群众参与文物管理、努力探索符合中国国情的文物保护利用之路的热烈动员。

科学正确的政绩观，将引领我们实现世纪性的跨越，圆满解决当代社会的主要矛盾，保障我们胜利完成分"两步走"全面建成小康社会和现代化强国的战略目标。初心在此，习近平同志这些年来反复批评、诚恳告诫："现在有些地方名城保护、古建筑的保护出现一些问题，根源就在于只顾眼前的一些经济利益，随意改变文物管理体制，将原为文物部门管理的文物保护单位移交别的部门管理。"④"保护历史文物是国家法律赋予每个人的责任，也是实施可持续发展战略的重要内容……不仅属于我们，也属于后代子孙，任何个人和单位都不能为了谋取眼前或局部利益而破坏全社会和后代的利益。"⑤

也许人们注意不够的是，习近平同志早在主政地方工作时就已阐释了科学正确的政绩观。他在河北省正定县任职时就大力维护文物古迹，痛陈："我们保管不好，就是罪人，就会愧对后人。"他在福建省主政时，于2002年4月为《福州古厝》这部书作序，指出："保护好古建筑有利于保存名城传统风貌和个性。现在许多城市在开发建设中，毁掉许多古建筑，搬来许多洋建筑，

---

① 习近平对文物工作作出重要指示 [EB/OL]. http：//www. xinhuanet. com/politics/2016 – 04/12/c_1118599561. htm.

② 同①。

③ 同①。

④ 习近平：《福州古厝》序 [EB/OL]. http：//cpc. people. com. cn/n/2015/0106/c64094 – 26331724. html.

⑤ 习近平关心文物保护：留住历史根脉 传承中华文明 [EB/OL]. http：//culture. people. com. cn/n/2015/0110/c1013 – 26360477. html.

城市逐渐失去个性。"①

　　也许有感于有些领导对此仍旧领会不深，我行我素，他特意强调："发展经济是领导者的重要责任，保护好古建筑，保护好传统街区，保护好文物，保护好名城，同样也是领导者的重要责任，二者同等重要。因此，在经济发展了的时候，应加大保护名城、保护文物、保护古建筑的投入，而名城保护好了，就能够加大城市的吸引力、凝聚力。二者应是相辅相成的关系。"②

　　也许是看出了有些地方和部门仍未领会这一重要思想，他更明确指出："要正确处理文物保护与旅游开发的关系，做到保护第一、开发第二，坚决禁止破坏性开发。"③

　　从此前提出的"二者同等重要"，到现在强调"保护第一、开发第二"，这一位置轻重的变化意味着什么，值得人们深思。

四、明显改善文物事业的大环境和工作状况

　　以上变化，至少意味着文物事业的重要性大大提高了，文物工作条件也随之明显改善。人们有目共睹的是：针对以往经济发展大潮中对文物事业扶持力度偏低的不平衡状态，中央财政近几年来以空前的力度加大了相关的投入。

　　这几年文物工作也更加积极主动地融入当地经济和社会发展中，服务国家建设的大局。例如，在京津冀协同发展、长江经济带建设、"一带一路"等国家级发展战略的指引下，在跨国联合申报世界遗产、援外文物保护工程和境外合作考古项目等方面都取得了重要的收获。在新型城镇发展中，注意构建"历史文化名城名镇名村的保护体系"，积极推动当地文旅结合、遗产保护与产业发展结合。2014年，国家文物局启动了全国重点文物保护单位和省级文物保护单位的集中成片传统村落的整体保护和利用工作。基本形成了以150处大遗址为支撑的大遗址保护格局，建成了24个国家考古遗址公园并对外开放。同时把142处革命旧址作为重点文物保护单位，纳入红色旅游的精品线

---

① 《福州古厝》序［EB/OL］. http：//www.xinhuanet.com/politics/2015-01/06/c_1113897584.htm.
② 同①。
③ 习近平文物保护简史［EB/OL］. http：//www.xinhuanet.com/politics/2015-01/11/c_111395 1139.htm.

路，既保护了历史文物，又发展了文化旅游。

五年来，我国文物保护工作由注重抢救性保护逐渐转变为抢救与预防并重、文物本体和周边环境的保护并举，同时加强了对文化生态的整体保护。截止到2013年国务院公布第七批全国重点文物保护单位时，国家文物的保护单位总数已达到4296处。国家文物局在2018年8月启动第八批国保单位申报与遴选工作。这就全面贯彻了"保护为主、抢救第一、合理利用、加强管理"的方针，在符合我国国情的文物保护利用之路上迈出了新的步伐。

文物部门把这个阶段积累的宝贵经验概括为"五个坚持"：

（1）坚持改革创新、服务大局，统筹协调文物保护与经济社会发展。

（2）坚持从我国国情出发、坚定文化自信，立足对文物资源有效地实施保护。

（3）坚持依法行政，提高责任意识、治理能力和管理水平。

（4）坚持保护第一、保用结合，让文物真正活起来。

（5）坚持党委总揽全局、政府主导、社会参与的制度优势，形成齐抓共管、共建共享的文物工作新格局。①

全国第一次可移动文物普查。普查对象是我国境内（不包括香港特别行政区、澳门特别行政区及台湾地区）的各级国家机关、事业单位、国有企业和国有控股企业、中国人民解放军和武警部队等各类国有单位收藏和保管的可移动文物，包括普查前已经认定和在普查中新认定的国有可移动文物。这是在第三次全国不可移动文物普查完成之后实施的又一个重大基础工程，是国务院在"十二五"期间部署、列入《国家"十二五"时期文化改革发展规划纲要》的重大国情国力调查项目。由国家文物局主要负责组织，地方各级政府具体实施。2012年10月—2016年12月，历时5年。通过开展国有单位文物收藏情况摸底调查、文物认定、信息登录等步骤，对我国国有单位收藏保管的可移动文物藏品进行全面登记，建立统一的可移动文物名录和藏品信息资源库，并向社会提供公共文化服务。②

通过这次普查，全面掌握了我国现存国有可移动文物的数量分布情况、保存状况、保管权属和使用管理等情况。我国原有经普查登记过的各类不可

---

① 砥砺奋进 辉煌五年——党的十八大以来符合国情的文物保护利用之路新成就［EB/OL］. http：//www.cssn.cn/kgx/kgdt/201710/t20171018_3671471.shtml.

② http：//kydww.sach.gov.cn/pcgk/pcjj/index.htm.

移动文物 76.7 万处，这次经过普查登记，国有可移动文物达到 1.08 亿件/套。这项工程浩大，头绪繁多，耗时甚久，艰巨异常。但成效显著，为国情探索、文化建设和文物保护利用铺垫了道路，夯实了基础，造福后世，劳苦功高。

五、努力加强制度建设与执法力度

国情的发展变革，向文物事业发出了强烈的诉求。在党中央、国务院的正确领导下，文物部门在具体的政策制度方面做出了新的突破。

文物保护能力不断提升，相应的法律制度体系基本形成，新一轮立法呈现出地方化的趋势，全国已基本搭建起文物保护标准体系框架。专项整治文物法人违法的行动成效显著，对文物违法犯罪典型案件和文物安全重大事故进行公开曝光已成为常态。跨部门的联合执法和整治的能力加强。流失文物追索返还取得新成果，五年累计成功追索返还文物 100 余件。

在强化文物保护工作的灵活性、创新性的同时，还通过制度建设大幅度提高保护的水准。2016 年，国家文物局出台了《关于进一步优化文物保护项目审批的通知》和《中国大陆重点文物保护单位文物保护工程竣工验收管理暂行办法》。前者明确了《中国大陆重点文物保护单位保护项目计划书》的书写规范，围绕着对已有工程项目开展情况的评估而进行；后者对工程的验收程序、组建专家组和基本的验收要求做出了明确规范。住建部于 2014 年 12 月发布了《历史文化名城名镇名村街区保护规划编制审批办法》，对这类文化遗产的规划制定，从内容文本、体例要求到操作程序，都制定了具体要求。同年，国家文物局还推出了《关于开展中国历史文化街区认定工作的通知》，住建部也在 2016 年 7 月出台了《历史文化街区划定和历史建筑确定工作方案》，可视为在文物保护概念上的一次重大扩展，以及在操作程序上强化国家主管部门的统一认定职权。

在行政执法能力建设上，2012 年公安部和国家文物局联合发布了《关于印发〈公安部、国家文物局打击和防范文物犯罪联合长效工作机制〉的通知》，力图通过强化部门间的协调力度，有效改善过去存在的督查督办不力、信息和移交机制缓慢等问题。2015 年，又由国家文物局印发了《文物违法行为举报管理办法（试行）》，鼓励公民、法人和其他组织积极举报，动员基层力量，增强信息流通程度，同时规范举报程序。国家文物局还在 2016 年相继推出了《2014—2015 文物行政执法十大指导性案例》《关于 2015 年度文物行政执法与安全监管工作情况的通报》，通过对已查处违法行为的公示以起到维护法律尊严并传递执法力度的实然效果正在不断加强的信号。同年，它还发布了《关于部署开展"文物法人违法案件专项整治行动（2016—2018）"的通知》。该通知的重要性在于，专门指向"机关、团体、企业、事业单位实施的文物违法犯罪案件"这类在传统违法案件当中由于诉讼难、隐性行政机制或寻租行为影响大的顽疾。

六、促进文物保护科技创新、人才培养、资源共享

5 年来，国家文物局与科技部、工信部协力提升文物保护科技水平，组建科研创新平台和重大建设项目。文博人才培养和队伍建设更趋优化，5 年已累计培训了 1.5 万多名文物保护人员。

科学研究和人才培养，带来理论上的创新。2015 年，我国颁布了新版《中国文物古迹保护准则》，在传统的文物历史、科学和艺术三大价值的基础上，又添加了文物的社会价值和文化价值。社会价值是指"文物古迹在知识的记录和传播、文化精神的传承、社会凝聚力的产生等方面所具有的社会效益和价值"。文化价值是指："①文物古迹因其体现民族文化、地区文化、宗教文化的多样性特征所具有的价值；②文物古迹的自然、景观、环境等要素因被赋予了文化内涵所具有的价值；③与文物古迹相关的非物质文化遗产所具有的价值"①。总体而言，这两个概念一方面承认了文物当下所具备的丰富价值应当受到更合理的重视；另一方面又不完全将其等同于所谓的衍生价值或利用价值，因为它们更看重文化内涵自身的传承性、面向特定社区的指向性。新的准则，科学构建了中国文化遗产保护的完整体系，为下一阶段的工作提供了有益指导，促进了中国文化遗产保护水平的提升。

进一步推动文物资源的社会开放度，以及吸纳更广泛的力量参与到文物事业当中。这方面最为明确的体现，是 2016 年出台的《关于进一步加强文物工作的指导意见》（以下简称《意见》）。它由国务院直接颁布，其发文机构

① http://www.icomoschina.org.cn/uploads/download/20151118121725_download.pdf.

级别与文化部和国家文物局明显不同，可被视为我国新时期文物与文化遗产事业发展的指导性官方文献。该《意见》首先在基本原则部分中指出了文物的"公益属性"，强调在政府主导基础上拓宽人民群众的参与渠道，以实现共享文物与文化遗产保护成果。以"公益"二字来界定我国的文化遗产事业并将其作为基本原则，尚属罕见，这与2016年我国颁布的《慈善法》和《公共文化服务保障法》所传达出的国家同时期对公共权益问题的关注密切相关。此外，它也提出了"拓展利用"的概念，强调文物的社会教育、旅游服务及文化创意产业发展的促动功能。此外，社会资本参与、"互联网＋"的文物保护技术等一系列对于新时期文物工作都有着重要作用的举措，在该《意见》中也被作为"保障措施"一并提及。

七、大力推进"互联网＋中华文明"建设

"让文物活起来"的努力，还体现在用互联网手段来实现文物的利用价值。2014年，国家文物局发布了《关于进一步加强科普工作的通知》。利用文物进行科学知识普及的工作，不再局限于博物馆，而是扩展到文物保护单位、文物保护和科研机构。这里所强调的公益性原则，主要是指坚持不以营利为目的，同时尽量面向社会公众开放，并要求有条件开放的单位，建立起与科普相关的管理计划、人才培养方案及必备的物质材料。这与国家文物局自身被增补为"全民科学素质纲要实施办公室正式成员单位"这一背景密切相关。

2016年，由科技部、文化部和国家文物局再次共同印发了《国家"十三五"文化遗产保护与公共文化服务科技创新规划》，强调科学技术创新与文化遗产的保护和传承之间的关系，要求借助技术创新，更好地发挥和实现文化遗产从保护到利用的各方面职能。

此后陆续出台了一系列影响力较大的政策。例如，2016年国家文物局、国家发改委、科技部、工业和信息化部、财政部联合编制的《"互联网＋中华文明"三年行动计划》，倡导借用信息化手段实现文物信息资源共享、调动各收藏单位活用文物的积极性、激发企业创新主体活力、完善业态支持体系。其中与文物活用配套的政策，有2016年国家文物局的《关于促进文物合理利用的若干意见》（以下简称《若干意见》）。在该《若干意见》中，扩大社会

开放度、促进馆藏文物利用率、加强革命文物利用、创新利用方式、鼓励社会参与、落实文化创意产业开发等具体举措，均与前文所提及的该时期文化遗产事业总体规划、意见当中的政策导向相一致。尤其是为了落实文化创意产业的开发，国务院办公厅于 2016 年转发了国家发改委、财政部、文化部、国家文物局等相关部委《关于推动文化文物单位文化创意产品开发的若干意见》，强调应将社会效益放在首位，同时也鼓励发挥各类市场主体的作用，提升创意水平质量，并实现跨界融合。

八、积极助推博物馆事业多样化、制度化与国际化

习近平同志为博物馆事业这样定位："一个博物院就是一所大学校。要把凝结着中华民族传统文化的文物保护好、管理好，同时加强研究和利用，让历史说话，让文物说话。"[①] 从中共"十八大"到"十九大"间博物馆建设更是取得突飞猛进的发展，专业化、国际化程度更高。可以说，中国大陆的博物馆已经逐步成为国外博物馆的平等合作者，在国际舞台上的地位日益重要。到 2017 年，中国大陆备案博物馆总数为 5136 家，其中有 130 座国家一级博物馆、286 座国家二级博物馆和 439 座国家三级博物馆，约占全国博物馆总数的1/5，成为博物馆事业发展的主体阵容。其中，非国有博物馆 1400 家，行业博物馆超过 800 家，成为博物馆建设快速发展的重要力量。[②]博物馆在类型及营建主体上也更为丰富多样。

根据全面深化改革的新形势和博物馆事业发展的实际情况，针对亟待解决的主要问题，2015 年国务院总理李克强签署了第 659 号国务院令，颁布《博物馆条例》。[③]这是新中国第一部规范博物馆建设与发展的行政法规。它对博物馆的性质、功能与日常管理都作出了明确规定，尤其是明确提出，"……国家鼓励博物馆挖掘藏品内涵，与文化创意、旅游等产业相结合，开发衍生产品，增强博物馆发展能力。"

---

① 习近平谈文物保护工作的三句箴言 [EB/OL]. http：//politics. people. com. cn/n1/2016/0413/c1001 – 28273470 – 2. html.

② 刘玉珠. 深度介绍博物馆发展机遇与挑战 [EB/OL]. http：//www. sohu. com/a/299800961_488826.

③ http：//www. gov. cn/zhengce/2015 – 03/02/content_2823823. htm.

自此，博物馆的制度化建设进入新阶段，妥善保存文物有制度性的保障，博物馆管理有规可循。在妥善保存的前提下，文化创意作为指导性方针得到鼓励，被纳入我国的文物保护利用事业中。健全制度也为促进我国博物馆事业健康发展提供法制保障。5 年间，进一步改善和提升了馆藏文物展示和保存条件，累计完成 1000 余项博物馆藏品预防性保护项目，并且还修复了珍贵文物达 4 万余件。

同样在这期间，跨国联合"申遗"、援外文物保护工程和实施境外合作考古项目也都取得了显著成效。如大运河和鼓浪屿相继"申遗"成功，列入了《世界遗产名录》；"丝绸之路"是跨国系列的文化遗产，我国和吉尔吉斯斯坦、哈萨克斯坦联合申报成功了"丝绸之路：长安—天山廊道的路网"，列入《世界遗产名录》，这是我国完成的第一个跨国"申遗"项目。至此，中国的世界遗产总数已达 52 项，位列世界第二。中国文物保护机构走出国门，积极援外，在"一带一路"沿线的 5 个国家实施文物保护工程，并先后与 15 个国家合作开展了考古项目。

九、想方设法"让文物活起来"

"让文物活起来"，是文物自身内在价值和可利用价值的实现要求，也是满足人民群众日益增长的美好生活需要的必要途径。习近平同志于 2014 年 2 月兴致勃勃地观看了"北京历史文化"展览，他指出：搞历史博物展览，为的是见证历史、以史鉴今、启迪后人。要在展览的同时高度重视修史修志，让文物说话、把历史智慧告诉人们，激发我们的民族自豪感和自信心，坚定全体人民振兴中华、实现中国梦的信心和决心。①

习近平同志的这番话点明了文物最高价值体现和文物工作的根本目的，明确"让文物说话"，"把历史智慧告诉人们"，是文物工作者的职责所在。习近平同志还提出："要系统梳理传统文化资源，让藏在禁宫里的文物、陈列在广阔大地上的遗产、书写在古籍里的文字都活起来。"② 这就再次表述了积

① 习近平北京考察工作：在建设首善之区上不断取得新成绩 [EB/OL]. http：//cpc. people. com. cn/n/2014/0227/c64094 - 24476753. html.
② 习近平. 建设社会主义文化强国 着力提高国家文化软实力 [EB/OL]. http：//www. xinhuanet. com/politics/2013 - 12/31/c_118788013. htm.

极利用文物的基本思路。习近平同志之所以多次阐述"让历史说话,让文物说话"的思想,是因为他"一直在思考一个问题,就是对待不同文明,不能只满足于欣赏它们产生的精美物件,更应该去领略其中包含的人文精神;不能只满足于领略它们对以往人们生活的艺术表现,更应该让其中蕴藏的精神鲜活起来"。

"让文物活起来"是人民群众对文物工作的期盼,也是文物工作者的使命。文物工作者要深刻领会习近平同志的要求,努力思考如何在坚持科学有效地保护文物的前提下,激活历史文物资源的生命力,让文物工作汇入社会发展和经济建设的大潮,为人民服务。他们在这5年间认真加大文物保护力度,积极探索如何掌握文物合理适度利用的"理"和"度"。虽然难免有所分歧,一时难以树立精确的标准,但充分发挥文物价值,使文物保护成果更多惠及人民群众的大局共识是一致的。

"让文物活起来"的方式在此期间不断拓展,博物馆免费开放不断深化,公共服务覆盖面持续扩大,社会教育作用日益发挥。国家实行博物馆全面免费开放政策以来,我国博物馆年参观人次从2.8亿增长到9.7亿,数十家博物馆年参观人数超过百万,居世界领先水平。加强文教结合,开展完善博物馆青少年教育功能提升示范项目。国家文物局和国家发改委等五部门联合发布《"互联网+中华文明"三年行动计划》。公布首批92家博物馆文创产品开发试点单位,印发《关于进一步推动非国有博物馆发展的意见》,支持更多文博单位面向社会提供文物鉴定服务,加强民间文物收藏管理政策调研和制度设计,培育活跃有序、守信自律的文物市场。文物对外交流合作更加活跃,5年累计文物出入境展览近500个。深化与香港特别行政区、澳门特别行政区及台湾地区的文物交流与合作,增进中华文化认同感。

十、结 论

在改革开放的新阶段,党和国家对弘扬五四新文化运动精神,传承中华优秀传统文化,加强文物保护与利用,给予了高度重视。从党的十八大到十九大期间,习近平同志对文物工作作出40多次重要批示和指示,曾20多次莅临文博单位考察指导,10余次出席见证重要文物的活动,已是新中国成立以来最高领导人有关指示批示和相关活动总和的数倍，已构成新时代中国特色社会主义思想的有机组成部分。尤其是 2016 年 4 月，他从我国社会主义现代化发展"五位一体"总体布局和增强文化自信的战略高度，明确提出："保护文物功在当代，利在千秋。""各级党委和政府要增强对历史文物的敬畏之心，树立保护文物也是政绩的科学理念，统筹好文物保护与经济社会发展。""各级文物部门要不辱使命，守土尽责，提高素质能力和依法管理水平，广泛动员社会力量参与，努力走出一条符合国情的文物保护利用之路。"这是我们党史研究中应该重视起来的一个问题。

党和政府在这期间推出如此众多而具体的政策、文件和措施，不仅体现了党和政府对文物工作的高度重视，而且还进一步提出了深入探索"符合国情的文物保护利用之路"的光荣任务。因此，从理论和实践各方面重新整理、审视和反思我国的文物保护和利用工作，已成为非常迫切地摆在我们面前的任务。

综上所述，从 2012 年党的十八大到 2017 年党的十九大，随着国情的快速发展，考古和文博事业也进入了一个挑战加剧、发展加力的新时期。我国的文物保护利用事业迎难而上，走上了全面深化改革与体制创新的"快车道"。平心而论，文物事业在这一阶段损益交集，有些损失是令人痛心的。但随着综合国力的增强，毕竟给文物事业带来了更多的发展条件，因此文物事业取得的进展也超过了以往。

正如 2016 年 3 月《国务院关于进一步加强文物工作的指导意见》（国发〔2016〕17 号）所指出的：近年来，在党中央、国务院的高度重视下，我国文物事业取得了显著成就。在"保护为主、抢救第一、合理利用、加强管理"的文物工作方针的正确指导下，全社会保护文物的意识进一步增强，文物保护基础工作不断夯实，资源状况基本摸清，保护经费和保护力量持续增长，保护状况明显改善，博物馆建设步伐加快，公共文化服务水平稳步提高，文物利用的广度与深度不断拓展，文物拍卖市场管理逐步规范，文物对外交流与合作日益扩大，文物事业呈现出前所未有的良好态势。①

此外，新中国第一部规范的博物馆建设与发展的行政法规《博物馆条例》的颁布，为博物馆的健康发展提供了法律保障、第一次中国大陆可移动文物

① http：//www.gov.cn/zhengce/content/2016-03/08/content_5050721.htm.

普查的完成，基本摸清了国家的文物资源，"互联网＋中华文明"的行动计划正在借用信息化手段实现文物信息资源共享。我国文物保护和利用，正在探索国情、符合国情的道路上凯歌行进，形势喜人。

五四新文化人家庭观的分歧与限度

——《浮生六记》的不同解读

李长莉*

　　"五四"时期，新青年们以反传统为口号，高扬个性解放旗帜，批判旧家庭制度，将以"孝"为核心的传统大家庭伦理斥之为"吃人的礼教"，掀起了家庭革命浪潮。一时间，自由恋爱、婚姻自主、男女平等、个性解放等成为新青年一代的流行口号，宣传这些新观念的各种新书新报、西书译文涌现如潮，直至20世纪二三十年代，一直盛行不衰。就在青年们纷纷抛却昔日经籍、争读西学新书的大潮中，却有几本明清时期江南文人的自传体笔记旧文，也被屡屡翻印，流行一时。如江苏如皋人冒襄的《影梅庵忆语》、浙江钱塘人陈裴之的《香畹楼忆语》、钱塘人蒋坦的《秋灯琐忆》，还有江苏苏州人沈复的《浮生六记》等，都被反复印行，成为大受青年喜爱的热门书，其中的人物故事也成了新青年们常常谈论、耳熟能详的掌故。这些上百年前民间文人写下的旧籍小文，所记内容均为男女个人感情生活。在旧时，这类文字既属个人私生活琐事，又多不合正统礼教，故皆属文坛末流，为士林所不屑。然而，在西学涌入、新说叠出的20世纪二三十年代，这些陈年谷屑却被翻了出来，成了与西书新著并列流行的文字，此一现象颇值得玩味。更有甚者，当

　　* 作者简介：李长莉，南昌大学人文学院特聘教授，曾任中国社会科学院近代史研究所研究员，担任中国近代社会史学会会长、中国城市史研究会副会长。

时一些活跃于文坛、负有盛名的文人学者，对这类书也很为注意，或撰文推介，或引入著述，以为论述家庭问题之佐证。足见这些旧时文字在此时已不仅仅是引人好奇的昔人逸事，而成为一种与时代思潮有某种契合的文化符号。那么，这种旧文字何以转变成了新符号？其间意义有何变化？对于新观念的生成有何作用？此事关乎传统与现代观念的连续性问题，其中曲折颇值得深究，惜以往史家对此一现象甚少留意。

在这类旧籍中刊印版次最多、流传最广、影响最大的当首推沈复的《浮生六记》。这是乾嘉之际一个苏州无名文人写下的仅 3 万余字的自传小文，写成后手稿零落，几被湮没，1924 年被俞平伯整理标点首次以单行本印行后，据笔者初步统计，直至 20 世纪 40 年代至少已印行了 50 余版次，不少出版社在短时间内一印再印，甚至一家出版社在不到 10 年间就印行 8 次之多，可见该书受读者欢迎的程度及流传之广。[①] 20 世纪 30 年代颇有盛名的"洋派文人"林语堂又把该书译为英文，并在自己谈论家庭的文章中多次引用。20 世纪 30 年代末，社会学家潘光旦在关于性学的译著中也引注此书以为例证。他们三位都是成长于"五四"时期，接受新式教育、活跃于当时文坛、积极投身于新文化建设的新一代文化人，但他们对此书的解读，却因各自所持的文化视角和家庭观念的差异而迥然不同。显然，此书所代表的某种传统家庭文化因素，在这三人分别代表的不同观念系统里，有着不同的符号意义，反映了这种传统因素在他们建构的现代家庭观念中具有不同的延续和变异形态。对这一现象深加考察，当会对前述传统与现代观念连续性问题有所回答。

引　言

关于《浮生六记》，除了 20 世纪 20—40 年代人们谈论婚姻家庭问题时有所引证之外，此后至 20 世纪 80 年代在港台地区还有所续谈，但在大陆地区几乎无人再谈及，只是近十多年来该书才又有重印，也偶而有人论及，但多

---

① 仅现北京中国国家图书馆注录收藏的这期间印行的就有 50 余种版本，有的出版社在短时间内印行多次。如 1924 年北京朴社最早出版了俞平伯校阅本，至 1933 年不到 10 年的时间，该社就已印行了八版。此外，上海梁溪图书馆至 1928 年已印行了六版，上海亚光书局至 1944 年也已印行了六版，桂林综合出版社 1944 年也出了两版。

将其视为文学作品，从文学角度谈论其价值①。至于将其作为历史资料而论其社会文化史价值者则较少，曾有人对该书作者身世作过考证②，也有台湾学者在论述明清文人世俗生活时引证过此书内容③。至于对俞平伯、林语堂和潘光旦三位文化名人的研究，分论各人者虽不乏宏文，但将三位的家庭观念以一线而横作比较，也尚属未见。故此本文拟对《浮生六记》这一代表某种家庭文化传统的文本，以及俞平伯、林语堂和潘光旦三人以各自视角对该书的不同解读进行一番梳理，以求对五四时期新家庭观念建构的不同理论中，这一脉传统因素的延续与变异问题作一探索。

《浮生六记》是一位生活于清中叶乾隆嘉庆年间的苏州读书人写的生活自传笔记。作者沈复虽出身书香门弟，自少读书，但并未能学成而考取功名，曾遵父命而学幕学商，但皆无所成，靠其父游幕养家。沈复此书主要记述了他与爱妻芸娘的夫妻生活，以充满感情又生动灵秀的文字，记述了他与才情洋溢的爱妻共同度过的二十多年情投意合、才艺互赏、个性充盈、趣味盎然的夫妻生活，但却因他们个性舒放、不合礼俗的生活方式不被父母大家庭所容，被驱逐离家，终至流离贫病、家破人亡的悲惨结局。这也是在传统家族宗法制度下，不遵守传统礼俗的小夫妻家庭生活方式必然的结局。实则这种个性化的小夫妻难容于大家族，受到家长制大家族的压制，甚至摧残，在传统时代并不少见，是常态，因此沈复写的这篇文字在当时也并未流传刊印，只是到了晚清时期，其手稿才被人从旧书摊上捡到，喜其文字之清趣，刊入丛书，但也不为人所注意。但是到了五四时期，却被知识和观念一新的新文化人发现了其新的价值，而引起注意，被从历史的沉寂中挖掘出来，经新一代文化人的解读而唤发出新的生命力，并在人们的不同解读中折射出多样而丰富的现代意义。

一、俞平伯：新文学青年的启蒙主义解读——"个性解放"

俞平伯（1900—1990）是"五四"后第一位向社会推介《浮生六记》并

① 齐慧源. 神貌绰约　青蓝并辉——谈《世说新语》与《浮生六记》[J]. 徐州师范大学学报，2000（3）. 陈毓罴. 沈三白和他的《浮生六记》[M]. 中国台北：大安出版社，1996. 记述了沈复的生平及关于此书的文学研究。

② 江慰庐. 关于《浮生六记》作者沈复四事 [J]. 汕头大学学报，1995（1）.

③ 龚鹏程. 中国文人阶层史论 [M]. 兰州：兰州大学出版社，2004：362–364.

使之流行开来的新文化人。他是沈复的同乡，也生于苏州一个书香世家，15
岁考入北京大学，毕业后在杭州、上海、北京等地大学任教，积极投身于新
文化运动，写作新诗文，后尤以研究《红楼梦》名世。他在 1922 年从友人顾
颉刚处偶然读到《浮生六记》，顿感此书"有迷眩人的魔力"①，认为是"绝
妙一篇宣传文字"②，遂加以标点整理，并附以年表，以单行本刊行，还先后
写了两篇序文（其中一篇先于 1922 年 10 月在《文学》上发表），该书 1924
年由北京朴社首刊后，随即广为流传开来。

俞平伯对《浮生六记》的解读主要反映在他写的两篇序文里。作为正积
极参与新文化运动的一名新青年健将，新文化运动的主题之一——由个性解
放而促进民族自强，是他这一时期思考的一个中心，家庭革命和文学革命是
他关注的问题，这本书为他正在思考的这些问题提供了一个十分契合的例证。
俞平伯对此书最为称赏的是沈复夫妇所表现的"个人才性的伸展"。在俞平伯
看来，这首先表现为他们夫妇二人不拘礼教而率真任情、个性舒展的生活态
度。俞平伯以赞赏的笔调列举了沈复夫妇二人任情随性的洒脱行为，如他二
人日常生活中不知避人而"同行并坐"的恩爱举止，芸娘扮男装后"揽镜自
照，狂笑不已"，沈复挽之"逌然迳去"相伴出游的逸事③等。在俞平伯看
来，这些"放浪形骸"的举动，无不体现了他们夫妇二人率性任情、使"个
人才性伸展"的个性魅力。④

受了新文化运动洗礼的俞平伯，曾发表《我的道德谈》⑤《现行婚制底片
面批评》⑥ 等文章，批评以"男统"为中心的旧礼教和婚姻家庭制度，提倡
恋爱应当作为婚姻的基础，家庭应当有利于"完全发展人性"⑦，他以这种新
家庭观评判此书，以对旧家庭弊端的亲历与洞悉，通过沈复夫妇这一实例，
对沈复夫妇追求个性伸展而受大家庭迫害深表同情，对于中国家长制传统家
庭制度摧残个性的危害进行了批判。他在序中批评传统家庭制度崇尚数代同
居、人多家大，使个人缺乏自由的空间，"聚族而居的，人愈多愈算好，实在

① 沈复，著. 俞平伯，校阅. 浮生六记 [M]. 朴社，1925：10.
② 同①，第 3 页。
③ 同①，第 4 页。
④ 同①，第 6 页。
⑤ 俞平伯. 我的道德谈 [J]. 新潮，1919，1（5）.
⑥ 俞平伯. 现行婚制底片面批评 [J]. 新潮，3（1）.
⑦ 孙玉蓉. 俞平伯年谱 [M]. 天津：天津人民出版社，2000：30.

愈多便愈糟。个人的受罪，族姓的衰颓，正和门楣的光辉成正比例"。① 他指责："中国大多数的家庭的机能，只是穿衣、吃饭、生小孩子，以外便是你我相倾轧，明的为争夺，暗的为嫉妒"。② 在这种家庭制度中，人们的个性不得伸展，个人的幸福更无可言，只能像奴隶一样地生活，如稍有违抗，便会引致冲突。他认为沈复夫妇就是"不肯做家庭奴隶"而保持个性、追求个人幸福但却遭受摧残的一个典型。他指出，沈复夫妇"放浪形骸之风本与家庭间之名分礼法相柄凿，何况在于女子，更何况在于爱恋之夫妻，即此一端足致冲突"。③他赞赏沈复夫妇在大家庭环境中而能坚持个性的勇气，指出他们"虽无反抗家庭之意，而其态度行为已处处流露于篇中"。④ 俞平伯认为，传统家庭制度存在着礼法与个性的固有矛盾，因而旧时代家庭悲剧是很常见的，而这些家庭悲剧的主因皆可归之于此。他说："大凡家庭之变，一方是个人才性的伸展，一方是习俗威权的紧迫。"⑤ 因此，沈复夫妇的悲惨遭遇并不属偶然，而"是表现无量数惊涛骇浪相冲击中的一个微波的银痕而已"。只是沈复记述下来的这个例证如此真实生动，"已足使我们的心灵震荡而不怡"。⑥ 所以他才顿感这正是自己提倡个性解放新家庭观念的"绝妙一篇宣传文字"。

《浮生六记》被俞平伯作为"个人才性伸展"的典型，作为"个性解放"的同构符号而赞扬，表明了俞氏对于此书所代表的个人本位家庭观念的肯定。由大家庭本位向个人本位的转换，这是"五四"时期新青年家庭革命观念的一条主线，俞氏显然是认同这一主线的。然而即使在这一主线之内，所谓个人本位的含义也有不同分殊。就俞氏而言，他由解读《浮生六记》所提出的个人本位的家庭观，虽然从总体意义上与西方个人主义类同，但其终极意义却与西方个人主义有所不同。其直接目的首先不在于个人追求幸福，及个人权利意识的确立，而在于民族的自强，是一种群体性的立场。他提倡个性解放与"个人才性的伸展"，前提是他认为中国人的个人才性被旧家庭礼教制度所压抑摧残，因而出不了"天才"，造成民族的积弱，在他看来，只有打破了旧制度，使中国人都像沈复夫妇这样使"个人才性伸展"，个性得到自由和解

---

① 沈复，著．俞平伯，校阅．浮生六记［M］．朴社，1925：7.
② 同①，第 8 页。
③ 同①，第 6 页。
④ 同①，第 3 页。
⑤ 同①，第 6 页。
⑥ 同①，第 8 页。

放，中国社会才能见"天才挺生"①，使民族产生复兴的活力。个人才性伸展——天才挺生——民族自强，这就是俞平伯将沈复作为符号意义的观念链条，这个链条从个性伸展开始，而以民族自强的群体性目标为终。俞平伯对此书的解读，就是作为阐释"个性解放——民族自强"这条"五四"启蒙思想主线的一个例证。正因为如此，俞氏的解读及对此书的揄扬受到新青年们的认同，使此书很快在青年中流行开来。

二、林语堂：边缘文化人的西方视角解读——"艺术生活"

《浮生六记》在经俞平伯推介流行约十年后，1935 年，又被林语堂译为英文介绍给西方。他在此书的译序中对此书作了评论，在此前后发表的其他多篇谈论中国文化和中国人生活的文字中也多处引述此书内容。在林氏围绕此书的这些议论中，对于沈复夫妇的生活方式所代表的这一民间传统，作出了与俞平伯颇为不同的一种解读。

林语堂（1895—1976）也是成长于"五四"时期的新文化人，但他的身世和文化背景却与俞平伯有很大不同。他出生于福建乡村一位基督教牧师家庭，自幼生长于基督教圈子中，稍长即入教会学校读书，由小学而中学，后入上海圣约翰大学。毕业不久他又赴美国及欧洲留学，1923 年，他获得博士学位后回国，在北京各大学教授英文，以"洋派文人"的形象而名于时。他曾积极投身于新文化运动，后在政治高压和个人生活境遇优裕等诸种因素的作用下，立场发生变化，对政治和激进文化活动逐渐疏离，转而提倡幽默、闲适，宣扬"以自我为中心，以闲适为格调"②。他用英文撰写介绍中国文化的文字在美国发表，赢得声誉，自诩为"两脚踏中西文化"，即处于中西之间的边缘文化人，且由于其教育背景及职业性质，西方文化在他的知识结构中处于基础和主干的地位，并成为其观察问题的文化底色。

就是在这种背景下，林语堂于 1935 年将《浮生六记》译为英文，送到美国出版。这本书使他感触至深，他将此书列为"足以代表中国生活艺术及文化精神（的）专著"之一③，还写了一篇充满激情的译序，首先在国内刊物

① 沈复，著. 俞平伯，校阅. 浮生六记 [M]. 朴社，1925：6.
② 《人间世》发刊词 [J]. 人间世，1934 - 04 - 20.
③ 林语堂. 关于《吾国与吾民》[J]. 宇宙风，1937，49 (10).

上发表①。他还在多篇谈论中国文化和中国人生活的文字中屡屡引述该书的内容，如在其后两年写成的英文书《生活的艺术》中，不仅大段摘录了《浮生六记》的内容并加以赞许，而且还专门写了题为"两个中国女子"一节，称赞芸娘和《秋灯琐忆》中的秋芙是两个"最可爱的中国女子"。这些文字表达了他对此书所代表的一种家庭生活方式的看法，反映了他的家庭观念和生活理想。

林语堂的视角与俞平伯有一点相同之处，那就是他也赞赏沈复夫妇舒展个性、追求个性自由的生活态度，而反对大家庭制度对个性的压制，因而与俞平伯一样，也属于当时新青年所倡扬的"个人本位"新家庭观念的阵营，与个性解放的启蒙思潮方向是一致的。但他的视角又与俞平伯有着根本性的差异，俞平伯对沈复夫妇伸展个性的肯定，重心在批判大家庭制度摧残个人才性的罪恶，强调个人才性伸展与民族群体强盛的相关共生关系，目标在使中国"天才挺生"而致民族自强，从中可以看到传统群体主义观念的某种延续。而林语堂对沈复夫妇生活方式的肯定，则更偏重于对个人幸福的追求，是一种更彻底的个人本位观念，从这一点来说，他更接近于西方的个人主义。

林语堂在这种比较彻底的个人本位观念的观照下，所关注的就不是像俞平伯所注重的沈复夫妇个人才性伸展受到大家庭摧残的悲剧，这种悲剧性只在他的文字中一笔带过，他关注的重心并大加赞美的是沈复夫妇充满个性才情和闲情意趣的生活态度。他赞美这对夫妇"爱美爱真的精神和那中国文化最（具）特色的知足常乐恬淡自适的天性"②。他在多篇谈论生活艺术的文章中，引述沈复夫妇对庭院房间的布置、插花的艺术、享受大自然等种种怡情悦性而富于艺术情趣的记事，赞赏"他俩都是富于艺术性的人"③。他特别赞美芸娘具有"爱美的天性"④，她与丈夫一起赏景联句，亲手制作美食等，使日常生活充满了艺术情趣。所以他认为，既有才识雅趣、又具爱美天性的芸娘"是中国文学中所记的女子中最为可爱的一个"。⑤ 赞美她"虽非西施面目，并且前齿微露，我却觉得是中国第一美人。"⑥ 他同情芸娘"爱美的天性

---

① 英文登于《天下》月刊1935年创刊号，中文刊于《人间世》。
② 林语堂. 浮生六记·序 [M] //林语堂著译人生小品集. 杭州：浙江文艺出版社，1990：114.
③ 林语堂. 生活的艺术 [M] //林语堂文集：第7卷. 北京：作家出版社，1995：272.
④ 同②。
⑤ 同③。
⑥ 林语堂. 论读书 [M] //林语堂著译人生小品集. 杭州：浙江文艺出版社，1995：178.

与这现实的冲突"所造成的悲剧，认为"这悲剧之原因不过因为芸知书识字，因为她太爱美"①，在林语堂看来，"这对伉俪的生活是最悲惨而同时是最活泼快乐的生活。"② 可见，林语堂所赞赏的沈复夫妇的生活态度和生活方式，与他这一时期所倾心提倡的闲适生活的品味正相契合，甚至沈复的写作态度和写作风格，即"一个不出名的画家描写他夫妇的闺房中琐事的回忆"③，也与他提倡的被讽为"小摆设"的文字风格颇相类似，反映了他在个人主义生活态度上与沈复有某种相通。

林语堂对《浮生六记》的解读，表现了他所崇尚的个人主义和闲适主义的家庭观念，反映了他的家庭生活理想。他对芸娘爱美天性的赞赏，即是他理想的女子（妻子）形象；他对沈复夫妇情趣相投的赞赏，即是他所理想的夫妇关系；他对沈复夫妇充满艺术美感和闲情逸趣的生活方式的赞赏，即是他理想的家庭生活样式；他对沈复夫妇知足常乐恬淡自适的生活态度的赞赏，即是他所推崇的生活态度。因而，沈复夫妇成了他所崇尚的"闲适生活"的一个符号，他的家庭理想的一个例证。

由林语堂对《浮生六记》的解读，我们还可以看到，林氏这种理智认同西方与感情依恋中国、西方知识结构与民族主义情结交织的边缘文化人心态，使他在西方工业文明价值与中国人生哲学价值之间，在中西不同的现实需要之间，常常陷于彼此矛盾，因而左右失据的状态，在交替使用两种文字与面对中西双方听众之间，也常陷于互混与错位的窘境，有时甚至连他自己也被搞糊涂了，因而他在晚年自传中称自己的一生是"一团矛盾"。他到晚年又回归基督教，也是其文化心理"一团矛盾"的体现。正是这种自我定位上的混淆与矛盾，使他在西方文化坐标下看待民族文化，评判民族文化的价值，而与中国现实需要之间出现错位。应当说，由于中国现代文化的基本因素多由西方移植而来，故很易于造成中国文化人的这种心理"迷失"与认知错位，所以这种"边缘文化人"心态与错位的认知方式，在当时文化人中并不少见，或在许多人身上或多或少地存在，林氏只是一个突出的典型。而且直至今天，其余脉犹在，仍常见一些向国人讲述着西方话语的"边缘文化人"，也患着与林氏同样的水土不服之症。

---

① 林语堂. 浮生六记·序 [M] //林语堂著译人生小品集. 杭州：浙江文艺出版社，1995：114.
② 同①，第115页。
③ 林语堂. 生活的艺术 [M] //林语堂文集：第7卷. 北京：作家出版社，1995：272.

三、潘光旦：社会学家的优生学方法解读——"个人主义家庭观"

在林语堂将《浮生六记》译为英文介绍给西方的数年后，另一位也成长于"五四"时期，曾留学美国，并也是林语堂主办的《论语》作者之一的社会学家潘光旦，在他翻译注解英国人霭理士《性心理学》①一书中，也在一处注释中提到了《浮生六记》，作为论证该书论点的一个例子。在他的话语体系里，对《浮生六记》意义的评判与俞平伯和林语堂都截然不同，在俞、林二氏那里，沈复夫妇的生活方式都是作为正面价值的符号，而在潘光旦这里，却是作为负面价值的符号，反映了这位社会学家所持有的另一方向的家庭观念，以及沈复夫妇生活方式在其中的符号意义。这种不同，主要源自他与俞、林二氏不同的知识背景和学术思路。

潘光旦（1899—1967），江苏宝山人，14岁入清华学校读书直至23岁，因而他与俞平伯一样，自少年时起就在北京沐浴着"五四"新文化运动的洗礼，虽然他当时没有像俞、林二氏那样冲杀在文学革命的前线，但"五四"启蒙思想仍是他思想观念的底色，因而无论是在出国留学期间，还是回国以后，他都一直怀着科学救国、启蒙民众、改造社会、振兴民族的一份厚重的社会责任感。他与俞平伯和林语堂一个最大的不同，是知识结构和学术取向具有较强的科学专业性。他比较早地接触了西方心理学的专业知识，在1920年读清华高等科时，他就阅读了霭理士六大本《性心理学研究录》以及奥地利国学者弗洛伊德的《精神分析导论》等著作，对西方性心理学发生兴趣，并开始尝试运用这种理论方法进行学术研究。1922年他于清华毕业后赴美留学，专攻生物学、优生学和社会学，受到了专门系统的西方科学训练，获理科硕士学位。在此期间，他便开始运用所学到的专业知识进行优生学研究，撰写了多篇文章寄回国内发表。这种教育背景，使他的知识结构和学术视野都具有更明显的西方专业科学色彩。1926年他回国后，先后在上海、北京等地任教，抗战爆发后又转至昆明西南联大。他一直教授社会学，自我定位为"社会生物学者"②，并终生抱持着这一学术专业立场来研究中国的优生、婚

---

① ［英］霭理士、潘光旦，译注. 性心理学［M］. 北京：生活·读书·新知三联书店，1987.
② 潘光旦. 二十年来世界之优生运动［M］//潘光旦文集：第一卷. 北京：北京大学出版社，1993：342.

姻、家庭、教育等社会问题，积极撰文参加学界有关这些方面的讨论，以优生学家、社会学家而有时名。可以说，潘光旦是一位科学专业型的文化人。

霭理士《性心理学》一书，就是潘光旦在西南联大期间翻译的。当他在这本书中谈到人的恋爱婚姻与家庭和种族关系的问题时，他在进一步申论霭理士论点的注释中，对当时流行的《浮生六记》等书作了评论，所赋予的意义便与俞、林二氏大相径庭，反映了他由"社会生物学者"的立场对于这一类书及其流行现象的解读。潘光旦翻译霭理士关于恋爱问题批评只追求私人性而不顾及社会性的错误时，加了批注道："近代青年，在一部分文人的提倡之下，很喜欢阅读冒襄《影梅庵忆语》[1] 和沈复《浮生六记》一类的书，他们应知这一类的书如果当文艺小品看，固然有它们的价值，但若当恋爱生活的规范与金科玉律看，那是一大错误。"[2]

潘光旦以一名优生学家、社会学家的立场，对《浮生六记》以及"近代青年在一部分文人的提倡之下"热读这一类书的现象作了解读和评价，其意义略有以下三层。

第一，认为沈复夫妇所代表的，是一种不适于"种族竞存"的个人主义婚姻模式。

"种族竞存"的理念，是他从一个"社会生物学者"的专业立场，以进化论和优生学为理论基础而提出的，他在多篇谈论婚姻家庭的文章中曾作过阐述。潘光旦以"种族竞存"为核心理念，提出指导中国社会的婚姻家庭观念，其宗旨应是："务使新观念之形成，新组织之产出，与种族图强之大旨不相违反"。[3]"种族图强"，这就是他提出的新婚姻家庭观念和制度的目标。因此，他对"五四"以后知识界一直流行的提倡个人幸福为重心的婚姻观表示不满，而主张婚姻家庭问题的重心，首要的是"为种族治安计，为国家永久计"，故需"在须别具一副眼光以观察之"[4]。这种"种族竞存"理念，贯穿于他的学术生涯，也贯穿于他对恋爱、婚姻、生育、家庭、教育等一系列问题的研究之中。

正是由种族竞存的目标出发，他在与家庭相关的个群关系两方面，都是

① 明末才子冒襄记述与歌伎董小婉婚恋生活的自传体笔记。
② ［英］霭理士. 潘光旦，译注. 性心理学［M］. 北京：生活·读书·新知三联书店，1987：17.
③ 潘光旦. 优生概论［M］//潘光旦文集：第一卷. 北京：北京大学出版社，1993：286.
④ 同④，第280页。

站在民族群体的立场，而与俞平伯、林语堂二人所代表的当时启蒙思潮主流偏于"个体"的一方不同，因而他对"五四"以后流行的个人本位的家庭观念持较多的批判态度。他明确反对"五四"以后流行起来的偏重个人主义的婚姻家庭观，认为"个人主义末流之弊危及种族"。他指出，"个人主义末流之弊，视生产为畏途，视婚姻为儿戏"①，直接危害生育后代及社会的安定。他批评当时青年中流行的自由恋爱、独身主义、超贤妻良母等思潮，认为这是过于偏重个人主义而有害于种族的倾向："国内个人主义在有发展过当之趋势，一端有自由恋爱，一端有独身主义；超贤母良妻之言论，触处皆是；虽未必尽成事实，要皆为种族不祥之兆。"② 他认为，婚姻不能只顾个人眼前的幸福，而应当顾及社会及种族的长远利益，要"使婚姻生活的效果对于个人、对于社会、以至于对种族，可以更加美满"③。在潘光旦"种族竞存"家庭观念的观照下，《浮生六记》中的沈复夫妇作为个人主义婚姻观的一个象征符号，自然受到否定性的评价，故被他判定不应当作为"恋爱生活的规范"。

第二，潘光旦对于青年喜读《浮生六记》现象所反映出的混淆理想与现实的恋爱至上主义，对于婚姻缺乏科学态度的倾向予以批评。

由潘氏的注文我们可以看到，他对于"近代青年""很喜欢阅读……沈复《浮生六记》一类的书"，以及青年们把这一类书"当恋爱生活的规范与金科玉律看"这种现象，明确指出"那是一大错误"。他主张对于婚姻家庭应当以科学的、现实的态度来对待，而不应当以脱离实际的幻想作为指导现实生活的准则。

"恋爱至上"是"五四"以后在青年中盛行的新婚姻观，潘光旦则由社会生物学者的立场，撰写多篇文章反省这一社会思潮，批评这种婚姻观是不科学、不理性、不现实的。他批评青年们热衷于恋爱至上婚姻生活的浪漫幻想，但现实生活却并非如此，结果往往造成青年的失望和婚姻悲剧。他以生理学和心理学为依据，宣传科学的性爱理论，指出："性爱是一个生物的、心理的、与社会的现象。"④ 两个人的恋爱不可能割裂开社会关系和实际生活而孤立、永恒地保持。恋爱至上主义是把脱离实际的虚幻理想当作了现实的准

---

① 潘光旦. 优生概论 [M] //潘光旦文集：第一卷. 北京：北京大学出版社，1993：285.

② 同①，第 281 页。

③ 潘霭理士. 潘光旦，译. 性的道德 [M]. 上海：青年协会书局，1934：2.

④ 潘光旦. 性爱在今日 [M] //潘乃谷，等. 潘光旦选集. 新月书店，1929：175.

则，这是一种非科学的态度，以这种观念作用于社会则会造成种种危害："适用于思想，则成种种玄学观念。若适用于社会改革，则其产果即为各色之乌托邦或各种臆断之主义。"① 所以，他反对青年们热衷于充满恋爱浪漫情调的《浮生六记》一类书，反对将沈复夫妇的浪漫婚姻作为现实生活的楷模，认为这是一种不现实、非科学的婚姻态度。

第三，潘光旦批评"一部分文人的提倡"，造成青年热读《浮生六记》一类书并崇尚个人主义婚姻观，这些文人是以非科学态度误导青年。

潘光旦所主张的种族竞存的优生观有一个基本观点，就是认为人类的进化竞存不完全是自然命定完全被动的，人不应盲从于生物进化律，而是具有一定的主观能动性，人可以用理智和经验来作出适于优生进化的选择，从而建立符合优生原则的婚姻家庭制度。而承担这种建构新制度、新观念责任的，首先应当是掌握科学知识和科学方法，负有社会责任，特别是负有教育青年责任的文化人。但"一部分文人"向青年提倡《浮生六记》所代表的个人主义婚姻观，这是违背科学精神，也是对社会和青年不负责任的。在他看来，如果说青年还未经过家庭生活的实践，不了解婚姻家庭的真实情况，因而抱有恋爱至上的幻想，还有可谅解的一面；那么，作为经过了家庭生活实践、了解婚姻真实情况，又负有教育和指导青年责任的教育者、文化人，却不以科学的态度对待婚姻家庭问题，而将不切实际的幻想作为指导青年实际生活的准则来提倡，这是尤为错误的。

潘光旦在1930年对几位教育名人的婚姻家庭观所作的评论中，就曾集中讨论了这一问题。他的这篇评论起因于《申报》的一篇新闻报道，文中报道了国民政府立法院宴请"全国教育会"全体会员，席间主会者向这些教育精英询问了当时青年中热烈讨论的对于婚姻和家庭存废问题的意见。报道中记述了蔡元培、蒋梦麟、吴稚晖、李石曾、张默君、钟荣光等八人的回答意见，他们都是当时教育界最有名望和影响力的权威人物。但这八位人士的回答，除了敷衍说笑话及模棱两可之外，有明确意见者可归为两条：一是主张或赞同废除婚姻和家庭，钟荣光和蔡元培即主此说；二是认为由于现实条件的限制而不可能马上废除，但不远的将来必然废除，如蒋梦麟说五十年后必然废除，李石曾说由存向废是必然趋势。潘光旦对于这

① 潘光旦，冯小青. 一件影恋之研究［M］//潘光旦文集：第一卷. 新月书店，1929：43.

些教育权威人士的态度和观点十分不满，遂写了一篇评论，对他们的发言提出尖锐批评，指出这几位教育界权威人士极为缺乏教育青年的社会责任感及讨论问题的科学态度，他们回答的"这许多话中间……几乎没有一句像要用科学方法来解决社会问题的口吻"。① 他针对蔡元培主张废除婚姻和家庭，并设计了一个没有婚姻和家庭的理想村的发言，指出蔡氏："论婚姻的理想，真是美满极了，无奈行不通何，无奈与社会的联络性绵续性太相刺谬何？"② 他批评蔡氏："自己是中央研究院社会科学研究所民族组的组长，谅来决无不了解这一点初步的社会学智识之理。"③ 潘光旦对这些负有指导青年责任的教育界权威人士，以这种非科学的态度提倡废除婚姻家庭，以不负责任的轻率态度向公众谈论这一重要的现实社会问题，表示了极大的愤懑，认为这是误导青年、贻害社会。

由上可见，无论是他批评热读《浮生六记》一类书的青年，还是批评提倡这类书而误导青年的"一部分文人"（其中应当也包括俞、林二位这样的提倡者），他指出的一个共同病症就是这些人对于婚姻家庭问题，都缺乏科学的态度和立足现实的认识方法，因此才会产生错误的婚姻家庭观。以生物演化为理论，以种族图强为目的，以尊重事实为方法，以现有制度为基础——这就是他所主张的认识婚姻家庭问题的"科学方法"。

那么，由这种"科学方法"，他得出了怎样的婚姻家庭观念呢？他认为，西方由个与群的对峙观念，形成了个人主义"小家庭论"与社会主义"无家庭论"这两个极端形式④，都是偏颇的，都不利于种族竞存。他认为，基于中国现实应取兼顾个群的家庭观，采取折中家庭形式，即包括老、壮、幼三辈的单系主干家庭，其他成年子女分居但也赡养父母。他认为这是社会学家"瞻前则有演化事实为之张本，顾后则抱有循序渐进之志愿"，"不为理想和成见所蒙蔽"而作出的判断。⑤ 实则这也是当时一般中下之家比较普遍的家庭形式。他认为，折中家庭制度有两大益处：既有利于"种族精神上与血统上之绵延"而具有"生物效用"，又有利于"训练同情心与责任心"而具有"社

① 潘光旦. 姓、婚姻、家庭的存废问题 [M] //潘光旦文集：第二卷. 新月书店，1929：412 - 413.
② 同①，第 410 页。
③ 同①，第 411 页。
④ 潘光旦. 过渡中的家庭制度 [M] //潘乃谷，等. 潘光旦选集：第一集. 新月书店，1929：149.
⑤ 潘光旦. 关于祖宗父母者 [M] //潘光旦文集：第一卷. 新月书店，1929：136.

会效用"。与中国旧家庭制度相比，则"去旧日家庭形式，而无害于其承上起下之推爱精神"。① 可见，在家庭关系上，他更强调家庭成员间的"种族绵延"和"同情心与责任心"等群体利益的一面，而不是个人幸福的一面。

结语：三种解读理路之比较

由上可见，《浮生六记》这个传统时代几被湮没的民间小家庭生活的平凡故事，到了"五四"以后，却由于文化人价值系统和话语体系的改换而被重新唤发出了新生命力，俞平伯、林语堂和潘光旦就是以新的眼光重新解读此书的三位代表人物，而且由于他们各自价值系统和话语体系的差异，而赋予了该书不同的符号意义。俞平伯是从一位新文学青年的立场，由启蒙主义的认识理路而将之作为"个性解放"的符号，纳入个性解放——民族自强的启蒙主义话语体系而赋予了正面的意义。林语堂则是从一个介于中西之间的边缘文化人立场，由西方视角将之作为"艺术生活"的符号，纳入后工业主义及民族主义的话语体系中，从另一个角度也赋予了正面的意义。而潘光旦则从一位社会学家的立场，由优生学的科学方法，将其作为"个人主义婚姻观"的符号，纳入种族竞存的家庭观念体系中而赋予了否定性的意义。他们三位分别代表了"五四"以后 20 世纪二三十年代新文化人中相当流行的启蒙主义、西方主义和科学主义这三种认识途径，而他们对《浮生六记》一书所作的不同解读，则反映了此书所代表的一种民间传统在这三种现代家庭观念建构思路中所具有的不同意义，其中蕴含着传统在现代观念中延续与变异的一些特点。

他们三位的解读有两个共同点：

（1）他们都以新的文化视域对《浮生六记》作了一种话语的转换，从而使传统元素转变为某种新观念的符号。

（2）他们都将《浮生六记》所代表的民间传统作为建构新观念的内在资源，从而使现代家庭观念接续上了民族传统之根。

除了上述共性之外，他们三位还因出身、教育背景、知识结构、社会角色、价值观念及个性爱好的差异，对《浮生六记》的解读有以下两个不同点：

---

① 潘光旦. 关于祖宗父母者［M］//潘光旦文集：第一卷. 新月书店，1929：135 – 137.

（1）他们三人因家庭观念的价值观和视域不同，造成对《浮生六记》符号意义的认知差异。在俞平伯那里是"个性伸展"的例证，在林语堂那里是"艺术生活"的样板，而在潘光旦那里则是"种族竞存"对立面"个人主义家庭观"的标本。

（2）他们三人认识方法的不同，导致《浮生六记》符号意义的不同变异。俞平伯推介《浮生六记》，意在宣传"个性解放"的"五四"启蒙精神。林语堂译介《浮生六记》，旨在向西方人展示中国文化的"优点"，他以西方中心的理路，将该书作为中国人"艺术生活"的样板而介绍给西方人，这种解读虽然很合正陷于工业主义忙碌生活之中的美国人的口味，但反销回中国，却出现了语境上的错位。而潘光旦引述《浮生六记》，则是以科学主义的思路，将其作为有害于"种族竞存"的个人主义家庭观模式，但他的这种解读也因其过于强调科学理性，而导致人文关怀意识淡薄，对个人利益与个人情感的忽视。

他们三人分别所执的启蒙主义、西方视角和科学方法的认识途径，虽然对《浮生六记》的符号意义各自作出了有一定价值的挖掘，但也产生了简单比附、语境错位和工具理性偏颇三方面的缺陷，代表了这三种认识途径对待传统的得失。这三种思路都是当时比较流行的文化认知方法，其对于传统延续的作用与得失，也是值得我们继续深究的问题。

今天距沈复泪写《浮生六记》已相去200年，距俞、林、潘三位解读此书也已逾数十载，而《浮生六记》在中国大陆经过几十年的再度遗忘，改革开放后再度流行。据笔者初步统计，1980—2003年，全国各地出版社重印此书已达40余种版次①，也可以算得上"五四"以后的第二次热印。不仅在国内，在日本也有译本。② 如果说"五四"那次流行的主流，主要是应和了俞平伯"个性解放"启蒙主义符号意义的话，那么，考虑到这一次林语堂的书也同时热印的因素，则此次林氏"艺术生活"的解读，似乎对于现今正陷于工业文明忙碌生活的中国人更合口味。显然，今天的中国人与当时林语堂所面对的中国人相比，所处之境况已经有了根本性的改变，当时语境的错位，在今天似乎变成了正位。于此可见，存在于后世观念中的传统，会因时过境

---

① 据笔者2003年在中国国家图书馆检索馆藏结果统计。

② 沈复，作，松枝茂夫訳. 浮生六记：浮生梦のごとし［M］. 东京：岩波书店，1981；沈三白，石田贞一訳. 浮生六记［M］. 东京：筑摩书房，1962.

迁而改变其意义，无论是文本还是对其的解读，都只有在特定的语境中才会有特定的意义。故而可以说，在后世观念中的传统，只活在当下的解读之中，而其意义则取决于解读的主体、语境与机制。

政治与外交

五四运动时期中国工人阶级的成长

——以上海纺织工人斗争实践为视角

廖大伟　金峥杰[*]

20 世纪初中国社会阶级关系的变化和新的革命力量的成长，第一次世界大战对西方资本主义制度和文明的冲击，苏联十月社会主义革命的胜利，都为新的人民革命在中国的兴起提供了必要的时代条件和国际环境，中国先进分子接受和传播马克思主义并建立中国的无产阶级政党，就具有了现实的可能性。而将这种可能性转变为必然性，则是在五四运动的推动下实现的。[①] 从 1919 年五四运动发生至 1921 年中国工人阶级政党——中国共产党正式建立，在此期间发生的"六三罢工"、马克思主义与工人运动的结合、中国共产党的诞生等重大历史事件，构成了中国现代工人运动的开端。[②]

上海是中国工人阶级的摇篮，也是中国工人运动的重要发源地。以上海纺织工人为例，他们所代表的中国工人阶级深受帝国主义、封建势力和资产阶级的三重压迫，他们的觉悟程度和组织程度都是较高的，他们在五四运动时期参加的反帝爱国斗争，可以看成这一时期中国工人阶级成长壮大和斗争实践的缩影。在回顾上海纺织工人斗争的这段历史时，从"觉醒—斗争—独

---

[*] 作者简介：廖大伟，上海大学历史系特聘教授，担任中国孙中山研究会副会长、上海中山学社副社长兼秘书长、《近代中国》集刊主编。金峥杰，东华大学人文学院博士生。

① 中共中央党史研究室. 中国共产党历史（第一卷：1921—1949）（上册）［M］. 北京：中共党史出版社，2011：38.

② 汪洋. 中国现代工人运动的伟大开端与蓬勃发展［J］. 辽宁大学学报（哲学社会科学版），1991（4）：7.

立—崛起"的视角，来观察中国工人运动的发展历程和中国工人阶级的成长路径，阐释无产阶级发展壮大与中国共产党诞生的内在联系，有助于更加深刻地理解五四运动影响中国工人运动乃至中国革命的进程与方向所蕴含的深远历史意义。

一、五四运动前夕的国际环境和中国社会状况极大地促进了中国工人阶级的觉醒

无产阶级是以机器大工业为物质技术基础的资本主义生产方式的产物。中国无产阶级最早产生于 19 世纪中叶的外国在华企业。随着近代工业的发展，到了五四运动前夕，中国工人阶级的队伍迅速扩大，工人斗争也得到较大的发展。正如《共产党宣言》所指出的那样："随着工业的发展，无产阶级不仅人数增加了，而且它结合成为广大群众了。它的力量日益增加，它自己也日益感觉到自己的力量。"① 尽管这一时期中国工人斗争的发展还处在自发的、分散的状态，当时工人阶级确实已经形成为一个重要的社会阶级力量，在俄国十月社会主义革命的胜利和欧亚革命浪潮高涨的影响下开始觉醒，而且日益成长壮大起来。

（一）中国社会阶级关系的新变动促进新的革命力量的成长

辛亥革命后，特别是第一次世界大战期间，中国半殖民地半封建经济状况伴随着国际国内形势发展发生了若干变化。中国无产阶级首先是伴随着帝国主义在中国直接经营的企业而来的，又是随着民族资产阶级的产生和发展而来的，特别是民族资本主义经济得到一定程度的发展，从而引起中国社会阶级关系的新变动，中国工人阶级队伍的壮大又促进了新的革命力量的成长。帝国主义国家在第一次世界大战期间，一定程度上放松了对中国的经济侵略和扩张，这在一定程度上刺激了工业的资本集聚和迅速发展，产业工人规模也随之加快壮大。1914 年第一次世界大战爆发时，中国产业工人已达 100 万

---

① 中共中央马克思、恩格斯、列宁、斯大林著作编译局．马克思、恩格斯——共产党宣言 [M]．北京：人民出版社，1997：36.

人以上；到了 1919 年五四运动前夕，中国产业工人已超过 200 万人。[①] 以上海纺织业为例，除了最早诞生的缫丝业工人和人数最多的棉纺织工人外，还先后出现了染织业、针织业、毛纺织业、丝织业、巾被业等行业的纺织业工人，数量雄居中国纺织业的半个天下，占据上海整个产业工人数量的一半左右。[②] 在 20 世纪初的中国社会阶级中，无产阶级的一部分相较资产阶级而言，社会基础更广泛一些，他们更富于团结协作精神，最少保守思想，最具进取精神。这一时期中国工人阶级在人数上虽然不能说庞大，但已是一支相当可观的社会力量了，可以说是一个最进步、最革命、最有前途的阶级。

（二）各国革命运动的高涨加速中国工人阶级迅速觉醒

第一次世界大战的爆发，使得中国的先进分子对西方资本主义制度暴露出来的固有矛盾和弊端以及西方文明价值产生了怀疑和动摇，这为中国先进分子放弃资产阶级共和国方案，继续探寻救国救民的真理和接受社会主义思潮，创造了有利条件。[③] 第一次世界大战及其所引起的一系列灾难性后果，俄国十月社会主义革命的胜利，欧美革命风暴的掀起以及亚洲各国民族解放运动的高涨，唤起了中国工人群众的觉醒，推动了人民革命运动的迅速发展。正如邓中夏同志在《中国职工运动简史》中所说的："世界革命潮流的消息当时在中国报纸上真是'日不绝书'的，中国工人的文化程度虽然落后，虽然百分之九十是不识字不能直接看报，然而街谈巷议，工人们是听着的……特别是俄国十月无产阶级革命的胜利，更使得中国工人受到深刻的影响和强烈的鼓励。"[④] 十月革命的胜利使中国工人阶级明显感觉到，俄国工农大众敢于冲破世界帝国主义阵线，建立一个新型的社会主义国家，这意味着帝国主义的力量并不是绝对不可战胜的。特别是 1919 年 3 月共产国际成立时强调，无产阶级必须通过暴力革命来实现无产阶级专政，同时开始密切关注亚洲各国特别是中国的革命运动情况，更令长期饱受帝国主义欺侮而又在反帝斗争中

---

① 中共中央党史研究室．中国共产党历史（第一卷：1921—1949）（上册）［M］．北京：中共党史出版社，2011：25.

② 谭抗美．上海纺织工人运动史编写组编．上海纺织工人运动史［M］．北京：中共党史出版社，1991：39.

③ 同①，第35页。

④ 邓中夏（1894—1933），湖南省宜章县人，马克思主义理论家，中国工人运动的领袖。转引自：张铨．中国工人阶级在五四运动中登上政治舞台［J］．社会科学杂志，1979（1）：9.

屡遭失败的中国无产阶级，由此增强了斗争的勇气和必胜的信念，因而加速了他们的觉悟和觉醒。

（三）纺织工人深受压迫剥削激发工人阶级强烈的革命要求

中国无产阶级身受帝国主义、资产阶级和封建势力的三重压迫，这种压迫的严重性和残酷性，在当时世界范围内是少见的。由于中国近代工业的布局和结构的不平衡，产业工人的绝大部分集中在沿海各省和水陆交通沿线的少数大城市。上海是近代中国纺织产业工人最多的地区，上海纺织工人是最早诞生的产业工人之一。但是当时上海纺织工人的劳动状况"要算是全国各种工人中最感痛苦的"[①]。一是劳动时间长。上海纺织工人每天工作时间 12 小时以上，而当时英、美、法等国的纺织工人已是每天工作 8 小时。上海纺织工人工作时间最长的时候，在一周 168 小时内，长日工要做到 99 小时，日夜工要做到 96 小时，纺织工人的工时完全是由中外资本家们的利益来决定的。[②]二是劳动强度高和劳动条件差。上海各纺织工厂，普遍采用女工，还有大量童工，超长时间的强制劳动使纺织工人每天处于极端疲乏的劳动状态，加上极差的劳动条件，工人的患病率非常高，被机器轧伤、轧死的悲惨事故也不鲜见。曾有报道，戈登路（今上海市江宁路）第四纱厂十四岁女工全瑛"进厂作夜工，至次晨放工出厂，在附近木作内略事休息，因工作时间过长，体力不支，忽然倒地身死"。[③] 三是毫无人格尊严和权利。青帮地痞垄断了上海纺织业的劳动力市场，包身工制和抄身制令纺织工人长期遭受残酷的经济剥削、政治压迫和人身侮辱。在上海各个纺织厂里，普遍都设有"拿摩温"（Number one）即监工头，他们在厂内巡视，可以肆意用木棒和皮鞭殴打工人。纺织工人被任意殴打的事件经常发生，类似新闸恰和丝厂女工头用铜勺将一名女童工头部击伤的事件，该厂在一个月内多达 20 起。[④] 因此，以上海纺织工人为代表的中国工人阶级，既有着改变自己悲惨境遇的强烈要求，更表现出比任何别的阶级更为坚决和彻底的革命斗争性，到了"五四"前夕，

---

① 谭抗美．上海纺织工人运动史编写组．上海纺织工人运动史［M］．北京：中共党史出版社，1991：43．

② 同①。

③ 同①，第 44 页。

④ 同①，第 47 页。

这种蕴藏着强烈的革命要求和巨大的革命力量，以一触即发之势转化为革命的行动。这样就能解释为什么在苦受煎熬的过程中成长和壮大起来的中国工人阶级，一旦参与到中国革命的进程中，便具有了最进步、最革命的阶级属性，成为推进中国革命的伟大力量。

（四）上海纺织工人早期斗争随着纺织工人队伍的壮大而发展起来

当时上海纱厂的分布非常集中，主要地域是沪东杨树浦一带、沪西小沙渡一带和浦东沿江一带，最多时曾达到 107 家棉纺织厂，有近 20 万工人。[①]产业工人集中的状况，有利于工人阶级的组织和团结，也有利于在工人中传播革命思想和发展革命力量，更有利于在工人集中的大城市中形成相对强大的斗争力量。[②] 上海早期纺织工人斗争，无论规模和次数，都随着队伍自身的壮大而开始了不断地、英勇地反抗剥削和压迫的斗争，并且已经从实践中逐渐学会运用罢工这个武器。从第一次世界大战爆发到五四运动爆发前的 5 年半时间里，上海纺织工人斗争已发生了 17 次，占全市工人斗争总数的约 20%，[③] 并且工人罢工提出的条件也开始超出经济诉求，见表 1。

表 1　第一次世界大战期间爆发至五四运动前夕上海纺织工人斗争情况[*]

年份	工人斗争情况
1914	6 月，纶华丝厂工人罢工
	10 月，群生织布厂因反对扣减工资而奋起斗争
	10 月，安裕丝厂工人因反对厂方亏欠工资而奋起斗争
1915	4 月，内外棉五厂工人因对厂方拖延发放工资"疑有他故"而击坏门窗和机器
	11 月，瑞纶丝厂因抗议厂方屡减工资而举行同盟罢工
	11 月，上海各织带厂工人反对厂方购置日本机器，举行同盟罢工
1916	12 月，源昌织带厂女工为要求增加工资与厂方交涉
1917	7 月，丰和丝厂因要求加工资不遂而准备罢工，时遭警署镇压
	9 月，瑞大织布厂女工因"要求厂主增加工资不允"而举行同盟罢工

---

① 谭抗美. 上海纺织工人运动史编写组. 上海纺织工人运动史 [M]. 北京：中共党史出版社，1991：42.

② 中共中央党史研究室. 中国共产党历史（第一卷：1921—1949）（上册）[M]. 北京：中共党史出版社，2011：27.

③ 同①，第 61 页。

续表

年份	工人斗争情况
1918	3月，中国第一毛线厂工人与厂员司中发生冲突而罢工
	4月，三新纱厂工人罢工
	8月，日华纱厂工人罢工
	9月，日华纱厂反对工头欺压工人罢工
	10月，日华纱厂因华人经理自行辞职内部改组酿成罢工风潮
	10月，上海第二纱厂布机间女工因反对日本厂主取消请假办法而罢工出厂
1919	2月，日华纱厂工人因日本厂主"规定以亨司计算工价"而罢工
	4月，三新纱厂工人因"工作加严，要求每工加洋2分不遂"全体罢工

* 资料来源：谭抗美. 上海纺织工人运动史编写组. 上海纺织工人运动史［M］. 北京：中共党史出版社，1991：600 – 601.

当时日商纱厂工人工资最低，比英商纱厂低 10% ~ 15%，比华商纱厂低 5% ~10%，只相当于日本国内纱厂工人工资的 42% ~52%，而且日商纱厂工人同工不同酬。[1] 1919 年 2 月 8 日，因反对厂方将计时工改为计件而加重剥削，浦东陆家嘴日商日华纱厂粗纱间女工举行罢工。2 月 11 日，该厂罢工人数已超过 600 人。2 月 12 日，百余女工前往日本领事署提出诉求，其中包括撤换该厂动辄殴打工人的管事日本人、照旧例逐日计算工资、不得裁减车间人数、落纱仍由幼童等。该厂工人不惧厂方勾结浦东警察署的威胁，坚持斗争，直至 2 月 15 日厂方被迫答应将工资按亨司[2]计算后才复工。[3] 从以日华纱厂工人为代表的上海纺织工人在斗争中所表现的不受利诱、不惧威迫可以看出，工人阶级已经意识到只有跟资本家进行斗争，才是唯一改善自己劳动、生存状况和争取解放自己的出路。

到了五四运动前夕，从工人斗争性质、规模、方式、策略等方面看，都较辛亥革命以前有了明显的进步。以上海纺织工人斗争为代表的早期工人运动，从斗争的对象看，既有同帝国主义的斗争，又有同封建势力的斗争，更

---

① 谭抗美. 上海纺织工人运动史编写组. 上海纺织工人运动史［M］. 北京：中共党史出版社，1991：48.

② 亨司（Hanks）是棉纺行业一个英制长度单位的译音，1 亨司 = 840 码 = 768. 096 米。重 1 磅的棉纱线，其长度有几个亨司，就称为几英支棉纱线。

③ 历史研究所上海史编写组. 五四运动在上海：1919 年大事记［J］. 社会科学，1979（1）：30 – 31.

多的则是同资本家的斗争；从斗争的性质看，既有经济斗争，又有政治斗争；从斗争的手段看，以罢工为主，参与人数少则几十，多达数千，而破坏机器、捣毁厂房财产等都带有明显早期工人斗争的特征。但是总体而言，这时的工人斗争基本上还是自发的、局部的，工人群众的组织也还处于秘密结社和封建帮会势力的影响之下，还缺乏完善的组织和广泛的团结。这是因为中国无产阶级还没有意识到自己阶级的历史使命，尚未在马克思主义科学理论的指引下，联合起来朝着统一的斗争目标而开展带有鲜明政治态度的同盟罢工，仍然是一个自在的阶级。

二、马克思主义的传播和实践有力地鼓舞了中国工人阶级的英勇斗争

马克思主义理论认为，各国无产阶级，当它还是一个自在阶级时，对资产阶级主要是进行自发的经济斗争。以上海纺织工人为代表的中国工人阶级真正由单纯的经济斗争开始向反帝、反封建的政治斗争转化，则是在震惊中外的"五四"爱国运动之后。特别是上海纺织工人率先在"六三罢工"① 发起的英勇斗争，使得中国近代工业中心的上海，成为五四运动中反帝爱国大罢工的起点和中心。应当看到，此时中国工人阶级的自发斗争已经发展到迫切需要能够指导全世界工人阶级解放的科学理论和思想武器的重要时刻，而马克思主义也正需要找到工人运动这一物质力量才得以在中国传播和实践。

（一）对"五四"爱国运动的响应和空前规模罢工的酝酿

1919 年 4 月，中国在"巴黎和会"上完全失败的消息传回国内，中国人民心目中对"公理战胜强权"的幻想彻底破灭，从而导致了中国历史上空前未有的反帝反封建的"五四"爱国运动在北京的爆发。当北京学生在天安门前集会游行，要求惩办亲日派卖国贼的爱国示威活动遭到北洋政府派军警残酷镇压的消息传到上海后，立时激起社会各阶层人士对学生正义行动的普遍支持和对北洋政府倒行逆施的一致反对。五四运动爆发不久，李大钊就代表

---

① 史学界一般将这次爱国主义政治罢工称为"六三罢工"，但实际上首次罢工发生在 6 月 5 日，因而有的文献也称其为"六五罢工"。而称之为"六三罢工"，其原因在于 6 月 3 日是这一系列罢工事件的导火索。

工人阶级提出了"改造强盗世界，不认秘密外交，实行民族自决"三大政治要求①，对反帝爱国运动起了指导作用。当时在上海全市掀起了一场声势很大的抵制日货运动，促使各业工人反帝爱国斗争迅速汇成一股巨流。上海纺织工人义无反顾地参加了这一运动。

上海纺织工人长期备受日本资本家的欺压和凌辱，对帝国主义有出自本能的刻骨的仇恨。五四运动的爆发，更使他们将自身的苦痛与国家的兴亡紧密地联系起来，因而把斗争矛头直接指向日本纱厂。1919 年 5 月 7 日，正值当年袁世凯在由日本提出的二十一条卖国条约上签字的国耻纪念日，杨树浦恒丰纱厂工人在厂门两边分别贴出"国耻纪念日"和"禁止日本人进厂"大标语。5 月 8 日晚 8 时，全厂 2800 多名职工召开了大会，研究抵制日货的办法，并推派代表，联络其他纱厂采取一致行动。纱厂职工还砸毁了宿舍里所有日货器皿。② 上海纺织工人集体抵制日货的态度和决心十分坚决。"对织工来说，他们的生产技术使自己拥有比较稳固的都市职业以及发起范围和影响都比较大的抗议的能力，所以更有可能在他们中间开展政治行动……年纪较轻、受过较好教育的工人倾向于更为激进的政治方式。"③ 此时，工人阶级与劳动人民在革命知识分子的宣传鼓动和本阶级先进分子的带头推动下，正在从思想上和组织上，酝酿着一场中国历史上空前的政治大罢工。

（二）上海纺织工人投身具有鲜明反帝性质的"六三罢工"

从 1919 年 6 月 3 日以后，参加五四运动的主体从学生、知识分子扩大到工人、店员和工商业者，反帝爱国大罢工的中心也由北京转移到了上海，爆发了轰轰烈烈的"三罢"斗争——学生扩大罢课，商界闭门罢市，工人奋起罢工。

罢工首先在上海的日资纺织企业爆发。6 月 5 日上午，位于沪西小沙渡地区的日商内外棉株式会社（简称"内外棉"）所属五厂摇纱间的工人罢工，他们决心用实际行动来支持学生的爱国运动，一时间"摇班"④ 之声此起彼

① 上海社会科学院历史研究所. 五四运动在上海史料选辑 ［M］. 上海：上海人民出版社，1960：112. 转引自：张铨. 中国工人阶级在五四运动中登上政治舞台 ［J］. 社会科学，1979（1）：9.

② 谭抗美. 上海纺织工人运动史编写组. 上海纺织工人运动史 ［M］. 北京：中共党史出版社，1991：63.

③ ［美］裴宜理. 刘平，译. 上海罢工：中国工人政治研究 ［M］. 南京：江苏人民出版社，2012：249.

④ "摇班"是当时纱厂工人对罢工的俗称。

伏，波及整个厂区。11 时 30 分，车间机器全部停摆，五厂陷入瘫痪，揭开了上海工人"六三罢工"的序幕。气急败坏的日本经理川村责令人事科长中泽连拖带拉逼迫工人回到织机旁，监督工人重新开车。但是五厂的工人采取日本人来就开车、转身就关车的办法，同资本家开展斗争。与此同时，三厂、四厂部分工人也响应："打厂去！"① 当天下午，浦东日华纱厂和沪东上海纱厂的部分工人继起罢工，斗争很快扩大到全市。6 月 7 日，信通织布厂工人罢工。6 月 8 日晚，内外棉五厂部分罢工工人冲进相邻的七厂、八厂，与厂内工人里应外合退厂罢工，随即分成两路冲入三厂、四厂和九厂。此时，九厂的资本家已有准备，戈登路捕房的巡捕开来后，用警棍、马鞭殴打手无寸铁、继续前行的工人。工人们被迫还手，遂在九厂门前展开了激烈的斗争。厂内工人见状纷纷关车并齐呼"万众一心，罢工救国"，结果遭致厂中日本人和租界巡捕的行凶殴打。愤怒之下，工人捣毁了专门欺压工人的"人事课"后才退出厂去。这场持续到深夜的斗争突破了重重阻力，实现了沪西内外棉各厂万余工人的第一次同盟罢工。6 月 9 日一早，内外棉五厂、七厂、八厂工人会同小沙渡、曹家渡一带纱厂 1.5 万余名工人一起走上街头举行声势浩大的示威游行，高呼"废除二十一条不平等条约""惩办卖国贼""抵制日货""不给仇人做工"等口号，并得到了上海市民的支持。② 至 6 月 12 日，上海各厂大都开工复业，唯有内外棉纱厂近万工人"相约始终坚持，不愿上工，为根本之抵制"③，表示了"即令商界答应开市，工界同胞绝不终止"的反帝爱国斗争决心。④ "六三罢工"中，上海日资纺织企业的工人，不仅最先罢工，而且最后结束，不仅罢工，而且暴动，不仅敢于同帝国主义和军阀政府作斗争，而且采取同盟罢工的形式抵制了资产阶级的动摇、妥协和利诱，展现了比以往纺织工人斗争更加坚决、勇敢和彻底的一面。

"六三罢工"斗争在上海历时一个多星期，参加人数总计近 11 万。⑤ 随着工人斗争的深入，"六三罢工"迅速向全国发展。沪宁铁路和沪杭铁路工人、

---

① "打厂"是当时纱厂工人支援别厂罢工的俗称。

② 谭抗美．上海纺织工人运动史编写组．上海纺织工人运动史［M］．北京：中共党史出版社，1991：64 - 66.

③ 综合 1919 年 6 月 12 日、13 日、15 日《新闻报》《时事新报》《民国日报》报道．参见：历史研究所上海史编写组．五四运动在上海：1919 年大事记［J］．社会科学，1979（1）：35 - 38.

④ 李华兴．上海工人阶级"六三"政治大罢工［J］．学术月刊，1979（5）：37.

⑤ 傅绍昌．五四运动在上海的展开及其特点［J］．历史教学问题，1985（2）：8.

京汉铁路的长辛店工人、京奉铁路的唐山工人也相继罢工，罢工浪潮迅速扩展到全国 20 多个省 100 多个城市。① 毛泽东同志指出，五四运动发展到"六三"以后，"就不但是知识分子，而且有广大的无产阶级、小资产阶级和资产阶级参加，成为全国范围的革命运动了"②。运动的迅猛发展，使资本家和政府当局惶惶不安。北洋军阀政府慑于人民群众的愤怒和威力，于 6 月 7 日被迫释放被捕学生，6 月 10 日罢免了交通总长曹汝霖、驻日特命全权公使章宗祥、币制局总裁陆宗舆三个亲日派卖国贼的职务。五四运动取得初步胜利，标志着一场新的伟大的反帝反封建斗争呈现出燎原之势，从而引发一场广泛的、深层次的马克思主义传播和实践。

（三）马克思主义与中国工人运动的结合指引斗争实践蓬勃开展

五四运动以后，马克思主义和中国工人运动相结合的速度是异常迅速的。1920 年 8 月，中国共产党早期组织先后在上海等地成立，之后各地的共产党早期组织通过进步刊物在工人群众中积极宣传马克思主义、十月社会主义革命。由陈独秀、李汉俊发起创办的《劳动界》③ 周刊，是中国第一个专门向工人进行马克思主义宣传的通俗刊物。它的出版，是共产主义知识分子从事工人运动的良好开端，是马克思主义与中国工人运动相结合的最早尝试。④ 随着《劳动者》《劳动音》⑤ 等进步刊物相继在广州、北京等地出版，翻译和介绍马克思主义著作的文章也增多了。"在五四运动展开后，群众思想解放，革命热情高涨，宣传十月革命，宣传马克思主义思想，介绍国际工人运动，介

---

① 中共中央党史研究室. 中国共产党历史（第一卷：1921—1949）（上册）［M］. 北京：中共党史出版社，2011：41.

② 这是毛泽东同志于 1940 年 1 月 9 日在陕甘宁边区文化协会第一次代表大会上作题为"新民主主义的政治与新民主主义的文化"的讲演中的一句话，后来出版时将题目改为"新民主主义论"。见《毛泽东选集》第二卷。

③《劳动界》于 1920 年 8 月 15 日创刊，以专栏短文和生动事例揭露了资产阶级压榨工人的罪行，启发工人的觉悟。《劳动界》共出版了 24 册，1921 年 1 月终刊。

④ 中共中央马克思、恩格斯、列宁、斯大林著作编译局研究室. 五四时期期刊介绍（第二集）上册［M］. 北京：生活·读书·新知三联书店，1959：61.

⑤《劳动者》周刊是广东共产主义小组向工人进行马克思主义宣传的通俗刊物，创刊于 1920 年 10 月 3 日，可见的有第 1—8 号。《劳动音》周刊是北京共产主义小组指导工人运动的通俗小报，创刊于 1920 年 11 月 7 日"十月革命节"，可见的有第一册和第五册（1920 年 12 月 5 日），停刊年月不详。参见：中共中央马克思、恩格斯、列宁、斯大林著作编译局研究室. 五四时期期刊介绍（第二集）上册［M］. 北京：生活·读书·新知三联书店，1959：71、75.

绍苏联法规制度的著作，风起云涌，居于压倒优势。"①

上海共产党早期组织安排李启汉②到当时纺织工人最集中的沪西小沙渡筹备纺织工会。③ 考虑到当时的上海纺织工人文化程度低，不识字的男工占50% ~60%，女工占80% ~90%,④ 李启汉于1920年10月在小沙渡地区的槟榔路（今上海市安远路）锦秀里主持开办劳工半日学校，这是全国第一所由共产党的早期组织创办的工人文化补习学校，并成为在上海的共产党人组织开展工人运动的起点。劳工半日学校根据上海纺织工人的实际情况，安排了较为灵活的授课时间，做夜工的工人可在每日上午7时至9时来读，做日工的可在每日下午7时至9时来读，很受工人欢迎。⑤ 上课时，李启汉与纺织工人们坐在一起，像谈家常一般，深入浅出地讲解与工人们休戚相关的道理和革命的真理，耐心地解答工人提出的问题。纺织工人群众在逐步接受马克思主义的过程中，不断提高阶级觉悟，从中也涌现出一批具有共产主义思想的先进分子。当时上海日商同兴纱厂工人孙良惠⑥在劳工半日学校学习革命道理后，回厂反抗资本家的压迫和剥削，虽先后两次遭到开除但均不后悔。李启汉离开后，他继续寻找工人补习班，后来成为上海纺织工人中第一名中国共产党党员，并成为上海沪西工友俱乐部的负责人之一。

党的早期组织号召中国工人把五一纪念活动变成"劳工阶级的运动"。1920年4月中旬，陈独秀联合中华工业协会、中华工会总会等7个工界团体联合筹备召开"世界劳动节纪念大会"，并在筹备会上发表了《劳工要旨》的演讲。上海各业5000多名工人于5月1日举行集会，提出"劳动万岁"等

---

① 中国社会科学院历史研究所第三所. 五四运动回忆录 [M]. 北京：中华书局，1959：194. 转引自：张铨. 中国工人阶级在五四运动中登上政治舞台 [J]. 社会科学杂志，1979 (1)：14.

② 李启汉（1898—1927），又名李森，中国共产党创建时期最早的党员，著名的早期工人运动领袖，曾任中国劳动组合书记部干事，中华全国总工会执行委员兼组织部长，省港罢工委员会委员兼干事局长。1927年4月，李启汉同志被国民党反动派秘密杀害。

③ 吴楚婴. 李启汉与上海工人运动 [J]. 党史文汇，2015 (9)：30.

④ 谭抗美. 上海纺织工人运动史编写组. 上海纺织工人运动史 [M]. 北京：中共党史出版社，1991：53.

⑤ 同④，第70页。

⑥ 孙良惠又名孙仲英，原是上海日商同兴纱厂工人，后来成为工人运动领袖，被选为全国总工会第二届、第三届执行委员会候补委员。1930年，孙良惠同志在武汉担任湖北省工会主席期间，由于叛徒出卖，不幸被捕牺牲。

口号，通过了《上海工人宣言》。《新青年》① 第 7 卷第 6 号出版了《劳动节纪念号》，刊登李大钊的重要文章《"五一"运动史》。陈独秀本人也撰写了《上海厚生纱厂湖南女工问题》一文，用马克思主义的剩余价值理论，批判纺织业大资本家、厚生纱厂老板穆藕初对工人的残酷剥削，揭露资本家用"红利"的名义，掠夺了工人创造的剩余价值，认为"这实在是清平世界里不可赦的罪恶"。②《劳动节纪念号》的编辑发行，是中国先进分子与工人运动相结合的产物。③

中国先进分子认识到工人阶级的历史作用和强大力量，并到纺织等各行业工人群众中去，举办劳动补习学校，出版通俗书刊，进行宣传演讲，建立工人俱乐部，不仅启发了工人群众的阶级觉悟，提高了工人队伍的斗争水平和组织水平，而且还发现和培养了一批开展工人运动的骨干，锻炼和造就了一批工人运动的优秀领导者，有力地促进了马克思主义同中国工人运动的结合。历史证明，中国工人运动如果没有马克思主义的指导，就不能由自在的阶级变成自为的阶级，中国工人运动就不能形成自觉的共产主义运动。马克思主义在中国的传播以及与中国工人运动的结合，为培育和缔造代表中国工人阶级先锋队的中国共产党，为工人运动日后在中国共产党的领导下开创新的斗争局面，奠定了坚实的思想和组织基础。

三、显示出强大革命威力的中国工人阶级独立登上政治舞台

上海纺织工人在"六三罢工"中得到了锻炼。与中国工人阶级以往的早期经济斗争不同，"六三罢工"是工人阶级摆脱资产阶级、小资产阶级的影响，打破行会观念和行业、地区之间的界限，初步联合起来朝着统一的斗争目标而举行的带有反帝爱国性质和鲜明政治态度的同盟罢工，并且第一次实

① 《新青年》，是由陈独秀在上海创立，群益书社发行的革命期刊，原名《青年杂志》，自第 2 卷起改称《新青年》。自 1915 年 9 月 15 日创刊号至 1926 年 7 月终刊，共出版 9 卷 54 号。《新青年》在五四运动期间起到重要作用。

② 谭抗美．上海纺织工人运动史编写组．上海纺织工人运动史 [M]．北京：中共党史出版社，1991：69 - 70.

③ 中共中央党史研究室．中国共产党历史（第一卷：1921—1949）（上册）[M]．北京：中共党史出版社，2011：58.

现了上海全市产业工人总罢工。① 这是中国工人运动史上一个新的飞跃，昭示了工人阶级正在走向成熟，并且开始以独立的姿态登上政治舞台。

（一）旗帜鲜明地摆脱资产阶级所规定的斗争方向和范围

五四运动以前，中国工人阶级基本上是作为资产阶级革命的追随者出现的。在罢工问题上，资产阶级、小资产阶级一贯持反对态度，他们幻想走一条既不去触犯帝国主义和封建军阀，又能发展自己产业的"救国"道路，他们力图将工人运动的方向规定为"文明抵制，切勿暴动"，将范围设定为"对内不对外""不触犯英美法各友邦"。当时，纺织业大资本家穆藕初公然提出，工界罢工"最为危险"，要"竭力遏止"；一些附和的资本家也表示，在日本人开办的工厂罢工情有可原，而中国资本家开办的工厂绝不应该举行罢工。资本家甚至提出"工战"的口号，宣扬用增加生产的办法来抵制帝国主义，妄图通过给工人提高工资，把工人阶级反帝爱国的政治斗争引向为他们创造更多利润的歧路上去。② 但是上海纺织工人与其他产业工人一样，并没有按照资产阶级规定的方向行进，无论是日商还是华商的纱厂工人都受到罢工浪潮的影响，按照自己的意志去扩大罢工，体现了自觉投入斗争的阶级主动性。邓中夏同志在《六三以后上海工人的大罢工》一文中指出："……后来中国工人阶级能发展自己阶级的独立力量与独立斗争，显然的此次罢工有很大的影响。自然后者是为当初资本家所不及料的。"③

历史发展到这一阶段，软弱的中国资产阶级显然已经不可能继续充当民主革命的政治指导者了。这是由于，工人阶级一旦在政治上和组织上开始摆脱资产阶级的影响，提出了自己的政治要求，便不可逆转地摒弃作为资产阶级的追随者的地位，而是以自己的阶级意志和自觉，担当中国革命的主体，此后的斗争中也不再以资产阶级和小资产阶级的斗争愿望为转移。正如《共产党宣言》中指出的："无产阶级经历了各个不同的发展阶段。它反对资产阶

---

① 陈家新. 中国工人阶级成为政治舞台主角的历史必然 [J]. 工会博览 (下旬刊)，2013 (6)：19.

② 谭抗美. 上海纺织工人运动史编写组. 上海纺织工人运动史 [M]. 北京：中共党史出版社，1991：68.

③ 中国社会科学院近代史研究所《近代史资料》编译室. 五四运动回忆录 [M]. 北京：知识产权出版社，2013：85.

级的斗争是和它的存在同时开始的。"① 尽管还不能说当时的中国工人阶级已经清楚地认识到自己的历史使命，但他们在五四运动中已经表现出远比资产阶级等其他阶级更为坚定的革命立场和更为强烈的斗争意识。中国反帝反封建的民主革命的领导责任历史地落到中国无产阶级身上。这就成为具备自觉性因素的中国工人阶级在政治上趋于成熟，以一支觉悟了的、独立的革命力量登上政治舞台的重要标志。②

（二）工人阶级队伍的团结打破了旧式行帮的界限和束缚

长期以来，由于地域、行业等客观因素，产业工人之间深受封建式非阶级意识的影响和带有封建色彩的行会、帮口的束缚。据统计，当时上海纺织工人中男工十之七八参加了帮派组织，拜老头子、信仰关公，女工则拜佛烧香。纺织工人中盛行以籍贯结帮、拜兄弟、姐妹等。如在纱厂有"苏北帮""湖北帮""安徽帮"等，在丝绸工人中有"嵊县帮""杭帮""苏帮"等。③分帮分派，不相往来，使得早期上海纺织工人运动处在一种零星的、分散的状态，④ 工人阶级因而容易受到分化，工人团结常常遭到破坏。十月革命胜利之后，通过马克思主义革命真理的灌输和教育，广大产业工人的政治觉悟得到迅速提高，团结斗争的愿望变得迫切。特别是经过"六三罢工"，广大产业工人明白了一个真理：团结就是力量。各行各业、各帮各派的工人放下行帮的组织和观念，开始联合起来，为着统一的斗争目标，举行同盟罢工，从而把过往各行业、各工厂的分散斗争，集中成为整个工人阶级反对帝国主义及其走狗的政治行动，并且第一次采取了声势浩大、波及全国的政治总罢工的斗争形式。尽管当时上海工人阶级的觉悟水平和组织程度有限，毕竟旧时的行帮界限有所打破，对加强工人队伍的团结统一，增强工人群体的阶级意识，起到了积极的推动作用。

---

① 马克思，恩格斯. 中共中央马克思、恩格斯、列宁、斯大林著作编译局. 共产党宣言［M］. 北京：人民出版社，1997：35.

② 李福春. 五四运动促进了中国工人运动同马列主义的结合［J］. 齐齐哈尔大学学报（哲学社会科学版），1983（2）：86.

③ 谭抗美. 上海纺织工人运动史编写组. 上海纺织工人运动史［M］. 北京：中共党史出版社，1991：53.

④ 傅绍昌. 五四运动在上海的展开及其特点［J］. 历史教学问题，1985（2）：8.

（三）主力军的地位显示出中国工人阶级强大的革命威力

中国工人阶级第一次联合为全国统一的阶级力量，由以往资产阶级的附和力量转变为反帝爱国斗争的主力军，显示了高度的政治觉悟和强大的战斗力。① 吴玉章同志在《回忆五四前后我的思想转变》一文中这样写道："经过十月革命，世界上出现了第一个工人阶级的政权；经过五四运动，中国工人阶级发挥了冲击旧制度的伟大力量。在国际和国内的新形势下……深深感到工人阶级力量的伟大。"② 相较于后来大革命时期波澜壮阔的中国工人运动高潮而言，"六三罢工"无疑是一次出色的预演。正如邓中夏同志在《中国职工运动简史》中所指出的："六三罢工""相当地启示了工人，认识罢工的威力，中国工人阶级的政治罢工开始于这一次"。③ 五四运动时期，工人运动已经具有了一个坚实的阶级基础，工人阶级以自己特有的组织性和斗争的坚定性，在汇集成为全国性的反帝反封建的伟大斗争运动中发挥着主力军的作用，显示出中国工人阶级冲击旧世界的锐不可当的革命威力。

应当看到，以上海纺织工人为代表的中国工人阶级，尽管在五四运动时期的罢工斗争中显示出比任何别的阶级更加的坚决性和彻底性，但他们还没有达到认识中国半殖民地半封建社会的本质、认识无产阶级历史使命的水平，还提不出自己独立的、科学的政治斗争纲领。中国无产阶级要充分体现和发挥自身的革命性，担当起中国革命的领导责任，还必须建立与农民、旧式手工业工人和江湖游民的组织截然不同的新的阶级组织形式——无产阶级革命政党和现代工会，从而实现由自在阶级向自为阶级的转变。④ 这也反映出中国工人运动需要无产阶级政党的坚强领导的现实必要性和历史必然性。

---

① 汪洋.中国现代工人运动的伟大开端与蓬勃发展 [J].辽宁大学学报（哲学社会科学版），1991（4）：7.

② 吴玉章（1878—1966）是我国杰出的无产阶级革命家、教育家、历史学家和语言文字学家、新中国高等教育的开拓者，在 20 世纪 40 年代，他就与董必武、林伯渠、徐特立、谢觉哉一起被誉为中国共产党著名的"延安五老"。转引自：中国社会科学院近代史研究所《近代史资料》编译室.五四运动回忆录 [M].北京：知识产权出版社，2013：9.

③ 李华兴.上海工人阶级"六三"政治大罢工 [J].学术月刊，1979（5）：38.

④ 中共中央党史研究室.中国共产党历史（第一卷：1921—1949）（上册）[M].北京：中共党史出版社，2011：27.

四、中国工人阶级在迎接中国共产党诞生的重要历史阶段实现自身的真正崛起

五四运动的发生，为中国工人阶级的真正崛起并建立无产阶级政党提供了重要的历史契机。以上海纺织工人为代表的产业工人的斗争实践表明，以五四运动时期爆发的"六三罢工"为起点，中国工人阶级已经不仅在经济上、政治上崛起成为一个真正的阶级，而且初步形成了对统治阶级和剥削阶级开展阶级斗争的阵势，中国工人运动从此进入现代工人运动阶段。[①] 事实上，这一时期正是通过马克思主义的传播和扎根，并且与中国工人运动相结合，促使工人阶级从自在阶级向自为阶级转变，为在中国正式建立无产阶级政党作必要的思想上的武装和组织上的准备。深入到工人中去，了解他们的疾苦，并把他们组织起来，是中国先进分子筹备建立无产阶级政党的第一步。无论是在思想灌输方面，创办工人刊物宣传马克思主义，开办工人补习学校，以通俗的道理启发工人的觉悟，鼓舞工人斗争的决心；还是在组织方面，帮助工人先后建立机器、邮电、印刷、纺织等工会，组织和团结千百万劳动者，领导工人开展斗争，目的都是把反对压迫者和剥削者的自发斗争变成整个工人阶级的自觉斗争，[②] 夯实工人阶级作为中国革命主力阶级的基础地位，为无产阶级政党的诞生奠定坚实的阶级基础。

马克思主义与工人运动相结合，必然会产生无产阶级的政党。因此，五四运动之后，马克思主义在中国广泛传播并且日益同中国工人运动相结合的过程，也就是酝酿、准备到建立中国共产党的过程。[③] 随着中国工人阶级的真正崛起，以及主力阶级地位的巩固，无产阶级政党的建立已是势所必然，而且条件业已完全具备了。1921 年 7 月，在中国工人阶级的摇篮和工人运动中心的上海，作为马克思主义和中国工人运动相结合的产物——伟大、光荣、正确的中国共产党诞生了，中国革命和中国工人运动从此都进入了拥有无产阶级先锋队领导的崭新的历史阶段。历史有力地表明：无产阶级

---

① 汪洋. 中国现代工人运动的伟大开端与蓬勃发展 [J]. 辽宁大学学报（哲学社会科学版），1991（4）：7.

② 王彦坦. 略论中国共产党是马克思列宁主义同中国工人运动相结合的产物 [J]. 淮北煤师院学报（社会科学版），1982（1）：26.

③ 中共中央党史研究室. 中国共产党历史（第一卷：1921—1949）（上册）[M]. 北京：中共党史出版社，2011：57.

觉醒和崛起之后，只有掌握了马克思主义这个思想武器，才能真正认识到本阶级的历史使命，才能由自在阶级转变为自为阶级，并且组织成为革命的无产阶级政党，① 才能在革命斗争中将自己的力量更加集中、更加强大地表现出来，才能真正取得阶级解放和民族独立的最终胜利；而马克思主义的中国化和中国共产党的诞生，正是中国工人运动和中国革命继续向前发展的历史动力。

五、结语

中国的工人运动自 19 世纪 40 年代发生，至 20 世纪五四运动爆发，大约走过了 80 年的斗争道路。其间，随着产业工人队伍的不断发展壮大和经过大小数百次自发的反抗斗争的锻炼与教育，中国工人阶级在不断提高阶级觉悟、联合意识和斗争水平的过程中得到成长。五四运动时期，以上海纺织工人运动为代表的中国工人运动，经历了日益严重的民族危机和社会危机，在俄国十月革命和新思潮的影响下，得到迅速发展。但是，这一时期的中国工人阶级尚处于自发的反抗斗争阶段，还不能够通过自觉的阶级斗争对中外资本家及帝国主义、封建势力的剥削和统治形成真正威胁。中国工人阶级真正能够认识并担纲中国革命的历史责任，是在中国共产党成立之后。从此，具有光荣斗争传统的上海纺织工人，同各地各业工人一道，在中国共产党的领导下，奋不顾身地投入了为推翻帝国主义、封建主义、官僚资本主义统治，建立人民民主政权的艰苦斗争，并在斗争中不断提高觉悟程度和组织程度，逐步成长为具有崇高共产主义理想，坚定明确的革命目标，高度组织性和纪律性的先锋力量。回顾五四运动时期中国工人运动的发展历程，其中所映射出的中国工人阶级"觉醒—斗争—独立—崛起"的成长路径，蕴含着无产阶级发展壮大与中国共产党诞生的内在联系，不仅可以清楚地看到当时工人运动斗争与实践的复杂和艰巨，而且也可以更深刻地认识中国共产党领导工人运动并最终取得中国革命胜利的崇高和伟大。历史清晰地表明，一旦接受了中国共产党的领导和马克思主义理论的指导，中国工人运动便迅速出现了蓬勃发展

---

① 吴兴灿. 工人运动·中国共产党·革命知识分子 [J]. 湖南师范大学社会科学学报，1984 (2)：34.

的局面。这再次证明了毛泽东同志关于"自从有了中国共产党，中国革命的面目就焕然一新了"① 这一论断的正确性，而这正是中国社会发展和历史进步的要求所决定的。

---

① 这是毛泽东同志在 1948 年 11 月给欧洲共产党和工人党情报局机关刊物《争取持久和平，争取人民民主！》撰写的一篇关于纪念"十月革命"31 周年的论文———《全世界革命力量团结起来，反对帝国主义的侵略》中的一句话。见《毛泽东选集》第四卷。

巴黎和会期间顾维钧排除日本侵害山东利益的作为

赵国辉[*]

1919 年 1 月，"一战"后的和会在法国巴黎举行，中国代表顾维钧在会场描述青岛的地理、人文等知识，揭示日本制造侵权纠纷[①]及其不法侵占之过

---

* 作者简介：赵国辉，中国政法大学人文学院历史研究所副教授。

① 法学领域的纠纷，是相对立的主体之间就特定的价值物所产生的不同认识并且对这种不同认识的刻意坚持。参见：汤维建等. 群体性纠纷诉讼解决机制论［M］. 北京：北京大学出版社，2008：7. 侵权纠纷是指因侵害他人的合法人身财产利益所发生的纠纷，侵权纠纷的争议焦点是当事人的权益是否受到侵害。社会学中，纠纷一词通常指"争执不下的事情"。徐昕认为，"纠纷指特定主体基于利益冲突而产生的一种双边或多边的对抗行为。它又常被称为冲突、争议或争执，其本质可归结为利益冲突。"参见：徐昕. 迈向社会和谐的纠纷解决［M］//徐昕. 纠纷解决与社会和谐. 北京：法律出版社，2006：66. 社会冲突理论的早期代表人物齐美尔，他直接将社会冲突看作是社会互动交往的一种形式。这一观点最终也被科塞等众多社会冲突理论者所继承。参见：侯均生. 西方社会学理论教程［M］. 天津：南开大学出版社，2001：94. 社会冲突常常是被主体意识到并且表现为某种立场，同时按照它的参与者所付诸的实践而被"物质化"，而冲突的解决也正是用这种有意识活动的方式。参见：［俄］沃·斯·谢苗诺夫. 冲突蔓延的俄罗斯：爆发与和解之间［J］. 社会学研究，1993（7）：74. 国际政治中也常见关于冲突的讨论。现实主义一直是国际政治学界公认的理论范式。它认为冲突是国际政治的根本特征，无论是以摩根索为代表的古典现实主义，还是以华尔兹为代表的新现实主义，都将冲突作为国家间关系的基本事实。在承续传统法的定纷止争功能基础上，从社会关系角度审视法律功能，学界多采用纠纷用语。

程，向与会各国阐述中国国家利益①主张，中国实证法学②的声音首次在重要的国际协商场合——凡尔赛宫回荡。传统学界及其主流舆论认为，山东权益未能争回，废除民四条约及希望条件两项说帖和会皆未受理，因此是"外交失败"。但近年对顾维钧与"巴黎和会"的研究又有新进展：一是"巴黎和会"中国对日外交取胜。③ 二是在"弱国无外交"的形势下，中国人第一次挺起胸膛，向列强说"不!"让山东问题获举世关注。④ 三是顾维钧通过"联美制日"获得山东问题的解决，⑤ 外交策术被交口称赞。

回到历史现场，我们看到，日本代表牧野伸显在和会第一次讨论山东问题时，首先提出了日本政府对山东问题的主张，要求从德国手中直接接收胶州湾租借地、胶济铁路及德国人在山东所有其他权力，其理由主要有两条：一是大战期间日本对德国采取军事行动，占领了胶州湾和胶济铁路，使"德国在远东军事上政治上之根据因以破毁"，"日本为铲除德国势力牺牲不

---

① 利益是法学中的一个基本范畴。所谓利益，就是受客观规律制约的，为了满足生存和发展而产生的，人们对于一定对象的各种客观需求。利益具有关系的属性，利益是由主体需要、客体属性和实践活动三方面构成的，是在实践基础上的主体需要与客体属性的统一。参见：高岸起. 利益的主体性 [M]. 北京：人民出版社，2008：76 - 77. 马克思在《经济学手稿（1857—1858 年）》中讲到，商品经济是以对物的依赖为基础的人的独立。人类通过实践，事物的自然属性变成了利益属性，利益是主、客体间一种普遍的基本的关系。参见：高岸起. 利益的主体性 [M]. 北京：人民出版社，2008：133 - 134. 庞德认为，利益是通过法律进行社会控制的主要作用机制。参见：章志军. 利益与价值衡量——庞德法理学的核心概念 [D]. 重庆：西南政法大学硕士论文，2011：4.

② 19 世纪工业革命的实践，孔德的实证主义和边沁的功利主义把古典自然法学拉下神坛，奥斯丁将两者结合创立出分析实证法学，并把法学从伦理学中独立出来。边沁曾将法理学分为说明性与审查性的，并认为只有说明性法理学才是科学的研究方法。奥斯丁继承其衣钵，坚持只有描述性理论才是法律科学的研究对象的做法。法律实证主义者都宣称自己的理论是"描述性理论"，这一做法实际上渊源于实证主义传统。实证主义认为，只有事实才是科学的研究对象，科学是由描述性命题组成的理论体系。

③ 王建朗对中国北京政府在巴黎和会上的外交表现定义为，中国以拒签《凡尔赛和约》的举动而公开强化了自己的诉求。参见：王建朗. 从世界秩序的变迁中观察中国 [J]. 史学月刊，2017（7）：5 - 8. 唐启华在《巴黎和会与中国外交》一书中，依据陆征祥档案认为，"巴黎和会"两年之后，"华盛顿会议"时日本同意把山东交还中国，就是依据 1919 年在"巴黎和会"上所做的保证，所以，山东问题不见得是失败。参见：唐启华. 巴黎和会，中国外交并未失败 [N]. 新京报，2014 - 08 - 11.

④ 石源华. 顾维钧：雄辩于巴黎和会上 [J]. 世界知识，2007（6）：55.

⑤ 金光耀认为，在"巴黎和会"期间，北京政府采纳了顾维钧的主张，使得这一时期北京政府的外交具有明显的联美制日的特征。联美制日在当时不失为北京政府在外交上的一个可行的选择。参见：金光耀. 顾维钧与中美关于"二十一条"的外交活动 [J]. 复旦大学学报，1996（5）.

少"。① 二是在战争期间日本已与英、法、俄、意四国就山东问题达成了秘密谅解。② 翌日，牧野又提出了第三个理由，即中日两国已签订过有关山东问题的协定。③ 和会期间日本抱此三个理由，坚持直接从德国手中获取山东的权益。针对中日主体际④纠纷的日方理由，中国代表顾维钧质疑、反驳日本主张的效果堪佳，那么，他的依据为何？他又是如何据理抗争的呢？借此问题意识，撰成小文，就教方家。

一、申明领土权利之源

日本代表权利⑤主张首要的理由是，所谓大战期间日本对德国采取军事行动，占领了胶州湾和胶济铁路，使"德国在远东军事上政治上之根据因以破毁"，"日本为铲除德国势力牺牲不少"。但是，这种说词难以成为领土权利之源。

所谓的"山东问题"，是指19世纪末20世纪初德、日两国为把中国变成其殖民地和蓄意吞并山东而制造的一系列侵华事件而导致的山东权利的侵害，造成对中国的侵权纠纷。侵权纠纷及其交涉行为不仅体现在个人间同时存在

---

① 王芸生. 六十年来中国与日本：第七卷[M]. 北京：生活·读书·新知三联书店，1980：263.

② 英、法、意、俄在1917年2—3月间曾对日本达成秘密谅解，四国承认日本在山东的既得权益，在和会中不反对日本对山东权益的要求。参见：王芸生. 六十年来中国与日本（第七卷）[M]. 北京：生活·读书·新知三联书店，1980：71-74.

③ 同①，第265页。

④ 主体际亦称主体间性，马克思把人类关系划分为三大形态，物的依赖关系乃是介于人的依赖关系和自由人联合体之间的第二大社会形态。自然世界中的身体间性表明世界与身体的同质性构成了身体间的基础，主体与自然世界的共生为主体间的共生提供了本体论的基础。参见：何静. 生成的主体间性：一种参与式的意义建构进路[J]. 哲学动态，2017（2）：90. 周家荣等认为："主体间性是主体之间的行为关系。参见：周家荣，廉永杰. 主体间性哲学思想的人本特征[J]. 北方论丛，2007（6）：111. 哈贝马斯说，一旦实践性自我关联的动机向度发挥作用，符号媒介互动阶段上的自我行动控制，现在上升到不同主体之间的行为协调。陈国庆认为："主体间性理论的产生与发展——步入了以语言符号为中介、多元主体共存，在协商、对话中寻求共识的交往时代"。参见：陈国庆. 对主体间性视阈下马克思主义基本原理教育再认识[J]. 湖北社会科学，2012（4）：168.

⑤ 庞德认为，对那些互相冲突和重叠的利益通过赋予一定的价值衡量准则进行调整，再赋予利益以权利来满足人们的要求，而这些都属于利益理论的研究范畴。参见：章志军. 利益与价值衡量——庞德法理学的核心概念[D]. 重庆：西南政法大学硕士论文，2011：8-9.

于中外国家间，① 中外关系是一种人类关系，也属于私法规范范畴，② 一般多通过交涉达成关系条约。1897 年 11 月，德国借口两名德国传教士被杀强占胶州湾，并于 1898 年 3 月强迫清政府订立中德《胶澳租界条约》，"将胶澳之口，南北两面，租与德国，先以九十九年为限"。③ 借此，德国确立了对胶州湾及附属岛屿的占领。1899 年，德皇下令将胶澳租界地的新市区定名为青岛，只准许欧洲人居住。1904 年，胶济铁路由青岛修至济南，山东从此成为德国的势力范围。

"一战"开始后，日本于 1914 年 8 月 4 日宣布预备履行英日同盟之义务，8 月 15 日向德国发出最后通牒，要求德国于 9 月 15 日前将胶州全部土地交付日本，以便将来归还中国。由于德国对此不予理会，日本于 8 月 24 日对德宣战，并通知中国："因军事上之必要，须经过中国领土以攻青岛"。④ 中国政府应日本要求宣布青岛为军事区域。9 月 2 日，日军开始在山东沿海围攻并占领了青岛。1915 年 1 月，日军强占青岛、济南后，随着局势的扩大，日本不仅不归还青岛，反而进一步加强军事行动，变本加厉地提出了臭名昭著的"二十一条"，并强迫北京政府允诺并保密。

面对日本"二十一条"对山东的侵害，北洋政府紧急召开会议。总统袁世凯听取了曾留学欧美、学过法律、懂得国际法的顾维钧等三位外交部参事的意见。顾维钧明确地说："日军在龙口登陆，是公然违犯国际法的行动，因

① 国际法上的权利多为国家间以条约的方式所规定，从而让某种利益成为国际法所保护的利益。这些利益中有以物质形式表现的利益，如国家对领土、资源的所有。参见：田慧敏．国际法上的权利冲突问题研究［D］．长春：吉林大学博士学位论文，2013：21. 权利观念产生于近代西方国家，但是权利、自由等一些现代性的观点在一些被侵略的后发第三世界国家，权利的"主体"却可以转变为国家。参见：刘天翔．论《新民说》中的近代人格［D］．上海：华东师范大学硕士论文，2006：12. 国家在国际法之权利义务承担方面与私人之权利义务承担相比较并无二致。参见：刘学文．国际法语境中国家人格否认制度的理论构建［J］．云南社会科学，2014（6）：115. 国家这一特殊组织体，它具有与生命密切相关的人格权，如生命权、外交权、安全权、自尊、发展权等。"是国家单纯作为国际人格者在习惯上享受和承担的权利和义务，是它们作为国际社会的成员而相互给予和接受的权利和义务。"参见《奥本海国际法》第 8 版，1971 年中译本，第 199 页。周鲠生认为："国家的基本权利在本质上是和国家的主权不可分的；基本权利就是从国家主权延伸出来的权利。国家既有主权就当然具有一定的基本权利，否认一国的基本权利就等于否认它的主权。"参见：周鲠生．国际法（上册）［M］．北京：商务印书馆，1976：170 – 171.
② 王玫黎．国际法观念与近代中国法律改制［J］．郑州大学学报（哲学社会科学版），2003，36（4）.
③ 王铁崖．中外旧约章汇编：第 1 册［M］．北京：生活·读书·新知三联书店，1959：738.
④ 山东问题汇刊．中国台湾：文海出版社，1986：118.

为中国已宣布对欧战保持中立；根据国际法交战国双方应尊重中国的中立。因此，为了表明中国确在尽其中立国的责任，有义务保卫国土以维护其中立立场。因此，抵御日本侵略，理由至为明显。"① 虽然袁世凯并没有采纳他的建议，而是以划出交战区作为解决方法，但是，明显说明顾维钧深谙国际法中立及领土权利知识，能够为维护国家基本权利提供实证法建议。

1919 年 1 月 18 日，巴黎和会正式开幕。1 月 22 日，中国代表团举行工作会议，讨论与会方针，指出山东问题应由"中国提出议案，直接向德国要求退还中国"。② 1919 年 1 月 27 日上午，日本代表牧野伸显在十人会上临时提议，要求无条件继承德国在中国山东的权益，美国代表提出山东问题应先听取中国方面的说明。1 月 27 日下午 3 点，顾维钧与王正廷赶到会场，要求中国表述完意见后再审查定议，会议遂决定中国代表于次日发言，顾维钧连夜准备第二天的发言稿。1 月 28 日的和会议程是，美、英、法、日、意五国讨论德国在太平洋的属地问题。顾维钧与王正廷再次出席十人会议，会议在讨论托管制后进入山东问题，顾维钧代表中国首先发言。

顾维钧从地理、国防、文化及经济诸方面阐释了山东完全为中国领土，不容有丝毫损失，指出："和会既承认民族领土完整原则，胶州交还中国为中国当有之要求权利"。③ 因此顾维钧坚决主张胶州湾租借地、胶济铁路及其他一切权利应直接交还中国。针对日本提出的"先从德国手中取得山东租借地及其他权利，然后再交还中国"的这一要求，顾维钧指出，中国愿采取直接的归还手续，"盖此事为一步所能达，自较分为二步为直捷"。④ 顾维钧更直截了当地提出，根据和会承认的民族主义和领土完整的原则，中国有权收回那些领土。顾维钧从地理、国防、文化及经济诸方面的描述，不仅阐述了中国领土权利的凿凿证据，而且他的发言本身更是对实证法法律的实践过程。顾维钧的上述观点在 2 月 25 日中国代表提交给和会的关于山东问题的说帖中又得到了深入的阐述。

顾维钧根据代表团的安排，连日准备提交大会的山东问题说贴。2 月 15

① 顾维钧. 顾维钧回忆录：第 1 分册[M]. 北京：中华书局，1983：120.
② 我国讲和专使团会议记录 [M] // 张一志. 山东问题汇刊. 中国台湾：文海出版社，1986：
③ 王芸生. 六十年来中国与日本：第七卷[M]. 北京：生活·读书·新知三联书店，1980：265.
④ 同③，第 266 页。

日，中国代表团将说帖提交和会。这份由顾维钧起草的说帖全称为《中国要求胶澳租借地胶济铁路暨德国所有他项关于山东省权益之直接归还说帖》，是中国在巴黎和会上提出的最主要的文件之一。该文件共分四个部分：甲、德国租借权暨其他关于山东省权利之缘起及范围；乙、日本在山东军事占领之缘起及范围；丙、中国何以要求归还；丁、何以应直接归还。前两部分分别概述德国和日本侵占山东的过程；后两部分详论中国要求直接收回主权的理由，是整个说帖的重点所在。① 在这份说帖中，顾维钧以他所擅长的国际法作为立论的根据。他认为山东各项权益归还中国，"实不过依据公认之领土完整原则为公道之一举"，他深信："和平会议对于要求胶澳租借地、胶济铁路暨关于山东省之他项德国权利之直接归还，必能认为合于法律公道之举"。② 按大会所接受的民族自决和领土主权完整等威尔逊的原则，中国有权要求收回山东权益。近代国际关系史中领土问题的实践反映在国际法中，形成了一套国家领土取得方式的理论，奥本海把这种领土取得方式的理论概括为割让、添附、先占、时效、征服五种形式。这套理论历来为西方学者所肯定，并被实证法公认为是变更国家领土的法律依据。山东是日本通过战争手段抢夺的德国向中国租借的土地，与当时国际上通行的领土取得方式真是风马牛不相及，而恰恰是历史上的中华民族生于斯长于斯，山东已然成为了中华民族的祖地，由此，顾维钧否定了日本因战争期间的侵占而改变山东领土权利的理由。

二、明晰情势变迁影响权利关系

日方代表的第二个理由，即是在战争期间日本已与英、法、俄、意四国就山东问题达成了秘密谅解。日本于 1917 年 2—3 月分别征得俄、英、法、意四国对其"继承"德国在中国山东之利益的确实保证后，方始同意中国于同年 8 月 14 日对德宣战。然而，日方与四国是在战争状态下，为换取日方出兵所作的交换他国利益协议，且不说是否具有条约效力，仅就不同时期的情势已经大异其趣，此理由显然不符合战后形势。

① 金光耀. 顾维钧传 [M]. 石家庄：河北人民出版社，1999：61.
② 金问泗. 顾维钧外交文牍选存 [M]. 1931：15 – 30.

　　日本自从 1905 年在日俄战争中取得胜利以来，一直是美国在东亚推行"门户开放政策"的最大障碍。早在第一次世界大战爆发之前，日本在中国及东亚，通过与列强结盟与争抢势力范围的做法，取得在东亚地区的优势地位。1917 年 2—3 月，为了对付德军，英国曾请求日本海军支援地中海。而日本为了控制中国，不仅要求英国将来在和会上支持日本对山东的占领，还要英国支持它对赤道以北太平洋上德属各岛屿的占领，法国与日本也签订了相应的秘密条约，承允支持日本主张，以换取日本促使中国同德国的断交，就是将所有德国人驱逐出中国，将中国领海内的德国船舰加以扣留，然后交与"协约国"，没收在中国境内的德国财产，并取消德国在中国各地的租界。第一次世界大战期间，日本趁其他列强忙于欧洲战事之机，进一步加快了在东亚地区的扩张步伐。1918 年 9 月，日本又以对中国借款 2000 万日元为交换条件，与段祺瑞政府签订了关于处理山东问题的秘密换文。由此加强了对中国的资本输出，在经济控制方面占尽了先机。到第一次世界大战结束时，日本已崛起为东亚地区国际关系格局中的"独霸"。

　　在"巴黎和会"上，日本"集中全部精力于保卫在第一次世界大战中运用'旧外交'而获得的权益"。① 美国对日本运用"旧秩序"的手段在这一地区屡屡得势早已顾虑重重。第一次世界大战的一个重要成果，就是打破了这种以均势为特征的旧秩序。战争结束后，美国作为在"一战"中崛起的最大的新兴国际力量，其代言人威尔逊提出了以他的"十四点计划"为基础建立"世界新秩序"的构想。威尔逊的"世界新秩序"蓝图的两个基本要素，就是"商业自由和国际性门户开放"② 支撑如此新秩序需要在两个方面着力，一是遏制和改变日本独霸东亚的局面，二是通过支配国际联盟推进美国在东亚的商业利益。因此，在"巴黎和会"上，威尔逊真切希望通过促成山东问题有利于中国的解决以遏制日本在东亚和中国的扩张，维护美国的"门户开放政策"。中国收回山东的要求，符合世界新秩序中遏制日本独霸的目标。故此，顾维钧向美国靠近，主要是因为他凭借实证法学知识，认识到变更下的情势是中美存在一定程度的共同利益追求。

　　日本在 1917 年 2—3 月与英、法、意、俄四国分别签署了战后应支持日

---

① ［日］信夫清三郎. 日本政治史：第 4 卷［M］. 上海：上海译文出版社，1988：135.
② N. Gordon Levin Jr. Woodrow Wilson and World Politics：America's Response to War and Revolution［M］. New York，1970：27.

本有权继承"山东及赤道以北群岛之德国权利"的密约。① 当密约在和会上公开后，由于英国首相声称其"亦明知当时所允日本之价，未免稍昂"，但坚持"既有约在先，究不能作为废纸"。② 法国总理也随声附和，威尔逊最终向英、法、日三国代表妥协。和会间歇，中国代表陆征祥与顾维钧再次拜访威尔逊时，美国总统坦陈："此次山东问题所以致此结果之最重要原因，实为英日、日法之密约"。③ 和会结束，返回美国的威尔逊在其演讲中承认同意把德国在山东的权利转让给日本，是因为"协约国"已订有条约，而打第一次世界大战"在某种程度上就是为了捍卫条约的神圣性"。④ 恰如威尔逊向中国代表所言，对于中国要求，"欧美并非不欲主持公道，无如为先时种种条件所束缚"。⑤ 由此鉴之，四国密约直接限制了英、法、美三国对日本的要求。

条约是国家间行为的规范，行为的特点是动态变化，并非一劳永逸、恒久不变，随着形势变化，双方或多边权利关系自不相同，当然需要调整和改变条约内容，这也是国际法中情势变迁⑥原则的内旨。第一次世界大战后，不仅英、法等国不再需要日方的帮助，俄国也发生了政权更迭，并且也不再需要日方的支持。

顾维钧指出，日本提到的"二十一条"等中日成约，也是战事引起之临时问题；即使条约有效，根据"情势变迁原则"，中国参战后，战前条约也不应再执行；中国对德宣战时已声明，中德一切约章因开战而失效，所以山东各项权利法律上早已不再属于德国，又谈何由德国交与日本；即使中德条约不失效，根据 1898 年中德签订的《胶澳租借条约》，德国向中国所租之地，德国永远不转租与别国，因此，不能给日本。

顾维钧演说中明晰地阐明《民四条约》等中日成约，定于战前，战后情

① ［美］培德. 巴黎和会实录［M］. 上海：上海中华书局，1919：119.

② 王芸生. 六十年来中国与日本：第七卷［M］. 北京：生活·读书·新知三联书店，1980：306.

③ 法京陆专使电（1919 年 5 月 27 日）［C］. 秘笈录存. 北京：中国社会科学出版社，1984：213.

④ ［美］罗伊·柯里著. 伍德罗·威尔逊与远东政策 1913—1921［M］. 张玮瑛，等，译. 北京：中国社会科学出版社，1994：285.

⑤ 法京陆专使电（1919 年 4 月 22 日）［C］. 秘笈录存. 北京：中国社会科学出版社，1984：132.

⑥ 是指国家间缔结条约后，缔约时的情况发生了当事国不能预见的根本变化，当事国可以终止或退出条约，条约持续有效是以缔约时的特殊情势或状况的继续存在为条件.

势巨变，条约成立的基础条件已然不存在，中国既然在对德宣战时明确声明废除中德间一切条约，因此德国在山东的各种权利"于法律上已经早归中国矣"。而战争期间中国被迫与日本所订的条约随着中国对德宣战发生而变得无效。① 故此，根据"情势变迁原则"，不仅中日成约需要废弃，战时特殊情况下的日本与英、法、俄、意等国签订的条约，也存在"情势变迁"之问题。

1917 年 1 月，德国实施封锁海面潜艇作战计划，所有的中立国都非常愤慨，美国率先于 2 月对德实行断交，并请求中国与之采取一致行动，中国政府于 3 月 14 日宣告对德断交。1918 年春天，美国向欧洲派出第一支远征军。1919 年 4 月 22 日，意大利代表团宣布退会，不再是和会权利协商方之一，同时，由于战时英、法力量渐次消退，美国自参战以来逐渐成为权力核心，故此，世界情势与战时发生了巨变，美国在华的利益核心需要通过"门户开放"得以实现，顾维钧对此非常清醒，而且，采取了借助"情势变迁"以及美国遏制日本独霸中国的现实需要，积极靠近美国，借助美国的权力和影响，适应情势变更的机遇，争取"山东回归"。并非仅仅意愿或情感方面，采取"联美制日"这种几千年前的"纵横捭阖"策术。

时任驻美公使的顾维钧积极走访美国官员，在得到美国国务卿蓝辛"应允接济"的保证后，明确表明自己的态度：随美参战，② 而且，向国务卿蓝辛递交了一份系统提出领土完整、维护主权和经济财政独立三个原则的《备忘录》，系统地阐明中国对战后和会的期望与要求。顾维钧在留美期间就结识威尔逊，彼此讨论过中国的政治问题，威尔逊反对日本逼迫中国签订"二十一条"，并提出著名的"十四项原则"，支持对殖民地的处置要"以绝对公道为判断"而获得中国人的好感，也感动了顾维钧。③ 以威尔逊为代表的美国代表团也确实一度对顾维钧表明了支持中国的立场，这使他感到战后"情势变迁"，看到联美制日的一丝曙光。④ 在和会前期，威尔逊至少在三个环节上支持了中国。一是 1919 年 1 月 27 日牧野发言后，他提出要听取中国的意见，打破了日本避开中国取得山东的企图；二是 1 月 28 日日本暗示中日密约及其他

① 王芸生．六十年来中国与日本：第七卷 [M]．北京：生活·读书·新知三联书店，1980：267．

② 李慧娟，薛朝广．浅析顾维钧的外交思想 [J]．长春师范学院学报，2003（3）．

③ 岳谦厚．顾维钧与抗日外交 [M]．石家庄：河北人民出版社，1998：41．

④ 彭钰堰．留美生涯对顾维钧联美外交思想的影响 [J]．江苏师范大学学报，2013，4（1）：95．

密约后，他提出要求双方公开有关条约，使日本要挟不成；三是阻止了日本在和会之外通过秘密外交迫使中国让步的图谋。①

三、恢复"合意"的中日交涉

日本代表的第三个理由是，中方的条约承诺日本对山东的权利主张，然而，中日双方的条约并不符合近代国际法的"合意"原则，是日方强迫使然。协商性交涉不会陷于静态法律忽视法律行为的窘境，它以纠纷解决中主体间的理性对话为基本要素，以主体交涉过程中的相互沟通和协调为基本机制，通过主张、反驳、质疑、论证、修正等行为，反复提炼论证主题及其合理性，并最终达成共识——"合意"。在哈贝马斯看来，通过守法者商谈真实同意的法律，才具有合法性。因为它源于法律内在理由的可接受性。② 哈贝马斯采取主体间性的商谈论视阈重构权利理论的基础，③ 他倡导的沟通行为理论是协商性司法的重要理论内核，④ 也为外交交涉提供了指导原则。1915 年和 1918 年中日间签订的条约，不仅时间上有先后，而且内容上有因果，1915 年的条约是日方所谓的权利"法理"基础，如若能够说明"民四条约"是中方被迫的结果，日方的据约索权的主张便失去了合理性。

在与日本进行"二十一条"谈判期间，顾维钧就感受到中日间不具备商谈的条件和气氛，故此，他向袁世凯和陆征祥建议，应当向英、美等国家透露消息，以争取广泛的国际外交援助。他认为，"尽管中国许诺将此事保守秘密"，但是"这种许诺是在威胁之下作出的，中国没有义务遵守"。经过同意，他主动与英、美使馆进行接触，并将中日谈判的消息刊登于外国报纸，结果引起了世界各国特别是在中国有相当利益的英、美两国的关注，促使世界各国对"二十一条"有了初步了解，同时，日本对于山东涉及英、美利益不得不有所忌惮，在一定程度上遏制了日本无节制地索要山东权利的步伐。

北京政府外交官实施的拖延战术，在日本政府最后通牒的胁迫之下，不

① 王雁. 从巴黎和会上的山东问题看世界新旧秩序的冲突 [J]. 山东师范大学学报, 2007, 52 (1)：93.

② 高鸿钧. 权利源于主体间商谈 [J]. 清华法学, 2008 (2)：9.

③ 同②, 第 10 页。

④ 马明亮. 协商性司法 [M]. 北京：法律出版社, 2007：153.

得不于 1915 年 5 月签约，极不情愿地签订了《民四条约》。中日签约之后，顾维钧建议政府应该发表一份详细的声明，说明在整个谈判过程中中国政府所持的立场，以及被迫签订条约的经过。他认为："和平时期，一个国家默然接受提出特殊要求有损国家主权的最后通牒，这是很不寻常的。必须给后世的历史学家留下记录，说明中国如何进行谈判，怎样谈判，中国拒绝无法接受的要求的理由是什么。"① 顾维钧策划并起草了《北京政府外交部关于中日交涉始末宣言书》，于 5 月 13 日正式予以公布。这个宣言详细说明了在整个谈判过程中中国政府所持的立场，以及被迫签订条约的情形。就"中国承认条款""中国政府不能允诺条款""问题尚在争执之事宜""日本之新议案"等论述。说明"民四条约"并非中日"合意"的条约，而是在日方逼迫下的单边意志条约，为日后条件稍许中国表达意志之时，重提与修改"民四条约"预留了退路。

1915 年 8 月，顾维钧前往华盛顿就任驻美公使。美国参战后，他根据形势的发展敏锐地判断：协约国必胜。他说："我本人对鹿死谁手是毫不怀疑的。"② 所以，"为使山东问题获得妥善解决，为在战争结束时提高中国的国际地位，中国必须加入协约国"。③ 当时中国国内在参战问题上展开了激烈的斗争，顾维钧为此向国内发了一份长电，较为详细地列举了中国参战的好处。1917 年 8 月 14 日，段祺瑞解散国会，中国政府正式对德宣战。中国政府最终得以加入协约国一方作战与顾维钧在国际舞台上审时度势的沟通，以及颇有说服力的电报是密不可分的，可以说他在相当程度上影响着中国政府的决策，也正是在他的反复建议之下，中国政府才下决心参战。中国参战之前，协约国的公使们曾许诺，如果中国参战，他们将保证中国在战后取得大国地位。故此，加入协约国参战创造了中国在战后国际舞台上关于山东问题的发表主张机会。

从 1918 年夏天起，顾维钧连续发出了由他自己和研究小组写出的报告书。他特别指出："中国应该在和会上理直气壮地提出山东问题，不必顾虑被迫签订的中日条约。"④ 并设想在预计将首先签署的对德和约中写上"归还青

---

① 顾维钧. 顾维钧回忆录：第 1 分册［M］. 北京：中华书局，1983：126.
② 同①，第 152 页。
③ 同①，第 152 页。
④ 同①，第 164 页。

岛和胶州租借地"等内容。在他的努力下，北京政府责成外交部成立了一个委员会，以他寄回的报告书为基础，研究中国将向和会提出的问题。1918 年年底，顾维钧根据北京政府的训令，通过美国国务卿向威尔逊总统递交了一份《备忘录》，综述了中国政府对和会的希望，明确要求德国归还山东权益。

　　停战协定签字后，顾维钧很快就接到了赴巴黎参加和会的命令。他把中国的提案分为七个问题，其中"二十一条"和山东问题是他长期关注和研究的内容，由他亲自负责准备，争取把山东问题诉诸和会。在他的努力下，中国代表团正式向和会提出了归还山东的要求并引起了各国代表团的极大关注。1919 年 4 月 30 日，列强控制下的"巴黎和会"终于将日本的无理要求几乎毫不修改地纳入了对德和约，形成了和约中第 156、157、158 条款。6 月 26 日，顾维钧根据威尔逊建议去见法国外长毕勋，要求对山东几款注明保留字样，但是，无论约内还是约外保留都遭到拒绝。顾维钧严正表示"万一中国委员不签约，中国政府不能负责，其责任当在和会"。① 6 月 28 日，顾维钧向和会秘书长迪塔斯塔提交了中国一不带保留字眼而具保留实质的声明，最终迪塔斯塔退回了中国的声明。已竭尽所能的顾维钧只有建议："中国无路可走，只有断然拒签"。② 从法理上观之，如果中国拒绝在和约上签字，那么日本即使通过和约从德国手中继承山东的权利，但仍然不能从中国这里合法接收。所以日本在和会闭幕后，试图迫使中国补签德约。顾维钧电告政府，德约既经拒签，唯有付诸国际联盟，请求公允之判决。此时无论如何，绝不宜希冀补签，授人以柄。日本补签不成，又几次照会北京政府，请求直接交涉"山东问题"，均被中国以各种理由拒绝。中国拒绝签约后，终使"山东问题"国际化，为后来的解决奠定了基础。

　　1921 年 11 月 12 日，华盛顿会议正式开幕。在中国代表团内，山东问题由顾维钧负责。会议之初，日本就想通过与中国直接交涉来阻止山东问题被提交到会议上。顾维钧认为，应有条件地与日本直接交涉，但不完全脱离华盛顿会议。顾维钧请示北京政府后，北京政府最终有条件地同意了中日直接交涉山东问题。顾维钧与施肇基于 1921 年 11 月 29 日会见了美国国务卿休斯和英国首席代表贝尔福。在顾、施两人的坚持下，美、英两国最终同意休斯

　　① 天津市历史博物馆. 秘笈录存 [M]. 北京：中国社会科学出版社，1984：221 – 223.
　　② 顾维钧. 顾维钧回忆录：第 1 分册 [M]. 北京：中华书局，1983：208.

和贝尔福在中日交涉的第一次会议时亲自到场，以后每次交涉，美、英均派代表列席，中日交涉的议决案须提交华盛顿会议，倘若议而不决，山东问题仍提交大会，这就使中日交涉在很大程度上与华盛顿会议有了逻辑上的联系。

在中日关于山东问题的会外交涉中，日本坚持胶济铁路应由中国向日本借款赎路，以求继续控制该路，中国则提出或以现款赎路，或以国库券 12 年内分期付款 3 年后可一次付清，以求尽快地完全收回路权。顾维钧力请美、英出面帮助，最终使美、英答应作非正式调停。1922 年 1 月中旬，美、英政府分别非正式地向中日提出四种调停方案。日本代表在美、英介入调停后，不得不做些退让。1 月 18 日，日本代表提出在丁种方案基础上修改的新方案：同意中国以国库券赎路，期限 15 年，5 年后可先行付清；该路雇中日会计长各一人，职权相同，并雇日人为车务长。① 2 月 4 日，施肇基、顾维钧和王宠惠代表中国签署了中日《解决山东悬案条约》。该条约对胶济铁路的处置虽采用了日本最后提出的方案，但日本允诺将胶澳租借地交还中国，海关全归中国管辖，所有德国在山东的优先权，日本一律放弃。至此，在顾维钧等外交家的作为和努力下，日本直接继承德国在山东权利的局面没有出现，而是在美国等和会国家的参与下，创造出中日合意的条件和氛围，中日最终签订了关于"山东问题""合意"的新约。

四、结　语

纠纷缘起于利益冲突，利益是实践为核心的主体需求和客体属性的结合，利益是主体间的范畴，主体际关系主要是行为关系，主体间的纠纷需要从行为描述着手。社会关系是社会秩序的主要内容，社会秩序包含法律秩序②，行为体系是法律秩序主要内涵，权利与利益的联系纽带是主体的行为，分析实证法学脱胎于伦理学，对主体际关系的纠纷解决具有指导作用。实证法学理论是由描述性命题组成的集合，从实证法的角度考察日本权利主张的理由，三点理由难经推敲，不足采信。

---

① 卢宁，译. 美国对外关系文件 [M]. 1922：942.

② 社会学家马克斯·韦伯认为："法律秩序在法律社会学意义上的解释……是一种经验证实了的决定人的行为的复杂体系。"参见：[德] 韦伯. 经济与社会（下册）[M]. 林荣远，译. 北京：商务印书馆，1988：95.

日本直接继承德国权利的理由有三：一是大战期间日本对德采取军事行动，占领了胶州湾和胶济铁路，"日本为铲除德国势力牺牲不少"；二是战争期间日本已与英、法、俄、意四国就山东问题达成了秘密谅解；三是中日两国已签订过有关山东问题的协定。顾维钧等中国外交官通过描述中国山东地理、历史的客观条件，有效阻遏了日本扩大侵害山东权利；利用"门户开放政策"与日本独占的矛盾，揭露《民四条约》违反合意的实质，借巴黎和会重新真正进行中日交涉。申明了领土权利之源，明晰了情势变迁影响权利关系，恢复了"合意"的中日交涉。经过针对性地质疑，证伪立论虚幻，日本的主张受到严重质疑，最终制止了日本直接继承德国在山东权利的过分主张。可见，在"巴黎和会"上中国对日本外交成功与顾维钧实证法学的作为密不可分。

实证法学既是近代自然科学发展使然，同时兼具人类与自然科学关系一般特征，故此，这种知识的学习仅仅借助于观察和教化，难以实现中国化，更需要"习行"①，在不断实验过程中，方能渐次生根发芽。针对主体间纠纷的现象，通过交涉协商，促使主体间对于利益纠纷本原的认知，可以带来主体间对行为过程的重新知觉。交涉或协商既是以个体间互动为方式，又是以追求行为规律为目标，更是以令人信服的行为事实为根据促成纠纷和解的首要方法，"对他人的知觉也奠定着道德的基础"②。故此，顾维钧关于"山东问题"的实证法学的作为，也是实证法学启蒙及其主体际关系建构的不可忽诸的过程和镜鉴良方。

---

① 明清之际的颜元视之为"习行之学""得之于习行，见之于身世，验之于事功"。方以智则称其为"质测之学"，西方学者梅洛庞蒂则称其为"身体现象学"。

② 梅洛－庞蒂. 知觉的首要地位及其哲学结论. 王东亮，译. [M]. 北京：生活·读书·新知三联书店，2002：34.

国家转型初期中华民族认同思想研究

刘丹忱[*]

中华民族认同意识的强化是中华文明伟大复兴的前提与保障。学者们关于近代中华民族认同问题的研究已经取得了丰硕的成果，但切入的视角多集中于民族学和近代史研究领域，较少有从国家转型的视角研究这一问题的。中华民族不是一个民族，但从历史上看，它能够不断地以民族内聚的形式扩大，并基本保持其多元而一体特征，这与古代中国的"华夷之辨"思想是密不可分的。现代民族国家需要"国族"，现代中国的国族是谁呢？面对近代以来西方"民族""民族国家"等新观念的输入，特别是可能出现的民族分离、国家分裂的时代危机，近代的先贤们以历史文化为价值资源，较好地解决了民族思想的古今、中西问题，值得我们认真思考借鉴。

作为民族意识觉醒的称谓——"中华民族"出现在近代，而中华民族的渊源却是长久的。正如费孝通先生所说，"中华民族作为一个自觉的民族实体，是近百年来中国和西方列强对抗中出现的，但作为一个自在的民族实体则是几千年的历史过程中所形成的。"[①] 在距今三千年前，在黄河流域就出现了华夏族，经过不断地融合和发展后，又形成了汉族，汉族不断吸收其他民族的成分而日益壮大起来，作为一个自在的民族实体，经过民族自觉而形成

---

* 作者简介：刘丹忱，中国政法大学人文学院历史研究所副教授。

① 费孝通，主编. 中华民族多元一体格局［M］. 北京：中央民族学院出版社，1989：1.

中华民族。"华夷之辨""天下一家"的思想早在先秦时期就已经产生，近代中华民族认同思想的形成是对"华夷之辨"的转型与超越，它也构成了现代统一多民族国家发展的思想基础。

一、国家转型初期"中华民族"概念的产生

中国人自己很早就把中国看成是一个文化共同体，而不是一个政治疆域，更非一个种族疆域。中国所涵盖的民族和疆域不断以内聚的形式扩大的历史进程，形成了传统的统一多民族中国，同时印证了中华天下观中的华夷之辨所独具的包容性和向心力，这也是古代中华民族能够多元一体的内在奥秘所在。

近代以来，在西方势力的不断入侵下，中国的"天下观"受到了严重的挑战，"外夷"的出现让传统意义上的夷夏互变思想又有了新的指向：夏逐渐演变为中国境内的所有民族，夷则主要是指西方列强。而传统的统一多民族国家受到西方民族国家观念的强烈冲击，面临着分崩离析的重大风险。在此背景下，"中华民族"概念产生，中华民族认同意识逐渐萌发，并得到不断的发展。中华民族认同意识超越单一民族认同意识，是对中国古代"华夷之辨"的继承和升华。

"民族"概念的形成与流行应该是清末的事情。虽然近些年民族学者举出一些古代汉语中使用"民族"一词的例子①，但总的说来，"民族"一词在古代中国使用得不多，多为不确指的分类泛称。应该说现代汉语意义上"民族"一词的使用，主要还是借鉴了日本汉字新词对译西文的用法。该词汇从日本正式传入中国，开始于戊戌变法时期的《时务报》。1896 年 11 月 15 日，《时务报》刊登日本汉学家古城贞吉所撰写的《土耳其论》一文。他在文章中写道："彼（指当时的土耳其人）独知战斗，而不解政治，长于武断，而疏于文事。故能征服各国，同兹宗教。然古国民族，不知统御之道，只赖同种族同宗教为倚信，且所奉教旨，峻猛严厉，绝少变通，不留余地，故西欧文物之进，不能容焉。然其所治诸民族，已为西欧文物感化，而不受羁縻。……土

---

① 邸永君. "民族"一词非舶来品 [N]. 中国民族报，2004 - 02 - 20；茹莹. 汉语"民族"一词在我国的最早出现 [J]. 世界民族，2001 (6)；郝时远. 中文"民族"一词源流考辨 [J]. 民族研究，2004 (6).

耳其帝国所治民族，一曰土耳其人，二曰阿拉比亚人，三曰希腊人，四曰亚儿米尼亚人，五曰是拉母人，六曰亚儿把尼亚人。此六民族，其最要者也……"① 这里的"民族"既是"历史文化共同体"又是具有独立建国的自主权利的政治共同体。

　　梁启超为近代民族思想的形成作出了巨大贡献。1899 年，梁启超在《东籍月旦》的第二章"历史"中，讲到西洋上古史时，使用了现代意义上的"民族"一词："盖于民族之变迁，社会之情状，政治之异同得失，必如是乃能言之详尽焉。"② 在介绍近时外交史时，提道："惟著最近世史者，往往专叙其民族争竞变迁，政策之烦扰错杂。"③ 1901 年，梁启超发表《中国史叙论》一文，讲到"时代之区分"时，首次提出了"中国民族"的概念，并将中国民族的历史划分为三个时代："第一，上世史，自黄帝以迄秦之一统，是为中国之中国，即中国民族自发达、自竞争、自团结之时代也；第二，中世史，自秦一统后至清代乾隆之末年，是为亚洲之中国，即中国民族与亚洲各民族交涉、繁赜、竞争最烈之时代也；第三，近世史，自乾隆末年以至于今日，是为世界之中国，即中国民族合同全亚洲民族与西人交涉、竞争之时代也。"④ 1902 年 4 月，梁启超在《新民丛报》上连载的《论中国学术思想变迁之大势》一文中正式提出了"中华民族"，在论述战国时期齐国的学术思想地位时，正式使用了"中华民族"："齐，海国也。上古时代，我中华民族之有海思想者，厥惟齐。故于其间产出两种观念焉，一曰国家观，二曰世界观。"⑤ 从"中国民族"到"中华民族"，梁启超完成了"中华民族"概念的创造。1903 年，在《政治学大家伯伦知理之学说》一文中，他提出"合汉、合满、合回、合苗、合藏，组成一大民族"之主张，清晰地赋予了中华民族较为科学的内涵，认为，"吾中国言民族者，当于小民族主义之外，更提倡大民族主义。小民族主义者何？汉族对于国内他族是也。大民族主义者何？合国内本部属部之诸族以对于国外之族是也。……合汉合满合蒙合回合苗合藏，组成一大民族。"这说明他的思想突破了单一民族建国的理论，呼吁抛弃单民族思

① 古城贞吉．土耳其论《时务报》．光绪二十二年十月十一日．
② 梁启超．东籍月旦［M］//饮冰室合集：第二册文集．北京：中华书局，2015：376．
③ 同②，第 378 页。
④ 梁启超．中国史叙论［M］//饮冰室合集：第三册文集．北京：中华书局，2015：471－472．
⑤ 梁启超．论中国学术思想变迁之大势［M］//饮冰室合集：第三册文集．北京：中华书局，2015：597．

维的小民族主义而采纳大民族主义。这是基于梁启超对中国多民族相融为一体的历史与现实的认识而提出的。

1905 年，梁启超在《历史上中国民族之观察》中多次使用"中华民族"，通过对民族单一和多元的讨论，得出"现今之中华民族自始本非一族，实由多数民族混合而成。"① "先秦以前，分宅中国本部诸族，除炎黄一派之华族以外，凡得八族，今分论之：苗蛮族、蜀族、巴氐族、徐淮族、吴越族、闽族、百粤族、百濮族。……而其中除苗、濮二族外，率皆已同化于中华民族，无复有异点痕迹之可寻，谓舍诸族外更无复华族可也。"② 通过对先秦时期华夏族的形成过程进行追溯，提出中华民族从最初的华夏族开始就不是纯一而是混合而成的。1922 年，梁启超在《中国历史上民族之研究》一文中提出，"民族成立之唯一要素，在'民族意识'之发现与确立。何谓民族意识？谓对他而自觉为我，'彼日本人我中国人'。凡遇一他族而立刻有'我中国人'之一观念浮于其脑际者，此人即中华民族之一员也"③。此时又进一步提出民族成立的要素为民族意识的觉醒，而非种族、语言、风俗等的差异。梁启超还在文中对中华民族"多元一体"历史格局的形成过程进行了系统的梳理，从而拓展了现代中华民族观念的历史纵深，揭示出中华民族"自始即为多元的结合"之事实。"吾族自名曰'诸夏'以示别于夷狄，诸夏之名立，即民族意识自觉之象征。'夏'而冠以'诸'，抑亦多元结合之一种暗示也。此民族意识何时始确立耶？以其标用'夏'名，可推定为起于大禹时代。……自兹以往，'诸夏一体'的观念，渐深入于人人意识之中（三代同祖，黄帝等神话皆从此观念演出），遂成为数千年来不可分裂不可磨灭之一大民族。"④

二、"中华民族"概念在论争中被广泛接受

在国家转型初期，参与"中华民族"问题讨论的，继梁启超之后，杨度

---

① 梁启超. 历史上中国民族之观察 [M] //饮冰室合集：专辑第十一册. 北京：中华书局，2015：7300.

② 同①，第 7301 - 7309 页。

③ 同①，第 7331 - 7332 页。

④ 张品兴. 梁启超全集：第 6 册[M]. 北京：北京出版社，1999：3436 - 3437.

和章太炎也是较早使用"中华民族"一词的代表人物。1907 年 1—5 月，杨度在《中国新报》上连载发表《金铁主义说》一文，提出"文化边界"说：

> 中国向来虽无民族二字之名词，实有何等民族之称号。今人必曰中国最旧之民族曰汉民族，其实汉为刘家天子时代之朝号，而非其民族固有之名也。中国自古有一文化较高、人数较多之民族在其国中，自命其国曰中国，自命其民族曰中华。即此义以求之，则一国家与一国家之别，别于地域，中国云者，以中外别地域远近也。一民族与一民族之别，别于文化，中华云者，以华夷别文化之高下也。即此以言，则中华之名词，不仅非一地域之国名，亦且非一血统之种名，乃为一文化之族名。故《春秋》之义，无论同姓之鲁、卫，异姓之齐、宋，非种之楚、越，中国可以退为夷狄，夷狄可以进为中国，专以礼教为标准，而无亲疏之别。其后经数千年混杂数千百人种，而其称中华如故。以此推之，华之所以为华，以文化言，不以血统言，可决知也。故欲知中华民族为何等民族，则于其民族命名之顷，而已含定义于其中。与西人学说拟之，实采合于文化说，而背于血统说。华为花之原字，以花为名，其以之形容文化之美，而非以之状态血统之奇，此可于假借令意而得之者也。若以此而论，今日之中华民族，则全国之中除蒙、回、藏文化不同，语言各异而外，其余满、汉人等，殆皆同一民族。①

杨度提出了以文化作为民族区分的边界，因此华夷以文明程度相判断，以礼乐文化作为标准，符合礼乐文化的即可以进而为华，所以满、汉等都可以称为"华"，也是同一个民族，即中华民族，这是对中国古代华夷可以相互转化的"华夷之辨"思想的继承和发展。

同时，杨度意识到了民族分离、国家分裂的时代危机，他进一步强调："故中国之在今日世界，汉、满、蒙、回、藏之土地，不可失其一部，汉、满、蒙、回、藏之人民不可失其一种，必使土地如故，人民如故，统治如故。……人民既不可变，则国民之汉、满、蒙、回、藏五族，但可合五为一，不可分一为五。分一为五之不可，既详论之矣。至于合五为一，则此后中国，亦为至要之政"。② 显然杨度所认同的是大中华民族与统一多民族国家。

---

① 刘晴波. 杨度集（一）[M]. 长沙：湖南人民出版社，2008：372.
② 同①，第 302 - 303 页。

针对杨度的《金铁主义说》，革命派代表人物之一的章太炎发表了《中华民国解》一文，从三个方面对杨度的文化边界提出质疑："一曰未明于托名标识之事，而强以字义皮传为言。二曰援引《春秋》以诬史义，是说所因，起于刘逢禄辈，世仕满洲，有拥戴虏酋之志，而张大公羊以陈符命，尚非公羊之旧说也。三曰弃表谱实录之书，而已意为衡量。"① 章太炎认为杨度的"文化边界说"是假借字义的强词夺理之说，并且有认贼作父的嫌疑，从根本上也是不符合历史事实的，他进一步指出，"中国魏晋以来异族和会者数矣。稽之谱牒，则代北金元之姓，视汉姓不及百一，今试于通都广市之间四方所走集者，——询其氏族，旧姓多耶？抑吊诡书恒之姓多耶？其间固有私自改变与朝廷赐姓者，征之唐宋人姓氏书中其数犹最微末。夫岂徒中华民族之空模，而以他人子弟充其阙者。"② 他认为，中华民族是纯正的汉族，被其他人混杂了，并从反满的角度最终提出"内部既瓜分，使中国以外若无各列强之环伺，则汉人以一民族组织一国家，平等自由，相与为乐，虽曰主义狭隘，然以自私为乐，亦未尝非一义也。"③ 这一理想目标，便是章太炎的"汉族中心说"。

章太炎与梁启超、杨度虽然都在使用"中华民族"这个名称，但在具体内容上却有着差别。章太炎提出以汉人特指"中华民族"，认为必须首先恢复汉族政权，来作为建立"中华民国"的基础，可以看出，他提出的"中华民族"只是汉族的一个别称而已。"中华民族"的概念在论争中不断被使用，不断被认识，不断被接受。

三、民国初创者从接受"五族共和"到认同"中华民族"

革命先行者孙中山先生在革命实践过程中，为中国的民族主义提供了丰富的思想来源。早年的孙中山曾宣称："我们一定要在非满族的中国人中发扬民族主义精神，这是我毕生的职责。"④ 1905 年 7 月 30 日，在中国同盟会筹备会议的演说中，孙中山提议本会宗旨，拟规定"驱除鞑虏，恢复中华，创

---

① 章太炎. 章太炎全集. 太炎文录初编：别录卷一 ［M］. 上海：上海人民出版社，2014：259 - 260.

② 同①，第 261 页。

③ 同①，第 267 页。

④ 孙中山. 在檀香山正埠的演讲 ［M］//孙中山全集：第一卷. 北京：中华书局，2011：227.

立民国，平均地权"① 四事为纲领，此纲领带有明显的"排满"性质。当然，孙中山的"排满"绝不是狭隘的种族复仇主义。他曾反复说："我们并不是恨满洲人，是恨害汉人的满洲人，假如我们实行革命的时候，那满洲人不来阻害我们，决无寻仇之理。"民国的建立为国内各民族的平等融合提供了可能性。1912 年 1 月 1 日，中华民国建立，孙中山在《临时大总统宣言书》中提出："国家之本，在于人民。合汉、满、蒙、回、藏诸地为一国，即合汉、满、蒙、回、藏诸族为一人，是曰民族之统一。"② 孙中山在南京临时政府《对外宣言书》中第一次使用了"中华民族"的名称。"吾中华民族和平守法，根于天性，非出于自卫之不得已，决不肯轻启战争。"③ 此后不久颁布的《中华民国临时约法》又将"五族共和""五族平等"的建国方针以国家根本大法的形式确定下来。辛亥革命的爆发及其胜利，使孙中山及其革命党人迅速实现了从革命党到执政党的转变，从而很快抛弃了"排满"的革命方略，而转向接受"五族共和"，全力专注于实现民族平等与融合的事业。

1919 年，孙中山重新讲述《三民主义》的时候提出新的建议，即"汉族当牺牲其血统、历史与自尊自大之名称，而与满、蒙、回、藏之人民相见于诚，合为一炉而冶之，以成一中华民族之新主义"④。戴季陶认为，"三民主义之原始的目的，在于恢复民族的自信力，""一个民族的生命，最要紧的是他的统一性和独立性。而这统一性和独立性的完成，最要紧的是在于他的自信力……总理此四十年的努力，要点在何处？就是要唤起中华民族的自信心，造成中华民族的统一性和独立性"。⑤三民主义中的"民族主义"之"民族"，此时已明确地指向了具有统一性和整体性的"中华民族"。

1920 年 11 月 4 日，在上海中国国民党本部会议的演说中，孙中山从另一种意义上否定了"五族共和"的说法，他说："现在说五族共和，实在这五族的名词很不切当。我们国内何止五族呢？我的意思，应该把我们中国所有各民族融成一个中华民族（如美国，本是欧洲许多民族合起来的，现在却只成了美国一个民族，为世界上最有光荣的民族），并且要把中华民族造成很文明

---

① 孙中山. 中国同盟会盟书及联系暗号［M］//孙中山全集：第一卷. 北京：中华书局，2011：276 - 277.

② 孙中山. 临时大总统宣言书［M］//孙中山全集：第二卷. 北京：中华书局，2011：2.

③ 孙中山. 对外宣言书［M］//孙中山全集：第二卷. 北京：中华书局，2011：2 - 3.

④ 孙中山. 三民主义［M］//孙中山全集：第五卷. 北京：中华书局，2011：187.

⑤ 戴季陶. 孙文主义之哲学基础［M］. 钱穆. 国学概论. 北京：商务印书馆，1997：358 - 359.

的民族，然后民族主义乃为完了。"① 此后两年孙中山多次倡导"中华民族"观念，他曾说："吾国今日既曰五族共和矣；然曰五族，固显然犹有一界限在也。欲泯此界限，以发扬光大之，使成为世界上有能力、有声誉之民族，则莫如举汉、满等名称尽废之，努力于文化及精神之调洽，建设一大中华民族。"② 所以他说："更进一步言，吾人既抱此建设中华民族之志愿矣，尤当以正义公道之精神，为弱小者援助，或竟联络引进之，使彼脱离强权，加入自由民族，同受人类之公平待遇，如威尔逊'民族自决'，与新俄宪法之所谓'民族解决'然。能如此，方得谓达民族主义之极境矣。"③ 在接受西方及苏联民族思想观念的同时，孙中山的民族思想显然融入了中国传统的天下主义情怀。

1921年3月6日，在中国国民党本部特设驻粤办事处的演说中，孙中山又一次提出了"务使满、蒙、回、藏同化于我汉族，成一大民族主义的国家"，"将汉族改为中华民族，组成一个完全底民族国家"④。孙中山在革命实践的过程中，面对时局的变化，又摒弃了"五族共和说"，而转向了对"中华民族"的认同。

从提出"驱除鞑虏、恢复中华"，到开始接受"五族共和"，再到认同"中华民族"，反映了孙中山民族思想的发展轨迹，同时也在理论和实践上促进了中华民族认同思想的发展，是近代民族聚合意识初步确立、新的民族认同观念逐渐确立的重要标志。

四、结语

近代中华民族认同思想的演进，是与国家转型初期剧烈的社会变化密不可分的，同时也是对古代"华夷之辨""天下一家"思想的转型与超越。由于西方列强的入侵和西方民族主义理论的传入，使中国传统思想文化中的

① 孙中山. 在上海中国国民党本部会议的演说 [M] //孙中山全集：第五卷. 北京：中华书局，2011：394.

② 国民党恳亲大会纪念册·序 [M] //陈旭麓，郝盛潮. 孙中山集外集. 上海：上海人民出版社，1990：28 - 29.

③ 同②。

④ 孙中山. 在中国国民党本部特设驻粤办事处的演说 [M] //孙中山全集：第五卷. 北京：中华书局，2011：473 - 474.

"夷夏之辨"也发生了重大变化。在主权被侵、民族危机日益严重的过程中，反对外来侵略，推翻清王朝的统治，建立现代的统一多民族国家成为全国各族人民的共同目标。清末民初的思想家们对传统华夷思想进行了现代性的阐释，使其成为维系中华民族认同、助力统一多民族国家的重要思想资源。"中华民族"这一概念从梁启超的提出，经过杨度、章太炎等人的辩论而不断传播为更多的人所接受，再到孙中山的理论和实践，从"驱除鞑虏、恢复中华"，到"五族共和"，再到认同"中华民族"的发展，中华民族的认同意识在近代社会实现了质的飞跃和升华。

中华民族认同意识的强化，是中国建构现代统一多民族国家的必然要求，也是实现中华民族伟大复兴的前提与保障。近代以来西方民族国家意识的引入，强化了不同民族之间的独立性，而弱化了各民族之间的共存共荣，西方殖民者分而治之的政策助推着东方民族分裂主义。面对当前多变的国际国内形势，促进民族团结、反对国家分裂的任务格外复杂而艰巨。从中国的历史看，中华民族逐步形成了多元一体的格局，而此过程保持着一定凝聚、向心、尚和的历史传统。如何从传统文化的源头活水获得智慧和启迪，是我们需要认真思考的问题。同时深入研究将中国传统价值资源做现代性转化尝试的近代相关思想，显得更具理论价值和现实意义。在汲取古先贤的东方智慧力求建构当代中国民族理论的同时，也提出一些切实可行的意见与建议。如宣传与教育口径上，我们需要尊重各民族的特性，但更要强调中华民族的共同体意识，强化中华民族整体的民族意识等。这些对于防止民族分裂、巩固现代统一多民族国家、实现中华民族伟大复兴都将起到积极的推动作用。

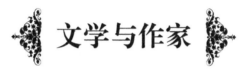

文学与作家

现代民族主义与五四新文化运动的历史发生学

——以五四文学为中心

张晨怡*

五四新文化运动是近代中国一次影响深远的文化激进主义运动，林毓生称之为"激烈的反传统主义"运动。[①] 对于五四新文化运动的起因，一般认为是受到西方启蒙思想的影响，以胡适、陈独秀、鲁迅等为代表的知识分子高举"人性""立人"的大旗，宣传自由、平等和人性解放。例如，陈独秀就宣称"新文化运动是人的运动"。[②] 新文化运动因此被认为是一场以个人主义为本位的思想启蒙运动。笔者以为，这一论断虽然有其合理性，但却有失浅表和偏颇，因为它遗忘甚至遮蔽了进化史观和现代民族主义话语在其中所起的根本性作用。实际上，以"立人"为主导的个人主义思想和以进化史观为主导的现代民族主义思想共同构成了新文化运动的一体两面。[③] 而"立人"

* 作者简介：张晨怡，中央民族大学历史文化学院教授。

① 参见：林毓生. 中国意识的危机——五四时期激烈的反传统主义 [M]. 贵阳：贵州人民出版社，1988.

② 陈独秀. 新文化运动是什么 [M] //陈独秀文章选编（上）. 北京：生活·读书·新知三联书店，1984：517.

③ 已经有一些学者注意到了新文化运动同民族主义思想的内在关联。如张灏就认为："要重新认识五四思想的复杂性，其中一点是五四思想的两歧性；个人主义与群体意识、民族主义与世界主义、理性主义与浪漫主义等等"。参见：张灏. 重访五四——论五四思想的两歧性 [J]. 开放时代，1999 (2). 汪晖也认为，"种族""国家"恰恰构成五四时期"个体意识"的"形成前提和部分归宿"。参见：汪晖. 预言与危机（下篇）——中国现代历史中的"五四"启蒙运动 [J]. 文学评论，1989 (4). 另外，许纪霖在其新著《家国天下：现代中国的个人、国家与世界认同》中也探讨了新文化运动中个人和民族国家的认同关系。参见：许纪霖. 家国天下：现代中国的个人、国家与世界认同 [M]. 上海：上海人民出版社，2017. 不过，上述研究虽然注意到了新文化运动同民族主义思想的关系，但并未就现代民族主义及其内在的进化史观如何作用于新文化运动的话语实践展开具体而深入的分析。

的目标是"改造国民性",其倡导动机同样蕴含着从"新人"到"新民"、从"立人"到"立国"的现代民族主义诉求。因此,从历史发生学的视角考察就会发现,新文化运动其实是一场以建立现代民族国家为目标的文化革新。这一目标,也突出体现在以五四文学为代表的新文化运动的话语实践中。

一、进化史观:新文化运动发生的内在逻辑

日本学者竹内好认为,东洋的近代化过程并非自发而为,而是外力迫使的结果,即近代化的倡导者欧洲"强制的结果"。① 这一论断与美国学者塞缪尔·亨廷顿的观点正好构成一枚硬币的两面,后者认为"文明权力"的扩张总是喜欢运用其权力向其他"非文明"社会强力推行其文明观念,进而导致"文明的冲突与世界秩序的重建"。② 对于近代中国而言,现代化的扩展同样是一种文化和权力"强制的结果"。作为现代化的他者和对象,近代中国面对这种"强制",也经历了一个从排斥到认同、从被动到主动的转变过程。这一转变过程,也是进化史观替代传统史观的过程。

中国的传统史观主要包括循环史观和天命史观。循环史观把历史的更迭和变化看作是一种由乱到治、由兴到衰的循环往复,因此不承认历史的发展和进步。天命史观则将王朝的兴衰、社会的治乱和个人的祸福解释为天道使然,宣扬"君权天授"。尽管在中国传统社会也长期存在一种"通变""变易"思想,但其主张仍然束缚于"天不变道亦不变"的框架之内。

传统史观来自于对于中国固有文化普适性的自信,这也主导了中国传统民族主义的内在逻辑。中国传统民族主义又称"天下主义",其实质主要是一种文化认同,即所谓:"一民族与一民族之别,别于文化,中华云者,以华夷别文化之高下也。"③ 显然,这里的中国文明并不被看作是一种具有历史和地域特殊性的区域文明,而是被认为是一种超越时空界限的普世性文明。正如许倬云所言,在天下主义观看来,世界上只有一种"人文的伦理秩序",而中

---

① [日]竹内好著. 近代的超克 [M]. 李冬木,等,译. 北京:生活·读书·新知三联书店,2005:182.

② [美]塞缪尔·亨廷顿著. 文明的冲突与世界秩序的重建 [M]. 周琪,等,译. 北京:新华出版社,2002:88.

③ 杨度. 金铁主义说 [M] //杨度集. 长沙:湖南人民出版社,1986:373–374.

国则是寄托该文明的"首善之区"。① 从这一层面来说，保持文化寄托上的中国文明甚至比保持政治版图上的中国更加重要。或者说，作为文化意义的中国文明不可变，作为政治意义上的中国疆域可以变。当然，这里的改变同样是单一维度的，即列文森所说的让天下成为中国。② 其合法性在于既然华夏是文明之邦，四夷是野蛮之邦，双方就应该遵循由夏到夷的单向度文化传播，也就是"用夏变夷"而不是"变于夷"。③ 本尼迪克特·安德森据此认为，儒教文化主导下的中国具有"广大无限的共同体"的概念。④ 这也导致了华夏文化系统自身的封闭性和排外性。

不过，在进入近代之后，中国的传统史观开始受到西方的进化史观的强烈冲击。进化史观是一种受西方现代思想特别是社会达尔文主义影响的历史观念。这一史观以启蒙文明的名义，将历史看作一种线性的和不断进化的过程，并且在整体上有明确的目的和不以人的意志为转移的客观属性。

进化史观与现代民族主义思想的关系密切。进化史观按照发展时间的差异将世界上各民族贴上进步与落后、文明与愚昧、发展与停滞、开放与封闭等二元对立的标签，于是民族便成为了启蒙历史主体。黑格尔的《历史哲学》无疑是表达进化史观的代表性著作。在《历史哲学》一书里，黑格尔强调自由的理性精神构成世界发展和历史进步的内在机制，认为："理性统治了世界，也同样统治了世界历史"。⑤ 因此，按照理性精神推动世界进步的逻辑，他将东方世界的中国和印度的衰败以及西方日耳曼国家的兴盛都看作一个历史进化的必然过程。按照杜赞奇的说法，黑格尔将西方的历史看作一种"普遍化的历史"，而将中国和印度的历史界定为"非历史的历史"，成为"普遍化的历史"之外的他者。他因此将黑格尔的历史观念定位为在19世纪占统治

① 许倬云. 我者与他者：中国历史上的内外分布 [M]. 北京：生活·读书·新知三联书店，2010：20.
② [美] 列文森著. 儒教中国及其现代命运 [M]. 郑大华，任菁，译. 北京：中国社会科学出版社，2000：87.
③ 赵岐注，孙奭疏. 孟子注疏·滕文公章句上 [M] //十三经注疏：下册. 北京：中华书局，1980：2706.
④ [美] 本尼迪克特·安德森. 想象的共同体：民族主义的起源与散布 [M]. 吴叡人，译. 上海：上海人民出版社，2003：12.
⑤ [德] 黑格尔. 历史哲学 [M]. 王造时，译. 上海：上海书店出版社，1999：64.

地位的一种最精密的进化论话语叙述。① 与此同时，杜赞奇注意到了黑格尔的历史话语为西方民族国家的兴起和帝国主义扩张的同步性这一历史事实提供了解释，因为按照进化史观"物竞天择""适者生存"的逻辑，只有具有"普遍化的历史"意识的国家"才能够实现自由"，并且"有权摧毁非民族国家"，这样民族国家就变成帝国。杜赞奇指出，这就是黑格尔认为英国征服中国不仅不可避免，而且也是非常必要的理由。这里，杜赞奇强调启蒙文明、进化史观和社会达尔文主义的逻辑同构性。他认为：社会达尔文主义"代表了启蒙理性阴暗的一面"，并且以"启蒙文明的名义"，把人类"划分为'先进'与'落后'的种族"，借此为帝国主义的掠夺提供合法性。② 由此可知，进化史观不仅促成了现代民族主义的发生，而且同时也为现代化和帝国主义的扩张提供了话语支持。与此同时，作为这一话语之外的他者，传统的非现代民族国家要想反抗帝国主义的侵略，也只能接受这一话语并且将其内在化，加入到"普遍化的历史"叙事之中。而这一叙事的核心，仍然是通过启蒙文明话语，建构作为历史主体的现代民族国家。因此，在现代化的全球扩张过程之中，无论是帝国主义扩张，还是反对帝国主义的民族独立思想，进化史观和现代民族主义都成为其凭借的重要话语资源。

进化史观在近代传入中国，康有为、严复、梁启超、孙中山等人都深受其影响，同时他们也成为进化史观在中国的推动者。这一时期，也是中国的民族主义思想高涨的时期，而进化史观替代传统史观的过程，则为中国的民族主义思想从传统民族主义向现代民族主义转型提供了合法性。对于近代中国来说，反对帝国主义与"强制"现代化是建立民族国家的一体两面，同时它们又与进化史观替代传统史观、现代民族主义替代传统民族主义的话语实践具有内在逻辑上的同构性。而辛亥革命的爆发与中华民国的建立，则从政体上实现了中国从一个传统的君主专制国家向现代民族国家的转型。

但是，辛亥革命后的中国让人失望。鲁迅在小说《范爱农》里描写的曾经意气风发、现在却日益颓唐的革命者形象，揭示了革命正在走向它的反面，而绿林大学出身的王金发摇身一变成为王都督的例子，也证明了革命之后的迅速变质。鲁迅因此失望地写道："我觉得革命以前，我是做奴隶；革命以后

---

① ［美］杜赞奇. 从民族国家拯救历史：民族主义话语与中国现代史研究［M］. 王宪明，高继美，等，译. 南京：江苏人民出版社，2009：20.

② 同①。

不多久，就受了奴隶的骗，变成他们的奴隶了。我觉得许多民国国民是民国的敌人。"①

对于辛亥革命的反思，让五四一代认识到建立现代民族国家必须先"改造国民性"，通过文化上的破"旧"迎"新"实现"新人""立人"，进而实现"新民""立国"的民族主义目标。在这一目标下，信奉"优胜劣汰"的进化史观，批判"天不变道亦不变"的循环史观的思想，得到了越来越多中国人的认同，这也成为新文化运动发生的一个重要的社会动力和现实诉求。正如朱希祖在《新青年》发文所言："真正的文学家，必明白进化的理。严格讲起来，文学并无中外的国界，只有新旧的时代。"② 而作为新文化运动的领袖，胡适明确赋予新文化运动以进化史观的立场。他在《文学改良刍议》中提出，"文学因时进化，不能自止。"③ 于是，胡适用进化史观替代循环史观，对"历史停滞"的"乡土中国"予以批判，成为新文化运动发生的内在逻辑和主导思想，并且充分体现在以鲁迅作品为代表的五四文学之中。

二、历史的停滞：五四文学的民族寓言及国家想象

鲁迅在很年轻的时候就读了《天演论》，他曾在《朝花夕拾·琐记》中回忆初见此书，"一口气读下去"的兴奋感觉。④ 此后，鲁迅在日本留学的时候，又受到了丘浅次郎《进化论讲话》的影响。而尼采学说中的"超人"形象、"重估一切价值"和文化批判思想，更是促成了鲁迅独特的进化史观，并且体现在他五四时期的文学创作之中。

在小说《故乡》的开头，鲁迅曾经有一段著名的风景描写，用"几个萧索的荒村，没有一些活气"来表达自己阔别多年后初见故乡的"悲凉"。⑤ 对于这一段叙述学界多有研究。李杨指出，风景描写的出现"是现代小说与传统小说的重要区别"。因为环境与景物并非先验的客观存在，而是"只能存在于某一套叙事话语中"。他进一步指出，现代作家通过人站在环境、历史之外

---

① 鲁迅. 华盖集·忽然想到 [M] //鲁迅全集：第3卷. 北京：人民文学出版社，1981：16–17.
② 朱希祖. 非"折中派的文学"[J]. 新青年，1919 (4).
③ 胡适. 文学改良刍议 [J]. 新青年，1917 (1).
④ 鲁迅. 《朝花夕拾》琐记 [M] //鲁迅全集：第2卷. 北京：人民文学出版社，1981：486.
⑤ 鲁迅：故乡 [M] //鲁迅全集：第1卷. 北京：人民文学出版社，1981：476.

的视角去描写环境和历史，"是一种典型的黑格尔式的现代叙事。环境是历史的象征，在环境中，也就是在历史中，个人性格成长起来，本质成长起来"。①在这个意义上，风景描写本身就是一种"现代性的叙事话语"，"环境"与"景物"成为静态和停滞的"历史"景观，而观看者则是"站在环境、历史之外"的动态的和"成长起来"的他者。具体到《故乡》开头的风景描写，观看者和发现者是以归来的游子面目出现的他者，而"故乡"则是对于乡土中国的隐喻。美籍华人学者唐小兵在分析《故乡》时指出："借用雷蒙·威廉斯的话，'故乡'两个字便已构成了一套'情感结构'（structure of feeling），而这个结构捕捉到的，甚至促生催发的，正是层层叠叠内在记忆、想象、欲望与外在环境的差异和异质性"。② 显然，鲁迅正是通过"故乡风景"在游子眼中的"差异和异质性"，来凸显乡土中国历史的停滞。

风景描写在被赋予现代性叙事的意义的同时，还在民族国家的建构中具有重要作用。柄谷行人就以"风景之发现"来考察日本现代民族国家的建构过程，他在《日本现代文学的起源》中写道："本尼迪克特·安德森（在其著作《想象的共同体》中）指出以小说为中心的资本化出版业对国民的形成起到了巨大的作用，而我在本书中所考察的文言一致也好，风景的发现也好，其实正是国民的确立过程。"③ 这里所说的"国民"其实就是英文 nation，中文则译为"国家或民族"。柄谷行人还举例说明"风景"在"民族国家"认同中的作用。他以美利坚合众国为例指出，作为多民族国家的美国，仅仅依靠国歌《星条旗永远不落》是"无法建立起共通的感情之基础的"，但又无法诉诸血缘，因此只好诉诸"大地"，即"通过赞美'崇高'风景之准国歌'美丽的亚美利加'（America the beautiful）"来表征国族认同。④ 这里，柄谷行人指出，像美利坚合众国这样的多民族国家作为"想象的共同体"，无法诉诸"血缘"，便只有诉诸"大地"上的"风景"，而"风景"也因此和"文化"一样，成为连接多民族国家共同体的精神纽带。

在柄谷行人看来，日本现代文学中的风景，同样具有"民族国家"建构

---

① 李杨．抗争宿命之路［M］．北京：时代文艺出版社，1993：98－99.

② 唐小兵．英雄与凡人的时代［M］．上海：上海文艺出版社，2001：50.

③ ［日］柄谷行人著．日本现代文学的起源·序［M］．赵京华，译．北京：生活·读书·新知三联书店，2003：3.

④ 柄谷行人．日本现代文学的起源·序［M］．北京：生活·读书·新知三联书店，2003：4－5.

的作用。但是和"赞美'崇高'风景"的"美丽的亚美利加"不同，日本现代文学中的风景指的则是人们没有看到或者"没有勇气看的风景"，其目的是"先破后立"，"在打破旧有思想的同时，以新的观念来观察事物"①。因为同处落后于西方现代化进程的东亚国家这一历史语境，柄谷行人对于日本现代文学中的风景分析同样可以用来解释五四文学中的风景。

在五四文学中的风景描写，大多数是让人失望甚至绝望的意象。这样的风景描写表明，近代"乡土中国"自"遭遇"现代文明的那一刻起，就在一种他者的视野中重新审视自己，并且试图重新确立自我的文化定位和民族认同感。这种审视不仅意味着对于西方启蒙精神的"拿来"，同时包含着一种对于中国历史的"价值重估"。因此，出现在五四文学中的"故乡风景"不仅是对当时中国的现实写照，而且还是一种渴求变革和革命的进化史观者对于历史停滞的隐喻。而要想在近代中国实现民族国家的进化，首先要打破这种历史的停滞，启蒙的合法性由此而生。正如张旭东所指出的："在鲁迅这里，历史的停滞通过寓言变成了历史运动的革命性前提。"② 因此，鲁迅虽然"用了种种法，来麻醉自己的灵魂，使我沉于国民中，使我回到古代去"③，但是对于国家与民族的深重忧患让他无可逃避，最终选择在"铁屋子"里"呐喊"来惊醒沉睡的国民，并寄希望用"拿来"的西方现代思想来拯救传统的乡土中国。

第三世界的文本，"总是以民族寓言的形式来投射一种政治"。④ 这个论断同样适用于对近代中国文学的解读。正如王德威在其著作《想象中国的方法》所认为的，作为近现代中国文学最重要的一种文类，小说"往往是我们想象、叙述'中国'的开端"，而"小说本身的质变，也成为中国现代化的表征之一"。⑤ 上述论断体现了近代中国文学的文化政治诉求，即以文学叙事的方式表述对现代民族国家的想象。这一结论也可以用来分析五四文学。可以说，用进化史观去批判历史停滞的传统中国，借此建构现代化中国的合法性，成为了五四文学叙事的重要动力和主题。

---

① 柄谷行人. 日本现代文学的起源·序 [M]. 北京：生活·读书·新知三联书店，2003：1 - 2.
② 张旭东. 批评的踪迹 [M]. 北京：生活·读书·新知三联书店，2003：260 - 261.
③ 鲁迅.《呐喊》自序 [M] //鲁迅全集：第1卷. 北京：人民文学出版社，1981：418.
④ [美] 弗雷德里克·詹明信著. 晚期资本主义的文化逻辑 [M]. 陈清侨，等，译. 北京：生活·读书·新知三联书店，1997：523.
⑤ 王德威. 想象中国的方法 [M]. 北京：生活·读书·新知三联书店，1998：1.

三、"人的文学"：一种现代民族主义的话语实践

在新文化运动被认为是一场个人主义的思想启蒙运动的同时，五四文学也常常被认定为一种"人的文学"，并且与20世纪40年代提出的"人民（的）文学"相对立。① 但从现代民族主义的视角来看，"人的文学"与"人民（的）文学"都致力于以文学来"新民立国"，因此其关系与其说是二元对立，不如说是一体两面。二者的区别在于，前者更强调个人觉醒和国家独立的关系，而后者则凸显文学中的阶级性和民族性。

实际上，"新民立国"的思想早在清末梁启超的《小说与群治之关系》等论述中就已经初露端倪。不过，随着时代变化，五四知识分子对这一思想也进行了不同立场的阐释。胡适、鲁迅、周作人等人"新民"的思想由"群体"而转向"个体"，认为个人精神的自由和觉醒是建立新的共和国家的前提。胡适更是激烈地提出："自由平等的国家不是一群奴才建造得起来的！"公开推崇"健全的个人主义精神"。② 而陈独秀、李大钊等人则将"新民"的"群体"细化，并且立足于"平民"和"劳工"的阶级立场。这一分歧充分体现在五四知识分子对于"平民"的不同理解之中。周作人认为，"平民"就是"普通的男女"，也就是没有被神化的人，他因此提出"平民文学"这一概念，认为研究他们的生活也就是"人的生活"的文学就是"平民文学"。③ 而李大钊受到马克思主义在中国的早期传播的影响，极力倡导"平民政治"，并且将劳工及无产阶级作为"平民"的主流。这一思路也成为以后"人民（的）文学"的前奏。

五四之后，"人的生活"逐渐让位于"平民政治"，"人民（的）文学"替代了"人的文学"成为中国的文学主流。对此，美国学者舒衡哲以"启蒙

---

① "人的文学"这一概念来自于周作人，倡导"以人道主义为本"，记录和研究"人生诸问题"。参见：周作人．人的文学［J］．新青年，1918，5（6）．1918年12月15日。"人民（的）文学"的概念源自于1942年毛泽东《在延安文艺座谈会上的讲话》的发表，但最早明确提出"人民文学"和"人民文艺"概念的是邵荃麟。参见：邵荃麟．伸向黑土深处［J］．文艺杂志，1945，1（1）．而第一次将"人民的文学"和"人的文学"作为"两支潮流"进行对比的是袁可嘉。参见：袁可嘉．"人的文学"与"人民的文学"——从分析比较寻修正、求和谐［N］．大公报·星期文艺，1947-07-06．

② 胡适．介绍我自己的思想［M］//胡适全集：第4卷．合肥：安徽教育出版社，2006：663．

③ 周作人．平民文学［J］．每周评论，1919（5）．

与救国"的名义进行了分析，他将五四时期胡适等人的"个体"启蒙和李大钊等人的"平民政治"对立起来，认为爱国主义和政治革命的国家话语最终压倒了个人思想解放的温和要求。① 笔者以为，这一结论有失偏颇，其最大的问题是忽视了五四时期"人的生活""人的文学"同样也是爱国主义和现代民族国家话语的一个隐秘然而重要的组成部分。进一步说，在五四作家的文学实践中，虽然一直有着"启蒙与救国"的双重任务。但是"启蒙"只是路径，"救国"才是目的。由此可见，"人的文学"不过是新文化运动的一种策略，其目标是通过"新人"和"立人"来"改造国民性"，进而从"新民"到"立国"，抵达建立一个现代化民族国家的目标，这仍然是进化史观和现代民族主义话语主导的结果。正如史书美所认为的，五四时期的个人启蒙，其"最终的目标是要将中国变为由具备个人主义精神的个人所组成的民族"，进而"创造出一个人国来"。② 从这个意义上来说，五四时期的"人的文学"与后来的"人民（的）文学"都有"立国"的诉求，是现代民族主义话语在文学实践中的一体两面。③

在"话语分析"理论中，福柯将话语（discourse）界定为"隶属于同一的形成系统的陈述整体"④。以此看来，现代性叙事中的许多关键词，如"历史""进步""民族""国家""人民""启蒙"，甚至"人"和"现代化"本身都是一种话语的实践和建构。与此同时，福柯还注意到了话语和权力的密切关系，认为话语是权力的一种运行方式，权力必须进入一种特定话语才可以运行，因此话语分析的背后是隐含的权力分析。按照福柯的思路，我们也可以把五四文学及其背后的五四新文化运动看作是一种现代民族主义话语的建构，以及启蒙文明这一文化霸权运行和扩张的结果。以启蒙文明的逻辑关照，则中国文明不仅丧失了"普世性文明"的优越地位，甚至变成了欧洲中

---

① 舒衡哲. 中国的启蒙运动：知识分子与五四遗产 [M]. 刘京建，译. 北京：新星出版社，2007：314.

② 史书美. 现代的诱惑：书写半殖民地中国的现代主义（1917—1937）[M]. 何恬，译. 南京：江苏人民出版社，2007：90.

③ 实际上，早在梁启超的《政治学大家伯伦知理之学说》中，就已辩证论述过具有个人启蒙意识的现代国民和共和体制的现代民族国家之互动关系，认为"有国民即有国家，无国家亦无国民。二者实同物而异名耳"。参见：梁启超. 政治学大家伯伦知理之学说 [M] //饮冰室合集：文集之十三. 北京：中华书局，1989：72.

④ [法] 福柯. 知识考古学 [M]. 谢强，马月，译. 北京：生活·读书·新知三联书店，1998：136.

心主义这一新的"普世性文明"启蒙的对象和他者。而对于传统的"乡土中国"而言，来自于他者的审视不仅包括远方的西方现代民族国家，更来自置身于其中的新文化运动倡导者自己。或者说，这里的新文化运动倡导者们已经自觉将西方的进化史观内在化，并且因此让自己变成了传统中国的他者。正如杜赞奇所说：五四时期的中国知识分子在"批评传统的自我能力"方面，"做得非常成功"。他们"在缺少与自我直接对立的'他者'的情况下，自我得以把'他者'内化，其方式似乎使之从'他者'获得某种独特的自治"。①

四、结语

从历史发生学来看，五四文学与五四新文化运动是通过文化的更新来建立新的民族国家，因此具有明确的民族主义诉求，正如张旭东所指出的，我们评价这一历史实践，必须放在这个"西方步步进逼，东洋步步退却（竹内好）"的时代背景中，才能凸显其历史意义。在这一历史过程中，"救亡图存"从政治层面进入文化，而文化则通过五四文学等新文化运动"启蒙"实践进入政治，"即通过文化的自我更新和国民性改造，再造作为社会存在和政治存在的中国"。②

从这个意义上来说，五四文学乃至整个新文化运动的发生都有其历史必然性，它不是历史轨迹的断裂和突变，而是历史脉络的延续，是启蒙文明和进化史观所主导的现代民族主义在近代中国持续传播的产物。甚至可以说，近代中国对于现代化话语和启蒙文明话语从排斥到接受，从消极被动到积极主动的全面内在化，就是以新文化运动的发生为标志的。③ 因此，对五四文学和整个新文化运动的解读都可以放在进化史观和现代民族主义话语实践中进行。而我们今天，也只有站在反思进化史观和启蒙文明话语的角度，才可以对新文化运动有更加深入的理解和评价。

---

　　① ［美］杜赞奇. 从民族国家拯救历史：民族主义话语与中国现代史研究［M］. 王宪明，高继美，等，译. 南京：江苏人民出版社，2009：256.
　　② 张旭东. 文化政治与中国道路［M］. 上海：上海人民出版社，2015：6.
　　③ 黄兴涛就曾经以概念史的方法对五四时期的历史进行考察，他发现"一大批具有现代意义的政治、社会和文化的重要概念"，如"帝国主义""中华民族""现代"等，虽然多兴起于清末，但只有到了五四时期以后才真正流行，他因此称五四时期是"中国现代思想的奠基期"。参见：黄兴涛. "概念史"和"一般思想史"短论二题［M］. 北京：中国人民大学出版社，2011：54.

革命地方与再造民国

——后五四时代作家南下的革命逻辑考察

张武军[*]

　　后五四时代，学界从南北新旧文化差异为国共合作的国民革命寻找深层支撑，包括鲁迅、郭沫若、茅盾在内的众多作家南下，成为这一逻辑有效性的体现。然而，从《广州民国日报》及其副刊来看，作家南下其实是南方"新"文化的"果"而非"因"，同时，比国民党改组革新更重要的一个"新"被我们忽略了，那就是再造"新国"，这是党报《广州民国日报》的最核心话题，孙中山"再造民国"和陈独秀"造国论"的国民革命阐述，也是国共两党合作达成的共识。鲁迅等作家深度介入了再造民国的宣传动员与文学书写，他此时和之后的民元建国回想无疑是当时再造民国的镜像呈现。新旧民国的革命与反革命之争，既是我们把握国民革命进展的内在逻辑，也是我们理解后五四时代鲁迅、郭沫若、郁达夫等作家南下和广州活动的最主要因素。1924—1928 年新旧"两个民国"道与势的变迁，所引发的知识分子群体震荡和五四之后的大裂变，是一个特别重大却尚未展开的命题。

　　"革命"无疑是 20 世纪中国最为重要的"关键词"，而 20 世纪 20 年代则是中国革命的"关键时期"。中国共产党、中国青年党相继成立，中国国民党改组新生，三党都积极投入到革命的动员与实践，此外，其他党派团体，甚

---

　　* 作者简介：张武军，西南大学文学院教授。

至一些地方军阀，也都以革命为旗帜。这是一个人人都革命的时代，这是一个处处都革命的时代。"在多党竞革的背景下，国民革命最具声势"①，动员了包括作家们在内的最广泛力量，成为20世纪20年代革命的主导方向。无数知识分子纷纷南下，成为革命阵营中的一员，知名作家茅盾（沈雁冰）、成仿吾、郭沫若、郁达夫、王独清、鲁迅等就是其中的代表。

但值得追问的是，到处以革命为大纛的20世纪20年代，国民革命为何会成为众多"革命"的主导方向？南方究竟什么样的革命理念吸引了作家们？为何鲁迅又说广州"可以做'革命的策源地'，也可以做反革命的策源地"②？

1925年7月，蒋介石在《军事委员会讲演》中阐述了他眼中的革命与反革命之别："不但在北方，帝国主义利用军阀以阻止革命党的进行，想颠覆我们革命政府，即在南方，帝国主义亦无时不思利用反革命和假革命的军阀以妨碍革命势力发展，务使革命势力消灭而后快。"③蒋介石所说的南方反革命和假革命，指的就是杨希闵和刘震寰，以及之前的唐继尧和陈炯明等，而他则以革命正道自居。的确，这一时期蒋介石的革命声望如日中天，中国共产党人和苏俄也把他视为革命同志，配合其革命言说。1925年7月，陈独秀针对社会上有人指责南方政府肃清杨希闵和刘震寰的战事，专门撰写文章《广州战争之意义》④，澄清社会上的一些误解，强调广州战争的革命意义。

不过，翻阅当时一些报刊如《广州民国日报》，从中我们可以看到不一样的杨希闵和刘震寰。1923年8月《广州民国日报》创刊后，恰逢东征陈炯明，陈炯明当然是反革命的一方，而有关杨希闵和刘震寰的报道和言论，基本上都是赞其东征陈炯明保卫元帅府的革命行径。1925年6月，《广州民国日报》有关杨、刘的报道开始有了微妙变化，6月4日还是力图把他们留在革命阵营的消息，如《杨希闵等表明心迹之通电》《刘震寰拥护政府通电》，而到了6月5日就成了警告，如《革命政府对待刘杨通电之态度——空言无补》，而此后接连都是讨伐刘、杨的系列军事活动跟进。蒋介石有关革命与反革命的讲演和陈独秀《广州战争之意义》，就出现在系统清算陈炯明、唐继尧、杨

① 王奇生. 高山滚石：20世纪中国革命的连续与递进［J］. 华中师范大学学报，2013（5）.

② 鲁迅. 鲁迅全集：第4卷［M］. 北京：人民文学出版社，2005：33.

③ 蒋介石. 在军事委员会讲演［M］//萃学社编集. "蒋总统言论汇编"外录：第一集，大东图书公司，1978：97－111.

④ 陈独秀. 广州战争之意义［J］. 向导，1927，121.

希闵和刘震寰反革命的 7 月份。

蒋介石和陈独秀指责杨、刘及陈炯明等都是"反革命",可是,"从陈炯明到刘震寰、熊克武等,皆从同盟会时代就参加'革命',杨希闵也从'二次革命'时便进入革命阵营,在国民党一大上当选为中央委员,其革命资格并不算浅。这些'反革命'或'假革命'力量虽不时与北洋方面联络,然在外间特别是北方人看来,恐怕还是'革命'的一面偏多"。① 那么,为什么在后来的历史书写中,陈炯明、唐继尧、杨希闵和刘震寰等人都永远被定在了反革命的耻辱柱上,反革命只是掌控革命话语权一方的独断吗?

1927 年 2 月,蒋介石在南昌的集会上又一次讲演了革命与反革命之别。此时北伐正如火如荼,他声称,"我只知道我是革命的,倘使有人要妨碍我的革命,反对我革命的,那我就要革他的命。""谁要反对我革命的,谁就是反革命。"② 不过,这一次,中国共产党人并没有和蒋介石站在一边,而是与武汉国民党"左"派同志一起,发起声势浩大的"恢复党权运动",并把蒋介石和吴佩孚、孙传芳等人等同起来视为反革命。最著名的讨伐檄文莫过于大作家郭沫若的《请看今日之蒋介石》。郭沫若把当时能够使用的反革命罪名都搬出来了,他指出:"蒋介石是流氓地痞、土豪劣绅、贪官污吏、所有一切反动派——反革命势力的中心力量了,他的总司令部就是反革命的大本营。"③的确,从中国共产党人和武汉国民党"左"派的立场出发,蒋介石的一系列行动尤其"四一二政变"和随后的"清党",是不折不扣的反革命行为。然而,三个月后,曾经和中国共产党人一起指责蒋介石反革命的汪精卫和武汉国民政府,在中国共产党人和共产国际的眼中,"武汉政府底革命作用已经完结了,现在它变成了反革命的力量了"④,武汉小资产阶级知识分子的激进也成了"假革命"的表现。而选择"分共"的汪精卫和武汉国民政府则指责共产国际和中国共产党人破坏国民革命,一如当初蒋介石的指控一样。"四一二"之后蒋介石以"破坏革命"的名义在屠杀中国共产党人和工农群众的同时,宣称是"以打倒西山会议派之精神打倒之",4 月 15 日的《广州民国日

① 罗志田. 国际竞争与地方意识:中山舰事件前后广东政局的新陈代谢 [J]. 历史研究,2004 (2).

② 蒋介石. 在南昌总部特别党部成立大会演讲词 [M] //清党运动急进会. 清党运动.1927:1–6.

③ 郭沫若. 请看今日之蒋介石 [M] //郭沫若全集. 文学编:第 13 卷. 北京:人民文学出版社,1992:129.

④ 共产国际执委会关于中国革命目前形势的决定(一九二七年七月)[M] //中央档案馆. 中共中央文件选集:第三册. 北京:中共中央党校出版社,1983:207–213.

报》就有"查封西山会议派总机关"的报道。

从《广州民国日报》及其副刊来检视,很多革命人物的形象都不断地翻转变化,邹鲁、林森、戴季陶、冯自由等革命元老,也都以反革命的身份出现过,尽管他们也都曾是《广州民国日报》"论说"版块的重要作者,戴季陶后来成为国民党革命的理论家,而冯自由后来成为国民党革命史的重要撰写者。汪精卫、陈独秀及其他的中国共产党人,都曾是革命的焦点人物和议题,但也都曾被描述为反革命。

自辛亥以来,革命被视为正道,代表历史的发展方向,但先入为主的把国共合作的南方视为理所当然的革命一方,并以此来建构北伐革命的叙事,这显然太过简单又大有问题。如果南方内部尚且无法归纳出一套完整而又清晰的革命逻辑,革命和反革命只是权势变动的幌子,反革命也只是一个相当随意的政治污名①,那么我们怎么能认可是南方的革命战胜了北方的反革命?又怎么能说作家们深受革命理念的吸引而纷纷南下呢?

一、被忽视的《广州民国日报》

吸引众多作家的南方革命,我们至今仍没有一个明晰的界定,国民革命、大革命、北伐战争、南北战争、第一次国内革命战争、新民主主义革命等概念都在使用。使用最广的"国民革命",其内涵与外延,学界也没有一个明确的共识,且和上述诸多概念含混不清地相互表述,相互界定。

近些年来,一些学者把"国民革命"这一语词溯及辛亥革命时期②,他们认为,1906 年孙中山、黄兴、章太炎等人制订的《中国同盟会革命方略——军政府宣言》最早阐述了国民革命。"前代为英雄革命,今日为国民革命。""所谓国民革命者,一国之人皆有自由、平等、博爱之精神,即皆负革命之责任。"③ 事实上,依循此逻辑追溯,汪精卫在同盟会刊物《民报》上发

---

① 南方革命阵营内部有关革命与反革命之间的任意专断,和相互反革命的污名,可参考:黄金麟. 革命与反革命——"清党"的再思考 [J]. 新史学, 2000, 11 (1).

② 蒋永敬. 从英雄革命到国民革命的辛亥革命 [M] //徐万民. 孙中山研究论集——纪念辛亥革命90周年,北京:北京图书馆出版社,2001:210-219. 姚曙光. 国民革命思想新论 [J]. 江苏社会科学, 2003 (6).

③ 孙中山,等. 中国同盟会革命方略——军政府宣言 [M] //广东省社会科学院历史研究室,等. 孙中山全集:第一卷. 北京:中华书局,1981:296.

表一系列针对立宪派的革命论说，才是"国民革命"这一语词的最初使用。汪精卫从 1905 年《民报》创刊号的《民族的国民》开始，到 1906 年发表《满洲立宪与国民革命》，抨击立宪不过是维系满清统治，并针锋相对地提出了"全体国民革命"①。确定谁是"国民革命"这一概念的首创并非本文重心所在，只是想表明，仅仅考察"国民革命"这一语词而不顾及其所处的时代，不同的研究者会有不同的所指。毕竟，笼统地说，所有国民党的革命和事业都可属仍需努力的"国民革命"，这样"国民革命"成为一个无所不包的革命的代名词，也就失去了讨论的意义。因此，我们需要回到当时的历史语境，来重新认知这场吸引众多作家的南方革命，毫无疑问，国民党改组后的党报《广州民国日报》及其副刊是探究这一命题的重要材料。

长期以来，学界对《广州民国日报》一直没有什么好感，"《广州民国日报》的变化则毫无特色可言。有之，则只是一个'乱'字。"'乱哄哄，你方唱罢我登场'。在光怪陆离的政局变幻中，广州《民国日报》充当各派的舆论工具，以各派的枪口为俯仰，妻妾事人，朝秦暮楚，毫无定向。这是中国新闻界的悲剧，也是中国国民党党报的耻辱"②。这样的评价出自严肃而又系统的《中国国民党党报历史研究》。由此可见，大家对《广州民国日报》之"乱"的痛恨，"乱"也成了不少研究者忽视和贬低这份报纸的缘由。《广州民国日报》其实很为孙中山所看重，"为总理在粤手创三大事业之一（其他二者，一为黄埔军校，一为广东省银行。）为革命策源地最大之日报，日出四大张，销行东南各省，远及港、澳、南洋。其言论主张，为海内外瞩目，以其为本党喉舌也。报头为总理亲笔，为本党改组后第一党报"③。然而这么重要的一份报纸，学界系统关注和研究的论著却并不多，只有为数不多的几篇论文，且主要从新闻传播、广告学的立场来考察④。此外，一些零星的有关

① 汪精卫. 满洲立宪与国民革命 [N]. 民报（第 8 号）. 1906 – 10 – 08.

② 蔡铭泽. 中国国民党党报历史研究（1927—1949）[M]. 北京：团结出版社，1998：69、70.

③ 徐咏平. 中国国民党中央直属党报发展史略 [M] //李瞻. 中国新闻史，中国台湾：学生书局，1979：315 – 340.

④ 张靖瑶. 20 世纪 20、30 年代广州社会文化状况研究——以《广州民国日报》文化类广告为中心的考察 [D]. 广州：华南师范大学硕士论文，2007. 姜燕. 消费、欲望与社会生活——1920 年代《广州民国日报》广告研究 [D]. 广州：暨南大学硕士论文，2012. 金宏奎. 言论与时局——《广州民国日报》（1923—1927）论说研究 [D]. 南京：南京师范大学硕士论文，2012. 肖乐.《广州民国日报》香烟广告研究 [D]. 广州：暨南大学硕士论文，2015.

《广州民国日报》的论文，也都集中在对某些单一的广州社会活动的探究，如侨民、法律生态、社会秩序等议题①。《广州民国日报》，尤其是其丰富多彩的广告部分，固然留下了很多广州地方性社会文化生活形态的记录，但这样的研究，显然偏离国民党新生改组后第一党报的历史定位。这份"混乱"的《广州民国日报》及其"混乱"的革命言说，的确不合乎后来各方各有遮蔽各有择选的历史叙述，但这样未被切割的历史现场的"混乱"，不正是我们洞悉 20 世纪 20 年代革命复杂性与多维性的最好切入点吗?!

这份"混乱"的报纸留下很多关于鲁迅、郭沫若、茅盾等人在广州的言行记录，这些言行记录，这些在广州的痕迹，后来不少作家却极力回避、改写，甚至是否定。钟敬文主要依据《广州民国日报》及其他一些报刊材料，编著了《鲁迅在广东》②，颇有意味的是，鲁迅后来一直不满此书并多次否定。他给友人信中说此书"大约是集些报上的议论罢"，"但这些议论是一时的，彼一时，此一时，现在很两样"③。后来学界大都依循鲁迅"此一时"的态度而忽略了广州革命时期"彼一时"的复杂性。邱焕星对此进行了非常细致的辨析，认为后来鲁迅的否定原因在于"自我历史的遮蔽与重叙"，他提示我们："既往认识忽略了一个重要之处，即鲁迅的这些自叙都是他清党之后的历史追叙，这其实是将'幸存者的视角特权化'了。要想解决这个问题，只有重新发掘鲁迅初到广东的资料并据此重建历史的叙述，也正因此，钟敬文在《鲁迅在广东》中搜集的那些鲁迅初到广州发表在报刊上的演讲稿，就有着极重要的历史价值。"④ 事实上，不只是因为鲁迅从清党后的视角来否定《鲁迅在广东》，即便在"清党"之后，鲁迅仍和已经是"清党"舆论先锋的《广州民国日报》有关联，言行频频出现在正版或副刊。1927 年 7 月 23 日和 26 日，鲁迅受国民党广州市教育局的邀请，参加"广州夏期学术演讲会"，演讲内容就是非常有名的《魏晋风度及文章与药及酒之关系》，最初的演讲稿

① 叶锦花.1924—1928《广州民国日报》对海外华侨社会的报道 [J]. 神州民俗，2010 (2). 方靖. 广州国民政府对社会秩序之整饬——基于《广州民国日报》的考察 [J]. 理论月刊，2010 (2). 许峰. 表达与回应：民国广东地区民间法律生态——以《广州民国日报》"法律问答"栏为中心 [J]. 晋城职业技术学院学报，2011 (1).

② 钟敬文. 鲁迅在广东 [M]. 北新书局，1927.

③ 鲁迅. 致翟永坤 [M] //鲁迅全集：第 12 卷. 北京：人民文学出版社，2005 (68).

④ 邱焕星. 自我历史的遮蔽与重叙——鲁迅为何否定《鲁迅在广东》[J]. 鲁迅研究月刊，2014 (7).

就刊载在 1927 年 8 月 11—17 日的《广州民国日报》副刊。7 月 16 日，他在广州知用中学的演讲《读书杂谈》，也刊登在 8 月 18 日、19 日、22 日的《广州民国日报》副刊，这些演讲及其他相关报道并没有收录进《鲁迅在广东》。鲁迅在给友人信中说道："在广州之谈魏晋事，盖实有慨而言。"① 但除了早期鲁迅研究者笼统地把此文视为对蒋介石"四一二"反革命政变的控诉之外，现在很少有人注意到鲁迅的"盖实有慨而言"和广州革命的"乱"之间的内在关联。《鲁迅在广东》遗漏了很多鲁迅在清党之后的重要言论，这样的"鲁迅在广东"显然并不完整，"清党"之后的"鲁迅在广东"更是一个值得探究的命题。更重要的是，当从后来编著的"选集""全集"中去审视《魏晋风度及文章与药及酒之关系》，我们很容易仅从学理上来考辨鲁迅精神和魏晋风度的关系，可是，当把它放置在原初的生成"场域"《广州民国日报》中来审读，感受和理解完全不一样。报纸上的这篇演讲稿，保留了很多符合当时广州语境和演讲现场的言词，和后来"各版本（包括'全集本'）之间的差异共有 202 处"②。此外，我们把《魏晋风度及文章与药及酒之关系》《读书杂谈》和《广州民国日报》七八月份铺天盖地的"清党""讨共"快讯一起阅读，诸如"汪精卫孙科叛党祸国之明证——汪精卫已加入共产党，孙科搜刮人民财产已达千余万"（7 月 13 日），"省令购缉共党要犯徐谦邓演达"（7 月 21），"冯玉祥驱逐共党郭沫若"（8 月 1 日），"汉口枪决共产党徒"（8 月 9 日），"九江枪决大批共产党员"（8 月 13 日）等消息，就特别有意义。

除了鲁迅，郭沫若、茅盾、郁达夫等同样有不少演讲和报道频频出现在《广州民国日报》上，此外，鲁迅和郭沫若、郁达夫等都曾卷入各种纠纷的国立广东大学（后改名为中山大学），而这些纠纷也是《广州民国日报》的重点话题。这些"混乱"的革命论说材料——看似外围的材料和议题，反而更有助于我们走进当时的鲁迅和郭沫若等人更为复杂的内心世界，从而洞悉作家们和广州革命深层的复杂关系。

---

① 鲁迅. 致陈濬［M］//鲁迅全集：第 12 卷. 北京：人民文学出版社，2005：143.

② 鲍国华. 鲁迅《魏晋风度及文章与药及酒之关系》：从记录稿到改定稿［J］. 鲁迅研究月刊，2016（7）.

二、国民革命论说的迷思

尝试从"混乱"的《广州民国日报》革命言说来厘清南方内部革命逻辑之前，我们先来检讨既往有关国民革命和北伐的重要观点。"北伐战争的结果，人力、物力和财力均处劣势的国民革命军一举战胜处于优势的北洋军阀，颇出时人意料之外，亦令后来的学者困惑。"① 长期以来，众多学者围绕这个困惑，从各个角度进行阐释，产生了不少颇有影响的观点。但基于《广州民国日报》及其副刊原始资料的考察，这些主流观点都有太多的迷思。

过去学界普遍认为，二次革命、护国与护法革命的失败，尤其是陈炯明的背叛，"使孙中山再次深思反省：光靠军事的进行，革命事业未必能成功，而扩张党务则是有胜无败的"②。因此，面对苏俄伸出的援手，孙中山师从其制改组国民党，国民党因此焕然一新。胡政之对此曾有明确论述："自采用俄国式组织之后，全部民党，恍若节制之师，政治上之主张俨成宗教上之信仰，此为国民党胜人之处。而对抗之者，则为无主张无组织之军阀政客官僚。"③这一观点很有代表性，也为时人和后人所认可，成为阐述国民革命和北伐成功的主流观点。细究之下，国共两方侧重有所不同，国民党一方更强调党制体系的革新和三民主义的结合与否，并以此作为甄别革命与否的标志，而中国共产党一方更侧重新的政党制度与联俄、联共、扶助农工"三大政策"的贯彻实施，并以此来判定革命和反革命。

不过，三民主义的含混和多元，注定无法建构起一套严密整一的信仰体系，这也是后来各方对三民主义的阐释大相径庭的缘由，而国共合作更带来"主义"上的含混与复杂。在以"主义"为主旨的《主义与饭碗》中，胡政之始终也没阐明"主义"详细所指，只是笼统说"夫主义之优劣是一事，主义之有无又是一事"④，南北方乃有有无主义之争。《广州民国日报》为我们提供了在南方各种主义"混乱"的可靠材料。1927 年 2 月 28 日的副刊《现代

---

① 罗志田．南北新旧与北伐成功的再诠释［J］．开放时代，2000（9）．

② 王奇生．党员、党权、党争——1924—1949 年中国国民党的组织形态［M］．上海：世纪出版集团，2003：4．

③ （胡）政之．主义与饭碗［N］．国闻周报，1926，3（39）．

④ 同③．

青年》，登载有青年对于主义的信仰的调查，青年信什么主义的都有，或者故意追逐主义或发明新名词，"居然发明了甚么'马克思列宁主义'"，"可以证明一般青年不晓得主义是什么，信仰是什么"，"这种受过中等或高等教育的人，对于主义，尚且糊里糊涂，莫名其妙，一般小学生，和没有知识的群众，自然更不用说了"。① 由此可见，南方的主义无法系统化言说，或根本就存有巨大分歧，我们又怎能说南方的主义（三民主义）是国民革命胜利的主因呢？

是否拥护孙中山的"联俄、联共、扶助农工"三大政策，曾是中国共产党人判别革命与否的一个重要标准。受"清党"意识形态的影响，国民党一方的历史学者，一直否认国民党和孙中山提出过"三大政策"。不过，作为国民党改组后第一党报的《广州民国日报》，尤其是其副刊《现代青年》，有关"三大政策"的论说比比皆是。即便一些对共产党有所批评的言论，也承认"但睁眼一看，批评共产党的，何尝反对共产党呢？孙总理手创三大政策，'联共'是三大政策之一"②。"站在国民党的立场上，始终信仰三民主义，拥护孙总理手订的一切政策，尤其是三大政策，遵守孙总理遗嘱，去努力国民革命"③。当然《广州民国日报》1926—1927 年到处都是对三大政策的拥护，并没有影响该报在 1927 年 5 月以后满篇都是对苏俄和中国共产党人破坏国民革命的指控。更值得注意的是，虽然苏俄和中国共产党人在《广州民国日报》上的形象有翻转变化，但该报支持农工的立场并未改变，"农工消息"和"党务消息"所占篇幅基本相当。近来，一些学者正是基于《广州民国日报》上有关各地的国民党党务材料的分析，认为改组后的国民党党员中，"农民、工人、妇女和学生群众占了多数"，"以广东为例，民国 15 年党员的成分，农民占 40%，工人占 25%，学生占 25%，商人不足 10%，其余军、警、政、法自由职业及其他人员共占百分之几"④。即便清党之后的《广州民国日报》，包括之后的党报《中央日报》，亦有不少扶助农工的宣传和强调。也不只是报刊

① 蒲良柱. 一般青年对于主义的信仰 [N]. 广州民国日报, 1927 - 02 - 28.

② 逸云. 读了"中国共产党的敌人是谁"以后 [N]. 广州民国日报, 1928 - 03 - 21.

③ 逸云. 辞别孙文主义学会和青年军人联合会 [N]. 广州民国日报, 1928 - 03 - 23.

④ 吕芳上. 革命之再起——中国国民党改组前对新思潮的回应（1914—1924）[M]. 中国台北："中央研究院"近代史研究所, 1989: 560. 另日本学者深町英夫根据《广州民国日报》诸多材料，对各地区党员构成和结构进行了统计分析。虽各地区略有差异，但总体上看，工人、农民党员的数量占有绝对优势。见：深町英夫. 近代广东的政党·社会·国家——中国国民党及其党国体制的形成过程 [M]. 北京：社会科学文献出版社, 2003.

的宣告，王奇生对"三友案"这一劳资纠纷的考察，提供了国民党于 20 世纪 30 年代仍然秉承"扶助农工"政策的事实依据。在这场引发上海罢市的劳资纠纷中，尽管上海地方政府对资方有所偏袒，但国民党中央强力介入，延续孙中山的"扶助农工"，一如当年国民党人对付广州商团一样，不惜和上海资方激烈对峙。王奇生通过这个案例表明，"1927 年之后，工人与国民党政权之间究竟处于一种什么样的关系，亦是值得探讨的问题"①。

依循"联俄、联共、扶助农工"来判定，那么南方最大的反革命陈炯明显然应该是标准的"革命人物"。国共合作之前，陈炯明事实上的联俄、联共和扶助农工，较之于后来的孙中山和国民党，有过之而无不及②。中共不少人曾经一度抵触与国民党合作，理由之一就是不愿舍弃更有实力的盟友陈炯明③，即便在陈炯明"叛变"之后，广东支部的中国共产党人依然站在陈炯明一边。近些年，广东一些地方文史机构和学者正是据此为陈炯明平反，把其树为革命的英雄，并称赞他为海丰及其广东地方所作出的贡献④。此外，苏俄决定联合孙中山及国民党之前，也曾在北方广泛地寻找同盟军。由此可见，联俄、联共、扶助农工与否既不是判定南方内部革命与否的标准，也无法区隔南北之间的革命与反革命。

近些年来，从更广泛的文化意义为国共合作的南方寻找深层的革命动力，成为国民革命研究中的新趋势。我国台湾学者吕芳上在《革命之再起——中国国民党改组前对新思潮的回应》《从学生运动到运动学生：民国八年至十八年》等一系列论著中，率先揭示了国民党和新文化运动的密切关联，罗志田沿此更进一步提出了"南北新旧与北伐成功的再诠释"⑤。毫无疑问，把国民革命纳入新文化运动的思潮来考察，有助于我们在更广泛的社会背景下重审

---

① 王奇生. 工人、资本家与国民党——20 世纪 30 年代一例劳资纠纷的个案分析 [J]. 历史研究，2001 (5).

② 吴相湘. 陈炯明与俄共中共关系初探 [M] //吴相湘. 中国现代史丛刊：第二册. 中国台北：正中书局，1960：97－118. 有关陈炯明和陈独秀关系的探究可参见：曾庆榴. 陈独秀与陈炯明关系考释 [J]. 粤海风，2010 (1). 有关陈炯明和澎湃关系的论述可参见：1921—1924 年前后澎湃与中共及陈炯明之关系 [J]. 复旦学报（社会科学版），2016 (1).

③ 详见：1922 年 4 月 6 日《陈独秀致吴廷康的信——反对共产党及青年团加入国民党》，中央档案馆编. 中共中央文件选集：第一册[M]. 北京：中共中央党校出版社，1989：31－32.

④ 可参见：林忠佳等人和"汕尾市人物研究史料编纂委员会"主编的系列《陈炯明与粤军研究史料》。

⑤ 罗志田. 南北新旧与北伐成功的再诠释 [J]. 开放时代，2000 (9).

新文化、新文学和党派政治及国民革命的关系。然而，新旧文化之别能否为南方革命提供更深层的支撑呢？能否成为南方革命和北伐成功的主导因素呢？吕芳上在有关中国国民党回应新思潮的论述中，所列举的国民党人的新文化报刊，除了上海的《民国日报》《觉悟》副刊和随之发行的《星期评论》，以及《建设》杂志等，主要是陈炯明在福建、广东所支持创办的一些刊物，如《闽星》等，包括邀请陈独秀和《新青年》杂志来广州。然而，代表了闽广地区新文化运动的实践者陈炯明，虽于"新"贡献良多，却被斥为最大的反革命，这说明新旧文化思潮与南方的革命与否之间，并未构成必然联系。《广州民国日报》及其副刊，尤其是《学汇》等副刊，也被视为南方新文化、革命文化的主要阵地。但是，只要我们翻阅《广州民国日报》，这些"新"的文化和文学，要么是从上海《民国日报》转载而来的论说，要么是南下的文人作家们如郭沫若、郁达夫以及后来的鲁迅所带来的新气象。《广州民国日报》及其副刊和读者互动最多的话题之一，就是如何在保守落后的文化沙漠广州开辟新文学的阵地，外来作家们来到广州感受最深的就是广州文化的荒芜与守旧。1927 年 4 月，鲁迅在其演讲中就毫不客气地指出，"广东报纸所讲的文学，都是旧的，新的很少。""没有对新的讴歌，也没有对旧的挽歌，广东仍然是十年前底广东。"① 这些都表明，作家和知识分子并非受到南方新文化的吸引而来，而新文化的策源地和中心仍然在北京，恰恰相反，是他们的到来给文化落后、保守的广州带来了新声，南北新旧文化变动并非他们南下的"因"，而是他们南下之后的"果"，也是南方革命所带来的"果"。如果新旧之别不在文化思潮上，那么南新北旧究竟体现在什么地方呢？南方究竟是什么样的"新"吸引了鲁迅、郭沫若、茅盾（沈雁冰）、郁达夫等新文化阵营的作家们？

三、再造新民国与国民革命

1924 年初，国民党第一次全国代表大会召开，对外公开宣言："吾国民党则夙以国民革命、实行三民主义为中国唯一生路。兹综观中国之现状，益知

---

① 鲁迅. 革命时代的文学［M］//鲁迅全集：第 3 卷. 北京：人民文学出版社，2005：436 - 443.

进行国民革命之不可懈。①"夙以国民革命"表明了和之前国民党人历次革命的延续性，但国民党"一大"的确是一个全新的开始，这一点各方各派都基本认可。不过，如前文所述，学界一般都认可"新"在国民党的改组和国共两党合作，以及新的党务体系和新的组织构成等。然而，从国民党"一大"召开前后《广州民国日报》的报道记述来看，比政党改组更为重要的另一个"新"，却被我们忽略了。

1924 年 1 月 4 日，广东特别大本营召开内部政务会议，确立"三大问题之解决"，组织正式政府，出师北伐，统一财政，这些内容以"特别纪载"的名义刊载于 1924 年 1 月 7 日的《广州民国日报》，并特别加黑加粗字体强调："故我政府当以革命手段，达建国之目的。"② 1 月 8 日，该报接着有詹菊似的评论文章《用革命的手段以达建国的目的》，"特别纪载"的内容是《建国北伐之决心谈》，1 月 9 日的时评《决心》和 1 月 10 日的评论文章《觉悟和决心》仍然讨论革命建国与军事北伐。

通过革命的手段来达到建国的目的，是国民党党报《广州民国日报》在国民党"一大"召开之前的舆论导向，由此，我们不难理解国民党"一大"的真正议题之所在。事实上，孙中山在国民党"一大""开会词"就定调，此次代表大会要解决两个问题，"第一件是改组国民党的问题，第二件是改造国家的问题"，"我们必要另做一番工夫，把国家再造一次"③。然而，学界后来更多依据一些国民党的政策和纲领，把焦点集中在国民党的改组革新，却忽略了更为本质的国家政府转换与新造。"改造国家""再造国家"才是头号议题，大会开始后，孙中山亲自提交的议案就是《组织国民政府之必要案》，接着提交手写的《建国大纲》讨论表决。"故本总理之意，以为此次大会之目的有二：一改组本党，一建设国家。而于建设国家，尚有应研究之问题二：一立即将大元帅政府变为国民党政府，二先将建国大纲表决后，四处宣传，使人民了解其内容，结合团体，要求政府之实现。""今日之事，实缘我们没有正式组织，没有明明白白与北方脱离关系，故组织国民政府实为目前第一

① 荣孟源. 中国国民党历次代表大会及中央全会资料［M］. 北京：光明日报出版社，1985：15.
② 三大问题之解决［N］. 广州：广州民国日报，1924 - 01 - 04.
③ 孙中山. 中国国民党第一次代表大会·开会词［M］//中国国民党历次代表大会及中央全会资料. 北京：光明日报出版社，1985：3 - 5.

问题。"① 为此孙中山提出了新的革命方略,"不是再拿护法问题来做工夫"②,决议和北方政府为代表的中华民国脱离关系,通过北伐革命重新再造一个新的国家,新的民国。这样的革命定位,和民国建立之前的辛亥革命,有颇多相似之处,但和之前的二次革命、护国、护法"框架"内的民主革命相比,无疑是要架构一场全新的"国民革命"或"国家革命"。

《广州民国日报》在国民党"一大"召开期间的报道重点也是放在了"国"上,开会后第一天的报道"时评一"就是署名"三木"撰写的《组织国民政府》,"特别纪载"重点报道同样是"造国""建国"。当然,作为国民党党报,《广州民国日报》也并非没有重点关注"党",但是凸显"党"的地方一定关联着"国",即后来为人们所熟知的口号"以党造国""以党建国"。1 月 22 日,菊似评论文章《以党建国》阐述了"且民国已成立十有三年"的"造国说"的合理性与必要性③。1 月 23 日的《两日之国民党大会》中记录了1 月 21 日大会的议题,"将国民党第一次全国代表大会宣言,及国民政府建国大纲,并案讨论"④,当天《广州民国日报》出现了《庆祝国民政府成立》的预告,"国民政府,预料二月一日正式成立"⑤。

结合《广州民国日报》在国民党"一大"前后的相关报道,我们不难发现,国民党的政党改组只是手段,而其目的则是再造新国,并不仅仅是政党改组带来革命理念的革新,而是再造新国目标的设定重新定位了新的革命。

其实,国共两党也是基于这样的"新革命"理念,才得以合作。1922 年8 月底,经过多方协调和沟通,中共中央"西湖会议"正式确定与国民党合作,共产党员以个人名义加入国民党,投身这场伟大的再造民国的革命。陈独秀随后就在创刊不久的《向导周报》上发表《造国论》。"我们以为中国还在'造国'时代,还在政治战争时代,什么恢复法统,什么速制宪法,什么地方分权,什么整理财政,什么澄清选举,对于时局真正的要求,不是文不对题,便是隔靴搔痒。时局真正的要求,是在用政治战争的手段创造一个真正独立的中华民国。"国共两党合作的"国民革命(National Revolution)的时

---

① 孙中山. 关于组织国民政府案之说明 [M] //孙中山全集:第 9 卷. 北京:中华书局,1981:101 – 104.

② 同①.

③ (詹)菊似. 以党建国 [N]. 广州民国日报,1924 – 01 – 22.

④ 两日之国民党大会 [N]. 广州民国日报,1924 – 01 – 23.

⑤ 庆祝国民政府成立 [N]. 广州民国日报,1924 – 01 – 23.

期是已经成熟了"①。陈独秀这段基于"造国论"的国民革命新解释，体现了共产国际、中国共产党和孙中山所达成的共识，李达的有关中共早期活动的回忆录中，也证实第三国际电报指示，"主张中国应干国民革命（National Revolution）"②。为此，陈独秀旗帜鲜明地批判南方内部妨碍国家革命的地方自治，并把矛头直指曾经有良好合作关系的陈炯明。"陈炯明向来把持以陈家军为中心的粤军，垄断粤政，只知有广东，不知有中国，这种部落酋长思想，是国家主义之大敌，是国民运动之障碍，这是我们所以反对他的最重要之点，别的事还在其次。他现在反抗中山先生之阴谋，仍旧利用地方主义煽惑粤军……"③作为共产党人的陈独秀，明明白白地使用"国家主义"来批驳陈炯明，尽管陈炯明在广东积极践行新文化，全力拥护德先生与赛先生。毕竟，在陈独秀和共产党人看来，"孙先生到底是中国一个人，陈炯明纵然了不起，也只是广东一个人"④。

再造民国的国家革命，不仅是南方内部革命逻辑，而且也是当时广州以外各方包括对立面军阀们关注的焦点。广州之外舆论对此很紧张，《盛京时报》在 1924 年 1 月 13 日有《设建国政府》的报道，2 月 1 日《建国政府竟为停顿乎》，2 月 13 日《建国政府进行之情状》；《晨报》在 1924 年 1 月 19 日有《建国政府暂缓筹备》，《晨报》有关国民党"一大"第一天的报道标题是《孙文组织国民政府》。可以说，有关新的"主义"和新的文化文学理念，常常是由上海、北京的报刊传入广州，而有关新民国的构想和革命设计，则是由广州生发，并不断向外传播。国民党"一大"结束后，《广州民国日报》持续宣传"再造民国"的必要性和重要性，2 月 22 日特意全文刊登了专门的《国民政府大纲草案》，即孙中山在国民党"一大"会议上提交的《建国大纲》。随后广州之外的各大媒体竞相转载评论，如 2 月 28 日《申报》刊登《广东民国政府建国大纲》，上海《民国日报》于 2 月 29 日刊登《国民政府大纲及其提案性质》，3 月 2 日天津《大公报》刊登《孙中山之国民政府大纲》等。这一时期北京国民党机关创刊的杂志名称就叫《新民国》，后来还办

---

① 陈独秀. 造国论 [J]. 向导周报, 1922 (2).

② 李达. 中国共产党的发起和第一次、第二次代表大会经过的回忆 [M] //中共中央党史研究室, 中央档案馆. 中国共产党第一次全国代表大会档案文献选编. 北京：中共党史出版社, 2015：104 – 110.

③ 陈独秀. 陈家军及北洋派支配下之粤军团结 [J]. 向导周报, 1923 (24).

④ 陈公博. 寒风集甲篇 [M]. 上海：上海书店出版社, 1989：222.

有一份很有影响带"新"的刊物《国民新报》。《新民国》和《国民新报》杂志在南方的资助下，以北大和北京教育界为中心，发起舆论攻势，积极刊登国民党"一大"新理念，新民国的再造，并抨击北方政府所代表的旧民国，聚集了越来越多知识分子和学生群体的目光。鲁迅就曾深度介入了《国民新报》副刊①，和北京国民党人一道，投入再造民国的宣传与动员。

孙中山没有实现再造民国的理想就因病去世，但他的逝世和丧葬活动，为国民党人再造民国的宣传与动员提供了一次良好的契机。至今，学界有关国民党人是否接受段祺瑞执政府"国葬"的安排，仍然争论不已，持"拒绝说"的学者认为，国民党人完全主导了孙中山的丧葬和悼念活动，并提出"党葬"说；赞同方则认为，从经费的来源到葬礼的规格和实际效果呈现，都是名副其实的国葬，并非一党之党葬。也有研究者综合两种意见，"认为孙中山葬礼是国葬的变种——具有党葬色彩的国葬或国民党主办的国葬"②，而拒绝"国葬说"的也承认，"尽管段祺瑞等所掌控的中华民国政府并不是孙中山与国民党所认同的，但'中华民国'作为一个国家符号，却是国民党政治合法性的重要来源，因此，国民党在举行孙中山丧葬仪式时，中华民国国家认同依然是宣传要点"③。事实上，有关党葬国葬之争的困扰恰恰在于没有厘清国民党人"再造民国"和段祺瑞执政府所代表的旧民国之间的区别，当国民党党旗和由此改制的新国旗覆盖在孙中山的灵柩并升起在北京公祭现场时④，这无疑是昭告一个新的中华民国，一个属于国民党人的中华民国的诞生。

1925 年 5 月底发生的"五卅惨案"，为广州国民政府的成立，为再造民国的革命动员与宣传，提供了又一个良好契机。"五卅惨案"发生后，全国各地民众情绪激昂，广州各界也不甘落后。《广州民国日报》时评《上海英巡捕惨杀学生》，强烈抗议并要求收回租界。时评指出："英日帝国主义者，今日

---

① 鲁迅时任《国民新报》副刊编辑，自己也曾有多篇重要文章在此发表，许广平亦发表不少文章，李大钊在这一副刊有《青天白日旗帜之下》的新民国呼吁。

② 沙文涛.孙中山逝世与国民党北京治丧活动述论［J］.中国国家博物馆馆刊，2012（6）.有关孙中山丧葬是否国葬的争议也可参见此文详细论述与梳理。

③ 陈蕴茜.崇拜与记忆：孙中山符号的建构与传播［M］.南京：南京大学出版社，2009：91.

④ 正是在孙中山殡仪活动中，国民党人首次挂出了由党旗改进而来的新制国旗，这一新国旗的出现也为各方所关注。《晨报》在 1925 年 3 月 20 日第二版的《孙文殡仪·一》中记载："棺上覆以青天白日之国民党旗，及国民党新创之国旗。"上海《申报》在 1925 年 3 月 23 日的《孙中山殡仪纪详》中详细描绘了新国旗："棺上盖以青天白日旗，又盖以红旗，右角有青色，中镶一白日，系国民党新制之国旗"。《广州民国日报》有关各地悼念孙中山的活动中也提了青天白日旗和国旗。

在上海可杀我同胞，他日亦可在广东杀我同胞。"① 但6月初的杨希闵和刘震寰叛乱，让广州对"五卅惨案"的强硬反应只能往后拖延。该叛乱平息后，广州国共两党开始着手抗争英帝国主义的动员，决定发动省港罢工。此时，北方段祺瑞政府在"五卅惨案"中的妥协与退让，使得持强硬立场的广州政府成为国人希望之所在。6月14日，国民党中央政治委员会决定顺势将大元帅大本营改组为正式国民政府，以期更好地代表国家与英、日帝国主义交涉。6月23日《广州民国日报》各版都是关于罢工游行与抗议声讨的消息，同时伴随着一篇特别突出的"组织国民政府之要讯"②，6月25日《为沙面英兵惨杀案告国人》的"社论"和《革命政府宣布改组案——定于七月一日成立国民政府》的重要宣告，同时刊登。此后《广州民国日报》的内容，一边是肃清杨、刘叛乱统一军政，并改各地建国军为国民军，另一边是声援五卅组织罢工抗议英兵沙面屠杀，要求废除一切不平等条约。在这内忧外患的艰难时刻，改组成立的中华民国国民政府，承载了人们有关新民国的价值期望与情感寄托，如果说，广州国民政府的合法性主要来自作为开创民国象征的孙中山的政治遗嘱，那么，这一新政府的合道性则更多来自"五卅惨案"及"沙基惨案"中的强硬表现。很多研究者论及广州国民政府依然强调它的委员制组织形态，即党国体制的正式贯彻，可回到《广州民国日报》的舆论现场，对当时的国民来说，广州政府所代表的新国家的形象和立场更为重要。

　　事实上，五卅作为中国历史的一个重要节点，一直被低估；作为中国现代思想史和现代文学史的转折点，一直被忽视③。五卅，以及作为五卅一部分的"沙基惨案"，造就了广东新国民政府的成立，新旧民国之争全面展开。对比北方政府在五卅中的妥协，广州国民政府的强硬表现为新民国的合道增添了砝码，而"三一八惨案"则让北方政府的合道性丧失殆尽，一得一失，南北政府所代表的两个民国高下之别就很显然。南方的国民革命和北伐真有了"汤武革命顺天应人"的革命之最初意味，即新民国对旧民国的革命。无数知识分子正是被这样的革命理念和这样的新民国所吸引，用"脚"和"笔"在两个民国间进行选择，投身于建造新民国的革命实践和文学书写。

---

　　① 浮木. 上海英巡捕惨杀学生 [N]. 广州民国日报, 1925 – 06 – 02.
　　② 组织国民政府之要讯 [N]. 广州民国日报, 1925 – 06 – 23.
　　③ 五卅作为中国历史和文学史的转折点意义可参见：张武军. 文学革命到革命文学的另一种叙述 [J]. 文学评论, 2018 (2).

四、新旧"民国"的革命书写

近些年来，随着民国文学相关议题的升温，有关鲁迅、郭沫若等作家的民国书写研究，产生了不少颇有影响的成果①。但很少有人辨析 20 世纪 20 年代作家们笔下"两个民国"书写的不同，即对国民党再造新民国的认同和对北方政府旧民国的否定，以至于不同研究者会对作家们的"民国"书写得出截然不同的判断，最典型的例子当数鲁迅。1925 年 2 月，孙中山病危的消息传开，鲁迅"忽然想到"诸多有关"民国"的人与事，"我觉得仿佛久没有所谓中华民国"，"我觉得什么都要从新做过"②，"现在的中华民国也还是五代，是宋末，是明季"③。这样的感慨既有对旧中华民国的不满和失望，又有对重新再造民国的向往与认同。孙中山的去世，让鲁迅念想"民元的事来，那时确是光明得多"，④ 在《战士与苍蝇》《这是这么一个意思》《中山先生逝世后一周年》一系列文章中，传达了对孙中山等革命先贤创造民国的礼赞。诚如前文所说，以再造民国为目标的国民革命，堪称又一次辛亥，作为国民革命的"同路人"⑤ 乃至于急先锋，鲁迅此时的民元建国回想无疑是当时再造民国的镜像呈现。鲁迅在畅想新民国的同时，也有对旧民国的批判与否定。五卅之后，鲁迅一系列的"忽然想到"和"补白"都是对北方国民政府的强烈不满。"三一八"之后，鲁迅对失道的北京政府所代表的民国不满到了顶点。针对段祺瑞执政府通缉教员，鲁迅讽刺道，"国事犯多至五十余人，也是中华民国的一个壮观；而且大概多是教员罢，倘使一同放下五十多个'优美的差缺'，逃出北京，在别的地方开起一个学校来，倒也是中华民国的一件趣事"⑥。"本国的政府门前是死地"⑦，则是鲁迅对这个民国政府的彻底否定，

① 有关鲁迅和民国论述较为充分的可参见：张中良. 鲁迅世界的多重民国影像［J］. 甘肃社会科学，2014（4）；钱理群. 鲁迅谈民国［J］. 书城，2011（5）.

② 鲁迅. 忽然想到（三）［M］//鲁迅全集：第 3 卷. 北京：人民文学出版社，2005：16-17.

③ 鲁迅. 忽然想到（四）［M］//鲁迅全集：第 3 卷. 北京：人民文学出版社，2005：17.

④ 鲁迅. 致许广平［M］//鲁迅全集：第 11 卷. 北京：人民文学出版社，2005：469.

⑤ 鲁迅是国民革命同路人的论述参见：邱焕星. 鲁迅与女师大风潮［J］. 鲁迅研究月刊，2016（2）.

⑥ 鲁迅. 可惨与可笑［M］//鲁迅全集：第 3 卷. 北京：人民文学出版社，2005：286.

⑦ 鲁迅. 死地［M］//鲁迅全集：第 3 卷. 北京：人民文学出版社，2005：282.

也是"三一八"之后他离开北京的缘由所在。这篇《死地》和《中山先生逝世后一周年》等文章，就刊登在以宣扬再造民国为宗旨的国民党刊物《国民新报》上。

鲁迅南下广州，零距离观察和体验新的中华民国，此时他或主动或"受命"谈了不少民国的话题，广州有关民国和革命纪念的重要节日，鲁迅基本都没有缺席。中山大学开学致语，鲁迅第一句就说，"中山先生一生致力于国民革命的结果，留下来的极大的纪念，是：中华民国。"他后面紧接着一句："但是，'革命尚未成功'。"① 鲁迅初到广州后谈论民国，也有不满，这种不满是理想和现实的落差，是为了改进，为了建设更好的新民国。不论是在北京，还是在广州，抑或是中间的厦门时期，鲁迅都自认为是新民国和为建造新民国而革命的一方，北伐军的每一步动向鲁迅都很关注，为每一座重要城市的攻克而激动兴奋，这从来广州之前和许广平的"两地书"就可看出，从以"沪宁克复的那一边"作庆祝文章也可看出。

然而，让鲁迅不能接受的是，曾经是旧民国政府的拥护者，曾经和鲁迅这些反对旧民国努力宣传再造新民国论战的论敌，也摇身一变，成为新民国和国民革命阵营的一分子。北伐军攻克武昌，许广平给鲁迅信中觉得新国民政府"天下事大有可为"，虽研究系在北京教育界又得势，"管他妈的，横竖武昌攻下了，早晚打到北京，赏他们屁滚屎流"②。作为经历过辛亥的鲁迅，不像许广平那么乐观，他很为国民党和新民国担忧，"研究系比狐狸还坏，而国民党则太老实，你看将来实力一大，他们转过来来拉拢，民国便会觉得他们也并不坏"，"国民党有力时，对于异党宽容大量，而他们一有力，则对于民党之压迫陷害，无所不至，但民党复起时，却又忘却了，这时他们自然也将故态隐藏起来"③。颇有意味的是，鲁迅后来编辑出版《两地书》时删掉了这段，很显然"民国便会觉得他们也并不坏"指的是国民革命的新民国。到广州后，鲁迅把这种意见公开表达出来，"革命的势力一扩大，革命的人们一定会多起来。""去年年底，《现代评论》，不就变了论调了么？和'三一八惨案'时候的议论一比照，我真疑心他们都得了一种仙丹，忽然脱胎换骨。我对于佛教先有一种偏见，以为坚苦的小乘教倒是佛教，待到饮酒食肉的阔人

① 鲁迅. 中山大学开学致语 [M] //鲁迅全集：第 8 卷. 北京：人民文学出版社，2005：194.
② 鲁迅，景宋.《两地书》原信 [M] //两地书全编. 杭州：浙江文艺出版社，1998：501.
③ 同②，第 508 页。

富翁，只要吃一餐素，便可以称为居士，算作信徒，虽然美其名曰大乘，流播也更广远，然而这教却因为容易信奉，因而变为浮滑，或者竟等于零了。革命也是如此的……"① 作为"沪宁克复的那一边"，鲁迅的"庆祝"，"私自高兴过两回"，一如辛亥绍兴时期那样兴奋，但绍兴光复之后"咸与维新"的体验仍然历历在目，鲁迅在广州又感受了"咸与革命""咸与民国"的发生，这正是兴奋之余鲁迅既痛心疾首又心灰意冷的地方。

　　一方面，我们的确能感受到鲁迅到广州想做些事情的"一点野心"②，虽然已是后方，但新民国有很多事要做，鲁迅到广州初期整天忙这忙那，让人依稀看到了绍兴光复时的鲁迅。另一方面，绍兴光复后的"咸与维新""不念旧恶"的故事又一次在广州上演，让鲁迅心灰意冷。鲁迅得知广州有意聘他的同时，还另电请了顾颉刚等人，前往广州的热情骤降，他给许广平信中说："学校又另电请几个人，内有顾颉刚，顾之反对民党，早已显然。"③ 决意接受广州聘书之后，鲁迅提笔写作了"旧事重提之十"的《范爱农》④，写出了革命中的冷与热，与其说是辛亥时期范爱农的真实写照，毋宁说鲁迅又一次辛亥即国民革命的心声吐露。到广州后，鲁迅热切地忙碌着想大干一番，而投机到新民国阵营的"现代派"分子的到来，无疑给鲁迅当头泼了一瓢冷水，鲁迅立马动了离开中山大学的念头。1927 年 4 月 20 日，鲁迅在给友人信中说，"我在厦门时，很受几个'现代'派的人排挤，我离开的原因，一半也在此"，"不料其中之一"，"已经钻到此地来做教授"，"所以我决计于二三日内辞去一切职务，离开中大"⑤。4 月 26 日，他给孙伏园信中说，"我真想不到，在厦门那么反对民党，使兼士愤愤的顾颉刚，竟到这里来做教授了。"孙伏园把这封信公开刊登在 5 月 11 日武汉《中央日报》副刊，题为"鲁迅先生脱离广州中大"。自此，顾颉刚的"反民党"不再是私人书信中的叙说，而成了公开化呈现，已经成为"新民国阵营"的顾颉刚愤愤不满，指责鲁迅用心险恶，欲在广东状告鲁迅表明自己拥戴新政府的心迹。后来的一些研究者依循顾颉

　　① 鲁迅. 庆祝沪宁克复的那一边 [M] //鲁迅全集：第 8 卷. 北京：人民文学出版社，2005：197－198.

　　② 鲁迅，景宋. 《两地书》原信 [M] //两地书全编. 杭州：浙江文艺出版社，1998：530.

　　③ 同②，第 529 页.

　　④ 1926 年 11 月 15 日，鲁迅在给许广平的信中说收到中大聘书，月薪二百八，18 日写成《范爱农》。

　　⑤ 鲁迅. 致李霁野 [M] //鲁迅全集：第 12 卷. 北京：人民文学出版社，2005：29－30.

刚逻辑，尤其顾日记中此时拥护国民政府的材料，指责鲁迅企图用"反国民党"的指控迫害顾颉刚。姑且不论鲁迅是否授意孙伏园刊登此信，仅就鲁迅而言，他了解顾颉刚作为"研究系（现代派）"和"反民党"的底细①，顾此时振振有词地表态站在新民国政府一边，这才让鲁迅最难忍受。顺便提及一点，业已展开"清党"的广州并不会把 5 月 11 日武汉《中央日报》副刊的材料来作"反革命"证据使用，恰恰相反，造谣说鲁迅已经跑到未清党的汉口②，发函告鲁迅不要离粤，真有"不要让鲁迅跑了"的不良用意。鲁迅后来给友人的私人信件中也一再说道自己离开广州与"清党"无关，"不过事也太凑巧，当红鼻到粤之时，正清党发生之际，所以也许有人疑我之滚，和政治有关，实则我之'鼻来我走'（与鼻不两立，大似梅毒菌，真是倒楣之至）之宣言，远在四月初上也。然而顾傅为攻击我起见，当有说我关于政治而走之宣传，闻香港《工商报》，即曾说我因'亲共'而逃避云云，兄所闻之流言，或亦此类也欤。然而'管他妈的'可也"。③

很显然，鲁迅离开广州的主因是顾颉刚，并非"清党"。但是，诚如鲁迅来广州绝非"因为爱情"，而是对新民国的选择和认同，鲁迅的"顾来我走"，也绝非私人恩怨所能涵括，而是作为体认新民国一方的鲁迅，和代表旧民国一方的顾颉刚及现代派，"两个民国"阵营的革命与反革命之争。鲁迅"是把顾来和将引起的整个中大的形势变化联系一起看的"④，其实不只是中大，是把此和整个再造民国的国民革命形势变化联系在一起看的。当原来站在旧民国一方反国民党的摇身一变为新民国的拥护者，而之前真正新民国的一方却因反对这些投机者成为民国的异见分子，这种说不清道不明的悲怆就像《魏晋风度及文章与药及酒之关系》的礼教观。诚信礼教的却被投机者以毁坏礼教之名所责，所杀，把"礼教"换成"民国"和"革命"就很好理解，鲁迅的确"实有慨而言"，演讲中讲到这段，专门跳出魏晋以北方军阀挂青天白日旗来作"容易明白的比喻"。果不其然，之后越来越多的"现代评论

---

　　① 鲁迅和顾颉刚的关系可参见：邱焕星. 鲁迅与顾颉刚关系重探 [J]. 文学评论，2012（3）.
　　② 1927 年 6 月 10 日、11 日《循环世界》刊有梁实秋署名徐丹甫的《北京文艺界之分门别户》，文中暗示鲁迅北京时期和研究系的良好关系，又说鲁迅现在到了汉口。
　　③ 鲁迅. 致章延谦 [M] //鲁迅全集：第 12 卷. 北京：人民文学出版社，2005.
　　④ 张硕城，张良栋. 鲁迅脱离中山大学原因探辨 [J]. 中山大学学报，1982（3）.

派"在中大得势，在新民国中占据显赫位置①，曾经适于旧民国政府的"好政府主义"，又成为他们献媚给新民国、新政府的"一剂良方"，而鲁迅这位曾经真诚致力于建造新民国的革命者，却开始不屑于谈论民国或又冷嘲热讽起来……

和鲁迅一样，郭沫若也是深受"再造民国"理念的吸引，真诚地向往新民国，拥戴新民国，并置身于新旧民国之别的革命斗争。1926 年初，创造社刊物《洪水》第 1 卷第 8 期特大刊头篇文章即郭沫若的《新国家的创造》，不少研究者把它视为对国家主义的批判。其实这篇文章是想把马克思主义和创造新国家的目标结合起来，为此，郭沫若满怀深情地呼唤国家主义的同伴，"来实行新国家主义"，"真正的爱国者啊；我们大家觉悟起来，大家团集起来，大家从事新国家的创造罢！"② 作为深受国家主义政治和革命影响的孤军社成员郭沫若，其文艺转向和革命文学倡导背后的"国家主义"因素，学界已经有人开始探究③。国家主义的"醒狮派"和"孤军社"，郭沫若都曾积极介入，大多数国家主义成员是他非常熟悉的同学或同乡，多年以后，郭沫若仍然坦承，"我知道他们有好些的确是很有热诚的人，他们是看见中国的积弱，总想用最良的方法来把中国强盛起来。"④ 这篇《新国家的创造》也的确是郭沫若和孤军及醒狮同仁渐行渐远的标志，文章发表后不久，郭沫若收到南方民国政府的邀请，前往新民国的国立广东大学。很显然，新旧国家主义之别，是郭沫若和孤军及醒狮同人分手的原因，这新旧与其说用马克思主义来区隔，毋宁说在于拥护新造的国家还是既有的民国之别。要知道 1925 年秋冬，国家主义派和共产党人在反帝运动中为挂旧民国的五色旗还是新民国的青天白日旗而大打出手。后来郭沫若参加北伐时，醒狮派则联合其他国家主义团体发起"拥护五色旗"运动，新旧民国的革命与反革命之别显而易见。

和郭沫若结伴南下的郁达夫也有类似认知，《洪水》1926 年第 1 卷第 8 期的特大刊，郭沫若《新国家的创造》之后紧接着两篇重要文章，一篇是孤军

① 有关现代评论派纷纷投靠新政府的论述参见孔祥宇的《现代评论派与 1920 年代的中国自由主义》中"现代评论派成员的结局"部分。孔祥宇. 现代评论派与 1920 年代的中国自由主义 [M]. 北京：中国政法大学出版社，2012.
② 郭沫若. 新国家的创造 [J]. 洪水，1926（8）.
③ 李怡. 国家与革命——大文学视野下的郭沫若思想转变 [J]. 学术月刊，2015（2）；张武军. 文学革命到革命文学的另一种叙述 [J]. 文学评论，2018（2）.
④ 郭沫若. 北伐途次·七续 [J]. 宇宙风，1936（27）.

社重要成员漆树芬的《为日本出兵东三省警告国人》，另一篇就是郁达夫的《牢骚五种》。文中除了对南方的国共两党接受卢布辩护之外，"因为神圣的目的可以使手段也化为神圣"，还有一个"牢骚"是针对国家主义的，小标题就是"国家主义者，你们的国家在那里？"，和郭沫若一样，郁达夫理解和尊敬国家主义，"国家主义者诸君，我对你们的主义是十分的尊敬的。毫没有讪笑你们的意思，不过我想光是高谈主义，是没有用的"①。为一个新国家而实干，这无疑是郁达夫及郭沫若等南下的主要动因。

五、南下作家与党化教育

再造民国的国民革命是通过国民党的"以党造国""以党建国"，广州国民政府也的确是"党国"机制运行的开始，这和孙中山所宣扬的三民主义显然有一定的冲突，各方学者结合后来国民党训政时期的一党专制，对"党国"模式进行了有效的反思和批判。然而，这样的反思和批判都是后来视角的呈现，实事求是地说，在二次革命、护国、护法等一系列革命活动中，国民党"在广东以外各省人民视之，仍是一争权夺利之政党"②。当时，共和、民主、议会选举在各方政党派系的操控下，都已被破坏殆尽，"再造共和"甚至是"三造共和""国会选举"都已成了军阀政客争权夺利的幌子，政党政治俨然是贬义称号。就像共产党人谭平山连载于《广州民国日报》的长篇论著《国民革命与国民党》中所说："而周览全国公开党派中，类多以运用阴谋，攘权夺利，凭藉武人，操纵政治，或倚借外力，巩固地盘，若此类者，何足以语乎政党？更何足以语乎革命的政党？无怪乎我国国民，视政党为不祥之物，而以不谈政治为高也。"③当时一些专心为国的团体多冠之以学会，如少年中国学会等，就是为了避免当时政党政治的负面影响。而孙中山和国民党联合共产党"再造民国"的革命理念，激起了国人对新中国的无限畅想。"以党造国""以党建国"与其说是国民党（或者国共合作后的国民党）拯救了中国，毋宁说把"党"和"国"关联起来的再造民国之革命，重塑了国民党的形

① 郁达夫. 牢骚五种 [J]. 洪水, 1926 (8).

② 陈独秀致吴廷康的信——反对共产党及青年团加入国民党 [M] //中央档案馆. 中共中央文件选集：第一册. 北京：中共中央党校出版社, 1989：31 - 32.

③ 谭平山. 国民革命与国民党 [N]. 广州民国日报, 1923 - 09 - 05.

象，改变了国人对国共两党的认知和观感。

文学研究领域，大家也普遍认为：郁达夫、郭沫若和鲁迅后来否定广州政府和国民革命，都源于对"党国"模式和政党专制的抵触。例如，大家会以郁达夫的《广州事情》为例来说明作家对党化教育和党治的反对，会以郭沫若的《请看今日之蒋介石》来证明他如何反对国民党的专制统治，就像前文提及，大家也都认为鲁迅离开中大、离开广州，是因为"清党"的缘故。实际上，这样的叙述同样是反思"党国"模式的后来视角呈现，我们依然得回到当时的历史语境中来重新审视。

在南下广州的作家群体中，郁达夫第一个离开，并写下引发各方关注的《广州事情》，不少人简单地从中择取一些片段，认为追求个性自由和反抗专制的郁达夫，实在无法忍受广州的党化教育、中大的学生甄别等各种举措，且常常援引后来"反革命政变"来佐证郁达夫的预见性。然而，只要认真地阅读《广州事情》，细致地分析郁达夫和郭沫若、成仿吾的论争，我们就不难发现，郁达夫对广州的不满同样是基于新民国立场的不满，他明确说道，"党化教育，在今日的状态之下，是谁也赞成的。现在不是读死书，做学问的时候。然而这一个党化却不是正大光明的大多数的民众的党化，仍旧是几个有势力的人在后台牵线作法的党化。"① 正如成仿吾写批评文章也承认："由文字看来，曰归君对于为人民谋利益的政府是抱着热烈的希望的。但是他把话说左了。"② 由此可见，郁达夫并不反对广州政府及其党化色彩，且深以为然，他不满的是"党化"流于表面或为某些人做谋私用，他期望的是应该更加深入地为国"党化"，为民"党化"，郁达夫在文中批判中大竟然把党政训练所的学生开除。很显然，郁达夫是从更"左"的立场来写"广州事情"，认为做得不够，而郭沫若和成仿吾的辩护逻辑则是：广州和新民国虽不完美，但已经很革命了。郁达夫在日记中的记录也可证实这一点："接到了郭沫若的一封信是因为洪水上的一篇广州事情责备我倾向太坏的，我怕他要为右派所笼络了，将来我们两人，或要分道而驰的。"③

事实上，奔赴广州的郭沫若并非"右派"，和郁达夫一样，也是国家"党化"教育的认同者甚至是推动者。基于以党造国，广东大学"国立"之后，

---

① 曰归（郁达夫）. 广州事情 [J]. 洪水，1927（25）.

② 仿吾. 读了"广州事情" [J]. 洪水，1927（25）.

③ 郁达夫. 郁达夫日记 [M]. 北新书局，1947：91.

积极推行党化教育改革，而郭沫若无意中成为此项运动中的风云人物，并因此引发了"广大"文科风潮。有关此，《广州民国日报》进行了全方位报道，这是我们了解郭沫若和广大风潮的第一手材料。1927 年 3 月 26 日，《广州民国日报》有该报记者的专访报道，题为《广大学生欢迎郭沫若》，记者迫切想打听郭沫若的"整顿文科之计划"，郭沫若很是谨慎，他说："关于文科今后之计划，则因本人初到广州，对于此间情形，不大熟悉，须俟与褚校长及杨寿昌学长详细商定，乃能确定云。"① 后来郭沫若的文科革新方案出来后，仍然引发了一些教师的不满和抵制。1926 年 4 月 24 日，《广州民国日报》以"本报专访"的形式报道了"广大文科风潮之内幕""文科学生之选师运动"，对此次风潮的来龙去脉有较为细致的说明。关于郭沫若的文科"革新"方案本身，以及其他教师的抵制是否合理，我们今天或可重新讨论②。更值得我们关注的是，这篇报道中很大篇幅提及了"广大"特别党部及各级党部的态度："此事关系青年运动及校务革新前途甚大，昨本党部已议决拥护褚校长、郭学长革务新文科计划在案，凡我同志，务须参加本日大会，毋得放弃，是为至要，'广大'特别党部启，至于外界之舆论，多认'广大'学生之举动为新气象之表现，念中央青年部亦必扶助该校本党之青年，又闻教育行政委员会中某委员，亦谓此次革新运动甚佳……③"《广州民国日报》也在 4 月 24 日和 4 月 26 日的"党务消息"版块记录了这次党部会议情形，党部的报告中就有"校长之赞助党务""教授郭沫若等之革命态度"④ 等，大会最后通过决议中有 3 条是关于声援郭沫若文科革新的："（九）援助文科同学择师运动、（十）拥护为学生谋利益之褚校长及郭学长改革文科计划"、"（十一）普遍择师运动于全校"⑤。由此可见，这次文科风潮已经不在教学方案本身，而是这一事件发生时，《广州民国日报》以及包括"广大"在内的各级党部积极介入，让

---

① 广大学生欢迎郭沫若 [N]. 广州民国日报，1927 - 03 - 26.

② 根据国立广东大学规程规定，学科革新方案等相关事宜应由校务会议决定，开除教师与否更应通过校务会议决定，而选课计划则由各分科教授会讨论决定，然后经由校务会议审议通过。郭沫若的文科革新方案在开学已经一月之久，重新选课和设置教学计划，显然和《国立广东大学规程》第 32 条有关各科教授会权限和职责相冲突，这也是导致各教授罢课的缘由。从某种意义上来说，教授罢课背后确有教授治校机制的支撑，毕竟，不论是变革教学计划还是开除教师，都不能由文科学长或校长说了算。相关规程可参见：国立广东大学规程 [J]. 太平洋，1924，4（8）.

③ 广大文科风潮之内幕 [N]. 广州民国日报，1927 - 04 - 24.

④ 广大党部党员大会详情 [N]. 广州民国日报，1927 - 04 - 24.

⑤ 广大党部党员大会详情（二）[N]. 广州民国日报，1927 - 04 - 26.

一场原本是"教学"领域的改革，成为国民党党务工作和党化教育的一部分。要知道，郭沫若来广大时正是"党化教育"讨论最热烈的时刻，一是广大要改名为中山大学，准备实施更加彻底的党化教育，二是岭南大学（南大）排除党员学生风潮，引发各方尤其是广大学生抗议和对党化教育的积极推动。例如，1927年4月9日《广州民国日报》首次登载了《中山大学筹备委员会会议》的报道，决定"中山大学要达到党化地步，将来凡系党员入校肄业，一律免费，非党员则要缴纳学费云"①，而广大特别党部声援郭沫若文科革新计划的党员大会结束时，高呼口号"实现党化中山大学""拥护中央党部""广大特别党部万岁""国民革命成功万岁"②等。从1926年3月31日陈绍贤在《广州民国日报》的《批评创作》副刊连载《教育之党化问题和中等教育之实行党化》开始，结合岭南大学排党风潮，几乎每期都有党化教育的讨论，一直延续到《新时代》《现代青年》副刊，《新时代》副刊在1926年5月11日、13日专门推出了"收回南大问题专号"和"党化教育问题专号"，反响巨大。

因此，我们必须跳出教学改革本身，从党化教育的氛围来考察郭沫若的文科学长活动和"广大"风潮。郭沫若等人初来广东，"吃了一次文科教授们的'杯葛'"③，这对意图在南方大展宏图的创造社诸位来说，无疑当头一棒。成仿吾在《创造月刊》的"编辑余话"中特意谈到此时创造社诸君的心态，并解释了《创造月刊》的拖期："这回真是有史以来的难产。广东大学文科的风潮，不时袭来的喉症，昏雨闷人的天时，彼去此来，扫尽了创作的兴致。"④风潮发生后，郭沫若的反应的确有些沉静，毕竟初来乍到，却一下子遭遇这么多教授抵制，而且风潮还呈扩大趋势，校长褚民谊后来也逐渐有所妥协，意图缓和双方冲突。但由于"广大"特别是党部的坚定支持，"中央"党部的强力介入⑤，给郭沫若对抗罢课教师增添了信心，郭沫若的反击也越来越强硬，他也因此赢得了青年学生和国民党各级党部的支持和肯定，"广大"特别

① 中山大学筹备委员会会议［N］. 广州民国日报，1927 – 04 – 09.
② 广大党部党员大会详情（二）［N］. 广州民国日报，1927 – 04 – 26.
③ 郭沫若. 创造十年续编［M］. 北新书局，1946：204.
④ 成仿吾. 编辑余话［J］. 创造月刊，1926，1（4）.
⑤ 广大文科风潮之面面观［N］. 广州民国日报，1926 – 04 – 28.

党部的报告认为只有文科学长郭沫若"很能增加党化宣传的声势"①。郭沫若后来不仅成为筹备中山大学委员会中的一员，参加了委员会第四、五、六次会议②，还被聘为广大党部的政治研究班教授。"广大"特别党部利用暑假设立政治研究班，"敦请党中名流教授，以训练同志造就干才，将来为党效力，用意良善，闻该简章发出后，各同志报名非常踊跃，一日间数达百人"。根据《广州民国日报》提供的名单，郭沫若不仅被选中，而且排名很靠前，仅次于吴稚晖、顾孟余、陈启修几位重量级理论学人，他后面还有陈公博、张太雷、甘乃光、何香凝等党内名流，同时入选的还有创造社同人成仿吾和王独清，但名次都往后很多。也许名次本身意义并没有那么重要，但纵览入选者，党内的政治地位都很高，由此不难看出，来"广大"短短几个月，因为文科风潮的表现，郭沫若在国民党内的政治地位迅速攀升。可以说，原本始于教学文化领域革新的郭沫若和创造社同人，有意无意应和并助推了"广大"的急遽党化教育，在文科风潮中郭沫若和各级党部的相互配合，相互激进，奠定了郭沫若后来参加北伐的政治资本，由此，可理解后来郭沫若在恢复（提高）"党权"运动的急先锋行为。

郭沫若和创造社在广大的一举一动和广大变革的方方面面，鲁迅通过许广平的来信都已知晓，郁达夫的抱怨和最后离开广东，鲁迅也深知其真正用意，毕竟他和郁达夫有过多次书信往来。可以说，中大的"党校"定位和发展方向，鲁迅来广州之前很是了然。许广平劝说鲁迅放下顾虑来广州，其依据也是改组后的中大将会实行更加彻底的党化教育，"大约将来中大是好现象，现时教员一概停职从新聘，学生也从新甄别"③，"这会改组，绝对左倾"，研究系在广州将无立足之地。到广州后，鲁迅虽不像许广平在女师担任训育主任那样，以党化训育为主业，但中大的"政治训育"他也多次参与。

探究作家们对广州"党化教育"和"党化宣传"的参与，并非据此来"翻转"郭沫若、郁达夫、鲁迅的"革命"形象，把他们都描绘成依附"党权"的妥协者。恰恰相反，我们首先得把"党权""党化"活动放回到历史语境，从《广州民国日报》及其副刊来审视党化、党权、"党国"等诸多概

---

① 蔡震. 在与国共两党的关系中看郭沫若的1926—1927——兼论与此相关的史料之解读及补充 [J]. 郭沫若学刊，2007（1）.

② 见：《广州民国日报》1926年4月29日、5月12日、5月19日的报道。

③ 鲁迅，景宋.《两地书》原信 [M]. 两地书全编. 杭州：浙江文艺出版社，1998：512.

念，这些概念在当时都是"左倾""革命""激进"的代名词，正因为党国是一种基于"国家"的更为激进、更为革命的立场，就像前文论述鲁迅和郁达夫不能接受新民国政府的妥协那样。然而，颇为吊诡的是，明明此时更为"左"倾、更为激进的郁达夫和鲁迅，在后来的"革命文学"论争中却被指责为落伍者，也正因为此，我们对鲁迅和郁达夫广州时期的思想和言行才有了诸多误解和遮蔽。

六、结语

后五四时代，从国共合作的国民党"一大"提出"再造民国"，到 1925 年 7 月成立代表新民国的广州国民政府，再到之后讨伐旧民国的北伐军事行动的展开，最终新民国彻底取代旧民国，这是中国现代史上的一次巨变，其意义和重要性不亚于之前辛亥革命和中华民国的创建。虽然鲁迅、郁达夫、郭沫若等作家的广州时期太过短暂，但他们见证并参与了这一再造民国的伟大革命。探究鲁迅等人和新民国政府以及和以党造国的国民党的关系，我们不仅可以洞悉他们此时更细致丰富的心路历程，而且亦可理解后来他们加入"左联"的内在逻辑，这同时也启发我们，在关注无产阶级革命文学的谱系时，"国家"亦是不可忽视的重要因素。

如果说，北大和《新青年》"一校一刊"完美结合，主导了新文化"运动"起来，那么，广大（中大）和《广州民国日报》"一校一报"结合，则让"革命文化""革命文学"发展壮大起来。更为重要的是，北大"一校一刊"结合是基于北洋政府的国家文化历史形态，而广大（中大）和《广州民国日报》"一校一报"背后的支撑则是新造的中华民国。郭沫若、郁达夫、成仿吾、鲁迅等作家们南下广州，执教于广大（中大），后来又离开，这显然不能用"走进学院"或"走出学院"来简单概括，高度政治化（党化）的国立广东大学（中山大学）和之前高校相比，有很大的差异，郭沫若、郁达夫、鲁迅等作家们在广大的活动，恰恰是他们积极投入社会活动和政治革命的标志。这也再一次说明，鲁迅和顾颉刚等人的分歧并非是学术理念的差异所导致，也不是仅仅"学院派"和"非学院派"的不同所能涵盖，而是基于"两个民国"政治革命立场的站位与选择。

1924—1928 年"两个民国"道与势的变迁，所引发的知识分子群体震荡，也不亚于后来的 1949 年。有关后者，学界很是关注，而有关前者，则被完全忽略。知识分子如何在两个民国之间做出选择，如何接受（应对）新中华民国和新的国民政府，这实在是一个特别重大却尚未展开的命题，笔者在此也是抛出命题，希望能够引起学界的关注和讨论。"两个民国"的革命与反革命之争，以及知识界对待新民国的态度变迁，这些或许比"主义之辨"和"阶级论争"更应该成为此时和之后知识分子阵营又一次分化的基点。"再造民国"之国民革命的经验和教训可成为我们理解之后国共走势变迁的一把钥匙，而知识分子和作家群体在 20 世纪 40 年代又一次或主动或被动介入建造"新中国"的"革命"，也彰显出国家与革命之于现代文学文化格局变迁的重要性。

《伤逝》：五四"新人"与民族国家想象

张　娟*

　　《伤逝》是一个具有魅惑性的意义交缠的文本，也是在鲁迅的短篇小说中被反复阅读阐释最多的文本之一。综观《伤逝》研究话语，既往研究大致有三种基本范式：即政治革命范式、生命哲学范式和审美形式范式。审美形式的探讨有复调说、审美距离说、音乐性、抒情话语等，政治革命范式随着20世纪90年代之后生命哲学和人性审视的崛起逐渐式微。从生命哲学角度解读的更是蔚为大观。迄今为止，有周作人的纪念"兄弟"之情说、《娜拉出走以后怎样》的女性解放问题形象化解答说、知识分子内在弱点说、涓生的"忏悔录"说、探讨人性说、男性中心倾向说等。但是在阅读《伤逝》的过程中，笔者又深刻感受到，虽然《伤逝》的阐释话语已经非常丰富且深入，但是在《伤逝》文本中还是有一些盲区有意无意地被研究者忽略。《伤逝》的讨论长久被局限在私人空间，涓生离开子君的原因被放置在爱情内部讨论，涓生"寂寞与空虚"的内在本质和他对去向"新的生路"的强烈渴望往往被忽视。这种解读倾向和20世纪90年代以来后现代主义解构主义流行的背景息息相关，鲁迅的民族国家思想和启蒙倾向都处于被遮蔽的状态，不免走向另一种盲区。

　　本文尝试立足民族国家视野，重新解读《伤逝》。从文本症候"新的生

---

　　*　作者简介：张娟，东南大学人文学院副教授。

路"谈起，所谓"症候"，最初由蓝棣之提出，意指通过文本细读的方式，探究经典作品中隐含的悖逆、含混、反常、疑难等现象，由此进一步切入文本深层的隐秘含义。在《伤逝》中，"新的生路"这一意象反复出现，并且每次出现笔调都一改全文多用复句的沉郁气氛，多用短句，语气轻快急迫，形成了一种悖逆反常的表达。由此深究，可进一步探讨涓生在小说中真正的诉求到底是什么，重新审视从"新民"到"新人"的五四一代的"脱嵌"现象。《伤逝》中涓生和子君在爱情、物质、社会、生存等多个层面遇到的困局，如果仅仅从爱情角度阐释，那么很难抵达本质，事实上，这正是五四新人在时代转型期遇到的脱嵌困境。《伤逝》"忏悔录"式的文本结构和反复出现的"寂寞和空虚"，一方面表征着"新人"通过自我解剖和自我改造寻求出路的失败，另一方面也暗示着五四一代真正的出路和民族国家诉求的复杂关系。在此基础上，可进一步讨论在现代民族国家建构的艰难历程中鲁迅的文学转向，和中国五四"新人"的再嵌化问题。

一、"新的生路"与"新人"的诉求

重读《伤逝》，最重要的是探讨涓生的诉求到底是什么？是个体的爱情，还是内在的国族使命，它反复提到的"新的生路"到底是什么？《伤逝》中有一处非常值得探究的"症候"，就是"新的生路"反复出现。正如鲁迅关注的是"娜拉出走以后怎样"，在《伤逝》中，他着墨最多的不是爱情是怎么发生的，而是"爱情开始以后怎样"。小说最精彩的部分是从爱情失败的地方写起，子君的死并没有成为小说的终结，涓生依然要以遗忘和说谎做自己的前导，继续前行，爱情只是涓生尝试的一种逃离的手段，小说的终极指向是对"新的生路"的追寻和向往。

涓生竭力想要跨出的"新的生路"到底是什么？在文中有没有给出提示？事实上，在文中也有"症候"出现。整篇小说都弥漫着沉重的悲哀的气息，如同一个巨大的黑洞，将人带入无限的空虚，结构复杂的沉闷的复沓的长句使得小说像一个绵长的叹息。但是文章有三处想象，意外地采用了语气轻快、节奏感强的短句，连续的排比传达出一种自由的气息和新生的喜悦。而这三处想象，正体现了一种民族想象共同体的建构，从某种意义上讲，"我"和社会的关联，我与世界的同在是通过想象的方式构建的。

第一处想象出现在涓生在和子君的隔膜越来越深重的时候，涓生选择了到通俗图书馆读书，在这个公共空间，他获得了少有的轻松感。"屋子和读者渐渐消失了，我看见怒涛中的渔夫，战壕中的兵士，摩托车中的贵人，洋场上的投机家，深山密林中的豪杰，讲台上的教授，昏夜的运动者和深夜的偷儿……"① 这是一个广阔的社会图景，正如鲁迅所言："熟识的墙壁，壁端的棱线，熟识的书堆，堆边的未订的画集，外面的进行着的夜，无穷的远方，无数的人们，都和我有关。"② 涓生想要离开子君，不是因为爱上了别的女人，而是因为他有着更深广的理想和追求，他以知识分子的情怀与这个世界休戚与共，从农民阶级的渔夫，到战壕中的士兵，从汽车中的富人，到洋场上的金融家，从深山中的英雄豪杰，到学院派的教授，从夜里的运动者到小偷，这是整个社会的全景图，涓生不是一个简单的爱情故事的男主角，他是一个启蒙思想者，他觉得自己对世界负有责任。

第二处想象出现在涓生和子君说了分手之后。虽然分手对于子君来说，犹如灭顶之灾。而涓生也不是不知道这些话的效力，否则他便不会感觉："时时疑心有一个隐形的坏孩子，在背后恶意地刻毒地学舌"。但是，他终究还是选择说出来，为了"新的路的开辟，新的生活的再造，为的是免得一同灭亡"。而且涓生一厢情愿地想象子君终于可以觉悟，并勇敢开启自己新生的道路。值得注意的是，这一新生之路也不是新的爱情，而是同样宽广的社会的图景："在通俗图书馆里往往瞥见一闪的光明，新的生路横在前面。她勇猛地觉悟了，毅然走出这冰冷的家，而且，——毫无怨恨的神色。我便轻如行云，漂浮空际，上有蔚蓝的天，下是深山大海，广厦高楼，战场，摩托车，洋场，公馆，晴明的闹市，黑暗的夜……而且，真的，我豫感得这新生面便要来到了。"在涓生的想象中，已经走出了"父权"的家的子君，此时又走出"夫权"的家。涓生对子君的爱，不是以爱作为终结的，而是以启蒙作为终结，他希望看到的是一个能够独立走向社会的女性。而只有子君独立了，涓生便也可以独立，他就可以在不同的空间、不同的时间自由行走，走向广阔天地。

第三处想象是子君离家，留下了"生活材料的全副"，涓生被房屋的空虚和隐忍的子君所压迫，艰于呼吸视听："我似乎被周围所排挤，奔到院子中

---

① 鲁迅. 伤逝［M］//鲁迅全集：第2卷. 北京：人民文学出版社，1981：121.（以下《伤逝》引文均出自此版本，恕不赘注。）

② 鲁迅. 这也是生活［M］//鲁迅全集：第6卷. 北京：人民文学出版社，1981：601.

间，有昏黑在我的周围；正屋的纸窗上映出明亮的灯光，他们正在逗着孩子推笑。我的心也沉静下来，觉得在沉重的迫压中，渐渐隐约地现出脱走的路径：深山大泽，洋场，电灯下的盛筵；壕沟，最黑最黑的深夜，利刃的一击，毫无声响的脚步……"无法面对当下的涓生同样依靠想象建构自己的新生，而其建构的世界让我们想到鲁迅的一篇散文《这样的战士》，散文写道："他走进无物之阵，所遇见的都对他一式点头。他知道这点头就是敌人的武器，是杀人不见血的武器，许多战士都在此灭亡，正如炮弹一般，使猛士无所用其力"。① 不管敌人怎样强大，战士面对的是怎样的无物之阵，他都一次又一次举起投枪。这样的战士就是"最黑最黑的深夜里"那"利刃的一击"，而战斗的场景同样涵盖了从农村（深山大泽）到洋场（城市），从室内（电灯下的盛筵）到室外（壕沟）。

涓生的三处"新生"想象都与社会和民族国家相关，尽管这种想象是充满诗意的幻想，语焉不详的。安德森对"民族"这个概念给出了一个富于想象力的定义："它是一种想象的政治共同体——并且，它是被想象为本质上有限的（limited），同时也享有主权的共同体。""它是想象的，因为即使是最小的民族的成员，也不可能认识他们大多数的同胞，和他们相遇，或者甚至听说过他们，然而，他们相互联结的意象却活在每一位成员的心中。"② 涓生对于"新的生路"的想象，就是和"无尽的人们，无穷的远方"联系在一起的，他并不认识，也没有相遇，但是他却觉得自己的命运与他们有关，自己的奋斗是为他们才有意义。从这一角度来讲，涓生正是从传统帝制和农业文明中走出来的一代"新人"，涓生最终选择离开子君，不是因为移情别恋，而是因为他向往的"新的生路"是国家民族的建构，他自觉把自我和现代民族国家联系在一起，他的理想不是一己爱情，而是要担当改造世界的责任。

晚清时期，梁启超就提出"新民"说，关心的是在现代民族国家视角下如何塑造新的"民"。这里的"民"也即国民，也就是脱离奴隶状态的现代国民，认为"苟有新民，何患无新制度，无新政府，无新国家"，③ 在这种"新民"的意义建构中，一切都是为了"国家"，要培养现代"国民"，就要

① 鲁迅. 这样的战士 [M] //鲁迅全集：第 2 卷. 北京：人民文学出版社，1981：214.
② ［美］本尼迪克特·安德森. 想象的共同体——民族主义的起源与散布·导论 [M]. 吴叡人，译. 上海：上海人民出版社，2016：6.
③ 梁启超. 新民说 [M]. 北京：中华书局，1978：2.

完善自身，这也是鲁迅的改造国民性理论生成的重要社会基础。新文化运动前后"新人"逐渐取代"新民"，关注个性主义思想影响下的自我完善的新"人"，这一"新人"概念主要是受西方民主自由思想影响，关注如何"从传统的礼法道德、风俗习惯等层层束缚解放出来，成为西方现代文化标准下所定义的'人'"①。《伤逝》中的涓生从爱情的私人领域开始改造，就是这一代中国知识分子从"新民"向"新人"转变的代表。清末民初，中国知识分子面对着国家巨变，1905年废除科举制度，传统文人通过科举进入国家政治权力中心的道路从此关闭。清廷的新政导致了传统士绅阶级的没落和宗族学堂的消失，传统文化出现断层，大量知识分子涌向城市，接受新式教育。《伤逝》小说开篇的时候，涓生居住在绍兴会馆，这个绍兴会馆建于清道光六年（1826年），主要接待山阴、会稽两县赶考的举人。在现实生活中，当鲁迅来到这里的时候，科举制已经废弃了。而在科举正式废止之前，鲁迅已于1898年闰三月，考入南京的江南水师学堂；1902年2月，由江南督练公所派赴日本留学。1912年，鲁迅作为一个外省青年来到北京，就落脚在这宣武门外南半截胡同的会馆，在民国政府教育部挂着闲职，整日靠抄写残碑拓片消磨时光。鲁迅在绍兴会馆里经历过漫长的沉默期，用竹内好的话来说，就是"酝酿着呐喊的凝重的沉默"，并在沉默中有"回心"式的觉悟，而这一期间"寂寞、沉默是'重'的，'回心'式的觉悟则是'轻'的"②。鲁迅的这种轻与重，和涓生是一样的。晚清的中国，面临"千年未有之变局"，旧的社会秩序土崩瓦解，知识分子从传统的家国秩序中被连根拔起，在"家国天下"的连续体中出现了断层。早期知识分子们从"新民"到"新人"，从公共领域到私人领域，试图建立自我和国家的新秩序，是这一代知识分子的宿命，也是他们的担当。他们对于自己的未来、民族的出路认识都不是特别清晰，他做出了战斗的姿态，迈出了去往新路的步伐，也做出自己所能做出的最大的牺牲，但他没有实质性地找到自己的道路，作为历史的"中间物"，他向我们展示了"新人"诞生的艰难。在《伤逝》中塑造了怎样的"新人"，他们的革命之路怎样，正是我们接下来要探讨的问题。

① 王汎森. 从新民到新人：近代思想中的"自我"与"政治"[M]//许纪霖. 世俗时代与超越精神. 南京：江苏人民出版社，2008：171.
② 刘超. 绍兴会馆里鲁迅内在精神的重与轻[J]. 书屋，2016（3）：24.

二、从"新民"到"新人"——五四一代的脱嵌

查尔斯·泰勒在《现代性中的社会想象》一书中认为，传统社会到近代社会的历史转型过程中，发生过一场"大脱嵌"（great disembodying）。传统中国社会是一个家国天下的连续体，个人的行为和生活必须放置在这样的框架之中才能获得存在的合理性。清末民初，随着帝制的崩溃和政体的裂变，自我逐渐摆脱家国天下的共同体框架，成为一个独立的个体。特别是知识分子，他们是家国的伦理秩序的重要一环，通过现实世界中的文化伦理秩序，"齐家治国"然后"平天下"，是他们的使命，也是他们身份认同感的重要来源。《伤逝》中的涓生和子君就是这一代中国知识分子从"新民"向"新人"转变的代表。辛亥革命以后，政治上的王权接替，宗法共同体解体，传统的社会秩序和心灵秩序被瓦解，晚清热情高涨的国家主义有所退潮，辛亥一代的"新民"们在大脱嵌时代，开始向"新人"转型，但是从"新民"向"新人"又是非常艰难的。

首先，最值得我们注意的就是，在民族国家转型的脱序时代的"新人"们的边缘和孤独。这种"边缘"指向的是整个社会政治经济体系的不健全，同时也是个体与国家秩序的脱序的表征。和传统的熟人社会不同，涓生和子君都不属于北京这个城市，小说没有交代涓生来自哪里，但他寄住在绍兴会馆，这是一个外来漂泊者的身份。子君同样是个"边缘者"，小说中的她寄住在叔叔家，离开了父亲的家，而她死后的知情人透露子君家大约住在乡下。来到北京，涓生和子君也无法融入这个城市，涓生工作是一个整日在局里抄写的小公务员，而他可以寻找的工作有抄写、教读、译书、写稿，小说中的涓生没有什么朋友，也没有亲人。和子君关系恶化后，他无处可去，只好逃到通俗图书馆，在这里都是陌生人，涓生也害怕看到熟人轻蔑的表情。涓生也曾访问过熟人，但这些熟人的家是温暖的，神情却让涓生在骨髓中觉得寒冽。同样，子君也是孤独的，她先冲破了家庭的束缚，离开了自己的原生家庭，来到叔叔家，而叔叔很明显对子君和涓生的交往是反对的，以至于在婚后的生活中，子君最大的精神慰藉是阿随，最重要的外交活动是和房东"官太太""暗战"小油鸡的伙食。作为一个"外来者"，一个城市和乡村之间的边缘人，涓生一直无法进入政治和革命的中心，这正是从传统的家国秩序中

脱序而出的一个知识分子的真实写照。寻求在新的国族秩序中的个体位置，正是涓生新生的路的方向。

另外，值得注意的是，在这个民族国家尚属雏形，生活于早期市民社会的涓生和子君们，来自于翻译和报章杂志的西方想象成为他们生活和思想的重要参照。《伤逝》的开篇写道："如果我能够，我要写下我的悔恨和悲哀，为子君，为自己。"这个句式非常的拗口，和中国式的表达截然不同，但如果翻译成英文，却极其流利："If I can, I would write down my regret and sorrow, for Zi Jun, for myself."这种受西方翻译腔影响的话语模式在《伤逝》中表现得极为明显，"世界"和"西方"的文学经验，正是涓生的知识背景。实际上，这种受西方影响，由日文、英文、德文混合在一起，表现着新的思想和道德的话语词汇最终也成为了五四精英的话语方式，树立了西化的权威。通过小说和报纸发声，才能为"重现民族这种想象的共同体，提供了技术上的手段"。① 在《伤逝》中，涓生作为一个现代知识分子，使用的是白话，为《自由之友》翻译稿件，对子君讲述西方文学的故事，都体现着语言变革带来的成长环境的变化。小说中，涓生的精神资源基本来自于西方文化。谈恋爱的时候，涓生对子君启蒙和规训的精神资源是西方文学："破屋里便慢慢充满了我的语声，谈家庭专职，谈打破旧习惯，谈男女平等，谈伊孛生，谈泰戈尔，谈雪莱……"涓生失业之后，他作为自由职业者选择的谋生方式是为《自由之友》翻译；想要和子君分手的时候，涓生依靠的依然是西方的精神资源："我和她闲谈，故意地引起我们的往事，提到文艺，于是涉及外国的文人，文人的作品：《诺拉》《海的女人》。称扬诺拉的果决……"最能体现西方文化影响的，是涓生在慌乱和热烈中进行的求婚，后来涓生表示"我已经记不清那时怎样地将我纯真热烈的爱表示给她"。涓生在求婚前十几天就仔细研究过自己如何表白，如何措辞，甚至遭到拒绝以后要怎么办，可是在求婚的当下，却头脑一片空白，慌张中，"身不由己地竟用了在电影上见过的方法了"。这一点是颇有意味的。"西方社会学家哈贝马斯曾经指出，现代市民社会的建立有赖于公共领域的形成，公共领域的形成有赖于报纸、小说等印刷媒体的发达。后者之所以有如此功用，就在于其可以通过多种叙事缔造一个

---

① ［美］本尼迪克特·安德森. 想象的共同体——民族主义的起源与散布［M］. 上海：上海人民出版社，2011：23.

想象的共同体（Imagined Community），此共同体因其聚拢了民众共同的时空想象而使大家感觉好像生活在一个共同的时空体中，享有共同的日常生活"。① 慌乱时刻主宰人行为的往往是潜意识，采用了西方式的单膝跪地，可见在涓生的想象中西方文化已经具有了压倒性的地位，甚至深入到了潜意识层面，这正是民众的日常生活想象共同体在涓生求婚事件上的潜在表现。"中国从传统帝国向现代国家转型的历史进程，却同样与肇始于西方的现代性与全球化密不可分。"② 在五四时期的创作中，"西方"成为一个看似不在场的在场者，而《伤逝》描写的就是一个从东方走向世界的知识分子的心灵史。涓生在西方的知识背景下试图启蒙一个东方式的女性，不是为了爱情，而是为了"新的生路"，当然由于子君的传统婚姻观和现实社会机制的不健全，这段爱情失败了，子君也逝世了，但追寻者涓生并没有停下走向生路的脚步，即使他身上依然背负着道德的重负，但这一切均可视为我们走向世界必须付出的代价。

其次，涓生和子君作为"新人"，其实并没有太大的权力关系的差别，涓生导向的是思想启蒙，子君导向的是生活启蒙，相同的是，他们的尝试都失败了。涓生和子君从私人的家庭空间走向了社会的公共空间，在这个生活空间发生巨大变化的时期，"生活政治"是民族国家视野里的一代新人面临的重要课题。在晚清以来，对于女性的身份定位和理想建构也是"生活政治""现代性理念"的一个重要部分，鲁迅的演讲《娜拉出走会怎样》、小说《伤逝》就是对易卜生的《傀儡家庭》中娜拉出走的持续讨论。对于子君来说，她从私人的家庭空间走向社会公共空间，结束了传统时代的女性"相夫教子"的模式，她首先要面临的是树立新身份的问题。加拿大社会学家查尔斯·泰勒认为，现代人"生活政治"的核心内容就是"自我"如何被"他人"所承认。③五四初期的子君的新身份应该是什么，同居之后她是应该如涓生所愿继续"读书"和"散步"，还是承担繁重的家庭劳动？如果家庭劳动和经济收入得不到社会保障，女性的解放是否就是一种虚妄？在家庭财产关系上，虽然同居时子君变卖了自己的金戒指和耳环以加入家庭的股份，但社会没有提供给子君一份合适的工作，这种家庭经济关系是否能够保持稳定？更重要的

---

① 谷鹏飞，赵琴. 美学与现代性问题 [M]. 北京：人民出版社，2013：174.

② 吴晓东. 文学的诗性之灯 [M]. 上海：上海书店出版社，2010：52.

③ 刘维公. 布迪厄与生活风格社会学研究：兼论现代社会中的社会学危机 [J]. 社会理论学报，1999（1）：347 –371.

是，子君是否具备独立的条件和地位？涓生和子君之间的隔膜，根本在于涓生和子君在国民国家视野中扮演的角色是不同的。子君认为革命的目的就是爱情，她是把革命和爱情画等号的，涓生的诉求是国族理想，爱情只是去往"新的生路"的一个条件，不是全部。但涓生和子君在"新人"的本质上都一样，在现代民族国家发生的过程中，他们都是迷茫者，涓生在尝试用思想启蒙的方式寻找新的生路，子君则身体力行用生活启蒙的方式追寻涓生，他们的失败不在于启蒙本身的问题，而是当时的民族国家并没有完全准备好迎接这批新人的到来，同时，这一代知识分子在西化的视野中也并没有真正认清自己所处的时代。

综上，在民族国家视野下考察《伤逝》，会发现具有典型的五四文化特征的涓生们在"大脱嵌"之后挣脱了传统的家国天下的共同体框架，试图成为独立的个人。但是在传统家国体系脱序的五四语境下，"新人"们不但无法在新的国族体系中找到自己的位置，而且也无法实现孤独自我的自我认同。刘禾认为："如果说中国现代文学破土而出，成为这一时期一个重要事件，那么这与其说是因为小说、诗歌以及其他文学形式是自我表现的透明工具，忠实地记录了历史的脉搏，不如说是因为阅读、书写以及其他的文学实践，在中国的民族建设及其关于'现代人'想象的/幻想的（imaginary/imaginative）建构过程中，被视为一种强有力的中介（segents）。"① 《伤逝》也是一种破土而出的象征，这部小说写出了五四"新人"真实的生存状况和他们在转型时代的挣扎与艰难，而最终导向的结果，依然是失败。

三、"寂静和空虚"——五四脱嵌的困境

五四"新人"们对于自己的未来、民族的出路认识都不是特别清晰，他做出了战斗的姿态，迈出了去往新路的步伐，也做出自己所能做出的最大的牺牲，但他们没有实质性地找到自己的道路，作为历史的"中间物"，他向我们展示了"新人"诞生的艰难。《伤逝》的主题通常被认为是爱情，但有意味的是，文章中出现最多的关键词不是"爱"，而是"寂寞和空虚"。在文中

---

① 刘禾. 跨语际实践——文学、民族文化与被译介的现代性（中国，1900—1937）[M] //宋伟杰，等. 北京：生活·读书·新知三联书店，2002：3.

"寂寞和空虚"有三次集中出现，分别在开始、中间和结尾，形成首尾呼应的环形结构，可谓是文章当之无愧的真正主题，形成了从借着爱情逃离"寂寞和空虚"到爱情失败又重回"寂静和空虚"的螺旋式上升结构。结尾在子君离开后，轮回般的"寂寞和空虚"再次出现，爱情的尝试失败，新的生路还未开始，涓生又回到了原地，但这是"真实"换来的"虚空"，意味着以爱情方式尝试革命之路的失败。无国家则无国民的新生，涓生和子君以自由恋爱的方式寻找"新的生路"，最终在现实中折戟而归。

涓生和子君作为进步知识分子，是从"新民"到"新人"转换的典型形象，他们选择以恋爱自由的方式开始"新人"之路，也是从清末民初的民族主义到五四时期个人主义的典型选择。从"弃医从文事件"开始，鲁迅的国民意识开始觉醒。在 20 世纪 20 年代早期的小说创作中，鲁迅的《阿 Q 正传》探讨了一个从乡民到国民的游民阿 Q 怎样将自己放置在新的时代，接下来的知识分子系列《在酒楼上》《孤独者》《端午节》《兄弟》等或者从职业层面，或者从情感生活层面，都是探讨现代不同阶层的国民怎样调适自我与国家的关系。值得注意的是，在这一系列写作中，我们看到涓生这一代知识分子其实是脱离了传统的"家国天下"固态结构，在《伤逝》中涓生和子君尝试以恋爱自主的方式宣布在国家和家族之间自我的诞生，就像傅斯年所说："我只承认大的方面有人类，小的方面有'我'是真实的。'我'和人类中间的一切阶级，若家族、地方、国家等等，都是偶像。我们要为人类的缘故，培成一个'真我'。"① 鲁迅的文本设计中他们一直是同居的关系，而没有传统的婚姻身份，这就是一个大胆的隐喻，意味着他们现代民族国家中家与国的断裂，正是由于传统宗法、家国体制已经失效，传统的婚姻关系对他们来说已然不再重要。在《伤逝》故事发生的 1925 年，鲁迅笔下的涓生、子君们已经被纳入现代国家的统治，他们都是从乡下"北漂"到北京的知识分子，从传统书生转化为国民。在政治和社会的现代转型中，在西方的刺激和影响下，他们试图从私人生活领域开始新人、新生活的尝试。

回到具体文本中，"寂寞和空虚"既是爱情的起点，也是爱情的结果，还是新生之路的伴随者。"会馆里的被遗忘在偏僻里的破屋是这样地寂静和空

---

① 傅斯年．《新潮》之回顾与前瞻［M］//傅斯年全集．长沙：湖南教育出版社，2003（1）：297．

虚。时光过得真快，我爱子君，仗着她逃出这寂静和空虚，已经满一年了。"在一些研究者的解读中，认为这里强调的是子君的爱，但在这句中的"仗着"一词，提示了子君只是涓生逃离"寂寞和空虚"的一个由头，对涓生而言，逃避"寂寞和空虚"的愿望要远甚于对子君的爱。"在一年之前，这寂静和空虚是并不这样的，常常含着期待；期待子君的到来。"接下来的这两句中，同样是"寂寞和空虚"，但意义却截然不同，当时的"寂静和空虚"是不知道该如何走向前路，而期待着用爱情来拯救自己，在涓生的世界里，这个"爱情"又被赋予了"民族""革命""解放""自由"的意义。这一点在后文有两处提示：一处在涓生和子君约会时谈论的话题，"我的心宁帖了，默默地相视片时之后，破屋里便渐渐充满了我的语声，谈家庭专制，谈打破旧习惯，谈男女平等，谈伊孛生，谈泰戈尔，谈雪莱……她总是微笑点头，两眼里弥漫着稚气的好奇的光泽"。① 这个典型的场景中有两个值得我们关注的"症候"：一是恋爱中的两个年轻人，谈论的并不是柔情蜜意的爱情本身，家庭专制、打破旧习惯、男女平等都是启蒙革命的话题；二是两个人之间的关系，并不像是男女恋爱关系，而是男性启蒙者对女性的革命宣讲。另外一处则是在子君说出："我是我自己的，他们谁也没有干涉我的权利"之后，涓生感叹："这几句话很震动了我的灵魂，此后许多天还在耳中发响，而且说不出的狂喜，知道中国女性，并不如厌世家所说那样的无法可施，在不远的将来，便要看见辉煌的曙色的。"涓生把对子君的爱的宣言直接上升到革命的高度，可见在涓生看来爱情是实现革命和启蒙的一种途径。

涓生和子君的爱情从纯真而热烈的爱情开始，到慌张而尴尬的求婚，再到渐渐"清醒地读遍了她的身体，她的灵魂"，但是不过三个星期，"我似乎于她已经更加了解，揭去许多先前以为了解而现在看来却是隔膜，即所谓真的隔膜了"。这个"隔膜"出现在爱情的最高潮，以阴冷的寒意预示了爱情逐渐走向的惨淡结局。子君日益粗糙起来，两个人的生活日益窘迫起来，外来的打击和冬天的到来，使得涓生离开的决心立意坚定。"空虚"一词大量出现，涓生看到了子君的怨色，却并没有同情，只是"冷冷地气愤和暗笑了"，"她所磨炼的思想和豁达无畏的言论，到底也还是一个空虚，而对于这空虚却并未自觉"。此处的"空虚"指向的也是与真实相悖的"落空"；涓生决心说

① 鲁迅. 伤逝［M］// 鲁迅全集：第 2 卷. 北京：人民文学出版社，1981：111.

出分手，"也还是去年在会馆的破屋里讲过的那些话，但现在已经变成空虚"，恋爱时在会馆里给子君讲外国文艺和文人，是为了启蒙子君踏出爱的脚步，而今天同样的话语，却是为了劝她勇敢离开。此处的"空虚"指向依然是真实的虚妄；涓生向子君宣告了爱情的死亡，写给《自由之友》总编辑的信也只有微薄的回音，"我却单是催，就用了九分的邮票，一天的饥饿，又都白捱给于已一无所得的空虚了"。此处的"空虚"是一无所有。二人"同居"，意味着对传统社群关系和家族系统的拆解，传统的中国人在这些社会网络中获得个人的位置和身份认同，涓生和子君的革命意义在于破坏家族，形成近代国民，通过个人从家族、地缘共同体中出走，形成独立的自我，形成具有个人意识和担当改造世界责任的新人。但是现实中难以找到合理的身份定位、社会职业体系和保障机制不完善、性别沟通差异等使得他们的爱情革命危机重重。

第三次"寂寞和空虚"的大量出现，是在子君离去以后。子君的离开，意味着用爱情的方式尝试革命的失败，一年后的"寂寞和空虚"是尝试用爱情来把自己拉出寂寞空虚的境地，最后爱情失败又回到原点而感受到的更深的空虚。我回到吉兆胡同，子君已离开，"我不信；但是屋子里是异样的寂寞和空虚"。接下来，这个"空虚"开始频繁地出现，我一个人在子君离去的吉兆胡同的房子里承受着灵魂的拷问与敲打，"空虚"是新的生路的无法跨入，"寂寞"是必然发生的子君的死。小说的最后一次出现"空虚"是在结尾的部分，这是"虚空"的变体。"但是，这却更虚空于新的生路……"深有意味的是，此处的"但是"作为一个连词，承接的不是上文，而是小说的开头"如果我能够，我要写下我的悔恨和悲哀，为子君，为自己"。小说以严谨到不可思议的圆形结构又回到了起点，在时间上从追忆的夹杂着回忆与忏悔的过去式回到了现在式。重要的是，"空虚"在这里有了去往未来的指向。就像小说结尾那个沉重的"一九二五年十月二十一日毕"，当作者用尽全力深深写下"毕"字的时候，这部小说才具有了意义，而其最大的意义就是用文字向"寂寞和空虚"告别，用遗忘给子君送葬，通过说谎的方式忘记真实，通过遗忘，直到不再想到用遗忘给子君送葬，才能向新的生路跨进第一步去。虽然涓生对子君的离去充满痛惜和忏悔，但他依然要坚持迈向新的生路，也确证了小说的真正立意并不是爱情，而是新生之路。

小说由"寂寞和空虚"始，由"寂寞和空虚"终，正说明小说的主题并不是简单的爱情。《伤逝》中指向的是五四"新人"在大脱嵌时代的虚无感，爱情只是尝试逃离这种虚无的想象性尝试，而这种尝试最终失败了，五四"新人"必然要继续追寻下去。五四运动时期从清末民初的民族主义转向了个人主义，而这种个人主义在现实中无法和国家民族相结合，从而导向了虚无。"个人与国家分离，成为一个个别的、自明的、具有内在自我深度的概念"①，涓生和那些西方的雪莱、易卜生等一起，共同建构起一个孤独的自我，这个自我开始感受到"寂静和空虚"，从集体主义的传统阴影中冲决出来，渴望用个性解放或爱情革命的方式走向新生，当这一尝试失败之时，这批知识分子很容易走向虚无主义。涓生的恋爱和出走内隐着他在脱序的家国中成为了无所依傍的虚无主义的个人，而并没有真正获得自主性，颠覆家国天下的原本秩序。

《伤逝》写作的 1925 年，正是鲁迅深陷虚无主义的旋涡之时。1925 年 3 月 18 日，作者在给许广平的信中曾说："我的作品，太黑暗了，因为我常觉得惟'黑暗与虚无'乃是'实有'，却偏要向这些作绝望的抗战，所以很多着偏激的声音。其实这或者是年龄和经历的关系，也许未必一定的确的，因为我终于不能证实：惟黑暗与虚无乃是实有。"② 同年，他写作了《墓碣文》，"……于浩歌狂热之际中寒；于天上看见深渊。于一切眼上看见无所有；于无所希望中得救。……""……有一游魂，化为长蛇，口在毒牙。不以啮人，自啮其身，终以殒颠。""……答我。否则，离开！……"③ 这种"希望之为虚妄"的虚无主义和《伤逝》结尾的虚无感是一致的，虽然最终指向的是"绝望的抗战"，但他只是用自己的意念在超越，是一种悬置的"希望"。20 世纪 90 年代以来，研究者大多将这种虚无主义认为是"存在主义"哲学，但笔者较为认可"鲁迅哲学与存在主义有根本区别，不仅因为他的'虚妄主义'哲学在范畴和结构上有异于存在哲学，更重要的，两种哲学所面对的文化给定性完全不同"。④ 鲁迅所讲的"个体"和西方在上帝和超越性背景下的"个体存在"截然不同，鲁迅的"个体"是与中国的群体主义相对的，他的虚妄之感更多来自于家国的断裂。涓生等这一代知识分子脱离了传统的社会文化共

① 许纪霖. 家国天下 [M]. 上海：上海人民出版社，2017：419.
② 鲁迅. 两地书·四 [M] //鲁迅全集：第 11 卷. 北京：人民文学出版社，1981：18.
③ 鲁迅. 墓碣文 [M] //鲁迅全集：第 2 卷. 北京：人民文学出版社，1981：202.
④ 周令飞. 鲁迅思想系统研究 [M]. 北京：人民日报出版社，2016：118.

同体，剥离了自己的家族、地方共同体成员身份，在《伤逝》中涓生和子君的社会关系网络被前所未有地弱化，甚至连婚姻都不在乎，退出了父子、夫妇、师生、朋友等私人领域，获得了平等的国民身份，但是"从晚清到五四，在摧毁了传统的家族、地缘和信仰共同体的同时，并没有建立起以市民社会为基础的现代社会共同体"。① 涓生此时的虚无感和寻找生路而不得的迷茫正来自于这种个人与国家无法对接的失重感。

四、五四的危机和"新人"再嵌化思考

在"大脱嵌"家国天下连续体断裂之后，知识分子是如何重新调适自我和国家之间的关系的，他们是由此获得了自由，还是成为了无所依傍的虚无主义者？他们是否需要"再嵌化"，重新将自我放置于新的家国天下的结构之中？这正是《伤逝》在爱情想象的"具象"下隐含讨论的问题，在现代民族国家的建构史中，《伤逝》是一个重要却容易被忽视的一环。事实上，从五四"新人"诞生的艰难，可见"新人"的诞生和转折不是思想革命本身的桎梏，而是整个世界语境和社会结构的问题。鲁迅对于"新人"的诞生与思考，既是一个时间概念，又是一个空间概念，既是对"老中国儿女们"的国民性层面的精神追讨，同时也是放在全球空间中正在变动中的城市社会中的"新人"的精神隐患。一方面，是"新人"在世界中的位置；另一方面，是"新人"在历史中的位置。

首先，从《伤逝》写作中的文化经验和背景来看，涓生和子君可以说是在西方的召唤下产生的。这一方面体现了"五四"革命实质是具有世界主义情怀的，在世界民族国家背景下产生的思想革命运动，另一方面也提示了我们"五四"失败的重要原因。涓生在西方式的爱情想象中用西方文化资源启蒙子君，"单膝跪地"求婚，他们用同居而非传统一纸婚约的方式实践了西方式的情爱想象，但是这一尝试以惨败告终。小说真正精彩的部分开始于爱情消亡的时刻，涓生陷入了无止境的"忏悔"与"自辩"之中，这种潜在的复调式的心理旋涡体验，生命哲学范式的研究者往往从人性的暗面进行解释，但忽视了其博弈背后作为反思者的涓生可能遭遇到的真正困境。《伤逝》中一

---

① 许纪霖. 家国天下 [M]. 上海：上海人民出版社，2017：378.

年前经历着爱情的涓生和一年后反思中的涓生形成复调式的叙事声音，无论涓生怎样辩护、怎样忏悔，必须看到的一条主线就是，涓生即使背负道德的重负，也坚持离开子君的抉择，他要用"遗忘"和"说谎"来做自己前导，其实也是在调适自己，告别启蒙的失败之路，重觅他途。从五四思想的发展来看，五四前期，梁启超、陈独秀、傅斯年等人的理念是世界主义压倒国家主义，把中国看作世界的一个单位。在"欧战"的刺激下，中国知识分子普遍接受了以"进化论"为中心的新的世界观，认为应该向西方学习，认为物质主义和国家主义有着内在的逻辑关系。同时，也提倡"世界主义的国家"观念，认为"不能知有国家不知有世界"①，但是这种世界主义的乌托邦很快在现实中碰壁，鲁迅的《伤逝》中反映出来的对于西方世界的无条件服膺和中国现实的脱节，可以说是"新人"失败的重要原因。

其次，鲁迅经历了从清末民初的民族主义到五四运动时期的个人主义，从"新民"到"新人"的过程，实质也是民族国家观念不断演进的过程。晚清的中国被卷入弱肉强食的世界竞争体系，从而被激发出了现代民族国家观念，在西方主导的世界秩序下，晚清到民国初年，是国家主义狂飙突进的时代。五四新文化运动时期，由于知识分子对中华民国的失望和反思，与国家分离的个人观念开始出现，国家不再是天赋神意，而是人为的建构，个人获得了自主和独立性，不再以国家为归宿，也不再像晚清那样成为和国家一体的概念。而这种个人主义在现实中无法和国家民族相结合，从而导向了虚无。1925 年，"女师大风潮"进一步升级，鲁迅因支持进步学生的正义斗争而被教育总长章士钊免除佥事职务。也就是在这一年，国民大革命开始，鲁迅经历了虚无主义向死而生的绝望之后，为了重新获得个人生活的意义，他又尝试将个人重新置于新的家国天下的意义框架之中。正如王汎森所言，1925 年之后的新人，也不再是五四时期那种人生的、文学的、艺术的、哲学的、道德的新人，而是政治的、社会的、主义的新人。② 从鲁迅的创作来看，1925年经历了最沉重的黑暗，他还是逐步从对内在自我的观照转向了现实人生。1927 年，鲁迅在为黎锦明的小说《尘影》写作的题辞中，首次提出了"大时代"的概念，鲁迅说："在我自己，觉得中国现在是一个进向大时代的时代。

---

① 梁启超. 欧游心影录 [M] // 梁启超全集：第 5 册. 北京：北京出版社，1999：2978.
② 王汎森. 从新民到新人：近代思想中的"自我"与"政治" [M] // 许纪霖. 世俗时代与超越精神. 南京：江苏人民出版社，2008：180.

但这所谓大，并不一定指可以由此得生，而也可以由此得死"。① 这个"大时代"的表述背后是鲁迅思想从"小我"到"大我"的发展。联系 1925 年前后的转折，从早期"任个人而排众数"的尼采主义，五四时期的启蒙主义，再到 1926 年离开北京时鲁迅的思想观念中对工农大众的强调，可以看到早期梁启超式的"新民"偏重国家和群体的国民建构，鲁迅早期的国民性改造与之相呼应，五四时期经过新文化运动洗礼，"新民"转向追求西方式的个体解放和独立，但是吕纬甫、魏连殳和涓生们经过各种尝试和冲决，最终发现这些道路都行不通，从而转向了新的国家民族秩序的构建，将个人重新置于民族国家的框架里去理解，找寻另一种"大我"。"所谓的大我，不再是人类，也不是社会，而是民族国家。"② 虽然此时的民族国家随着救亡主题的席卷全国，已经不再是梁启超时代的"民族国家"，鲁珀特·爱默生认为：民族乃是"最大的共同体，每到危机迫在眉睫时，都能有效激发人民的效忠……为了完成刻不容缓的任务，它是把人变成社会动物最有效的方法，也是最能把人团结起来的终极手段"。③ 正像历史上"国家"和"民族"的概念总是在文化和政治之间穿梭，此时，中国现代的国家民族观念也逐步在救亡语境下从文化概念转为了政治概念。鲁迅也逐渐在国民大革命中走向了后期的"杂文时代"。1925 年的鲁迅以《伤逝》和《墓碣文》为标志，可以说达到了虚无主义的巅峰，但这也是新的转向的开始，涓生渴望的"新的生路"在 1925 年后才逐渐有了答案。1925 年之后，鲁迅逐渐将自己重新置于新的"家国天下"的意义框架之中，重建了在新秩序下的自我认同。

"大脱嵌"之后，国家民族新秩序和现代人的"自我"都面临着"再嵌化"的问题，如何将自我放置于"家国天下"的新秩序中，家国天下如何在新的自我树立的情况下重新建构，是本文最后指向的问题。五四时期，在民族国家体系建构的过程中，文学最大限度地参与了时代的建构，鲁迅在《狂人日记》《伤逝》《孤独者》《在酒楼上》等文本中建构"新人"形象，就是以现代个体为中心的文学图景，在此基础上，觉醒的个人要建立"人的国"，

① 鲁迅.《尘影》题辞，而已集 [M] //鲁迅全集：第 3 卷. 北京：人民文学出版社，1981：547.

② 许纪霖. 个人主义在中国——"五四"时期的自我观研究 [M]. 童世骏. 西学在中国：五四运动 90 周年的思考. 北京：生活·读书·新知三联书店，2010.

③ [美] 哈罗德·伊罗生. 群氓之族：群体认同与政治变迁 [M]. 南宁：广西师范大学出版社，2015：288.

这个"国"是现代性的产物,"外之既不后于世界之思潮,内之仍弗失固有之血脉"①,从而在世界语境中建立起独立的国族形象。从本质上讲,鲁迅发出的"五四"的声音实质是在与世界对话,而并不仅仅是涓生一个人的灵魂斗争。五四作为一个反传统的思想浪潮,"民主科学""个性解放""文学革命"等口气旗帜鲜明地在时间上定义了五四的现代性,但同时,从世界性的空间格局考察《伤逝》等文本,也在提示我们,"五四"启蒙者们并非在文明的内部批判和自否定,而是在空间格局上以世界为背景开始反思,其对传统的反叛与拒斥,背后有着西方文化的强烈影响,坚定地去往"新的生路"的涓生们即使曾经举棋不定、批判自我,他们还是愿意以牺牲自我和爱情的代价,探索民族的新生之路。但是事实证明,"新人"们空有勇气是不够的,单纯向西方学习是无效的,在国家民族概念摇摆不定的时代,启蒙也只能是"失语"并"失效"的。《伤逝》之后,鲁迅的写作逐渐放弃了"新人"的启蒙主义式推演,而转向社会批判和文明批判,可以说也是鲁迅从"立人"到"立国"的身体力行的实践。而对西方文化如何融入本土的反思,对建立现代民族国家道路的理性思考,则是五四时期还没有能力解决、但鲁迅已经敏感意识到的问题。

---

① 鲁迅. 文化偏至论 [J]. 河南,1908 (7).

思想与文化

想象国家：1933 年《东方杂志》"新年的梦想" 剖析

郭丽萍[*]

1933 年，《东方杂志》以《新年的梦想》为题，编发了 144 位参与者的"梦想的中国"或者"梦想的个人生活"，[①] 回答主编胡愈之所提两个问题，即"先生梦想中的未来中国是怎样""先生个人生活中有什么梦想"。

这是一次关于"中国梦"的表达。当年《东方杂志》编后语说，这些梦想"最能反映出时代的真正的要求"，"用了这些梦来测量时代思潮的涨落，十成中可得其七八"，[②] 思想史研究者今天确也从中解读到 20 世纪 30 年代思潮变化新取向，将这一次的新年梦想视为知识界对于社会主义的集体诉求、对马克思主义的高度认同。[③] 由于此前的研究较少对当年梦想参与者做微观分析，缺少对其人脉、学术、政治取向的背景了解，因而关于这一事件在知识界、思想界所具代表性还有待更恰当的估量；如果不对照研读"梦想者"同时期的相关政论文章，今天可能就难以理解他们描摹梦想所用计划经济、社

[*] 作者简介：郭丽萍，北京理工大学马克思主义学院教授。

[①] 《东方杂志》1933 年第 1 期刊登 142 位参与者的"梦想"，第 2 期又以"梦想补遗"补登朱自清、梁漱溟的"梦想"。

[②] 记者. 读后感 [J]. 东方杂志, 1933, 30 (1).

[③] 郑大华，谭庆辉. 20 世纪 30 年代初中国知识界的社会主义思潮 [J]. 近代史研究, 2008 (3)：44–58. 郑大华. "九·一八"后中国知识分子的思想取向——以"新年的梦想"为中心的考察 [J]. 吉首大学学报（社会科学版）, 2006 (1)：27–33. 裴植. 民国知识分子的家国梦——以《东方杂志》1933 年"新年的梦想"专辑为中心的考察 [J]. 东岳论丛, 2015 (7)：54–61.

会主义、大同世界等词汇的确切含义，进而忽略名同而义歧所反映的真实思考。这是本文研究在方法与资料方面的着意所在。

晚清以降，中国人开始意识到世界民族国家时代的来临，如要竞存争强，必须建立自己的民族国家。到 20 世纪 30 年代，知识人对于世界民族国家体系的现实体认、对于民族国家相关理论常识的掌握理解都已经相当充分。① 但现实中如何立足中国国情构建现代国家并非易事，国家、国民、政府诸因素如何措置、中国与世界关系如何重塑、从现实中国到未来中国如何达及等主题，在此前民族国家建构中一直颇受关注，在此次"新年的梦想"表达中仍是思考要点。"梦想"的叙说看似感性随意，实则在不经意间透露出相关知识群体的现代国家想象。在关于"国民"与"国家"关系的探讨中，"民众"取代"国民"成为想象中国家的主人；"计划经济"被高度关注，用词意指却存在一定差异，其背后既有国家想象的目标分歧，也有国家至上甚至"强人政府"的相似认识；基于"反帝"而重新定位中国与世界，追求"大同世界"成为共识，这是一种力图越超人类历史发展阶段的构想思路，这是对中国现代国家建构特殊历史条件的思考，也体现着现实与梦想之间的巨大鸿沟。本文将围绕以上问题展开讨论。

一、谁在想象：左翼知识人的国家梦想

参与这次"梦想"活动总计 144 人，笔者查找确证身份者共有 133 人。从职业构成来看，超过 90% 的"梦想"活动参与者是教授、编辑、作家、记者、大学生等，因其知识人的身份缘故，不少人常在报纸杂志上发文撰稿，或参与各项文教社会活动，今天或详或略地可了解其履历背景与思想主张。从年龄情况看，在可查实生年的 107 名参与者中，大多出生于 1890 年之后，②

---

① 李华兴，等. 索我理想之中华：中国近代国家观念的形成与发展 [M]. 合肥：安徽教育出版社，2005；俞祖华. 民国知识分子对建设现代民族国家的不同设计——以胡适、陈独秀与梁漱溟为重点 [J]. 东岳论丛，2013 (6)：26 - 36；陈廷湘. 现代性国家意识的形成及其变异 [J]. 史学月刊，2011 (5)：52 - 67；姜义华. 中国传统家国共同体及其现代嬗变（上、下）[J]. 河北学刊，2011 (2)：48 - 54. 2011 (3)：53 - 58；裴自余. 国民国家与民族国家的整合：中国思想脉络中的张君劢之国家观念研究 [D]. 上海：华东师范大学博士论文，2012.

② 1879 年之前出生者 3 人；1880—1889 年间出生者 16 人；1890—1899 年出生者 49 人；1900 年之后出生者 39 人。

求学成长于废科举、兴新学的时代，又在思想形成期经受了新文化运动的洗礼，可谓是中国历史上第一代新式知识人。据不完全统计，其中 69 人此前已具有海外留学或生活经历，是那个时代较好了解世界格局、较多接受西方相关理论知识的人群。

梳理"梦想者"的人际网络，他们多来自上海出版界与教育界，尤其与开明、商务、中华、《生活》周刊杂志社等机构关系密切。仅盘点曾供职于开明书局的人士，叶圣陶、徐调孚、钱君匋、胡愈之、茅盾、章克标、谢六逸、夏丏尊、林语堂、巴金、顾均正、索非、金仲华、宋云彬、陈乃干、周予同、韦息予、郑振铎等均赫然在列；《东方杂志》为商务印书馆主办，俞颂华、武育干、微知、谢六逸、老舍、孙福熙、施蛰存都活跃于这个圈子，陈翰笙、吴研因、李圣五、范寿康也都曾在商务印书馆工作过。中华书局编辑周宪文、倪文宙以及当时兼职于中华书局的周伯棣、李石岑也都应征表达了自己的"梦想"。[1] 经毕云程介绍，邹韬奋在 1931 年秋结识胡愈之，[2] 此次"梦想"征文，邹、毕以及《生活》周刊的编辑艾逖生都参与其中。当时各出版机构之间存在着频繁的人员流动，跨机构自由兼职也很常见。从发起到截止，这一征稿活动前后仅止 5 周左右，不难想象，在当时有限的信息传播条件下，胡愈之最易在他所熟悉的上海出版界人脉圈子里得到支持与回应。

出版人士可以在知识界穿针引线、架接桥梁。编辑与作者、读者互动呼应，会形成更大的参与人群。仅以目前所见材料，参与梦想活动者中，此前在商务印书馆主办的《东方杂志》《小说月报》以及开明书局主办的《中学生》《一般》《新语丝》等杂志发表过文章的作者超过 80 人，包括俞平伯、朱自清、顾颉刚、周作人、梁漱溟等这些当时并不在上海的人士。

关于"梦想"征文的消息还会借助学会社团组织而扩散。此时，陈翰笙正主持中央研究院社会科学研究所，这一机构一开始就与生活书店关系密切。[3] 大约因声气相合，陈翰笙的同事姜解生、张锡昌也表达了自己的"梦想"。此时，胡愈之正与邹韬奋、陈翰笙、杨杏佛、林语堂等人参与商筹"中国民权保障同盟"，以上诸位都出现在"梦想者"之列。参与者中也有不少与"左联"有关的人士，如郑振铎、郁达夫、胡秋原、楼适夷、谢冰莹、顾凤

---

① 倪文宙. 埋头编辑五年 [M] //回忆中华书局：上编. 北京：中华书局，1987：107、108.
② 三联书店大事记（上）（1932—1951）[M]. 北京：生活·读书·新知三联书店，2011：15.
③ 同②，第 11 页。

城、金丁等，还有刚刚被"左联"开除的周毓英。

在这一群体中，也能看到友情、乡情、亲情甚至爱情等因素的联结。他们或者是同事，如燕京大学、暨南大学都有多位教授参与；或者是师友，如俞颂华与俞寰澄、张任天与郑晓沧、顾颉刚与洪业；或者是同乡，如梁园东与卫聚贤、顾颉刚与叶圣陶及俞子夷；或者是兄弟、姻亲，如孙伏园与孙福熙、盛成与盛止戈、杨杏佛与赵叔雍；还有情侣，如谢冰莹与顾凤城。

从以上人脉梳理来看，"梦想者"群体原本应是一个"熟人圈子"，覆盖面并不算宽广，能否代表民国知识人尚不好说。不过，推断这是一个思想左倾的知识群体确有道理。

从组织关系来看，在此时的"梦想者"中，梁园东、楼适夷、武思茂、何思敬、漆琪生、钱啸秋等人已是中共党员，盛成为法国共产党党员，姜解生为中国共青团团员，陈瀚笙自 1926 年起为共产国际工作。① 前中共党员、大革命后脱党退党、与组织失去联系者有：张申府、李宗武、茅盾、韦息予（丁晓先）、彭芳草、宋云彬、严灵峰等，考虑到大革命失败后的特别情形，离开组织未必意味着他们政治态度的大转变，尤其像茅盾这样的著名左翼人士。在当时革命形势严酷的大背景下，也有一些党外人士同情中共革命，"四一二事变"之后，郑振铎等人曾上书抗议国民党暴行，在上书署名的 7 人中，郑振铎、冯次行、周予同、李石岑、胡愈之都现身于这次征文活动，② 应该并非偶然。"梦想者"中不少人士与国民党有着不解的关系，如马相伯、柳亚子、冯自由、杨杏佛、章乃器、区克宣等，不过他们都是公开同情革命、政治倾向偏左的人士。

有研究者把谈论苏联和社会主义、探讨苏联"一五计划"成功原因视为20 世纪 30 年代社会主义思潮内容之一。③ 在非中共党员的"梦想者"中，也有不少人有了解苏联的热情，对马克思主义有研究兴趣。俞颂华、严灵峰、李宗武、胡愈之此前都曾亲赴苏联，目睹社会主义制度的真实情况，回国后撰写大量介绍苏联的文章。周伯棣曾与俞秀松、柯庆施等人为赴苏而在上海外国语学社学习，后虽无缘赴苏，但与张闻天、李达等人一起编辑"新文化

① 陈瀚笙. 陈瀚笙回忆录：四个时代的我 [M]. 北京：中国文史出版社，2012：35.
② 陈福康. 郑振铎年谱 [M]. 北京：书目文献出版社，1988：136 – 137.
③ 郑大华，谭庆辉. 20 世纪 30 年代初中国知识界的社会主义思潮 [J]. 近代史研究，2008：44 – 58.

丛书",传播马克思主义理论。① 金仲华此时已是苏联塔斯社上海分社的电讯翻译,实际上从事着与共产国际相关的工作。② 此时的胡秋原正热心研读马克思主义理论,他甚至被人讥讽为"书呆子马克思主义者"。③ 范寿康、李石岑都是 20 世纪 20 年代即在大学教授马克思主义辩证唯物论的学者,就在"梦想"征文几个月后,正值纪念马克思逝世 50 周年之际,李石岑应上海青年会之邀发表题为《科学的社会主义哲学》的演讲,介绍唯物辩证法,宣传马克思主义。④

从职业背景看,"梦想者"基本以上海的商务、开明、中华等出版机构的编辑与作者为主体;⑤ 从人脉关系看,"梦想者"与"左联"、《生活》周刊、中央研究院社会科学研究所等左翼组织关系较为密切;从政治倾向看,他们中间有中共党员,有热心宣传苏联、研究马克思主义的知识分子,有同情中共革命、不满于国民党统治的知名人士。大致可以判定,"梦想"活动所反映的主要是上海左翼知识人的国家梦想。

二、谁的国家:由"国民"而"民众"的重心移转

梁启超是最早展开中国现代国家想象的人士之一。他认为,中国积贫积弱、外争不胜的原因之一是有王朝而无国家,有"部民"而无"国民",需要建立有机的统一与有效的秩序,为此自由和平等都是次要。⑥ 在梁启超的民族主义思想中,国民与国家是一组核心概念,以 1903 年为界,他先是侧重国民主义,后转向国家主义。⑦ 梁启超的相关思考深受德国思想家伯伦知理的影响。后世研究者观察欧洲现代民族主义时,尝试以不同的标准做分类,比如,

① 陆米强. 中共建党前后几帖照片的考订 [J]. 档案与史学, 2002:49 – 51.

② 张辉锋,陶园园. 中共国际传播的领导人金仲华 [J]. 新闻前哨, 2012 (6):54.

③ 苏汶. 关于《文新》与胡秋原的文艺论辩 [J]. 现代, 1932, 1 (3):382.

④ 田伏隆. 我国近代哲学家李石岑 [J]. 求索, 1985 (2):95 – 97.

⑤ 开明、商务、中华等出版机构虽说在当时影响比较大,但它们毕竟只是出版界的一部分。当时仅在上海即有书店五六十家,见:张新强. 马克思主义著作在中国的出版、流通与阅读(1927—1937 年)[D]. 北京:中共中央党校博士论文, 2015.

⑥ 张灏. 梁启超与中国思想的过渡(1890—1907)[M]. 南京:江苏人民出版社, 1993:176.

⑦ 许纪霖. 共和爱国主义与文化民族主义——现代中国两种民族国家认同观 [J]. 华东师范大学学报(哲学社会科学版), 2006 (4).

是"有机论"还是"自愿论",是"族群的"还是"公民的"。① 伯伦知理被视为"有机论"或"族群的"民族主义。其中较少强调个人选择、大众参与和公民理性。

梁启超关于国家与国民的思考在后世影响不小。"国民"一直是中国现代国家想象与建造中的重要概念,尤其是在救亡图存的民族危机之下,如何有效动员人民整体力量、改造旧有的制度结构、建成现代意义的民族国家一直都是中国面临的"第一要务",国民一般从属于民族国家构建。

可是,在本文所讨论的这次国家想象表达中,原本理应成为关键词的"国民"出现频次远不及"民众""大众""群众"等词汇。② "梦想者"时而还会在这些词汇前面冠上"劳苦""劳工""底层"等限定词,"民众""大众"在相当程度上就是"被剥削者"的代名词。比如,未来中国"将是勤劳大众的中国,不是剥削阶级的中国,""没有阶级,没有争夺,没有物质上的压迫,""没有掠夺者和被掠夺者的对立,""消灭了劳心和劳力之间的差别,""凡中国境内一切'劳动寄生虫'完全绝迹",此时中国"是属于他们的——他们是现在被压迫、被剥削的阶级,他们——工人、农民和一切劳苦大众同盟在一起……"③ 看来"阶级"成为判断谁是"民众"或"大众"的标准,这应是受到当时左翼话语影响的结果。同一时期,瞿秋白明确地将"大众"定义为"无产阶级和劳动民众:手工工人、城市贫民和农民群众"。④

这样,关于未来国家制度的想象中,主权在民之"民"已经集中表达为劳动者——"民众"。那时,劳动已成为社会成员的权利和义务,所谓是"人人都劳动""人人有事做""个个都劳动""不劳动者不得食"。⑤ 作为未来国家的主人,大众享有各项平等权利。在政治上,唯有劳动者方可享有政治权利,即"凡是生产者和一切体力智力的劳动者都参加政治""政府是劳动者的

① 安东尼·史密斯. 民族主义:理论、意识形态、历史 [M]. 叶江,译. 上海:上海世纪出版集团,2011:39-46.

② 12位"梦想者"使用"国民"一词,23人使用"民众",15人使用"大众",1人使用"群众"。

③ 楼适夷、郁达夫、娄立斋、严灵峰、汪馥铎、何思敬的"国家的梦想",载《东方杂志》30卷1号,以下各注出处相同。

④ 瞿秋白. 普洛大众文艺的现实问题 [M] //瞿秋白文集(二). 北京:人民文学出版社,1959:856.

⑤ 张宝星、滕白也、俞颂华、杨一南的"国家的梦想"。

代理人""中国民众能监督政府"①。在经济上,"未来的中国,要以民众的力量改善人与人的经济关系,使它不复为生产力发展的障碍,""在这个国家里,一切生产的工具在劳动者手里",②劳动者成为了生产资料的所有者。在文化领域,从关注底层民众出发,怀抱文化建设使命的知识人表达着大众文化、民族文化的理想,希望"一切文化,到那时也从少数特权者手里夺回来,交给大众","把一切现在只是少数人所有的文化机关都公开给大众,而大众有了闲暇、有了识字的权利,自然便有方法来享受人类的智能结晶——一切文化",由此,新文化实现了"大众化、普遍化"。③还有人提出,未来中国必须"发展民族特有的文化,接受世界共同文化"。④这些文化理想与"左联"所倡导的"文艺大众化"主张相呼应。

梁启超认为,现代中国"当以奖励资本家为第一义,而以保护劳动者为第二义"。⑤此时,左翼知识人在想象国家时却特别将"民众"从"国民"中分离出来,使其成为未来国家里的新主人。从阶级对立的角度,他们把"民众"与资产阶级视为一对矛盾,"阶级"成为表达梦想的另一高频度词汇,⑥消灭"阶级"是达成想象中国家的重要途径;从现实政治的分析中,不少"梦想者"都对政府表示不满,甚至把南京政府看成"民众"的对立面,希望建立"民众政权"。⑦由此推进,实现国家梦想不可避免地走向了阶级斗争、民众革命、暴力抗争之路。

追溯其理论源流,以民众为国家基石的主张延续了新文化运动以来的社会主义思潮,其中尤其可见阶级斗争、唯物史观、平民主义等学说的影响。前文已及阶级斗争与唯物史观,梦想者中确有不少人是平民主义的践行者,如,主办《平民教育》的周予同;从民俗研究入手恢复大众历史的顾颉刚;致力于农村社会调查的陈瀚笙、梁园东、姜解生、陶孟和;创办江苏省立民众教育院的高四践;推进定县平民教育促进会的孙伏园、谢扶雅;等等。

从现实体认来看,此前的国民革命也确让中国知识人认识到蕴藏于中国

---

① 罗叔和、张锡昌、李宗武的"国家的梦想"。
② 微知、张锡昌的"国家的梦想"。
③ 张锡昌、张宝星、罗叔和的"国家的梦想"。
④ 张耀曾的"国家的梦想"。
⑤ 张灏. 梁启超与中国思想的过渡(1890—1907)[M]. 南京:江苏人民出版社,1993:213.
⑥ 共有27人在"梦想"中使用了"阶级"一词。
⑦ 邵塿寒、张宝星、汪漫铎的"国家的梦想"。

基层社会的革命力量，意识到这一革命力量正是建设中国现代民族国家的希望所在。1927 年之后南京政府的迅速蜕变昭示了通过国民革命构建现代国家这一理想的失败。左翼知识人重寻出路、另觅他途，把目光投向以无产阶级为核心的劳苦大众。

三、"计划"立国：从经济体制构想出发的"社会主义"诉求

梦想是希望在未来达成的一种境况，达成梦想需要现实条件，因而想象未来不得不从现实出发。在这次征文表达中，想象未来的起点是否定现实，现实中的种种乱象如专制腐败、军阀混战、民不聊生、民族危机等构成国家想象的底色，"噩梦""幻梦""妖梦""白日梦""痴人说梦""梦难寻"几乎是通篇不断。造成现实中失望种种的原因之一是中国经济的落后，于是"梦想"中"物质的需要远过于精神的追求"。① 改善民生需要解决物质匮乏，反对帝国主义欺压需要增强国家实力，抵抗日本侵略更需要以物质建设为基础的国防力量。在西方资本主义世界经济危机、苏联"一五计划"成功的大背景下，"计划""统制"成为"梦想者"希望快速发展国家经济的便捷工具，计划经济成为关于未来国家样貌想象中最具建设性、最有操作性的部分。

"计划""统制"以及相似表达的出现频次超过 20 次。有人说，政府的工作之一就是"有计划进行修复在动乱中的一切破坏和创伤，开始实施各种经济政策和计划，从事于合理的和有组织的生产"，政府"不是来统治人民的，却是为全体大众计划、执行及保护全国共同生产及公平支配的总机关"。有人说，未来的中国"是东方一个有计划、有秩序的国家"，在经济方面，"经过详细而慎密的调查计算之后，实行计划经济"。② 也有人将"统制"与"计划"统而用之，认为国家政治范围应包括"全国经济之计划统制"，国家经济建设可"以统制的工业化计划，造成一个新的经济基础"。③

细究这些词汇，各人所欲表达意思并不相同。一部分梦想者确实把生产资料公有制视为计划经济的前提条件，未来中国"可以不要私有财产"，"一切生产的工具在劳动者手里"，实行计划经济，需要"把私有资本的成分渐渐

① 记者. 读后感 [J]. 东方杂志, 1933, 30 (1).
② 严灵峰、邹韬奋、张宝星、张锡昌的"国家的梦想"。
③ 张耀曾、微知的"国家的梦想"。

减少，到最后是经济组织完全社会主义化"。① 另一些人所想象的"计划"只是通过有限度地限制私有，实施国家干预经济。黄华节设想未来成立中央民生统制局，其职能只是"通盘筹划，适当调节"，周毓英期望"社会制度全部改革，开始实行计划经济"，其结果是实现民生主义。曾多次提到"计划"的张耀曾为其"计划"展开设定了这样的制度架构——农业以私人经济为主；重工业及独占工业由国家经营；商业私人经营，但需接受国家随时之控制。② 其实质是强调政府对于经济的积极干预。这样，在"计划经济"的表面共识之下，是实现苏联式完全的生产资料公有，还是欧美式有限度的生产资料私有，他们之间存在分歧。

"梦想者"对于"计划"的理解差异在其后关于"统制经济"的讨论中有更清晰的表达。③ "统制经济"讨论在1932年下半年开始引起越来越多的关注。1932年10月，武育干发表《实施统制经济》一文，《东方杂志》在11月刊文跟进，周宪文也在同月撰文探讨统制经济。④ 这些讨论与胡愈之"新年的梦想"的策划几乎同步，参与讨论统制经济问题的武育干和周宪文、《东方杂志》都与这次"梦想"活动关系颇深，这样，"计划""统制"作为当时知识人的思考热点自然而然地出现在"梦想"表达之中了。关于统制经济讨论在1932年之后持续展开，据不完全统计，除武育干、周宪文外，深度参与"统制经济"讨论的"梦想者"还有诸青来、穆藕初、艾逖生、章乃器、李权时、李圣五、张君劢等人。

在"统制经济"的学理讨论中，学界将统制经济与计划经济区别开来，"认为资本主义国家的经济干涉为统制经济，社会主义国家的经济干涉为计划

---

① 胡达夫、张锡昌、张宝星"国家的梦想"。

② 黄华节、周毓英、张耀曾的"国家的梦想"。

③ 关于20世纪30年代统制经济思潮的研究，见：孙大权. 中国经济学的成长——中国经济学社研究（1923—1953）[M]. 上海：三联书店，2006：244 - 273；钟祥财. 20世纪三四十年代中国的统制经济思潮 [J]. 史林，2008（2）：33 - 47. 黄岭峻. 30—40年代中国思想界的"计划经济"思潮 [J]. 近代史研究，2000（2）：150 - 176；黄岭峻、杨宁. "统制经济"思潮述论 [J]. 江汉论坛，2002（11）：62 - 68；周蕊. 李权时统制经济思想研究 [D]. 上海：华中师范大学硕士论文；张连国. 20世纪30年代中国统制经济思潮与自由主义者的反应 [J]. 历史教学，2006（2）：27 - 31；孙建国. 20世纪30年代章乃器信用统制经济思想评述 [J]. 上海师范大学学报（哲学社会科学版），2004（3）：60 - 65.

④ 孙大权. 中国经济学的成长——中国经济学社研究（1923—1953）[M]. 上海：三联书店，2006：246、247.

经济"。① 各位参与讨论的"梦想者"对未来中国经济体制的设想仍然不一样。有人希望实现社会主义的计划经济，有人则主张资本主义的统制经济。在主张计划经济的人士中，艾逊生以"寒松"为笔名的文章表达得最为明晰。他认为"资本主义下的统制经济和社会主义下的计划经济名相同而实不相同"，计划经济具有两条"起码的根本原则"：一是"必须将一切的生产手段——土地、矿山、富源、工业、银行、交通、大商业等——社会化"。二是"人剥削人的社会关系，至少是大产业主、地主以及各种寄生阶级的，必须消灭"。② 必须实现公有制，而后才能实行计划经济。在另一类主张中，武育干认为中国要自救，就需要"彻底改造经济，然后实施统制经济"，③ 周宪文则将统制经济视为是利用计划的手段对资本主义经济制度的修复与弥补，④ 诸青来认为统制经济限制自由竞争，计划经济废除自由竞争，⑤ 他们都不赞同中国实行苏联式的计划经济。穆藕初也认为："一国而不能实施统制经济，则匪特其国家经济将陷于紊乱状态，无由振拔，抑即根本不能列为世界经济成员之一。"他所说的仍是在欧美各国实行的统制经济。⑥ 章乃器、李权时不主张中国步趋欧美或者效仿苏联，因为"统制经济不可能有'族之天下而皆准'的方案"。⑦李权时将政府、租税与民众心理视为实施统制经济的"三要素"，也颇有中国特色。⑧ 他们都想在保留私有制的前提下通过计划手段在政府与市场之间做调和。

梦想表达零散随意，关于统制经济的讨论则更学理严谨。学理化研究让我们看到，具体考量未来国家的经济体制如何运作、经济生活如何推展时，"计划"经济的相似表述并不意味着相同的国家想象。

同样，与"计划经济"密切相关的"社会主义"这一词虽然频繁出现于"梦想"表达，可使用者的理解却并不相同。漆琪生、何思敬、谢冰莹、毕云

---

① 孙大权. 中国经济学的成长——中国经济学社研究（1923—1953）［M］. 上海：三联书店，2006：253.

② 寒松. 统制经济与计划经济［J］. 生活，1933（8）.

③ 武育干. 实施统制经济［N］. 申报，1932 – 10 – 10.

④ 周宪文. 统制经济之研究［J］. 学艺，1932（9）.

⑤ 诸青来. 统制经济与中国［J］. 经济学季刊，1935（4）.

⑥ 穆藕初. 统制经济与中国［J］. 银行周报，1933（37）.

⑦ 章乃器. 经济统制与银行［J］. 银行周报，1934（44）.

⑧ 周蕊. 李权时统制经济思想研究［D］. 武汉：华中师范大学硕士论文，2013.

程、郑振铎、张锡昌、李石岑等人的理想中国必须实现苏联式的社会主义，即经过世界革命洗礼的、以科学社会主义或马克思主义为指导、通过阶级斗争的方式、建设一个没有阶级压迫、没有剥削、生产工具归劳动者所有的社会主义国家。

而另一些人的"社会主义"则是名同实异。张君劢说："吾国之经济的建设，惟有国家社会主义而已。"① 他只是倾慕苏联计划经济之手段，却要摒弃苏俄式共产革命、全盘国有及其带来的社会动荡和破坏，其实质仍是民主社会主义的主张。② 周毓英的个人梦想是"想办一个月刊定名《社会主义》"，可他办刊目的"不在取政权，可能范围内还要帮政府，帮政府革命"。③ 1933年，他果然创办了一份名为《社会主义月刊》的杂志，其实却在宣传法西斯主义。④ 袁道丰设想未来中国不能缺少"狄克推多"式的人物，这个人物的主张"已经是够社会主义化了"，但"还没有脱离资本主义的窠臼"，⑤ 俞寰澄相信"未来中国一定是个联邦社会主义的国家"，至于如何能达及这一目标，他坦陈"说不出、断不定"。⑥ 今天看来，他们似以"社会主义"一词指称后资本主义的社会发展阶段。

四、能否超越：在"大同世界"里定位未来中国

以西方民族国家概念引入、世界民族国家体系形成为大背景，梦想者大多是在世界秩序中思考中国的未来。这时，民国知识人不得不面临这样的问题：如何在未来的世界舞台上为中国安排一个恰当的角色？曾经辉煌、近代衰败的中国如何在未来赢得光明？面对这些问题，"反帝"成为梦想者们最大的共识。

---

① 张君劢的"国家的梦想"。
② 翁贺凯．"国家社会主义下之计划经济"——张君劢1930年代的社会主义思想论析［J］．福建论坛（人文社会科学版），2007（8）：78-83.
③ 周毓英的"个人的梦想"。
④ 熟悉周毓英、熟悉20世纪30年代上海思想界的胡秋原曾说："民国22年，政府之刊物多有介绍及主张效法德意政体之文章，最初公开办以'法西斯蒂'为名之杂志殆为周毓英（原创造社左翼作家）。"见：胡秋源．一百三十年来中国思想史纲［M］．中国台北：学术出版社，1983：134.
⑤ 袁道丰的"国家的梦想"。
⑥ 俞寰澄的"国家的梦想"。

首先，帝国主义被视为是中国人实现国家梦想最大的障碍，近代中国"屈服于帝国主义的铁蹄之下"，"受着帝国主义的威胁"，中国革命即要反对"帝国主义及其御用工具，""与世界一切帝国主义奋斗"。① 由此，反对帝国主义、实现国家独立成为知识人国家梦想的重要内容，②其中包括"反帝"的具体途径，如废除不平等条约、迫使外国撤兵、收回租界、收复失地、废除领事裁判权、自主管理海关事务等。③

值得注意的是，知识人把反对资本主义与"反帝"相提并论，他们希望，未来的中国人"对资本主义当然是一个不接受，对帝国主义当然是一个不屈服"，未来的中国"没有帝国主义者，没有军阀，没有官僚，没有资本家"，"无资本主义侵掠小民"。④ "一战"之后，中国思想界开始反思西方文明之弊，此时在世界性经济危机刺激之下，"梦想者"更进一步认识到资本主义制度的固有矛盾，尤其是生产与消费失衡问题，他们想象中的中国"有制造，无过剩，""无不生产的弊，也无生产过剩的弊"，能"调和生产与消费，使无过剩不及之弊"。⑤ 如能这样，中国将实现跳跃性的发展，直接进入后资本主义时代。这种主张在某种程度上否定人类社会竞争进化规则，恰好可以解释曾经辉煌、近代衰败的中国在未来赢得光明的问题。有人分析说，各民族因个性不同而具有不一样的"适应时代的技巧与能力"，"适于渔牧时代的民族个性未必适应封建时代的经济生活；适于封建时代的民族个性，未必适应于资本主义的经济生活……纵令中国不适于资本主义时代，未必便不适于未来的新的时代"。⑥

超越历史阶段的想象中，中国未来不仅与各国享有了平等的地位，且一跃成为东亚乃至世界强国，称"主盟国"、作"世界的中心"、为"各国的模范"。⑦ 一方面，中国主导影响世界，所谓"执东方的牛耳"乃至"执国际之牛耳"；⑧ 另一方面，中国还能"为世界上打不平，""世界和平之维持，中国

---

① 严灵峰、周还、汪漫铎、何思敬的"国家的梦想"。
② 超过20人直接表达了反对"帝国主义"的梦想。
③ 周毓英、龚德柏、盛止戈、钱啸秋、施蛰存、艾逖生、傅东华、慕洁的"国家的梦想"。
④ 查士元、邹韬奋、滕白也的"国家的梦想"。
⑤ 滕白也、张耀曾、曾觉之的"国家的梦想"。
⑥ 周伯棣的"国家的梦想"。
⑦ 赵何如、郑晓沧、俞颂华的"国家的梦想"。
⑧ 姚楚英、盛止戈的"国家的梦想"。

亦负重要责任"。① 作为"全世界奴隶的同命者",中国人应"联合世界被压迫的人民及各国被压迫的阶级",通过世界革命,"解除世界弱小民族之痛苦","替世界弱小民族求解放"。② 甚至,中国文化的"中和""中庸"也"可于理想的人类生活上作模范"。③

对于后资本主义的时代,有人称之为"社会主义",有人称之为"共产主义",还有很多人称之为"大同世界"或"大同社会"。"大同"本是儒家典籍中对于唐虞三代的想象性描述,反映着农业社会中的最高社会理想,在近代西学东渐潮流之下,康有为、严复、梁启超、刘师培、孙中山、李大钊等人都曾旧瓶装新酒,以"大同"这一概念来表达现代政治理想,④ 名虽同而实则异。这次左翼知识人的梦想中,"大同"一词再度成为颇受青睐的词汇。有人"梦见一个没有国界、没有民族、没有阶级区别的大同世界……(人们)过着很快乐的自由平等底生活"。有人"梦想中的未来世界是一个社会主义的大同世界,打破一切民族和阶级的区别,在全世界成为一个大联邦。……各尽所能,各取所需,一切平等,一切自由"。未来是"没有阶级、没有种族、自由平等的一个大同社会",未来将"废除军备、国界、种族而臻于大同"。⑤

与近代以来"大同"理想一脉相承,梦想者们追求自由、平等、博爱、和平的社会形态,期望超越国界、超越种族的世界大同,其中带有不小的空想色彩。不过,梦想者还是力图在现实与未来之间架设通道。

一种设想是寄希望于国际秩序重大变动,经历战争、忍耐、奋斗、牺牲之后,中国利用国际法则、借助国际组织,实行国家平等进而推进世界大同,所谓是"和平统一,由国际联盟之途进行是也"。或者,中国能"指导并拥护国际政治联盟及国际经济联盟",通过实现三民主义最终达成世界大同;或者在世界革命中,"中国跟随先进国家获得了国际间的自由与平等"。⑥ 这一系

---

① 陈时、龚德柏的"国家的梦想"。
② 倪文宙、徐伯璞、盛止戈、姚楚英的"国家的梦想"。
③ 曾觉之的"国家的梦想"。
④ 关于近代以来大同思想的研究,见:臧世俊. 大同思想与中国社会主义思潮 [J]. 学术研究,1983(5):73-78. 操申斌. 对中国近代几种大同思想的评说 [J]. 社会科学战线,2006(3):312-314;鲁法芹,蒋锐. 晚清社会主义思想的传入与传统大同理想的激活 [J]. 江汉论坛,2012(9):22-27;林芳. "大同"概念的近世转化与中共早期社会理想之形成 [J]. 党史研究与教学,2013(1):100-110.
⑤ 柳亚子、谢冰莹、顾凤城、吴嵩庆的"国家的梦想"。
⑥ 高践四、张耀曾、范寿康的"国家的梦想"。

列的构想，与当时南京国民政府官方的国家构想有着一定程度的应合。

　　另一种设想则取阶级革命的路径。更多的梦想者对于强权至上的国际秩序已有较清醒的认识，希望未来中国"政府不守无抵抗主义，也不向国际联盟求救"，希望中国的未来靠中国人的精细筹划与不懈努力，不能"专悬想或盼望日本的财政破产革命爆发"。① 与此前淡化国家界限的大同思想一样，他们也强调平等尤其是国际秩序中绝对平等，但更加强调的是：从现实中国走向未来中国，必须以阶级革命的手段创造新的政治秩序。阶级差别的消失，不是他人的施舍赐予，不是国际秩序变动所致，甚至不是世界革命的自然结果，需要被剥削阶级、被压迫民族的主动争取，个体、民族和国家的命运掌握在自己手中。消灭阶级而后重建人与人之间的经济关系，消灭生产资料私有制度，进而国家消亡了，"不但在全世界的人类中消灭了阶级的鸿沟和政治的组织，中国之为中国的国家也随之'衰亡'了，""国家这种界限在任何人的梦想中或梦中是不配存在的，""未来中国没有国学、国医、国术……国耻、国难等名辞"，② 在这种没有种族差异、没有国家界分的世界大同里，人类"共同生产、共同消费""各尽所能、各取所需"。③

　　这种消灭阶级、民族乃至国家的共识，带有马克思主义唯物论、阶级斗争学说及其无产阶级国际主义的色彩。由如上词汇所建构的国家想象，与科学社会主义的理论有诸多契合之处。马克思在分析资本主义经济制度及其运动规律之后，科学构想出在前提条件具备的共产主义社会高级阶段，"社会才能在自己的旗帜上写上：各尽所能，按需分配"！④ 恩格斯也论述过，"阶级不可避免地要消失，正如它们从前不可避免地产生一样。随着阶级的消失，国家也不可避免地要消失"；⑤ 不过，这其间也有无政府主义思潮的影响痕迹，甚至是对现实政权极度不满意的表现与反弹。南京政府建立之后，国民党将

　　① 彭芳草、陶孟和的"国家的梦想"。

　　② 严灵峰、章克标、徐调孚的"国家的梦想"。

　　③ 谢冰莹、严绂葳、邹韬奋、柳亚子、严灵峰、曾觉之、周宪文、索非、罗叔和的"国家的梦想"或"个人的梦想"。

　　④ 马克思. 哥达纲领批判［M］//马克思恩格斯选集：第三卷. 北京：人民出版社，2012：365.

　　⑤ 恩格斯. 家庭、私有制与国家的起源［M］//马克思恩格斯选集：第四卷. 北京：人民出版社，2012：190.

意识形态因素注入国家意识形塑当中,① 一方面控制人们的思想,同时又无法履行一个现代政府所应维护国家利益的职责,左翼人士从质疑现实政权出发,很容易走向消解国家。

五、结语

在"新年的梦想"表达中,也能看到观点主张的前后矛盾、个体认识的分歧差异。不过总体看来,这一左翼知识人群体普遍重视人民大众在现代国家建构中的意义、在未来国家里的地位。从强调"国民"到重视"民众",关于主权在民之"民"的想象发生了变化,不同于梁启超的"有机国家论"中的"国民",也不同于张佛泉等人所主张的"邦国主义"中自由自主的个人,② "民众""大众"并未以个体的形式从国家有机体中独立出来,而是以阶层、阶级的群体形态出现于国家想象之中。由此,民众的解放就是受压迫阶级的解放,民众的幸福即指整个劳动者阶层的幸福。这一思路贯穿于未来中国现代民族国家的建构历程,无论是基于救亡图存的民众动员、因于意识形态之争的阶级动员,还是为着实现国家现代化的社会动员。这一移转还隐含着这样的认识:唯有"民众"方可成为未来的国家成员,未来的国家即是民众的国家。在未能消灭阶级的时代,如果将阶级划分视作判断是否是国家成员的标准、把阶级认同与民族国家认同相混淆,并不有利于现代民族国家的建构。

虽然,强调构建现代国家应以民众为基础,但他们又希望以"计划"或"统制"的方式建立政府干预经济的体制,或隐或显地将政府置于更高地位,甚至有人提出:"绝对的开明专制的阶段是必需的。"希望未来中国出现独裁者即"狄克推多",或者"能有一个慕沙里尼、凯马尔等这样的人物出来,用独裁的手段来救中国目前的危机"。③ 虽然,追求"社会主义"、倾慕"计划"经济的确是 20 世纪 30 年代左翼思潮的重要表象,但从左翼思潮到马克思主义、科学社会主义,从效仿欧美模式、借鉴苏联经验到结合国情构建新型现

---

① 陈廷湘. 现代性国家意识的形成及其变异 [J]. 史学月刊,2011 (5):52-67.

② 许纪霖. 共和爱国主义与文化民族主义——现代中国两种民族国家认同观 [J]. 华东师范大学学报 (哲学社会科学版),2006:1-20.

③ 俞平伯、袁道丰、孙伯鲁的"国家的梦想"。

代国家，长路漫漫，中国人尚在路上。

20世纪30年代的知识人一方面接受了现代西方民族国家理论体系和观念常识，在世界秩序里讨生活，另一方面又试图超越现代民族国家体系，独辟蹊径，寻找一条合乎现实国情与国家利益的独特道路；一方面希望未来是"重创灿烂光明的中国"①，另一方面又无法摆脱沉重的历史牵绊、残酷的现实困境。于是，在尚未完成现代民族认同的前提下，已经在梦想消除种族分别；在还没有建成民族国家的时候，已经在设想消灭民族国家；在资本主义尚未充分发展之时，已经高高擎起反对资本主义的旗帜……这反映着中国现代民族国家建构中的历史条件之特殊、建国任务之繁重，同时也说明，中国如何建构现代民族国家，尚有许多理论问题有待研究，从现实到梦想，中国尚需跨越相当巨大的鸿沟。

为了跨越这鸿沟，很多"梦想者"选择坚持坚守，或者沿左翼文化之路而成为中共理论宣传骨干，甚至为梦想付出生命的代价，如杨杏佛；或者走教育救国、实业救国之路，为实现国家梦想而努力；也有一些人选择放弃理想甚至背叛国家，几年之后，"梦想者"即有数人投靠伪政府，沦为民族国家的罪人，令人喟叹。

---

① 陈敏达的"国家的梦想"。

"群德"的思想分途：宪政秩序与国民公德

——以五四前后章士钊及李大钊的论述为中心

段　炼[*]

　　五四时期是近代中国思想史"转型时代"的高潮。然而，因道德权威性的丧失而带来的道德分歧，也导致了对共和理念的侵蚀。民国初年政治乱局的缘由，就在于政治制度背后共和精神的缺位。共同体如何形成基于"伦理公共善"之上的集体认同，因此成为五四知识分子思考的核心问题之一。章士钊、李大钊等致力于民初宪政实践的知识分子，虽然将宪政秩序视为塑造共同体公共认同的重心，但在他们看来，国家不仅仅是一个"政治共同体"，而是一个内含公共伦理的"道德共同体"。这种公共伦理或是来源于对国家公共利益的尊重，或是来自于个人良知的汇合。如果说，新教改革以来的西方社会，试图通过分离德性伦理与规范伦理，以应对现代社会价值多元化的挑战。那么，五四知识分子则更注重个人德性与伦理规范的互动。在对中国思想史脉络自我理解的过程中，五四知识分子的公共伦理形成了独特的现代性。

一、"世俗化"进程中的道德转型

　　1895 年至 1920 年初，是中国思想文化从传统过渡到现代、承先启后的

---

　　* 作者简介：段炼，湖南师范大学历史文化学院副教授。

"转型时代"①。其中，五四时期又是转型时代的高潮。从思想内容的变化上看，转型时代是一个超越价值世界逐步瓦解的"世俗化"时代②。随着社会世俗化程度的进一步加深，以"仁"为核心的儒家德性伦理逐渐解纽。与此同时，获得充分意志自主性的现代个人，也在五四时期强劲崛起，开始自作主宰并且"重估一切价值"。功利主义与个人主义彼此交织，使得五四时期的知识分子相信，个人的欲望与价值，可以依据世俗的功利满足得以最大实现。

世俗化是一个现代性事件。现代性最大的特点之一，是个人的主体性获得极大解放，能够自主决定属于自己的价值和良善的生活方式。借用奥克肖特的说法，五四时期的中国，正经历着一场类似近代欧洲从"共同体道德"向"个体道德"的大转变。人类社会也从一个"共同体"成为个人的"联合体"，"共同的德性"逐渐分解成"多元的德性"③。"五四"正是处于这样一个道德和文化价值多元化的世俗时代。然而，多元分为有序与无序的多元。无休无止、无法找到终点的互不兼容、无从对话的道德冲突，只能证明一个时代的道德精神处于严重的无序状态。20世纪初，梁启超就对中国社会因道德权威丧失而导致多元价值的不可通约表示出深深的忧虑："今日正当过渡时代，青黄不接，前哲深微之义，或淹没而未彰，而流俗相传简单之道德，势不足以范围今后之人心，且将有厌弃陈腐而一切吐弃之者……苟不及今急急斟酌古今中外，发明一种新道德者而提倡之，吾恐今后智育愈盛，而德育愈衰。"④ 那么，在一个日趋功利和个性化的世俗时代里，对于五四时期的中国知识分子来说，"发明一种新道德"的动力来自何方？公共道德价值的普遍性，又将建立在何种基础之上呢？

世俗时代当中公共伦理的重建，是现代社会中具有普遍性的复杂议题。本文无意在规范与价值评价的层面全面回应这一因世俗化带来的意义难题，

---

① 张灏. 中国近代思想史上的转型时代 [J]. 二十一世纪, 1999 (52).

② Charles Taylor. A Secular Age [M]. Cambridge: The Belknap Press of Harvard University Press, 2007: 3. 需要说明的是，Charles Taylor 所讨论的西方社会从 1500 年至今的"世俗化"进程，包含更为丰富的内容。本文在此借用这一概念，并非对近代中国社会的思想脉络作整全性的单向判断，而是试图通过"世俗化"这一视角，观察清末民初特别是五四时期道德演变的轨迹。近来学界关于世俗化转型的讨论，见许纪霖的研究，收入许纪霖. 世俗化与超越世界的解体 [M]. 南京: 江苏人民出版社, 2008: 3 - 80.

③ 奥克肖特. 哈佛演讲录——近代欧洲的道德与政治 [M]. 顾玫, 译. 上海: 上海文艺出版社, 2003: 19 - 24.

④ 梁启超. 新民说·论公德 [M] //梁启超全集: 第 2 册. 北京: 北京出版社, 1999: 662.

而是试图将这一思考引入清末民初中国转型时代思想史脉络之中，对五四时期知识分子的公德观念加以研究。如果说，新教改革以来的西方现代社会通过分离德性伦理与规范伦理①，来应对世俗时代的价值多元化挑战，那么，在五四时期的新道德观当中，德性与伦理之间又形成了怎样一种关系？在五四过去将近一个世纪的今天，通过对近代中国思想史脉络的"重新问题化"和对五四新道德观的自我理解，或许有助于我们更深刻地把握世俗化进程中的价值命题，为多元现代性赋予更加丰富的内涵。

二、"公德""私德"与共同体

"公德"观念的出现，在中国近代思想史上具有深刻的意义。历史地看，这一观念与"群"的关系非常紧密。根据研究者的考察，"公德"一词最早出现于梁启超的笔下。他第一次使用"公德"是在 1902 年 2 月 8 日刊布的《新民丛报章程》。该文第一章第一条开宗明义："中国所以不振，由于中国公德缺乏，智慧不开。"②而他系统地对公德观念作进一步阐释，则可以详见他在同年 3 月 10 日发表的《新民说》第五节《论公德》。写作《新民说》的时候，梁启超正因"戊戌政变"失败而流亡日本，而当时也正是日本讨论公德议题的高潮。西方的价值观念与梁启超头脑中固有的儒家思想相互激发，让他在《新民说》之中催生出一整套培养新国民的人格理想与价值观念。

《新民说》的核心道德价值反映在梁启超对"利群"与"合群"的不懈追求之上。受到社会进化论和"优胜劣败"的国际时势的强烈刺激，在梁启超、严复等晚清知识分子的价值理念中，"群"与一个强大民族国家的目标建构密切相关。柳诒徵也观察到："方清季初变法之时，爱国合群之名词，洋溢人口，诚实者未尝不为所动。"③在写于《新民说》之前两年的《十种德性相反相成义》中，梁启超把建立"群德"的意义放置在一个"天演"公理的框架之上。他强调："合群之德者，以一身对一群，常肯绌身而就群；以小群对

---

① 本文涉及较多的儒家道德，其中的"仁"，指的是人的内在之善涵养与发展的最高境界，属于儒家道德体系中"德性伦理"的范畴；而其中的"礼"，包含着在"善"的指导下的人际关系和行为准则，属于儒家道德体系中"规范伦理"的范畴。

② 丁文江，赵丰田. 梁启超年谱长编 [M]. 上海：上海人民出版社，1983：272.

③ 柳诒徵. 论中国近世之病源 [J]. 学衡，1922（3）：7. 转引自：孙尚扬，郭兰芳，编. 国故新知论——学衡派文化论著辑要 [M]. 北京：中国广播电视大学出版社，1995：150.

于大群，常肯绌小群而就大群。"他相信："合群之力愈坚而大者，愈能占优胜权于世界。"反过来说，"国民未有合群之德，欲集无数不能群者强命为群，有其形质无其精神也"。① 因此，基于"养群德"的深刻思考，两年后，梁启超把"新民"的目标，落实到"利群""合群"之上，也就自在情理之中了。就像张灏所指出的那样，此前"他（梁启超）将合群作为道德体系主要功能的反映，现在合群概念同样是他道德思想的核心"。②

在《新民说》中《论公德》的开篇，梁启超就对"公德"作了如下定义："我国民所最缺者，公德其一端也。公德者何？人群之所以为群，国家之所以为国，赖此德焉以成立者也。人也者，善群之动物也……而遂能有功者也，必有一物焉，贯注而联络之，然后群之实乃举。若此者谓之公德。"之后，他对公德的性质也有进一步的说明："道德之本体一而已。但其发表于外，则公私之名立焉。人人独善其身者谓之私德，人人相善其群者谓之公德，二者皆人生所不可缺之具也。"公德观念之所以在梁启超的"新民"理论中具有一种价值论上的认同，根本原因就是因为它能够"固其群，善其群，进其群"。因此，公德的基础——"群"，也就成为道德法则的试金石，"公德者，诸德之源也，有益于群者为善，无益于群者为恶。"③

在完成于1903年之前的《新民说》之中，梁启超特别强调"公德"与"国家伦理"的紧密相连。在他看来，政治生活就是个人成德的场所，政治参与具有完善个人德性与公共道德的内在价值。因此，紧接着在《论公德》一节，梁启超自然地转向《论国家思想》也就不足为奇了。很明显，作为他的"新民"理论的一个部分，在这一时期，梁启超思想中对"群"的理解，大致接近于一种共和主义的国家认同：国家不仅仅是实现个人权利的工具，也是公民自治的共同体。国民对于所在共同体的政治参与程度，直接决定共同体的兴衰成败。这一新观念的产生，其思想资源主要有两个源头，一是德国伯伦知理的"国家论述"和社会达尔文主义；二是清初顾炎武、黄宗羲的思想；以及19世纪50年代以来中国思想界对于公私、民主、自主之权以及群

① 梁启超. 十种德性相反相成义［M］//梁启超全集：第 2 册. 北京：北京出版社，1999：429.

② Hao Chang. Liang Ch'i-ch'ao and Intellectual Transition in China, 1890—1907［M］. Cambridge: Harvard University Press, 1971：151.

③ 梁启超. 新民说·论公德［M］//梁启超全集：第 2 册. 北京：北京出版社，1999：660 - 662.

己关系的思考①。因此，在梁启超当时的思想中，国家观念并未像黑格尔所理解的那样，通过道德化或神圣化的途径，成为共同体的最高之善②，而更多地体现为一种近似于马基雅维利所主张的、结合国民与国家的世俗国家理性③。梁启超的"公德"观念，也正是建立在这一中国式的国家理性之上，集中表现为公民对民族国家的忠诚、认同与尊重。在《新民说》中，《论公德》一节总论新国民所需要的道德。随后的《论国家思想》一节，则具体论述国家观念的树立是实现"公德"的首要方法，也是形成民族凝聚力的有效途径。

所以，在论及公德问题时，梁启超针对中国传统伦理偏于私德而公德阙如的现象，予以批评。梁启超敏锐地注意到：一方面，中国传统的君臣、父子、兄弟、夫妇、朋友等"五伦"多为私德，处理的是"一私人对一私人"的私人关系，而非新伦理倡导的"一私人对一团体"的公共交往；另一方面，私德强调的是个人基于"自爱"的"私人之资格"，而非新伦理倡导的基于"兼爱"的"完全之人格"。正因为如此，当时的中国放眼望去，都是唯利是图的"杨朱"和洁身自好的"犬儒"，唯独难以见到具有公共观念、勇于担当国家责任的新国民。在《新民说》的《论合群》一节中，梁启超区分了"一人之我"和"一群之我"，"同是我也，而有大我小我之别焉"。梁启超相信，公德意识使得人人都意识到"吾一身之上，有大而要者"即国家的存在。用他的话说，公德成了"人群之所以为群，国家之所以为国"所依赖的共同价值。所以，从国家伦理的层面来看，梁启超笔下的"公德"改变了传统"私德"对私人关系的维系，代之以一套普遍性的公共伦理关系，直接联系"个人"与"群"④。另外，"公德"又并非一套整全性的伦理，也不再具有如传统儒家道德那样的超越价值，而是体现为政治性的公共美德：尚武、进取、自尊、忠诚、坚毅和合群⑤，重视公民对公共事务的参与和对公共福祉的奉献。

耐人寻味的是，1903年，梁启超从美国访问归国之后，其公德观念却发

① 黄克武. 从追求正道到认同国族：明末至清末中国公私观念的重整［M］//黄克武，张哲嘉. 公与私：近代中国个体与群体之重建. 中国台北："中央研究院"近代史研究所，2000：91.

② Charles Taylor. Hegel［M］. Cambridge：Cambridge University Press，1975：438.

③ J. S. McClelland. A History of Western Political Thought，London：Routledge，1996：166.

④ 黄克武. 一个被放弃的选择——梁启超调适思想之研究［M］. 北京：新星出版社，2006：70 - 71.

⑤ 许纪霖. 政治美德与国民共同体——梁启超自由民族主义思想研究［J］. 天津社会科学，2005（1）.

生了重大改变。在此前完成的《新民说》诸篇之中，梁启超对于"公德"的理解，是把个人私德和社会伦理编织进一个更具价值优先性的"公德"（政治美德）之中，从而构建起共和主义的公共价值认同。然而，从他续写《新民说》的《论私德》开始，儒家"修齐治平"的观念，在梁启超的道德世界里重新崛起："是故欲铸国民，必以培养个人之私德为第一义；欲从事于铸国民者，必以自培养其私德为第一义。"在梁启超看来，公德固然重要，却也只是"私德之推"，"知私德而不知公德，所缺只在一推"；但是，如果藐视私德的培养而谬托公德，则"并所以推之具而不存也"①。

就像黄遵宪在写给梁启超的信中所说的那样，这一转变更大程度上基于梁启超"自悔功利之说、破坏之说之足以误国，乃壹意反而守旧"②。梁启超在《论私德》之前的小序中也承认，这一转变正是因为"举国嚣嚣靡靡，所谓利国进群之事业，一二未睹，而末流所趋，反贻顽钝者以口实，而曰新理想之贼人子而毒天下"。③如前所述，梁启超在《论公德》一节中认为，应通过对"公德"的阐扬，来拓展中国的"私德"，试图"择其所本无而新之"。但是，当他写作《论私德》的时候，面对的却是中国社会因政治秩序和心灵秩序失序带来的精神溃败："自由之说入，不以之增幸福，而以之破秩序；平等之说入，不以之荷义务，而以之蔑制裁；竞争之说入，不以之敌外界，而以之散内团；权利之说入，不以之图公益，而以之文私见；破坏之说入，不以之箴膏肓，而以之蔑国粹。"④ 自由、平等、竞争、权利等学说，正是梁启超眼中"新国民"所必须具备的政治美德，然而，当传统的超越价值被"功利之说"和"破坏之说"瓦解之后，"新国民"必然在世俗时代里异化。这恰恰是梁启超撰写《新民说》之初始料未及的。因此，面对一个道德价值内在深度日渐衰微的世俗社会的兴起，梁启超的论述底线，回到对传统道德"淬励其所本有而新之"上面，重新提倡"保国粹以固国本"⑤。

可见，"公德"与"私德"作为梁启超新民思想中的重要组成部分，但在各个时期，其重心显然是不同的。在写作《新民说》的前期，梁启超的侧

---

① 梁启超. 新民说·论私德 [M] //梁启超全集：第 2 册. 北京：北京出版社，1999：714.
② 丁文江，赵丰田. 梁启超年谱长编 [M]. 上海：上海人民出版社，1983：340.
③ 同①。
④ 同①。
⑤ 同②，第 341 页。

重点在前者，而在《新民说》的写作后期，他对于后者的思考更深。此时的梁启超已经意识到，"群"不只意味着一个在政治层面上有着共识的国民共同体，也是一个基于特定社会性质、有着共同道德精神的伦理共同体。"苟欲行道德也，则因为社会性质之不同，而各有所受。其先哲之微言，祖宗之芳躅，随此冥然之躯壳，以遗传于我躬，斯乃一社会之所以为养也"。也就是说，共同体的认同，仅仅依靠政治美德和国家理性是不够的，必须凭借一个具有超越价值的精神来源。而在近代中国的世俗化进程中，这一精神信念与理性基础，只有仰赖于共同体特定的历史文化、传统习俗、道德信仰以及先哲的遗训。所以，"今日所恃维持吾社会于一线"的，正是"吾祖宗固有遗传之旧道德"①。人格理想的建构乃至公共伦理的证成，仍然需要个人通过一套传统的内圣外王的修身途径方能最终实现。因此，梁启超对于公共伦理的态度，从《新民说》前一部分所侧重的国家理性，转向了后一部分对儒家文化价值的重新阐扬。1905年以后，梁启超编撰《德育鉴》和《明儒学案》的节本，试图将王阳明和曾国藩式的修身行为当作心灵之镜，通过个人正本、慎独、谨小的自我策励，实现人格的圆满并达成社会公共伦理的塑造②。不过，在《德育鉴》之中，梁启超仍以相当多的篇幅，把传统理学的范畴与概念，置换为现代社会政治的理念，以期培养新国民。在他的笔下，对个人"良知"的锤炼，其目的仍在实现爱国合群的"公德"，培养现代国民的爱国心。

可以看到，在梁启超那里，作为共同体的公共伦理，政治美德与文化价值彼此交织却又具有内在的紧张。在《新民说》早期，梁启超基于一种接近于共和主义的理想，将"国家"与"国民"视为一个水乳交融的整体。他试图通过塑造国民的政治美德，培养他们对于国家利益与福祉的参与感与荣耀感，也借此强化国家作为一个公民自治共同体所具备的"公共意志"。但是，对于有着独特历史文化传统的中国社会而言，单纯基于政治美德意义上的公共道德基础，显得浅薄而脆弱。在超越价值日渐衰微的世俗时代里，它无法

① 梁启超. 新民说·论私德［M］//梁启超全集：第2册. 北京：北京出版社，1999：719.
② 根据陈弱水的研究，在20世纪最初10年里，中国知识界讨论公德问题的基本趋势是，把它理解为个人和社会生活的伦理关系，认为这种伦理关系的培养，有助于国家社会集体意识的形成。不过，梁启超在《新民说》中特别强调的是公德与国家意识的关联，对于公德的社会伦理一面较少涉及。值得比较的是，1903年，马君武在日本发表的《论公德》，其公德内容则完全是社会文化性的，与梁启超所论不完全相同，毋庸置疑，梁启超著述的社会影响力更大。陈弱水. 中国历史上"公"的观念及其现代变形［M］//公共意识与中国文化. 北京：新星出版社，2006：110.

支撑起一个民族国家共同体的精神价值与道德文化。在《新民说》的后期直至第一次世界大战前后，梁启超逐渐意识到，共同体仅仅依靠政治层面上的共识是不够的，还需要有独特文化和公共价值认同作为道德基础。从一种文化民族主义的视角着眼，梁启超确信，现代共和国不仅是一个具有共同政治理念的"政治联合体"，更应该是一个分享公共道德的"伦理共同体"。

三、追寻德性：宪政秩序的价值来源

从历史上看，随着世俗时代道德超越价值的衰微，传统的"道德—政治"共同体发生了内在的分离。在西方社会，始于16、17世纪的宗教改革，不仅通过化解世俗与宗教神学的紧张，产生了西方世俗社会的变革，更重要的是，通过努力争求宗教自由和宗教宽容，使得"良心自由和思想自由的现代理解"成为可能。这也正是现代自由主义的滥觞①。因此，在现代西方社会中，政治正义逐渐取代了个人德性之善，成为道德价值的重心。借用罗尔斯的说法，基于政治正义的正当性（right）的考虑，开始优先于对个人德性之善（good）的考虑②。换言之，成为一个遵从政治规范的"好公民"，较之成为一个德性自足的"好人"更加重要。而"正当"与"好"之间这一区隔的产生，也正是现代社会世俗化进程的重要标志之一。可见，在一个多元化时代，现代自由主义者从伦理层面退守到了政治层面。他们不再把"个人之善"建立在一套整全性的哲学、宗教或是道德价值理论之上，而是将个人德性放逐到私人领域，只在公共层面上坚持以"政治正义"为核心的制度认同③。

---

① 万俊人. 政治自由主义的现代建构——罗尔斯《政治自由主义》读解 [M]. 南京：译林出版社，2000：573－574.

② 罗尔斯曾经指出，道德哲学中最重要的两个概念是对（right）及价值（good）。一个道德理论之所以具有某种特性，完全决定于它如何了解这两个概念，以及如何安排这两个概念。参见：石元康. 二种道德观——试论儒家伦理的形态 [M] //从中国文化到现代性：典范转移？. 北京：生活·读书·新知三联书店，2000：106.

③ 李泽厚也区分了现代社会的两种道德，一种处理善恶关系，另一种处理对错问题。前一种是与宗教、信仰、文化传统相关的宗教性道德，它具有终极关怀、人生寄托，是个体寻求生存价值、生活意义的情感、信仰、意愿的对象。后一种是与政治、哲学有关的社会性道德，它是建立在现代个体主义和社会契约基础上的自由、平等、人权、民主，以保障个人权益，规范社会生活；前者是私德，是个人意识，可以个人自由选择，后者是公德（公共理性），应该普遍遵循。李泽厚. 课虚无以责有. 实用理性与乐感文化 [M]. 北京：生活·读书·新知三联书店，2005：367.

　　然而，一个现代社会的共同体，仅仅依靠一套具有政治正当性的法则，就足以自证其公共价值吗？在宪政秩序的背后，是否需要共同的伦理规范作为价值来源？1911 年的辛亥革命，虽然以民族革命的方式推翻了王权，建立起了亚洲第一个民主共和国，但是，辛亥革命在造成政治权威丧失的同时，也连带造成了公共伦理的权威空缺。当时在苏州的叶圣陶、顾颉刚等人注意到："今世人心，固执者尚其大半，无定者亦非少数，似此任之不顾，终难构成此大民主国。……人心之得尽革，其在百年以后乎？为之嘻吁。此身定当从事于社会教育，以改革我同胞之心，庶不有疚于我心焉。"① 民国成立之后，虽然有《临时约法》《国会组织法》等法令来确保司法平等、言论自由等公民的个人权利，却并不标志任何一种价值体系占据了社会主导地位。当时，《甲寅杂志》主编章士钊看到，"二次革命"失败后，袁世凯"权氛之所至，自男女不能相易以外，盖无不能。其稍稍得以限制者，亦祖先传来之习惯及习俗所信之瞽说也"②。一系列新的政治乱局和社会价值的紊乱重新开始了。

　　为什么具有政治正当性的共和制度与宪政秩序实现了，却无法落实为行之有效的宪政实践？五四时期的思想家敏锐地注意到，民国初年政治乱局的缘由，就在于政治正义的制度框架背后共和精神缺位。因此，到了五四时期，一方面，杜亚泉、蔡元培、梁济等知识分子引入对个人德性的反思，展开对唯我式个人主义、竞争进化、物欲主义的批判，另一方面，章士钊、李大钊等致力于民国宪政建设的思想家开始意识到，政治美德的背后仍需要新的价值作为支撑。也就是说，现代的国家和社会共同体，不仅应该是"正当"的，而且更应该是"好"的。因此，五四知识分子确信，民国初年民主政治的失败，要从政治背后的文化与伦理寻找根源，也就是探寻政治共同体背后共同的原则、义理和规范（国本）③。政治共同体背后的公共伦理问题，重新回到五四知识分子的视野之中。

---

　　① 乐齐编 . 叶圣陶日记 "1911 年 12 月 2 日条" [M]. 太原：山西人民出版社，1998：53.

　　② 章士钊 . 说宪 [M] //章含之，白吉庵 . 章士钊全集（三）. 上海：文汇出版社，2000：522.

　　③ "国性"（国本）问题也是民国初年政治正当性讨论的核心问题之一，参见：许纪霖 . 个人、良知和公意——五四时期关于政治正当性的讨论 [J]. 史林，2008（1）；林毓生 . 梁巨川先生的自杀——一个道德保守主义含混性实例 [M] //中国传统的创造性转化 . 北京：生活·读书·新知三联书店，1988：205；张东荪 . 国本 [J]. 新东方杂志，1916，1（4）. 转引自：克柔 . 张东荪学术文化随笔 [M]. 北京：中国青年出版社，2000：64；章士钊 . 政本，调和立国论，共和平议 [M] //章士钊全集（三），1、257、459.

梁启超思想中关于公共伦理的多元思考，为五四的知识分子认识社会与国家的公共伦理，推进政治秩序与心灵秩序的深度互动，提供了丰厚的理论资源。《新民说》写作前期重视政治美德的共和主义思想脉络，在章士钊和李大钊等投身宪政实践、致力于将新生的民国建构为"法的共同体"的思想家那里，得到了"创造性的转化"；而《新民说》写作后期开始重视共同体独特文化价值的主张，则被陈寅恪、梁济、杜亚泉、吴宓等力主复兴传统道德的知识分子发扬光大。

尽管在1911年的革命后，章士钊一直倡导政治上的"调和"，但在此之前，章士钊对于中国传统的德性内涵却有过激烈的批评。他说，中国"民德之堕落，一日千里"，而且造成这一局面的罪魁祸首就是名教①。他说："欲整饬吾国之伦理，当于儒先所持之根本观念，加以革命。是何也，儒先治己曰苦，今当易之曰乐也。夫天下集己而成者也。吾以一义律己，即欲同以斯义律己，而苦人性之所避也。"他在《甲寅》月刊上批判伪国家主义，捍卫共和政治，所运用的基本理论正是功利主义。

在章士钊看来，功利主义是"人类自由之保障，而共和精神所寄"，并主张将它确认为中国的立法原则。他说，"所谓苦乃己之所谓苦，非他人所能想象也。所谓乐乃己之所谓乐，非他人所能代谋"，所以"国民者宜享受权利者也。何也？无权利不足以避苦趋乐也"。在功利主义"求最大多数人的最大幸福"的理念下，章士钊认为，政治之作用，不外乎创造一个组织，使同一社会的人，"其所怀趋乐避苦之感，有共同之法以通之"②。可见，章士钊政治理念的立足点，是人们的自由权利，而不是国家富强，其中"国家工具论"的色彩十分明显。他并没有把个人享有自由平等的权利作为通向国家富强的途径，而是把个人的自由权利作为国家的目的。所以，他认为，国家和"图腾番社同科，轮廓仅存，有何足重。是必有物焉，相与立之，尤有法焉，使立之者各得其所，然后其名不为虚称"。那么，和国家相对立的就是"人"；而"法"的内涵，就是"权利"。他进一步指出："国为人而设，非人为国而设也。人为权利而造国，非国为人而造权利也。……国家者非人生之归宿，

---

① 章士钊. 中国之本拔矣 [M] //章士钊全集（一）. 上海：文汇出版社，2000：445；章士钊. 论进德会 [M] //章士钊全集（二）. 上海：文汇出版社，2000：40.
② 章士钊. 国家与责任 [M] //章士钊全集（三）. 上海：文汇出版社，2000：124－125.

乃其方法也。"① 在这一点上，章士钊的观点与陈独秀、高一涵、李大钊等人对于国家的看法，显然具有相通之处。从功利主义的立场出发，章士钊相信国民个体具有趋利避害，谋求幸福的本能追求。但他并未像西方古典自由主义者那样，将个人的自由权利视为至高无上的目标，而是像大多数五四启蒙知识分子那样，把个性主义与功利主义结合起来，将"最大多数人的最大幸福"看成终极价值所系。

因此，在功利主义的影响下，在章士钊那里，如何保证法治和个人权利的问题，在一定程度上让位给了如何最大限度地增进社会福利问题。这种功利主义的主张，从政治共同体行政的实际效用的角度衡量国家的政治正当性，恰与章士钊关于立法的基本原则相吻合。在章士钊看来，宪法是一国权利之"规定书"。他说："民利不张，国利胡有？民力不坚，国力胡生？民求民利，即以利国。民淬民力，即以卫国。凡言毁民而崇国者，皆伪国家主义者也。"②他说，专制政治之下，"人民之苦乐悬诸一人或少数人之意志"，而在立宪政治之下，"人民自定其苦乐且自应用之于政事"③。也就是说，为了最大多数人的最大幸福，宪政制度的效果要比专制制度好得多。所以，宪政设计的主要任务，是把追求最大幸福的增长和民主的社会选择结合在一起。因此，在章士钊看来，改造民国根本大法，"首在为多数人谋幸福"。而多数人的幸福，又必须以个体所享有的权利为手段。"若者为己之权利，若者为他人之权利，非人民自为其界说，决不适用也。"章士钊试图建立的，正是这样一个以个人权利自由为基础的、基于宪政之上的法的共同体。

另外，如同约翰·穆勒所讲的那样，"功利主义的坚实基础，就是人类的社会情感，那种要把自己与我们的同胞联合起来的欲望。……只有在所有人的利益都必须得到相互商榷和相互协调的基础上，在人与人之间形成的社会才变得可能"④。穆勒按照人类的社会情感，对功利主义的效用原则作出说明。他勾画出了功利主义、社会合作和道德共同体之间的密切联系，还阐释了社会环境与人类的道德情感的进化之间的互动机制——一个整体的道德环境，对于个人的道德行为和道德选择所具有的重要影响。在一套整全性的宪政秩

---

① 章士钊.复辟平议 [M] //章士钊全集（三）.上海：文汇出版社，2000：406.

② 章士钊.自觉 [M] //章士钊全集（三）.上海：文汇出版社，2000：185.

③ 章士钊.国家与责任 [M] //章士钊全集（三）.上海：文汇出版社，2000：104.

④ 约翰·穆勒.功利主义 [M].叶建新，译.北京：九州出版社，2007：73.

序背后，章士钊也特别提出，"爱国心"是公民最基本的公共德性和凝聚共同体的精神力量。首先，章士钊对政府与国家作出了精确的区分，提出"重造爱国心之界说"，强调"爱国"不等于"爱政府"。他敏锐地指出，"有国而不知爱，是谓大瞀；谓吾应于恶政府而爱之，是谓大愚。……是爱国可耳，决不能使此倚国为恶之政府并享吾爱也"。从功利主义的立场出发，章士钊将国家视为"自由人民，为公益结为一体，以享其所自有，而布公道于他人者"①。而所谓"公道"，正是基于国权与民权的"彼此相当"。因此，在章士钊看来，爱国的真正含义是，"人立于一国，公私相与之际，有其相宜之位置焉，能保此相宜之位置，适如其量，即是爱国之道"②，"爱国决不在牺牲所有，而在致其所有者于相当之位"③。

面对"二次革命"以后国内政局的溃败，陈独秀也在章士钊主持的《甲寅》上撰文指出："爱国者何？爱其为保障吾人之权利谋益吾人幸福之团体也。"④"我们爱的国家是为人们谋幸福的国家，不是人们为国家做牺牲的国家。"⑤ 章士钊对陈独秀的看法颇为赞赏，认为"独秀君位汝南晨鸡，先登坛唤耳"⑥。就在同一期《甲寅》的《通讯》栏里，李大钊也在信中表达了相似的看法。他认为现代国民的职责之一，就在于"自觉近世国家之真意义，而改进其本质，使之确足福民而不损民。民之于国，斯为甘心之爱，不为违情之爱"⑦。

基于功利主义目的论的考虑，对于区分国权与民权的国家"公道"的尊重，章士钊所倡导的是一种"消极"层面的爱国心，其重心仍落实在切实尊重国民的个人权益之上。这正是民主国家宪政秩序正当性的直接来源。另外，由于受到五四时期"小己""大群"观念的影响，章士钊虽然极力强调共同体中的个人自由权利，但在他的思想当中，国家与个人又并非截然两分的目

① 章士钊. 国家与责任 [M] //章士钊全集（三）. 上海：文汇出版社，2000：126.
② 章士钊. 爱国储金 [M] //章士钊全集（三）. 上海：文汇出版社，2000：507.
③ 同①，第 127 页。
④ 陈独秀. 爱国心与自觉心 [M] //任建树，等. 陈独秀著作选：第 1 卷. 上海：上海人民出版社，1993：114.
⑤ 陈独秀. 我们究竟应不应当爱国？[M] //独秀文存. 合肥：安徽人民出版社，1996：432.
⑥ 章士钊. 国家与我 [M] //章士钊全集（三）. 上海：文汇出版社，2000：508.
⑦ 李大钊. 厌世心与自觉心 [M] //李大钊全集：第 2 卷. 石家庄：河北教育出版社，1999：317.

的与手段的关系，而是在一个国家与个人良性互动的有机关系中来彼此看待。章士钊说："天下无个人权利可离社会公益而立，或背社会公益而成。凡权利者，皆与人群幸福相待者也。"① 他援引鲍桑葵的话说，"凡一国家，国民之具有常格者，感情必变为忠爱，识解必周乎政治，且彼于一事，必深知之而深觉之"。"人能养成寻常习惯，以共同幸福，为实际上之目的与人生之基础，即为爱国。爱国心云云，雅不外此种寻常习惯也。"②

从这一层面看，章士钊已经注意到，对于国家的认同也和个人的人生观以及情感相连。这又表现为一种"积极"意义上的爱国心。它与个人对于民族国家的信仰、忠诚和责任心密切相关。所以，在《国民心理之反常》一文中，他说："所谓爱国心，即良知也。爱国之行为，即良能也。国家之起，其于此知此能。国家之存，存于此知此能。此而不完，国必不国。"③ 在章士钊看来，这种国民发自内心的良知，"为一国言之，在自卫之直觉也。为小己言之，则杀身为国，救国以保种之志愿也"④。正因为这一"爱国心"建立在国民对于国家牢不可破的精神信念之上，从而超越了个人与国家之间纯粹功利意义上的权利关系。章士钊的这一看法，是 20 世纪之初，梁启超在《新民说》中所强调的共和主义式国民"公德"的延伸，强调的仍是对于公民"合群爱国"的要求。按照罗尔斯的说法，这种政治美德是"由那些对正义而稳定的立宪政体之公民必备某些质量的需要所确认和证明的"⑤。所以，章士钊才说："人为一国之民，不能自立于国家之外，祖宗丘墓之乡，饮食歌哭之地，尚曰不爱，岂复人情；国家之难，即己难也，此而不救，亦谁肯认。"⑥

理解了国家目的和"爱国心"的双重内涵之后，可以看到，章士钊的国民"公德"仍然指向了个人德性这一价值伦理。他说，民族建国之理，"道在尽其在我也已矣，人人尽其在我，斯其的达矣"。何谓"尽其在我"？章士钊说，那就是"有一定之主义，准此以行，而百折不离其宗"。不过，章士钊对于当时中国"无一独立之人"的情境十分失望。他服膺倭铿所说的"人生之真值，在于发见真理"，将"良心"与"真理"等同，而仁义之道则是"理

---

① 章士钊. 哈蒲浩权利说［M］//章士钊全集（三）. 上海：文汇出版社，2000：172.
② 章士钊. 爱国储金［M］//章士钊全集（三）. 上海：文汇出版社，2000：507.
③ 章士钊. 国民心理之反常［M］//章士钊全集（三）. 上海：文汇出版社，2000：424.
④ 同③，第 424 – 425 页.
⑤ ［美］罗尔斯. 政治自由主义［M］. 万俊人，译. 南京：译林出版社，2000：207.
⑥ 同②.

之至精者"①。可见，作为自由主义和宪政主义倡导者的章士钊，又回到了儒家"修齐治平"的思想模式之上。他从儒家道德义务论的角度，强调人之为"真我"的重要性就在于"尽义务"。"所谓义务，范围之广狭，实行之难易，尽各不同，而逻辑上必有其相当之域，恰与若人身份智识境遇相称，冥冥之中促之不得不准是而行者，则无疑也"。因此，人都应该尽自己对于国家、社会的义务，"周察四周之境遇，认明一己之正当地位，本大无畏之精神，行其良知良能所觉念"②。

因此，在章士钊的思想中，现代民族国家并不是一个简单的宪政国家，而是一个基于爱国心、有着共同伦理的共和国。共同体的公共认同，一方面基于功利主义之上的国家公益；另一方面，则是现代国民对于共和国的忠诚、热情与责任心。这是章士钊心目中公共文化和集体认同的焦点所在，也是他和同时期的梁济、杜亚泉、吴宓等重视文化认同的知识分子的差异所在。后者试图通过对具有超越价值的儒家道德的抽象继承，重建社会公共伦理；而章士钊的思考重心，则更接近于梁启超在《新民说》早期倡导的"公德"观，凝聚国家与国民的共和理念。不过，章士钊并没有将政治美德与个人德性彻底分离。作为一个深受儒家思想影响的宪政主义者，章士钊对公共道德的理解，仍然体现了国家逻辑与个人道德自主性彼此互动，规范伦理与德性伦理相互沟通的亲和性。

民国初年，与章士钊关系密切的李大钊，在政治理念上彼此影响甚深，"两人政见，初若相合，卒乃相去弥远，而从不以公害私，始终情同昆季，递晚尤笃"③。在《甲寅》共事期间，两个人都深信，良善的政治制度有利于现代国家的形成，所以他们不遗余力地宣传建立共和宪政的重要性。李大钊说，宪法的庄严神圣性，体现在"为求自由之确实保障而已"。因为自由是人类生存的必需，没有自由就没有生存的价值。因此，宪法的意义就在于确保立宪国民的自由价值。所以，李大钊特别强调："吾人苟欲为幸福之立宪国民，当先求善良之宪法；苟欲求善良之宪法，当先求宪法能保障充分之自由。"④那

① 章士钊. 我 [M] //章士钊全集（三）. 上海：文汇出版社，2000：630.

② 章士钊. 发端 [M] //章士钊全集（四）. 上海：文汇出版社，2000：5, 7.

③ 张次溪. 李大钊先生传 [M]. 北京：宣文书局，1951：1. 转引自：白吉庵. 章士钊传 [M]. 北京：作家出版社，2004：93；朱志敏. 李大钊传 [M]. 北京：红旗出版社，2009：61.

④ 李大钊. 宪法与思想自由 [M] //朱文通，等. 李大钊全集：第 2 卷. 石家庄：河北教育出版社，1999：432.

么，对于李大钊而言，宪政的重心究竟是基于功利主义的权利自由，还是基于精神性的思想自由？显然，李大钊更倾向于后者。从共性上看，李大钊与章士钊虽然分享了"个人自由"对于共同体的极端重要性。不过，与章士钊对政治程序中个人权利的强调不同，在李大钊的宪政主张里，始终包含着"法"与"道"的二元论倾向，洋溢其中的是个人"无拘无束独立不羁"的"精神自由的欲求"①。所以，章士钊将宪法比喻为国家权利的"规定书"，而李大钊则饶有意味地将宪法视为现代国民的"血气精神"②。

在李大钊的叙述中，"道"指的是伦理，而"法"指的是法律——前者"进行心理意念的导向"，而后者与此无关，专指"外部动作"。实际上，辛亥革命前，李大钊在天津北洋法政专门学堂预科就读时，他对于《法学通论》所作的批注，即强调"道"与"法"对人的内外两方面欲求所作出的激励与限制，但重心显然落实在精神性的"道"之上。《法学通论》中对精神性的"道"的推崇，对李大钊后来的思想影响至为深远，"如果国家的统治者超越法律的范围而侵入道的领域，它的威力及于人的内心，个人的精神活动受到他人责难，必导致人独立不羁的本性受到压抑。""立法者制定一种法律制度，必须尽量符合道的规范，如果二者相互抵触，法律纵能一时推行，最终也会给国民酿造出永久的祸害。"③

对于推崇宪政的李大钊来说，个人的精神自由仍是法制程序的基座和内核。五四时期知识分子所张扬的个人主义，是一种强调意志自主、具有主体人格的"个人"。在李大钊那里，这一点体现得尤为明显："盖含生负气之伦，莫不具有良知。一己之罪恶过失，当依自己之良知被除之。若并一己之良知而不足恃，是即所谓心死，惟有听其倒行逆施，以自杀其身心性命，自丧其邦家褆祀而已。"④ 同时，他也承认，他对隐含在个人意识当中的能动性作用的强调的另一来源，则是博格森的"创造进化论"。他指出："吾人不得自画

---

① 李大钊.《法学通论》批注 [M] //李大钊全集：第 1 卷. 石家庄：河北教育出版社，1999：13.《法学通论》系李大钊在 1907—1912 年在天津北洋法政专门学堂（仿日本法律学校）就读时预科第三年的教材。该书系日文，全名为《豫（预）科法学通论》。李大钊在书中留下中、英、日的批注 90 余条。见：王海. 李大钊同志批注过的两本讲义 [J]. 文物春秋，2007 (4).

② 李大钊. 孔子与宪法 [M] //李大钊全集：第 2 卷. 石家庄：河北教育出版社，1999：448.

③ 同①，第 16 页。

④ 李大钊. 政治对抗力之养成 [M] //李大钊全集：第 1 卷. 石家庄：河北教育出版社，1999：687.

于消极之宿命说（Determinus），以尼精神之奋进。须本自由意志之理（Theory of free will），进而努力，发展向上，以易其境，俾得适于所志。"①一方面，良知力量具有冲破一切客观拘束和人情束缚的力量；另一方面，良知又充当了内心真理的精神性依据。所以，在李大钊那里，个人的"心造之力"是伟大而不可低估的。他说："为今之计，吾人当发挥正义，维护人道，昭示天地之常则，回复人类之本性，俾人人良心上皆爱平和，则平和自现，人人良心上皆悔罪恶，则罪恶自除。"② 在这一点上，李大钊的"良知"以一种康德式的自我实现和自我发展的方式呈现出来，成为他理解个人自由的核心。

在李大钊看来，国家与个人不单是法律意义上的联系，也具有道德上的密切关联③。面对民国初年的"民德之衰、民力之薄"，李大钊感叹："民力宿于民德，民权荷于民力，无德之民，力于何有？无力之民，权于何有？"④在他看来，共同体集合所依据的是共同的"人心"。此处所谈到的"人心"，指的正是人的良知。李大钊说："盖群云者，不仅人体之集合，乃具同一思想者之总称。"离于人心则无风俗，离于风俗则无群。群己之间，互为因果，彼此有机相连，形成一股强大的凝聚力（"暗示力"）：一方面，基于个体精神自由，"群之分子，既先天后天受此力之范制，因以成共是之意志，郁之而为风俗，章之而为制度，相维相系以建其群之基"；另一方面，"有如何之人群，斯产如何之人物；有如何之人物，更造如何之人群"⑤。

基于个人精神自由和宪政秩序之上产生的爱国心，正是李大钊心目中共和国家的公共伦理和精神价值认同。与陈独秀彼时对于国家政治的厌倦和章士钊基于功利主义的现实追求不同，李大钊从良知的角度，强调了国民热爱国家的道德义务感。他认为，现代国民对于爱国心应有自觉，"自觉之义，即在改进立国之精神，求一可爱之国家而爱之"，不能因为国家不足以爱，就断

---

① 李大钊. 厌世心与自觉心 [M] //李大钊全集：第 2 卷. 石家庄：河北教育出版社，1999：317.

② 李大钊. 原杀 [M] //李大钊全集：第 1 卷. 石家庄：河北教育出版社，1999：608.

③ 这一看法与梁启超的观点相当接近。梁氏不仅使用"天演"与"良知"两种论述阐明"权利"思想，也以此说明法律的性质与意义。参见：杨贞德. 自由与自治——梁启超政治思想中的"个人" [J]. 二十一世纪，2004（84）.

④ 李大钊. 论民权之旁落 [M] //李大钊全集：第 1 卷. 石家庄：河北教育出版社，1999：598.

⑤ 李大钊. 风俗 [M] //李大钊全集：第 2 卷. 石家庄：河北教育出版社，1999：666－669.

绝对国家的热爱，更不宜因为国民从未享受过"可爱之国家"，就自暴自弃，以为自己缺乏建设国家的能力。所以，现代国民的职责，一方面"宜自觉近世国家之真意义"；另一方面"宜自觉近世国民之新精神"①。

在李大钊看来，立宪国民的"唯一天职"，就是"尽量以发挥其所长，而与福益于其群"。这一理解沟通了个人的自由意志与爱国心之间的关系。而且，当它与儒家德性伦理所强调的人生价值挂钩以后，李大钊对于共和国"伦理的公共善"的思考，具有了浓厚的儒家内圣外王的色彩。他说，"信念既笃，则依之以努进，而尽其能以造其极，不以外物迁其志，不以歧路纷其心。斯其所造，必能至于己立立人、己达达人之境"②。而且，在李大钊看来，人生的意义有无、价值有无，都在于"应其本分而发挥其天能"。因此，人生之道也以一种中国式的理解，和"立宪国民之天职"画上了等号。在李大钊的心目中，立宪国民的道德形象，成了古今中西道德精华结晶而成的完人："依吾儒忠恕之道，西哲自由、博爱、平等之理，以自重而重人之人格，各人均以此惕慎自持，以克己之精神，养守法循礼之习惯，而成立宪国绅士之风度。"③ 可见，在李大钊那里，对于国家的忠诚与热爱和国民自由意志的培养，仍然处于一个彼此互动的框架之中。而良好政治秩序的成形与爱国心的塑造，归根到底仍要回到个人"良知良能"的充分展现之上。

正是基于对爱国美德这一公共伦理的赞美，李大钊在写于 1916 年的一篇长文中，将基于国民道德良知的"民彝"，作为共和国家宪政秩序的前提与基础。李大钊之所以提出"民彝政治"，是应和当时《甲寅》杂志发起的对于民主政治背后共和精神的讨论。在发表于《民彝》杂志创刊号上这篇《民彝与政治》一文中，"民彝"是一个有着"形而下之器"与"形而上之道"两个层面的复合概念。"悬于智照则为形上之道，应于事物则为形下之器，虚之则为心理之澄，实之则为逻辑之用"，因此，"道即理也，斯民之生，即本此

---

① 李大钊. 厌世心与自觉心 [M] //李大钊全集：第 2 卷. 石家庄：河北教育出版社，1999：317.

② 李大钊. 政论家与政治家（一）[M] //李大钊全集：第 2 卷. 石家庄：河北教育出版社，1999：510.

③ 李大钊. 立宪国民之修养 [M] //李大钊全集：第 1 卷. 石家庄：河北教育出版社，1999：314.

理以为性，趋于至善而止焉"①。按照李大钊的研究者之一、美国学者迈斯纳的说法："李大钊把民彝作为人类进步的一个标志，决定所有政治事务，检验任何东西的正确与否是人民固有的权利。"②

在李大钊看来，民彝是民宪的前提与基础，因为英国宪法"乃顺民彝自然演进，而能一循其轨，积习成性"。从本质上说，民彝是深藏于人们内心的价值，是一种道德意志。根据李大钊的看法，检验政治良窳的"试金石"，就是看这种意志是否可以在政治中得以普遍体现。而这一点赖以实现的关键是，政治制度在"涵育牖导"之外，是否也能让人圆融无碍地秉持"彝之诚"，来决定事理得失。因此，"政治者，一群民彝之结晶；民彝者，凡事真理之权衡也"。可以这样说，在李大钊那里，个人的内在良知与社会规范是可以相互沟通的，人内心的"善"（民彝）既是规则的出发点，也是规范的归宿，政治制度正是由此推演而生的。因此，"民能以秉彝之纯莹智照直证心源，不为一偏一曲之成所拘蔽，斯其包蕴之善，自能发挥光大至于最高之点，将以益显其功用于实用之途，政治休明之象可立而待也"。

李大钊强调了每个人都是理性的存在者，都是具有内在价值的存在，并不是来自于外在的规范。因此，民彝既可"示为政之道"，又可以作为"衡量事理之器"。在李大钊看来，"民彝"恰恰是人的"自由之域""自然之能"，毫无疑问，人民的意志应当建立在他们"自器其材，自踏其常，自择其宜，自观其成"的基础之上。从这一点上看，李大钊对于"民彝"的看法，既与对知识分子影响甚深的阳明心学中强调内心良知的说法相似，亦接近于德国哲学家康德所言，个人都具有"内在价值"和"绝对命令"。每一个人都是"目的"而非"手段"，是自己行为的立法者。而且，通过将行为准则通过意志变为普遍的自然规律，则是个人和全部普遍理性相协调的最高条件。在康德看来，个人行为的道德性根源于理性本身。道德的行为是自主自愿的行为，"自主自愿"意味着，行为是"为义务而义务"的③。在李大钊那里，这一普遍的行为规则就是宪法，因为"努力以制定庄严神圣之宪典者，亦曰为求自

---

① 李大钊. 民彝与政治 [M] //李大钊全集：第2卷. 石家庄：河北教育出版社，1999：334 - 359.

② Maurice Meisner. Li Ta - Chao and the Origins of Chinese Marxism [M]. Cambridge：Harvard University Press, 1968：31.

③ 康德. 道德形而上学原理 [M]. 苗力田，译. 上海：上海人民出版社，1986：69.

由之确实保障而已矣"①。他认为，立宪国民应当以自由、博爱、平等为"持身接物之信条"，而一旦这一信条深入人心，人的"气质之慈祥恺悌、中正平和，必能相为感召，以成循礼守法之德"。②

四、"政治共同体"抑或"道德共同体"？

1921 年，闻一多在《清华周刊》上大发感叹："现在一般青年完全是唯物思想底奴隶，除了装智识，炼身体以外，不知有别事。新思潮冲进之后，孔子底偶像打碎了，旧有的社会的裁制，不发生效力了，西方来的宗教又嫌他近乎迷信，不合科学精神，而对于艺术又没有鉴赏的能力，于美育的意义更无从捉摸，于是这'青黄不接'时期，竟成了'无法无天''洪水猛兽'底时期了。"③用"青黄不接""无法无天""洪水猛兽"来概括当时的道德状况，不免带有诗人的几分夸张，却也颇为生动地描绘出五四时期新旧道德冲突所导致的价值困境。这印证了麦金泰尔对于现代道德危机的一个解释：现代道德危机是道德权威的危机。面临一个道德无序的状态，人们无从找到合理的权威。因道德权威性丧失而带来的道德分歧，同时也将导致对于"自治"（self - government）这一共和理念的侵蚀。那么，在一个道德超越价值日渐衰微的世俗时代里，如果只有个体之间形形色色的多元道德，那么共同体如何形成基于"伦理公共善"之上的集体认同？

可以看到，深受传统儒家道德观念的影响，五四知识分子对于共同体的公共伦理有着独特的理解。陈寅恪、杜亚泉、吴宓、梁济等思想家延续了梁启超《新民说》中"私德"与"公德"彼此沟通的互动思考。他们认为，传统纲常伦理所塑造的，是一个从个人德性到"天下归仁"的道德实践模式；也就是说，规范伦理与德性伦理之间无法脱离彼此而独立存在。在他们看来，只有在具有德性的个人之间，才可能真正形成共同体的公共伦理。对于多元化的现代社会整合而言，传统儒家的纲常伦理具有抽象的继承性。作为儒家

---

① 李大钊. 宪法与思想自由 [M] //李大钊全集：第 2 卷. 石家庄：河北教育出版社，1999：432.

② 李大钊. 立宪国民之修养 [M] //李大钊全集：第 1 卷. 石家庄：河北教育出版社，1999：314.

③ 闻一多. 恢复伦理演讲 [M] //闻一多全集：第 1 卷. 武汉：湖北人民出版社，1993：319 - 320.

规范伦理的核心，纲常伦理也维系着一个文化共同体独特的公共认同，昭示着它与世界诸种文明对话的资格。

另外，基于对个人权利和意志自由的信奉，章士钊、李大钊等重视宪政的知识分子相信，现代国家宪政的世俗化基础是自然人性的满足和平等。在他们看来，对于国家宪政民主的制度建构，应成为塑造共同体公共认同的重心。不过，社会与国家并不仅仅是一个由制度作为纽带的"政治共同体"，而是一个有着共同伦理的"道德共同体"。因此，他们延续并深化了梁启超在《新民说》中倡导的"公德"观，具体化为一种忠诚于共同体的强烈爱国心。这种爱国心，或是像章士钊所思考的，来源于对功利主义目的论之上的对国家公益的尊重；或是像李大钊所描述的，来自个人良知的汇合。可以看到，由于超越道德价值在晚清民初中国社会的逐渐衰微，在章士钊和李大钊的思想中，公共伦理所具有的超越性已经大为淡化，更多地体现为国民对于共同体的热爱与忠诚。他们将对共同体的热爱（爱国心）作为共和国家的政治美德，并试图以此确认现代社会"伦理的公共善"。

虽然身处超越价值瓦解的世俗化历史进程之中，由于深受传统儒家道德观的影响，五四的知识分子仍在一个"修齐治平"式的道德框架之中，论证共同体的"伦理公共善"所在。因此，五四知识分子对于现代社会中"善"与"正当"的关系，有着中国式的思考。他们所理解的共同体，不仅因为具有共同的宪政民主制度而合乎政治正义，更因为缘于共同的伦理与文化认同而内含道德价值。如果说，在前现代社会中，人们依靠一套来自超越世界整全性的宗教或道德学说，来解释自身与上帝和宇宙之间的关系，并力图涵盖共同体的政治德行和个人德性。那么，新教改革以来的西方现代社会，则是通过分离德性伦理与规范伦理，来应对世俗时代的价值多元化挑战[①]。然而，从本文的分析可以看到，作为传统儒家思想脉络在近代中国的历史延伸，五四的知识分子对于道德问题的思考，并未割裂规范伦理与德性伦理、"公德"与"私德"的内在关联，而是力图在彼此贯通的关系中实现"创造性的转

---

① 西方社会的世俗化历程以及现代价值观的形成，见 Charles Taylor 的 A Secular Age 第五部分，以及：布林顿. 西方近代思想史 [M]. 王德昭，译. 上海：华东师范大学出版社，2005；理查德·塔纳斯. 西方思想史 [M]. 吴象婴，张广勇，译. 上海：上海社会科学院出版社，2007.

化"①。可以说，追求德性之善，在五四知识分子的道德价值序列中，仍然具有最高的位置。他们在坚持个人自由价值的同时，注重个人德性与伦理规范的互动，以及公共伦理对于社会政治秩序的积极意义。从政治与道德的关系来看，德性之"善"与政治"正当"之间的关系，在五四的知识分子那里也有着中国式的思考。可以说，在近代中国世俗化的历史进程中，通过对近代中国思想脉络的自我理解，五四时期的公共伦理形成了独特的现代性。

---

① 林毓生. 近代中西文化接触之史的含义：以"科学与人生观"的论战为例——为纪念张君劢先生百龄冥诞而作 [M] //政治秩序与多元社会. 中国台北：联经出版事业公司，1989：77.

政治文化建设中的改造礼俗思想

——以国民政府时期陈果夫的相关论述为中心

湛晓白*

  近年来，来自民俗和历史等不同学科的学者陆续呼吁从从礼俗角度来把握中国的历史和文化。他们认为，"礼"是中国传统文化的支点和具有统摄性的概念，而代表国家和精英意志的礼制与大众性的民间风俗之间的互动，则奠定了传统国家政治设计与整体社会运行的基础，是认识传统中国的重要维度。[①] 但是，在中国由传统帝国向现代民族国家转换的过程中，由于儒学意识形态及其衍生出的礼治治理模式均丧失权威性，礼俗互动在国家政治和社会生活中的重要性因此急遽下降，这一认知视角在以往的近代史研究中也就显得相当模糊。然而，揆诸民国历史就会看到，礼制建设虽整体式微但各中央政府均有过不同程度的努力，"观风化俗，以礼变政"作为一种政教传统也并未被统治阶层全盘抛弃。以国民政府时期为例，内政部礼俗司主管下的移风易俗和颁订礼制两部分工作，分别指向改造社会和重建社会两个互相依存的环节，经常构成一破一立的对应关系，就可视作礼俗互动在这一时期的特定历史形态。在这一意义上有理由认为，从礼俗角度整体地审视官方倡导的风

---

  * 作者简介：湛晓白，北京师范大学历史学院副教授。

  ① 在汉语的认知或者表述体系中，礼主要指典章制度性的国家礼制和礼仪，俗则指代民间自然形成的共同生活习惯。"礼俗"一词不仅是礼与俗的统称，也反映出礼与俗二者互动交融的常态。也有学者认为，礼与俗的二分与互动是一个不断变动、不断重建的问题。有关礼与俗在中国历史上之复杂互动关系的专门讨论，可参见：赵世瑜，李松，刘铁梁．礼俗互动与近现代中国社会变迁三人谈 [J]．民俗研究，2016 (6)．

俗改造和礼制重建，对于我们更深入地探析国民政府的政治文化取向及其对待传统的态度，应该不无助益。也因此，以往研究多聚焦于国民政府主导下的风俗改良运动，对同一时期礼制建设的研究关注不足，以及鲜少将二者关联考察，就不能不说是一种缺失。①

笔者这一或许并不成熟的看法，在阅读国民党政要陈果夫相关论著时得到了进一步印证。在民国政治史上曾留下了浓重痕迹的陈果夫（1892—1951），虽文化程度不高，但一生痴迷于文章撰述，不仅撰写了大量的政论文、随笔，而且还涉足小说、剧本、诗歌等文学领域，留下了近两百万字的著述，这些论述绝大部分都收入台湾出版的《陈果夫全集》之中。翻检《陈果夫全集》，就会发现作者关于礼俗改造的思考前后延续 20 余年，其所撰写的《中华国民生活历》和《通礼新编》两本专著，更覆盖了从风俗到礼制也就是礼俗的一整套建制，集中地彰显了他对这一议题强烈而持久的兴趣。尽管由于国民党政治人物研究整体较为薄弱，以及陈果夫并不是如戴季陶一般的权威理论家，其思想观念以往并未引起研究者的特别重视，但是一旦我们转换视角，将陈氏的礼俗改造观置入国民政府的政治文化建设这一历史语境，关注二者的互动与分殊，就会重新明了这一个案研究所具有的学术意义。② 本文的研究将揭示，"标准党人"的身份，决定了陈氏礼俗改造的设想首先是官方本位的，他试图最大限度地利用礼俗的社会教化和意识形态功能；然而，另外，由于个人成长经历、从政经验及其所信奉的"中体西用"文化观等原因，陈果夫又有着相当"接地气"的一面，形成了既区别于知识界又与主流

---

① 关于清末以来的官方礼制建设，近年来也陆续有学者关注，主要成果可参见：李俊领. 礼治与宪政：清末礼学馆的设立及其时局因应 [J]. 近代史研究，2017（3）；张涛，汤勤福. 试论近代国家制礼机构及其现代价值 [J]. 河北学刊，2015（2）；丁万明. 民国初年的礼制变革及其文化意蕴 [D]. 河北师范大学硕士论文，2012；张雯欢. 不合时宜的理想国——戴季陶的礼制理想及其时代回响 [D]. 华东师范大学硕士论文，2017.

② 学界关于陈果夫个人的研究，主要集中于其导淮、治理江苏、经济合作、教育改革等具体政绩方面，针对其政治、社会、文化观念所做的思想史考察相对较少。至于陈氏的礼俗观，笔者所见的专门研究主要有二：其一为沈洁博士论文中之《有信仰的"新生活"：以〈中华国民生活历〉为例》一节。该节选取了《中华国民生活历》中的禹王纪念日、关帝诞辰和岳飞殉国纪念日这三个节日，试图说明国民政府在倡导反迷信的同时，仍为民众信仰保留了相当空间。见：沈洁. 现代中国的反迷信运动——1900—1949 [D]. 中国人民大学清史研究所博士论文，2006. 其一为笔者对《中华国民生活历》撰写历史语境及其折射的陈氏政治理念的分析。见：湛晓白. 礼俗与政治：以陈果夫所著《中华国民生活历》为中心的探讨 [J]. 民俗研究，2013（5）. 不过，这两篇论文均聚焦于《中华国民生活历》而没有对陈氏礼俗观念做整体考察。

政治话语有所分殊的个性立场。

如果从整个国民党统治集团来看，陈氏借礼俗行教化的思路虽谈不上主流，但也绝非没有同道，其礼俗观以伦理政治为内核，与戴季陶念念在兹的"制礼作乐"政治理想内在相通，这也说明了传统礼治观念在国民党统治集团中不乏认同。

一、风俗改造：从地方视野到国家视野

陈果夫，字祖燕，1892 年出生于浙江湖州吴兴县东林镇一个早已没落但家风甚笃的大家族中。他幼年丧父，儿童时期是在母亲的严厉管教下成长起来的。严肃刻板的家教庭训和旧式私塾教育，不仅塑造了陈果夫沉潜多思的性格底色，而且还使他熏染了一种少年老成的道学气息。据陈果夫晚年回忆，他在浙江旅宁公学读小学时，就因爱说教他人而被同学嘲笑称作"姆妈"。年纪稍长，他转学至南京陆军小学堂就读，又以行为古板、思想教条出名，被学生戏称为"道德经"。① 如果按现代心理学的解释，陈果夫青春期时期的行为方式明显带有家庭教育的影子，且这一偏于古板、教条的行为特征对他成年后的事业似乎也有莫大影响。青少年时期，陈果夫跟随家人在湖南、江苏等地辗转求学，但学业进展并不顺利，其最高学历仅为陆军中学堂肄业。在学堂中，他如诸多同龄人一样被社会上流行的排满民族主义浪潮所吸引。辛亥革命前后，在结束了时断时续的中学生活之后，陈果夫在其二叔也就是同盟会元老陈其美的影响下开始走上革命道路，并因此得以与陈其美的结拜兄弟——蒋介石结识。民国初年直至 20 世纪 20 年代中期，陈果夫大部分时间寓居于上海，以经商的形式秘密支援蒋介石等人在广州的政治活动并因此获得蒋介石的信任。1916—1917 年，由于对革命前途和个人出路均感迷茫，陈果夫一度回到家乡，度过了一段"以阅览吴兴地方志及当地风俗为主要日课"

① 陈果夫还曾如是解释自己幼年的行为方式："起初不过是随便地古板，后来大家晓得我古板，注意了我，使我不得更古板，要我屈服着实不甘，后来我的行动自己也觉得不自由。但是自己不能解放，只得照着我的章程做去，那些小的地方固然没有出入，但是我的意志在那时候训练了不少。"参见：陈果夫. 母亲在世之时之我 [M] //陈果夫先生遗著编印委员会. 陈果夫先生全集：第 5 册. 中国台北：近代中国出版社，1991：11.

的时光，此时正搅动风云的新文化运动对他并未产生影响。①

迷茫之际开始的地方志阅读，开启了陈果夫对移风易俗的最初兴趣。1924 年，旅居于上海的湖州籍人士发起并成立了一个同乡团体——湖社。②为了推进地方建设和便于联络同乡，湖社同人在上海创办了一个定期刊物——《湖州月刊》。该刊物以固定篇幅报道地方事务和弘扬乡土文化，陈果夫是该刊初期的主要撰稿人之一。仅 1925 年，他就在《湖州月刊》上发表了小说、戏剧、时评等不同文体的文章达 10 篇之多，显示出他刻板面目下的丰富情趣，以及某种与其文字才华不甚匹配的自信。清末以来，地方精英多对风俗改良抱有普遍的兴趣，由此切入以图启蒙民众和改造地方社会。陈果夫的家乡湖州地处江南，相较内地风气开通，又有着深厚的地方文教传统，故本地知识分子对移风易俗更具热情。③ 陈果夫此期在《湖州月刊》上连载的《评湖州之四时俗尚》长文，说明他也受到了此种时代潮流的影响。

《湖州月刊》刊发的文章，表达了"反迷信"话语刺激下知识分子对民间信仰的一种常见批判意识。陈果夫根据地方志整理、依照时序展开的湖州俗尚，包括时令节气、宗教节日、行业神祭祀、游艺习俗、女性风俗等不同类型。众所周知，明清以来以江南民间文化高度繁荣，岁时节令和以节日形式表现的民间信仰极为繁多，实际涉及乡民的精神信仰、娱乐社交、生产活动等重要日常生活。从评注来看，对于林林总总的岁时节令和信仰风俗，陈果夫认为应当取缔或有待改造者不在少数，根据其性质又可略分为两类。一类如元旦日禁扫除、二月二吃上年腊月所留之年糕等旧俗，陈果夫认为此类风俗用意本善，但与现代科学和卫生常识相悖，故倡议直接取缔。另一类是被他斥为迷信的宗教信仰及相关的祀天迎神仪式。值得特别指出的是，此期被陈果夫斥为迷信者，除了土地神、灶神、城隍、雷祖等江南地区流行的民

---

① 陈果夫生平主要事迹，参见：陈果夫先生遗著编印委员会. 陈果夫先生年谱［M］//陈果夫先生全集：第 10 册. 中国台北：近代中国出版社，1999.

② 这个社团的主要发起者戴季陶、陈果夫、潘公展、张静江等，或出生于吴兴或祖籍为吴兴，日后均跻身国民政府权力中枢并聚合成其中的一股重要政治力量。参见：潘中祥，郭延娜. 湖社与湖州区域社会的互动［J］. 湖州师范学院学报，2010（5）.

③ 金思思. 20 世纪 20 年代江南乡镇民俗之改造——以苏州盛泽报刊为中心［D］. 上海：上海师范大学硕士论文，2012.

187

间信仰之外，佛教、道教等正统宗教也未能幸免。① 可见此时他理解的"迷信"乃指向一切宗教和信仰，也就是反对一切与科学相对的非理性崇拜。②

在涉足更为复杂的政治领域之前，陈果夫选择从端风正俗入手来改造地方社会，显然很符合这一时期他的生活状态和社会身份。1926 年，在上海为国民党革命工作幕后服务 10 年之后，陈果夫追随蒋介石来到广州，并很快在国民党中央党部人事管理岗位显露头角。国民大革命前夕，陈氏又在政治"中立"的假象下行霹雳手段，成为"清党"的关键人物。1927 年国民党获得全国政权之后，陈果夫继续负责中央和地方的党务建设，并一度占据国民党中央组织部长之高位，由是置身权力中心。陈果夫在政坛快速升迁的 20 世纪 30 年代初，国民政府正一面致力于塑造有别于北洋军阀的政治话语体系和政权形象，一面戮力于重建社会规范和社会秩序，自上而下的移风易俗运动即是在此种政治语境下展开的。这次移风易俗运动具体涉及整饬陋俗、反对迷信、推行国历、支持国货等内容。通过颁布相关法令、展开风俗调查以及与新生活运动结合，风俗改造渗透至民众日常生活和基层社会，产生了相当深远的社会影响。③

对于国民政府主导的风俗改良行动，身处"中枢"的陈果夫迅速作出了响应。风俗改良范围甚广，陈则选择从他熟悉的领域——岁时习俗或者说民间信仰入手。他先是在 1930 年公开发表《改良湖州风俗刍议》一文，随后又细加研究"吾国固有之一切风俗"，于 1933 年委托他人编成《改良风俗日历》一本并颁发乡人。

从他此期发表的文章以及公开演讲来看，已从国民党幕后转向政治前台的陈果夫，开始对现代的时间政治有所敏感，审视风俗也由先前的地方视角自觉切换至国家立场。如前文所述，传统时代的岁时节日多与民间信仰密不

---

① 例如，湖州地区流行的农历二月初八"祠山张大帝生日"、三月初三"北极佑真君生日"、二月十九"观音大士生日"、三月十八"东岳生日"、六月十九"大士成道日"等在湖州地区流行的佛道及由佛道二教衍生出的宗教节日，就都被陈果夫判定为应当被革除的"迷信"信仰。

② 按学者的研究，"迷信"话语的批判指向在近代中国经历了较大的变化。该词在汉语世界诞生和流行之初，指的是同近代理性主义和科学主义相悖的一切信仰领域而非特定地指向对民间信仰世界的批判。参见：沈洁. "反迷信"话语及其现代起源 [J]. 史林，2006（2）.

③ 晚清以降，在科学主义和文明话语的召唤下，移风易俗即已引起了社会各界的共同关注，并衍生出种种现代性视野下的思想启蒙和社会实践。民国以来，以反迷信为主旨的风俗改造上升为国家话语，但孱弱的北洋政府没有能力将其扩展为大规模的社会改造运动，直至国民政府时期全国性的移风易俗运动才得以顺利展开。

可分，民俗性远远超过政治性，但是在民族国家时代尤其是国民政府时期，情形则有了明显变化。其时国民党当局一方面大力推行废旧历行新历的"国历运动"，另一方面确立了系列国定纪念日及本党纪念日，积极利用手中权力向党、政、军和教育系统强制推行，以期通过普及纪念日和仪式操演等方式强化民众对政党、国家和政治领袖的认同。① 为了迎合"国历运动"和推广革命纪念日，陈果夫在《改良湖州风俗刍议》一文中不仅明确提出，"政府新定之各种纪念日，为求普通奉行起见，亦有采入俗尚之必要"，而且建议所有阴历节令全部转移至阳历举行，这与《湖州月刊》时期仅着眼于地方俗尚和沿袭阴历的态度已迥然不同。② 陈果夫对国民党这一新治术的心领神会，还体现在他认为国民政府正在推行的禁烟运动、农业运动、国货运动等均"具有永久纪念性质"，建议"明定日期，每年举行，并应以最有兴趣之方法，引起民众之注意，逐渐养成社会上之一种风俗"③，急迫地想用制造节日的方式将国家意志社会化和民间化。与此同时，他也没有忘记利用传统节日来渗透和传播国家意识形态，尤其注重在节令仪式中植入民族主义。④可以说，在整合现代政治节日和传统民俗方面，陈果夫在国民党内一开始就表现得相当敏锐。

由地方向国家视角的切换还体现于，此前陈果夫眼中的风俗改良纯系与官方无涉的民间行为，而此时他则开始立足国家关注基层社会治理，表征政府力量的地方官员也开始进入他的视线。"观风化俗"本是儒家社会治理的一种典型思路，在古人关于社会治理的合理化想象中，地方官员经常被赋予教化民众和维系地方秩序的多重责任。陈果夫正是顺着这一思路，将地方官员引入到移风易俗的国家事业当中，并让其肩负"化民成俗"的传统职责——他倡议市长和乡长在重大节日拜会当地之有功于国家地方者，不定期地宣讲或组织活动，向民众传播民族主义、农业技术、卫生观念等各种符合国家需

① 陈蕴茜所著《崇拜与记忆：孙中山符号的建构与传播》（南京：南京大学出版社，2009 年）一书中的第五、六章，用相当篇幅细致地讨论了国民政府利用节日、纪念周等各种时间制度，将社会各阶层纳入纪念体系，使政治纪念广泛植入日常生活以强化孙中山崇拜这一政治运作过程。
② 陈果夫. 改良湖州风俗刍议 [J]. 湖南党务月刊，1931 (1).
③ 陈果夫. 改良风俗问题 [N]. 南京市政府公报，1933 (129).
④ 陈果夫倡议每届元旦民众在祭祖的同时还应当"祭民族之祖先，如神农轩辕后稷仓颉嫘祖大禹等"，还提出一年中市长、乡长应数次召集全市或全乡人民演讲民族进化之历史、宣扬忠孝仁爱信义和平等道德观念。参见：陈果夫. 改良湖州风俗刍议 [J]. 湖南党务月刊，1931 (1).

要的意识形态或科学知识，以实际行动多方面地承担教化之责。①

借岁时习俗以改造民众日常生活的构想，与1934年后蒋介石倡导的“新生活运动”旨趣相近。尽管很难断定陈果夫对蒋发起“新生活运动”是否有所影响，但二人在政治理念上具有某种相通是无疑的。无论如何，“新生活运动”以改造国民日常生活和恢复固有道德的方式来复兴民族的基本导向，使风俗改造获得了更坚实的政治合法性支撑，陈氏对这一领域的个人兴趣也因与政权建设主流契合而大大激发。如他日后自叙所言，“蒋公在南昌发起提倡新生活运动，余因此决意研究全国各地之习俗与夫数千年来中华民族之风尚。”②

二、风俗与礼制并重的礼俗改造计划

1934—1937年，陈果夫授命担任江苏省政府主席，任职期间在治淮、保安、金融、禁烟、教育等多方面均有所擘划和行动，可谓政绩不俗，也由此成就了个人政治生涯最辉煌的一段经历。1937年全面抗战爆发，次年陈果夫跟随国民政府西迁。西迁之后，他分别出任中央政治学校代理教育长和军事委员会委员长侍从室第三处主任等要职。一般都认为，自抗战西迁至1951年因病在台北去世，由于严重肺结核病不胜繁剧以及在党内遭受多方排挤，陈果夫的政治地位不似之前显赫和稳固。③ 然而，尽管在政坛上时有浮沉，陈果夫仍对礼俗改造保持了一以贯之的热情。之所以如此，一方面固然是出于配合新生活运动和阐释三民主义的强烈自觉，但还有一层隐性的原因，那就是从党国要人到地方大员的转变，促使原本就作风务实的陈果夫，更加重视基层和民众工作，也进一步激发和强化了他“化民成俗”的使命感。这一时期，他发挥作为政要的特有资源优势，力图将礼俗改造纳入主流政治话语。

1935年后陈果夫曾短暂主持国民党文化建设工作，并借机将礼俗上升到本党文化政策的高度。1935年年底，国民党召开五中全会，其中的一项决议

---

① 陈果夫．改良湖州风俗刍议［J］．湖南党务月刊，1931（1）．

② 陈果夫．中华国民生活历序文［M］//陈果夫先生全集：第3册．中国台北：近代中国出版社，1999：1．

③ 冯启宏．花谿论英雄：侍从室第三处的人事工作析探［J］．中国台北：“中央研究院”近代史研究所集刊，2007（57）．

为开展此前一直未得到充分重视的文化建设工作，而此时陈氏兄弟掌控的 CC 系正与同属国民党但代表军方的"复兴社"组织在文化领域和意识形态领域展开激烈的话语争夺战。① 国民党五中全会决定成立直属于中央党部的文化事业计划委员会，以及陈果夫被举荐担任该委员会主任，正是 CC 系主动出击的行动和成果之一。迫于激烈的竞争态势，该委员会甫一成立，陈果夫即迅速拟订《文化事业计划纲要》（下文简称《纲要》），以确保其对国民党文化方向的整体掌控。该计划于 1936 年 4 月提交国民党中央常会并获得通过，在两年后的 1938 年国民党全国临时代表大会上，该提案又作为国民党基本文化政策获得修正通过。《纲要》强化了国民党的文化复古主义倾向，以光大中国传统文化和复兴固有伦理道德为主旨，但对"礼俗"的特别重视则凸显了陈氏的个人旨趣。《纲要》不仅确立了礼俗改革在国民党整体文化布局中的关键位置，而且还明确提出要向礼制和风俗两个维度扩展。《纲要》指出，自制度层面应当"依据历代礼制并参酌现在需要，订定各种礼节，养成全国人民之自然秩序"，建构国家之"礼"；自社会层面应当"调查各地方之风俗习惯，重新估订，分别予以提倡或改良，以统一全国之风俗"。② 为了落实《纲要》各项规定，文化计划委员会之下还附设了礼俗研究会，负责服制、通礼、国民生活历、礼俗丛书的编订等事宜，以专责成。③

尽管由于国民党文化政策整体如陈果夫所言"执行不力，故无成就可言"，加上抗战爆发后政府文化工作被迫中断，《纲要》中的计划大部分并未真正落实而沦为空文。然而直至病逝，陈果夫始终没有放弃相关努力，一直坚持以自己的方式推进礼俗改造并形成了如下初步成果。

（一）编纂《中华国民生活历》

出版于 1947 年的《中华国民生活历》，既可以视作陈果夫有关岁时风俗

---

① 1933 年年底，"复兴社"在南昌成立了名头很大的"中国文化学会"，之后依托该学会创办《前途》《中国日报》等报刊杂志，更要紧的是其核心人物邓文仪还成为了新生活运动的重要策划者，严重威胁到了 CC 系在文化教育领域的控制权。面对复兴社的不断"越界"和"染指"，CC 系则联合陈布雷和其他 CC 系干将，以发起组建"中国文化建设协会"和筹办机关刊物《文化建设》等行为来加以回击。参见：杨者圣. 国民党教父陈果夫 [M]. 上海：上海人民出版社，2017：192 –201.

② 陈果夫. 中国国民党之文化政策 [M] //陈果夫先生遗著编印委员会编. 陈果夫先生全集：第 1 册. 中国台北：近代中国出版社，1999：185.

③ 陈果夫. 中央文化事业委员会工作纲要及今后之文化政策 [J]. 教与学，1936，2 (6).

的一项研究，也可以说是他结合官方意志和个人喜好而拟定的一套欲向全体国民推广的生活日历。① 其实，早在 1936 年，编订国民生活历作为一项任务即已纳入《纲要》之中。20 世纪 30 年代是国内礼俗调查蔚然成风的时代，学术界和国民政府都曾展开较大规模的调查。② 可能受此风潮的影响，礼俗研究会成立后，陈氏即指定该会会员邱培豪着手相关调研工作，他本人也利用工作之便留心观察地方风俗，这些都为他之后编纂生活历做了资料准备。该书历时 10 年经数次修改而成，从其自序中"或有裨于历史之研究，有宏于政教之辅助"的自我期待，不难见出作者对该书社会价值和学术价值的十足自信。③ 从时间上看，后出的《中华国民生活历》可视作早前出版但内容单薄的《改良风俗日历》的高级修订版，实乃借风俗行教化理念臻于成熟后的产物。

《中华国民生活历》主要依照二十四节气标注时日和安排活动，体现出浓厚的乡土生活气息，但其有别于普通日历的最大特点还在于设置了大量新旧节日。如学者所揭示的，国民党在积极利用纪念日等时间制度塑造政治权威的过程中，也很注重借鉴吸收传统民间纪念日资源，意图将民俗与政治打通，而这一点正是陈果夫的独家"发明"。④《中华国民生活历》所收节日，从历史或现时仍流行的各地岁时节令中遴选，至于遴选的标准，陈果夫认为大体当以"富于永久的历史性""含有广大的普遍性"和"适合国情"为要。⑤ 在《中华国民生活历》中，除了择要收录国民政府内政部推出的若干国定纪念日

---

① 陈果夫认为，"生活历"还可以充当学校教材及地方自治讲义之用，参见：《中华国民生活历序文》。

② 沈洁. 礼俗改造的学术实践——20 世纪二三十年代中国民俗学家的礼俗调查 [J]. 史林，2008（1）.

③ 据陈果夫 1947 年 7 月 13 日之日记载可知，柳诒徵曾当面称赞《中华国民生活历》之编辑"新而能通旧"，陈因此颇为自得。[参见：陈果夫日记摘录（下）[J]. 近代史资料（总 132 号），2015：198.] 该书出版后，时人评价该书"为中国社会的各种风俗作一有系统的整理与说明。此书在体例上，似无前例。古籍中有关风俗习尚者本多，如省县志，各代史上之地理志、礼志以及三通与诸家文集笔记等等，或为专论，或为附志。但读之均不足以窥中国风俗之全豹。而此书则以一年的时序为叙述之系列。在此一系列中，即网罗一整套的风俗习尚。"（参见：张宜. 中华国民生活历评介 [J]. 政治建设，1948（12）.）时人的评价或有拔高之嫌，但该书于 20 世纪 70 年代曾收入著名民俗学家娄子匡主编的国立北京大学中国民俗学会民俗丛书，则多少说明了该书的学术价值。

④ 陈蕴茜. 崇拜与记忆：孙中山符号的建构与传播 [M]. 南京：南京大学出版社，2009：321 - 323.

⑤ 陈果夫. 中国礼俗 [J]. 中央训练团团刊，1943：199.

和政党纪念日之外，体现"历史性"的传统民俗节日占比最大。此类节日既包括通行全国的春节、端午、中秋、清明、端午、重阳等传统节令，也包含明清时期即已确认的国家正祀、民间崇拜的先贤先烈、行业神纪念日及其他一些民间节日。就后者而言，书中收录的孔子诞辰、禹王诞辰、仓颉诞辰、关帝诞辰、岳飞殉国纪念日、药王诞辰、徐光启诞辰等，纪念对象或为中华民族人文初祖，或在制敌御侮、发明创造、嘉惠民生等方面贡献卓著，或足以为忠勇侠义之道德楷模，大致可归入国民政府所认可的先哲先贤一列；而嫘祖、鲁班先师、淮南王、老郎先师、黄帝歧伯、宿沙氏、神农等，多为蚕业、水木业、豆腐业、伶界、药业等与民生密切相关且行迹可考的各行业祖师，之所以特地收入乃为发扬"创造发明精神"。还有一些民间节日如文昌诞、观世音诞辰、浴佛节、春秋社日等，虽不尽符合政府标准，有的甚至被归入"淫祠"类，但因部分体现了陈果夫个人素来重视的卫生习俗、合作慈善、体育竞赛等观念，故也在"改头换面"后收录其中，这尤其能够说明他对习俗之象征符号意义的重视。总之，《中华国民生活历》以科学主义和有功于民族国家为价值准绳，注重用"旧瓶装新酒"之形式在传统民俗节日中注入党国意识形态，大体遵循了1928年内政部颁布的《神祠存废标准》，但是其较多地收入包括行业祖师神在内的民间信仰习俗，则说明作者界定合法信仰的标准是较为宽松的。如果考虑到《中华国民生活历》是国民党的一项文化计划，那么陈果夫将部分民间信仰升级为官方信仰的设想，也可以视作变俗为礼、以礼节俗的传统在现代中国的重新上演。

《中华国民生活历》中收录的每一个节日，作者除了从学术上阐述其渊源流变，还结合时代需要一一拟定与之匹配的相应仪礼和活动。经过陈果夫重新阐释后的每一个节口均各自承载特定的教化功能，范围涉及发扬民族精神、培养国民道德、增进审美观念、教导生产技能、促进公私卫生、充实应用常识、启发科学思想和提倡正当娱乐等，几乎触及了国民政府民众教化的各个方面。《中华国民生活历》所欲达成的民众教化目标，显然与"新生活运动"谋求的"生活艺术化、生产化、军事化"目标一致。①笔者在另一篇文章中曾

① 如陈果夫所言："国内多数人民，智力体力，异常畸形，斯为不可掩饰之事实。故本历对于各种常识之灌输，社教之推行，体育之训练，国父遗教之阐扬，以及农工技术之指导与宣传，无不尽量采纳，俾整个民族之智力体力，得于简易平凡及微细的岁时生活之中，犹有均衡之发展。"参见：中华国民生活历编著要领 [M] //陈果夫先生全集：第3册. 中国台北：近代中国出版社，1999：4.

以元旦、春秋社日等节日为对象，分析指出《中华国民生活历》不仅保留了节日的民众属性，而且延续并大大丰富了其在传统时代已有的集体特征，所以在不少节日活动中，意图将家族、社群和政府三者全部动员起来，以实现"公私生活"打成一片的政治预期。①

（二）编纂《通礼新编》

礼制的修订是陈果夫礼俗改造计划的另一个重要部分，这在 1938 年拟订的《文化事业计划纲要》已有明确说明。在 1943 年的一次公开讲演中，他更加细致地指出，现代中国的礼俗重建理应从岁时、典礼和俗礼三方面展开，理由在于，"岁时是我们全体国民一年中共同的标准生活，典礼是某种公共重要活动的规范，俗礼是某种私人重要活动的规范。这三方面，如果有了合理的规定，按照社会现实，配合得当，则一切的政治、法律、教育、经济等等，即很容易推动，自会水到渠成，发生很大的效果"。② 可见，陈确是将礼俗视作国民政府现代化改革的重要助推。基于此种认识，在完成了《中华国民生活历》之后，他就开始将精力转移至礼制的修订。

五四新文化运动以来，尽管礼教在新知识界的阐述下已沦为专制和不平等之代名词，但是各种合力导致国民党上台后在政权体制和文化建设上均趋向保守主义，其领导人蒋介石本身就是一个多方面拥抱传统的人，他对儒家伦理政治以及象征伦理秩序的"礼"很是推崇，对国家性的祭孔典礼的坚持即很能说明这一点。③ 国民党高层中也有不少人对儒家礼治抱有兴趣，以戴季陶为首的一些极端复古者甚至不合时宜地幻想能够复兴古代礼制。④ 事实上，国民政府时期也并未完全搁置礼制建设。早在 1929 年内政部之下就设立了礼俗司，专门职掌礼乐风俗审订、宗教寺庙监督、古物古籍保护等事项。此后 10 多年间，内政部陆续确立了服制、国家公祭等一些具体礼制，并几次会同教育部召集各界人士拟订了相对系统的《礼制草案》。不过由于始终处于严峻

---

① 湛晓白. 民国岁时节令中的政治与民俗：以陈果夫所著《中华国民生活历》为中心 [J]. 民俗研究，2013 (5).

② 陈果夫. 中国礼俗 [J]. 中央训练团团刊，1943：199.

③ 有关蒋介石思想之传统特征的研究，可参见：黄道炫，陈铁健. 蒋介石：一个力行者的思想资源 [M]. 太原：山西人民出版社，2012.

④ 张雯欢. 不合时宜的理想国——戴季陶的礼制理想及其时代回响 [D]. 上海：华东师范大学硕士论文，2017.

的统治危机之中，制礼作乐很难成为政府的核心议题，相关讨论最后总是不了了之。出人意料的是，在抗战进入胶着状态的 20 世纪 40 年代初，伴随着"抗战建国"成为国民政府战时的指导思想以及该理念社会影响不断扩大，国府高层反倒生发了从长计议的心态，开始将礼乐制度建设予以实质推进。1943 年，在蒋介石因"民国风俗以及礼制罔不紊乱"，数次明示各种礼节需从速制定。在考试院院长戴季陶的竭力推动下，国民政府召集党政军各界代表暨学术专家，在重庆北碚举行了一场规模较大的"礼制讨论会"，时人多称这次会议为"北泉议礼"。会议仍根据传统的"五礼"即吉礼、嘉礼、军礼、宾礼、凶礼划分，凸显了戴季陶"国礼重于民俗"的原则，将礼制的重心落实到主要针对国家公职人员和体现国家意识形态的顶层设计，对于民间社会的婚丧嫁娶习俗虽有规定，但相对而言不甚看重。"北泉议礼"在当时激起了知识界较大的反响，但最终仍如内政部之前主持的数次礼制讨论一样，难逃被悬置的命运。[①]

与《中华国民生活历》类似，《通礼新编》仍由陈果夫与其信任的搭档邱培豪合作，前后写作历时三年，1950 年完稿后在台北出版。[②] 饶有趣味的是，书中对于"北泉议礼"这一体现政府制礼作乐的努力只字未提，如此刻意忽视当然耐人寻味。[③] 但是，从序言对新礼之范围和对象所做的一段值得注意的说明来看，作者写作此书时内心显然始终以"北泉议礼"为参照系。序言称：

> "往昔制礼，详于庙堂而略于民间。礼书所载，多为国家政典与卿大夫士以上生活。今政由民主，法尚平等，故本编内容，均限于一般国民之公私生活。生活不离衣、食、住、行、育、乐六事而必以礼节之，方臻合理。故综人之一生，自入世以迄身后，由家庭而社会，凡尊卑长幼

---

① 有关"北泉议礼"详细过程，参见：孙致文. 议礼、制礼与践礼的当代意义——以 1943 年"北泉议礼"为中心的讨论，该文网络链接地址为 http://www.sohu.com/a/221116189523132。

② 据该书自序可知，书稿完成后，陈果夫曾特意将其交付曾参与"北泉议礼"的学界代表、史学名家柳诒徵先生审定。1947 年柳诒徵先生发表的《中国礼俗史发凡》一文曾引起不小的学术反响，文中的"以礼立国"之说更迎合了国民党鼓吹礼治的部分高层。陈仅有中学学历，但乐于交结和网络文化人，赠书行为既显示了其一贯的心态自信，也包含着引起同道共鸣的期待。

③ 在 1950 年成书的《通礼新编》中，陈果夫不仅只字未提"北泉议礼"，且一再慨叹官方礼制建设全无系统。如此刻意忽视，不由得让人联想到他高度关注礼俗却并未参与到"北泉议礼"这一事实。

相处之道，食、衣、住、行、育、乐，以生以养之节，乃至婚丧喜庆，皆备举其礼，以为准则。至若元首仪注，政府荣典，如册封、授勋、觐见、宴飨等，以及外交暨军队礼节，或已颁行，或另有专设机关，从事纂订，概从略。"

结合这段自序文字和《通礼新编》内容可以看出，正是鉴于戴季陶主持的"北泉议礼"已详于"国家政典与卿大夫士"，也就是最能体现国家顶层设计和意识形态的部分，故陈果夫才将礼制之重心转移至"一般国民之公私生活"，也就是"私礼"以为补充。书中所谓"一般国民之公私生活"之礼，在范围上既涵盖个人衣、食、住、行、育、乐及至婚丧喜庆等俗礼，又"由家庭而社会"，延伸至祭祀、析产、交际、娱乐、就职、集会、落成、创始等一般性的社会典礼。陈果夫虽也强调制礼当因时损益，但同样有着"以古礼为张本"重塑新礼的强烈自觉，故《通礼新编》中的婚丧、生育等日常仪礼仍规程繁复，且在相当程度上体现了"尊尊亲亲"的传统人伦观念。① 当然，无论戴、陈在制礼思路上有何微妙差异，以礼来强化社会秩序的政治用意是完全一致的。整体来看，《中华国民生活历》旨在打造国民的标准化生活，《通礼新编》则意在规范私人生活和人伦关系，二者构成了陈果夫礼俗改造的两个主要维度。

（三）利用教育电影等媒介配合宣扬优良礼俗

由于主管党务和推动党化教育的工作需要，陈果夫比一般人都更为重视利用广播、电影等"电化教育"方式。20 世纪 30 年代后，他先是奉命筹拍教育电影，随后又担任国民党中央广播事业指导委员会主任，直接领导和经营多家党营性质的电影公司，实际垄断了国民党的广电系统，并使其成为 CC 系在文化领域的重要阵地之一。② 陈果夫认为电影"为推进社会教育之利器，

---

① 例如，《通礼新编》对丧葬的规定就很体现人伦等差，不仅讣告格式要体现亲疏、公私关系，而且丧期丧服也仍参照民间固有之习惯分别等第，按照血缘亲疏穿着不同丧服，服丧时间亦各有长短。参见：陈果夫. 通礼新编 [M] //陈果夫先生全集：第 4 册. 中国台北：近代中国出版社，1999：54 - 66.

② 杜光胜. 民国时期江苏省电化教育发展研究 [D]. 呼和浩特：内蒙古科技大学博士论文，2013：189 - 198.

能以最短之时间，支配最广之空间，最少之物资，发挥最大之力量"①，将之运用于移风易俗，尤其能透过荧幕画面的情景式再现，让民众在观影中深刻体会风俗之美、生活之美和人情之美，从而在生活中自觉地践行优良礼俗。作为电影教育事业的一部分，早在主政江苏期间，陈果夫就已协同邱培豪、蒋星德等人着手"移风易俗"系列影片的剧本编制工作，抗战西迁之后此项工作也一直未有中辍。在陈果夫的设想中，礼俗改造不仅应当以"生活历"形式直接嵌入民众生活，还需经由教科书扩展至国民教育领域，然后借助教育电影来加以广泛宣传。陈果夫畅想，改造之后的优良礼俗如能由学校至社会、从幼童到成年多渠道地向社会全面推广，也就能实现"改善全国人民之公私生活，促进国家文化之发展与统一"的目的。1941年，"移风易俗"系列电影剧本全部编著完成，共包含正本12大本，副本19本，规模可谓不小。② 其中由陈果夫直接操刀的就有《饮水卫生》《骨肉重逢》《富强之本》等数本，可见他对此项工作的投入。从1944年印行的《移风易俗内容提要》来看，举凡"衣食住行之日常生活，社交礼仪，乃至政府及地方自治机关之政令、曲礼及设施"，几乎"无所不包"地在教育电影中有所呈现。在电影剧本编著全部完成的次年，即送交著名的中华教育电影制片厂投入拍摄，不过限于抗战时期条件有限，最终只完成了其中小部分剧本的摄制。③

另外，可能受到儒家"据于礼，成于乐"理念的影响，陈果夫在利用电影媒介的同时，还钟情于"制礼作乐"。他热衷于为国民政府的政治运动和各类节日谱写宣传歌曲，曾谱写过《三民主义歌》《国旗歌》《国民革命歌》《夏禹纪念歌》《革命先烈纪念歌》《禁烟纪念歌》《合作歌》《教师歌》等近百首文词浅白的歌曲。这些歌曲有的曾充作移风易俗教育电影之插曲，绝大部分均收入1944年出版的《鹤林歌集》之中。

三、积极追随国民党主流政治话语

自然，作为高级官员，陈果夫的言论很大程度上是对国民党政权和意识

---

① 陈果夫. 中华国民生活历编著要领［M］//陈果夫先生全集：第3册. 中国台北：近代中国出版社，1999：6.

② 陈果夫. 移风易俗教育电影编著之缘起及经过［M］//陈果夫先生全集：第8册. 中国台北：近代中国出版社，1999：24.

③ 同②，第25-26页。

五四前后的中国社会与文化

形态建设的配合，但他在繁忙的政治生涯中能够沉潜思考，于风俗整饬和礼制编订均有系统性的文字著述留存，这种强烈的个人兴味仍让人感觉不同寻常。陈果夫为何比一般人都更重视礼俗改造，这究竟基于怎样一种对礼俗的现实观察和政治文化功能的理解？他如何经由礼俗改造参与国民党意识形态的构建？这种理解相比主流政治话语是否具有一定的个性色彩？下文笔者尝试着对上述问题作出解答。

作为统治阶层的一员，陈果夫执着于礼俗改造，自然不能离开国民政府政治文化建设的历史语境。1940年，陈果夫在重庆中央训练团党政高级研修班上讲授《中国礼俗》专题，就相当直接地表露了他的政治用心。在国家危亡之际，陈氏却在面向国民党高级官员的课堂讲授礼俗这一远离时局热点的话题，这恰恰说明了礼俗在其心中实乃基础性的政治问题。此次演讲的学术性虽不好定论，但显示了讲授者力图将礼俗问题理论化的追求。在演讲中，陈果夫结合其个人施政经验，从国家统治的角度，对礼俗的概念和内涵，中国以礼为治的政治文化传统，礼乐制度何以具有维系人心、统一民族、巩固社会秩序的强大功能，以及当下中国礼制建设的新方向等问题，做了一番具体而切实的说明。他力图向听众证明，礼俗广泛渗透在国民的生活和精神世界之中，因而"完成礼俗建设，是今后建国工作中最基本，最重要的一桩事情"。①

陈果夫之所以如此重视礼俗改造，首先是因为，在他眼中礼俗乃是回应和参与新生活运动的一种重要而独特的方式。新生活运动的本质是一种社会教育，是要以政治日常化的方式来养成具备传统道德和现代文明习尚的国民，而在陈果夫眼中，礼俗正是一种绝佳的社会教化载体，可以很好地助成此一目标的实现。中国本就有着源远流长且特别发达的社会教化传统，而儒家文化主导下的社会教化又往往以政治道德化和法律礼教化为依归。明清以来，在文风最盛的江南地区，礼教通过下层民间文人的传播，在私学、乡村语文和民间信仰等日常生活中多元化渗透，更使得地方文献中"覃敷文德以道化成"的描述接近历史真实。②

仔细观察，陈氏的教育理念和行动其实都颇为接近传统的社会教化。与

① 陈果夫. 中国礼俗 [J]. 中央训练团团刊，1943（200）.
② 胡成. 礼教下渗与乡村社会的接受和回应——对清中期江南农村地区的观察（1681—1853）[J]. 中国台北："中央研究院"近代史研究所集刊. 2003（39）.

198

一般的国民党高官不同，陈果夫因文教领域为 CC 系势力重心，故对国民政府教育政策和现状了解甚深，提出过一些颇具实际影响力的改革方案。在理念上，他认为教育并不该局限于学校和家庭，而是可以依托于一切社会活动展开，使"人人生长在教育的空气里"①，也就是推崇广义的社会教育；在行为处事上，长期追随他的亲信余井塘也曾如是评价："他的平生事业大半不属于教育性质，但不论事业种类如何，大小如何，他所使用的方法，细看起来，若总不出于教育的方法，所表现的精神，若总不外乎教育的精神。"② 正是基于此种独特的社会教化理念，陈果夫才会意识到礼俗中包含着卫生意识、生产技能、道德伦理、民族认同等丰富的教育素材，也才会发现它与国家典章制度一样，"都有转移人心的力量"③，事实上是一套对个体具有广泛约束力的道德仪轨和动员机制。因而如何利用礼俗教导民众，"俾整个民族之智力体力，得于简易平凡及微细的岁时生活之中，犹有均衡之发展"，也就成为了他所说的"社会教育中之一重大问题"。④ 结合前文不难看出，通过礼俗来开展社会教育和培养现代国民，在《中华国民生活历》中已得到了相当集中和具体的展示。当然，还应指出，在国民教育不够普及的时代，国民政府为"唤起民众"也一直较为重视发展通俗教育和民众教育，陈果夫对礼俗社会教育功能的看重，自然与此种政策背景不无关系。

除了追随"新生活运动"，陈果夫关于礼俗改造的设想，还蕴含着强烈的民族主义诉求。国民政府时期，国民党当局仍面临着从各方面推进民族国家建构的时代任务，民族主义更是其最倚重的政治合法性资源。蒋介石上台以后，更是执意凸显三民主义的民族主义特征，夸大和扭曲孙中山晚年对传统文化的倾斜，极力鼓吹传统伦理道德的现代价值，致力于将"国民党"政权塑造为继承孔孟精神的"道统"之所在。⑤ 作为国民党"教父"式的人物，

---

① 陈果夫. 中国教育改革之途径［M］//陈果夫先生全集：第 1 册. 中国台北：近代中国出版社，1999：70.

② 余井塘. 苏政回忆序文［M］//陈果夫先生全集：第 5 册. 中国台北：近代中国出版社，1999：100.

③ 同①，第 154 页。

④ 陈果夫. 中华国民生活历编著要领［M］//陈果夫先生全集：第 3 册. 中国台北：近代中国出版社，1999：4.

⑤ 吕厚轩. 持续"道统"：国民党实权派对儒家思想的改造与利用［M］. 济南：山东人民出版社，2013：44 - 60.

陈果夫终生都在不遗余力地捍卫和阐发三民主义学说，自然也会积极呼应此种民族主义话语。他所拟订的 1936 年和 1938 年两个版本的《文化事业计划纲要》，都明确以建设中国本位的文化为最高目标，具体纲要也几乎全部围绕传承民族文化和民族道德展开。① 尤其是从后一版本来看，由于处于全面抗战的特殊时期，坚定民族自信和弘扬民族文化价值不仅是思想主流，而且也成为了国民党文化政策的核心指导思想。在这一指导思想之下，民族主义于是很自然地成为了礼俗改造的重要主题。

如果我们认同现代学者的解释，认为民族的精神意识是作为一种集体潜意识蕴含于社会的所有公共仪式之中，那么礼俗作为既植根于传统又绵延于现实的大众文化传统，的确称得上是民族精神最普遍的一种载体。② 事实上，清末民族主义思潮迭兴以来，一些国粹派人士就已认为礼俗和文字、言语寓含国民精神，倡言"不守礼俗不能推陵谷"。梁启超在阐述"新民"理论时也曾说过："凡一国之能立于世界，必有其国民独具之特质。上自道德法律，下至风俗习惯、文字美术，皆有一种独立之精神，祖父传之，子孙继之，然后群乃结，国乃成。斯实民族主义之根抵源泉也"。③ 作为一个坚定的保守派，陈果夫更明确指出礼俗即是民俗精神的寄托，他认为："各种礼节，大如婚丧冠祭，小如寻常交际宴会，都是我们民族精神寄托的所在，无论时间怎样变更，决不能全盘加以毁弃，毁弃了，民族精神也就丧失了"。④ 《通礼新编》保留诸多传统礼仪，《中华国民生活历》中设置大量历代先哲和现代英烈纪念日，大力表彰他们的文明开化之功、忠勇侠义德行以及革命事迹，并意图将之贯穿于家庭教育和社会教育各环节，其用意无不在于激发国民的民族情感和民族自信。⑤ 1938 年修订的《文化事业计划纲要》即已明确《中华国民生

① 陈果夫. 中国国民党之文化政策 [M] //陈果夫先生全集：第 1 册. 中国台北：近代中国出版社，1999：186 - 192.

② 吴晓群. 仪式的史学解读 [M] //候建新. 经济—社会史评论. 北京：生活·读书·新知三联书店，2005：200 - 201.

③ 论保存国粹宜自礼俗言文始 [J]. 东方杂志，1908，5 (4).

④ 陈果夫. 中国礼俗 [J]. 中央训练团团刊，1943 (199).

⑤ 在《中华国民生活历》中，陈果夫屡屡将家庭作为民族主义教育的重要阵地。例如，他提议新年和春社等重要节日应由耆老讲演古人之嘉德懿行；3 月 29 日革命先烈纪念日，应由长者以革命先烈之事勉励儿童；11 月 12 日国父诞辰纪念日，长者应向儿童讲述孙中山的故事及三民主义浅说等。

活历》的编订需"以民族至上，国家至上为准则"①。1941年陈果夫在中央政治学校演讲时，再次从民族主义角度具体解释过齐一风俗的时代意义。他援引孙中山言论，指出民族的构成有五大力量——血统、语言、文字、生活和风俗习惯，而其中的"风俗习惯"与语言、文字一样，均能使社会成员之间形成一种精神联系，但也最不容易统一。为了风俗统一，只能"把中国人应有的标准生活，无论那一地方的，都摄入电影，小学中加一种功课，注重生活行动的教育，一面教他，一面给他看，幼学壮行，全国自然一致了"②。显然，齐一风俗的显性目标背后，还有着实现国民生活标准化和精神世界同一化的本质追求，而这体现的又恰是民族国家建构的内在需求。

　　另外，陈果夫礼俗改造的设想中还暗含着对伦理政治的期待。在古代中国，奠基于血缘家庭主要诉诸伦理规范的礼治，与暴力性的政治控制互为依存，共同构成现实的统治体系。虽然身处现代，陈果夫却仍冀望传统时代的伦理政治模式能够继续发挥作用。他曾明确指出："我国社会组织，基于家族，而文化策源，亦以人伦为其中心。故虽历经丧乱，而邻里共处，聚会相亲，守望相助，社会之巩固，数千年来如一日，本历对于民间旧习之敦宗睦族诸美德，如祀祖扫墓等，均各订为专条，列入相当日期，以垂永久。同时凡国民对国家应尽之义务，如力役兵役等，亦予明文规定，务使家族结合，与民族主义并行不悖，以促进整个国族之大团结焉。"③ 在《中华国民生活历》中，陈果夫鼓励恢复早已中断的乡饮礼酒，提倡奠基于亲族情感的合会制度，倡导施行乡约制度和守望相助的村社传统，建议重新举行春秋社祭，试图通过复活那些已在现代社会式微的礼俗和文化信仰，来达到密切乡里关系、弥合社群差异及加强社会控制的目标，即是上述伦理政治观的具体体现。④ 伦理政治的另一题中应有之义，即是对道德人格以及奠基于道德人格之

---

　　① 陈果夫. 中国国民党之文化政策［M］//陈果夫先生全集：第1册. 中国台北：近代中国出版社，1999：189.

　　② 陈果夫. 民族主义的建设［M］//陈果夫先生全集：第2册. 中国台北：近代中国出版社，1999：119－120.

　　③ 陈果夫. 中华国民生活历编著要领［M］//陈果夫先生全集：第3册. 中国台北：近代中国出版社，1999：4.

　　④ 乡饮礼酒、春社等礼仪和民间传统在中古时期曾十分流行，且在维系地方社会秩序方面起到了重要作用。参见：赵世瑜. 中国传统社会中的寺庙与民间文化［M］//狂欢与日常——明清以来的庙会与民间社会. 北京：生活·读书·新知三联书店，2002：16.

上的"人治"的信任。尽管伴随着国民党自身腐化堕落的加剧，陈果夫在 20
世纪 40 年代后越来越深刻地感到制度建设的重要，但是在相当长一段时间
里，相比"法治"，他更青睐"人治"的作用，尤其推崇曾国藩在名篇《原
才》中表达的"人才观"，认为舍"人治"则无"法治"可谈，在实际的选
人任人过程中，也始终坚持德行比能力更重要的选拔标准。① 在此种"人治"
观的关照下，礼俗的道德教化之功自然备受重视，这在陈果夫身上也有诸多
体现。例如，他信奉"'化民成俗'乃一建人之道也"，以"观风正俗"之任
自相标榜，内心抵触现代法律诉讼而鼓励息讼，积极保护古圣先贤崇拜和表
彰其典范人格，执意将传统道德注入宗族祭祀等礼仪之中等。

四、礼俗改造中的个人立场

前文大体揭示了陈果夫利用礼俗来配合党国建设的一面，但尚未触及他
如何看待社会改造中必然要面对的官方与民间、理性与信仰之间的冲突，而
对这一层面的考察，不仅能揭示出他与主流话语的分殊，而且还与近年颇受
关注的国民党政权对宗教和民间信仰的态度和政策研究直接相关。正如学者
所总结的，国民党政权在意识形态上整体以现代化和理性化为取向，但在实
际操作中又不忘从传统民间宗教和习俗中汲取文化资源，并非绝对否定"迷
信"。② 从陈果夫这一个体来看，他对民间信仰和习俗的态度，也同样不是简
单地"一刀切"，而是介乎理性与情感之间，体现出鲜明的民众立场和对民间
信仰的认同倾向。

应当指出，陈果夫关注礼俗，并非全然基于理性的政治考量，而与其对
社会变迁的个人感受内在关联。陈果夫成长于传统价值观崩解的过渡时代，

---

① 曾国藩风俗厚薄"自乎一二人之心之所向而已"的人才观，颇得陈果夫等国民党高层认同。
参见：陈果夫. 建人论 [J]. 政治建设，1941，3（6）. 抗战后期，陈果夫开始认识到法治和制度建
设之急迫，如 1945 年 8 月 18 日其日记中就记载，"政治应有方法，使早澄清，入法治之轨"，"制度不
立，无以为政。"参见：陈果夫日记摘录（下）[J]. 近代史资料，2015.

② 作为政府主导下的社会运动，风俗改造在很大程度上体现了国民党政权的集体意志，尤其能
集中展现其有关迷信的认知和态度，这一维度的探讨因而成为近年来相关研究的焦点。学者们的研究
揭示，在具体展开过程中，不仅国民党中央政权对迷信的态度存在多重性，而且政府内不同部门的立
场和处理方式也有较大差异性。近年来这一议题的相关学术综述，可参见：刘文楠. 借迷信行教化：
西山万寿宫朝香与新生活运动 [J]. 近代史研究，2016（1）.

但他并未受到多少个人主义等现代思潮的影响，反而坚定地以养成儒家道德人格为修身目标。在文化观念层面，陈果夫与蒋介石等人一样秉持一种简单化的"中体西用"观，总体上排距更具近代性的西方精神文化而充分肯定中国传统，甚至偏颇地认为国民党和国民政府的振兴都必须以传统文化之复兴为前提。① 由是之故，他自然不能从现代性视野对西方冲击下的风俗嬗变作出合理解释，而只能停留于道德化的控诉。如在 1940 年的一次"总理纪念周"演讲时他曾感慨："中华民国成立到现在，已有二十九年，可是各地的风气，每况愈下，民间的岁时生活，反比从前错综复杂，漫无标准。"他措辞严厉地谴责此乃国民党不能化民成俗的具体表现。② 在 1945 年发表的《移风易俗内容提要》的前言，他再次表达了对礼教失序的失落之感："我因为中国素称礼仪之邦，清末以来，欧风东渐，加以历年国事不靖，遂致礼教失其重心，文化异常紊乱，国民生活，失其依据，社会风纪，因亦荡然。"③ 在以外来的马克思主义为思想武器的中国共产党最终战胜崇奉文化复古主义的国民党政权之后，陈果夫对传统文化的忧思更掺杂了对国共两党一败一成的意气，文化立场的差异更彻底地演变为意识形态上的敌对。1950 年初，在国民党中已被完全边缘化的陈果夫，在与蒋梦麟等学者谈话时就曾意味深长地表示，"中国本身若不建设文化，成了真空，则任何国家均可利用文化侵略灭亡中国。"此处所谓"文化侵略"矛头显然直指马克思主义。④

对礼教失序和岁时凌乱的失望，也并不仅仅源于道德焦虑，而与陈果夫真切眷恋的富有原始活力的乡土生活有关。陈果夫并没有将"反迷信"所表征的理性立场绝对化，而是以一种相当接地气的态度，看到那些足以激发乡人生命活力并娱乐其困苦生活的，恰好就是被斥之为"迷信"的迎神赛会和

---

① 陈果夫在 1938 年 5 月发表的公开演讲中指出："近一二百年来，才显得衰弱，而这衰弱的形成，并非我们聪明才力不如人，乃是我们没有把自己的力量和文化发挥出来的缘故。凡是一个有光荣历史的民族，必有他传统的文化，这传统的文化为其民族国家之生命源泉。唯有根据这传统文化而发扬的革命理论，而创制的典章制度，才能适合自己的需要，才能获得大众的信仰，也才能代表其自己的文化，以立国于国际之间。"参见：陈果夫. 中国国民党的精神 [M] //陈果夫先生全集：第 2 册. 中国台北：近代中国出版社，1999：7.

② 陈果夫. 我们怎样来移风易俗 [J]. 特教通讯，1940，2（3）.

③ 陈果夫. 我在江苏时的业余兴趣生活 [J]. 服务，1939，2（1）.

④ 与蒋梦麟的谈话见于陈果夫 1950 年 2 月 1 日的日记。陈果夫于同年 2 月 19 日的日记又载："保留旧制度、旧习惯，为中华民族将来着想，实有必要。因外来文化之侵略力大，不能不用此为最佳之抵抗防线也。"参见：陈果夫日记摘录（下）[J]. 近代史资料，2015.

岁时节令，而这些又正是包括陈果夫在内的几乎所有中国人有过的生活经验。于是，他一方面不无失望地慨叹："现在中国人的生活，大多是感到无味，差不多没有一种习惯能够适合一般国民的心理，以致人生无兴趣，影响及于一切方面很大。"① 另一方面又极为留恋旧时的年节体验，他说："旧历新年中所过的生活，是何等的热烈有趣，人们一岁的辛勤劳动，唯有这时候才可得到相当的调节和安慰，忘记过去的悲愁穷困。"至于"百戏杂陈、负贩云集"之庙会，在他看来实"隐然为平民生活之重心"，且"不失为调剂身心之道"。②对于日常生活中某些重大时刻的隆重礼仪，他也有相当美好的生活回忆留存。③ 制定《中华国民生活历》时，他更充分考虑到非理性的情感需求对于维系日常生活之不可或缺，指出："人类本为富于感情之动物，纯粹理智之生活，枯燥无味，必借情感以调和之。"④ 认为在没有宗教传统的中国，岁时节令和庙会活动恰恰为人们提供了抒发情感、安慰心灵的另类途径。有鉴于此，即使在面对偏于激进的"国历运动"时，《中华国民生活历》依然主张"旧俗中所有宜子宜祥诸举"及能够"增人兴趣，无伤大雅者"均酌予采入，以期能让民众"回复到有意义有重心的生活上去"⑤。

能够正视人的非理性情感需求，自然也就能承认民间习俗和信仰因满足了此种非理性需求而具有的现实合理性。此种认识的获得，其实与他出任地方长官的政治经历关联极大。为了应付中国共产党的农村改革和民众运动带来的严峻挑战，陈果夫在国民党高层中较为少见地重视对农村和基层社会现状的了解。秉政江苏期间，他曾责令民政厅在辖区内开展综合社会调查，在这个过程中他得以较深入地了解各地的习俗和信仰。在实际处理政务的过程中，他也曾闻见和亲历数起地方政府因强制取缔迷信而激起民众暴动的案例，

---

① 陈果夫. 现阶段之中国文化建设 [J]. 中苏文化，1936，1 (7).

② 陈果夫. 庙会序言 [M] //陈果夫先生全集：第 4 册. 中国台北：近代中国出版社，1999：201.

③ 陈果夫曾用相当细致的笔触描述过其幼年"开荒"（即求学发蒙）的经历，着礼服、拜文昌、拜先生一整套隆重的礼节，不仅让他产生了"无论做什么，学什么，必须开始便郑重其事"的感性认知，而且还使他体悟到了中国从前的制度"都能各自成为一套，有独立见解，有整个办法"。类似的生活体验还所在多有，这正是他对礼仪形成正面认识的生活基础。参见：陈果夫. 求学 [M] //陈果夫先生全集：第 5 册. 中国台北：近代中国出版社，1999：20.

④ 陈果夫. 中华国民生活历编著要领 [M] //陈果夫先生全集：第 3 册. 中国台北：近代中国出版社，1999：4.

⑤ 陈果夫. 我在江苏时的业余兴趣生活 [J]. 服务，1939，2 (1).

这使他对民众求神的心理有了充分的体会和同情。陈果夫曾不无愤懑地指出，乡民不过是无知无识的社会底层，他们对神灵的祈求多半出于基本的生存诉求，如若政府有能力保证其不受水旱灾害和瘟疫疾病等的侵害，或者因势利导，让他们在崇敬先贤之余娱人娱己，则乡民不但不会将希望寄托于虚妄的神祇，反而会建立对政府的"信仰"。退一步讲，"如果政府没有办法，人民转而去祈求神祇，不管有用无用，至少在精神上给他们一线希望。行政长官在此场合，不去领导他们求神，已经失人民之望，而况还要去拆毁人民希望所寄托的庙宇，那得不遭受人民的反对呢？"基于此，他主张："神道设教固不足为训，但是人民的智识程度尚未达到可以破除迷信的时候，神道亦不可骤废"。① 任职江苏期间，他在确保安保前提下允许民众举行迎神赛会，反对教育机构侵占庙产，② 主持筹建先贤祠③。这些具体的行政实践均说明，他除了有地方官员维稳的常见考量，也确实有着鲜明的民众立场。抗战时期，他曾不无得意地把尊重民间习俗和信仰作为一条成功的政治经验写入《苏政回忆》，可见对此点体悟深刻。

进而，陈果夫还将对民间信仰的认识上升到价值层面，意图发挥其内蕴的道德和精神内涵，以之作为党国文化建设的现成资源。如前文所述，受反迷信的激进时代氛围影响，陈果夫早年也曾笼统地将正统宗教和民间信仰一概斥之为"迷信"。不过，即便在态度最偏激的时候，他也没有彻底否认信仰本身的合理性，而是主张对风俗加以积极的改造，甚至建议将部分佛道神仙信仰改造为圣哲先贤崇拜。④在组织人力调查江苏各地庙宇及迎神赛会的过程中，陈果夫进一步确认，民众供奉的对象属于纯粹迷信者甚少，相反"百分之九十都是生前有功德于人民，死后人民为了崇德报功而立祠纪念"⑤。这些信仰的原型，除佛道外，"大致为历来有功社会的人物，尤其是兴水利除虫害

① 陈果夫. 苏政回忆四十节 ［M］//陈果夫先生全集：第5册. 中国台北：近代中国出版社，1999：162-164.

② 同①，第164页。

③ 陈果夫筹建江苏乡贤祠 ［J］. 汉口舆论汇刊，1935（17）.

④ 例如，他建议端午节道家赠送天师符、僧家赠送黄纸符的本地风俗惯例，就"不妨改用美术品之赠遗，或绘如钟馗之游戏神画，或绘班超、岳飞等之历史人物画，或绘湖州地方上之先哲事功图"来加以取代，以"免除僧道迷人之风"。参见：陈果夫. 评湖州之四时俗尚（续）［J］. 湖州月刊，1926，2（7）.

⑤ 同①，第162页。

有功的人，最受崇拜。此外豪侠之士，抵抗外侮的英雄，以及节义的人（江南北沿海一带有许多神是明朝抵抗倭寇而死的忠勇义烈之士）也赢得居民的千秋供奉，可见公道自在人心，老百姓的心眼是最公正严明不过的"①。陈果夫认为，尽管此类贤哲崇拜因好事之徒任意附会以及官员和知识分子不加引导以致失其本意，但政府不可因噎废食将其尽行废去，而应当正确利用"人民崇拜贤哲的心理"，将之还原为正当信仰，由各地立祠庙供奉②。而且，旧有俗尚如致祭祖师、演剧酬神等，因以崇德报功为理念，也理应酌予保存。③总之，要以保护而非摧毁的方式最大限度发挥祠庙的教化意义，他因此建议：

"夫信仰为力量之源泉，方今国家整理文化，统导思想，诚宜利用庙会原始纯正之动机，加以厘整，明定标准，若者去之，若者留之，特别提倡，使各地均有正当而含历史价值之祠庙，为人民信仰之归宿，则由于有意识之人格崇拜所生潜移默化之效，所俾助于国家文化，民族精神道德者，宁可限量。至于百业始祖应由同业立像公所，以志不忘，则又为理所当然已。"④

也就是说，只要民众祭奠追怀的是历史行迹可考、道德事功堪为表率者，那么这种信仰就是正当的；反之，信仰对象于史无征、神秘附会或荒诞无稽者，自然就当归入迷信之列。从以"科学主义为准绳"这一宗旨来看，陈果夫针对庞杂民间信仰所做的价值区分，以及《国民生活历》中对民间信仰的甄别与选择，与1928年国民政府内政部所制定的《神祠存废标准》基本取向大体一致。⑤ 然而，高度概括的政令仍为人们的个性化阐释留下了相当的空间，正是在具体的阐释中能够看出，相比《神祠存废标准》批判迷信为主的态度，陈氏对民间信仰整体是肯定的，他更为在意的，是如何提取和发扬民

---

①② 我在江苏时的业余兴趣生活 [J]. 服务, 1939, 2 (1).

③ 陈果夫. 中华国民生活历 [M]//陈果夫先生全集：第3册. 中国台北：近代中国出版社，1999, 87.

④ 陈果夫. 庙会序言 [M]//陈果夫先生全集：第9册. 中国台北：近代中国出版社，1999：62.

⑤ 1928年11月，国民政府内政部又颁布《神祠存废标准令》，规定应行保存之神祠标准有二：一曰先哲类，凡有功民族、国家、社会，发展学术，利溥人群及忠烈孝义足为人类矜式者属之。二曰宗教类，凡以神道设教，宗旨纯正，能受一般民众之信仰者属之。（参见：内政部的神祠存废标准令 [J]. 民俗, 1929 (41、42)。尽管以"封建陋俗"和"迷信"名义对风俗信仰的批判是直至近代中国才出现的特殊现象，但移风易俗却是一种古老的精英话语。宋明以来，民间信仰既是国家和精英知识分子批判的对象，但同时也是他们需要征用的合法性文化资源，这一传统在民族国家时代仍在延续。这一点，从明清与国民政府时期关于"神祠"与"淫祠"区分标准有相当重合即不难看出。

间信仰中的精神、道德、文明意涵，使其成为推进现代民族认同和重建信仰空间的历史资源。

五、结语

作为国民党的政治精英，陈果夫对礼俗改造的阐释和设计，围绕着实施三民主义、加强社会整合、重建伦理秩序等目标展开，整体上是对国民党政治文化建设的鼎力配合。与此同时，其言论和立场又保持了个性化的一面。具体而言，此种个性体现于：一方面，相比国民政府和国民党党部在反迷信运动中的整体激进倾向，陈果夫是较为宽容和具有弹性的，他对民间信仰的尊重认同远大于批判改造、对民众精神世界的平等体察远多过于居高俯视；另一方面，相对于同样倡导礼俗改革的专家学者和社会人士而言，陈果夫在与他们共享民众立场的同时，又始终居于国民政府政治文化建设的"庙堂"立场，意欲最大限度利用和改造礼俗，以发挥其作为教化载体和国家文化资源的现实功用，有着强烈的官方本位意识。①

在礼俗整体上被判定为前近代世界之落后遗存的时代潮流中，陈果夫看重的却是：礼俗是一种集日常生活、神圣仪式、社会教化于一体的特殊存在，其在沟通人伦和凝聚人心的同时，还以无孔不入的方式对国人进行道德和精神教化，它既塑造了一种独特的民族生活方式和大众文化传统，又发挥了其不可替代的政治文化黏合作用。他也因此而幻想礼俗仍能在现代中国发挥其功能。那么，我们该如何辩证地认知陈果夫的这一套礼俗改造的观念和计划？从现实操作性来说，传统礼俗以乡土中国为生长环境，与乡土社会的伦理关系和社会交往模式水乳交融，因而其作用机制主要依赖民间社会自发践行而并非外力驱动；而在社会流动性日益增强以及人伦和人际关系均已发生巨大变化的现代时空里，陈果夫所设想的依靠国家力量推动、面向乡土社会并奠基于传统人伦的礼俗体系，自然难以维系。进一步说，陈氏的礼俗改造计划，就内涵而言虽糅合了民族主义和科学主义等现代意识形态，然而其内核仍是传统的伦理政治模式——礼治。此种诉诸礼治的保守政治观，在国民党统治

---

① 有关学者对于礼俗改造的认知，可参见：沈洁. 礼俗改造的学术实践——20 世纪二三十年代中国民俗学家的礼俗调查 [J]. 史林，2008 (1).

集团中并非特例，而是具有一定的普遍性，事实上，包括戴季陶、蒋介石在内的不少国民党人对伦理政治都有着本能的认同。然而，家国同构的伦理政治本质上是一种等级制度，通常伴随着个体权利和社会法治意识的淡漠，与现代民主思潮背离。何况，民族国家建构普遍以政治整合和社会动员为急务，而在这方面，礼治模式显然不具有强烈的吸引力和现实针对性，陈果夫的相关论述没有引起太大的时代反响已经说明了这一点。

当然，我们也应当承认，在民族国家早已建立而大众生活和价值观却日益分化的当代，陈氏借礼俗行教化的思路反而彰显出某种现实意义，因为从国家层面而言，礼俗中确实包孕着若干可以用于发扬民族精神和促进文化认同的历史资源，而在形塑民众情感纽带、养成大众文化传统的社会层面，礼俗也确有着其他媒介所不可比拟的天然优势。

"古书难读"古已有之：
再评"新文化运动"之影响[*]

郑云艳[**]

"新文化运动"过程中所推行的国语、白话运动常常被认为是当前"古书难读"现象的根源。然而，"古书难读"是一个古已有之的现象，近代"新文化运动"与"反对新文化运动"者论争只是在客观上推动了"古书难读"观念的流行。"新文化运动"支持者认为："古书难读"是"古书"本身特性决定的，因此需对"古书"进行整理，方可解决该问题。反对者认为："古书难读"并非古书本身特质，而是由于"新文化运动"造成的，因此，加强"古文"训练才能解决此难题。这些论争在某种程度上推动了民国时期"古书难读"观念的流行。反过来，"新文化运动"推动者又利用"古书难读"观念推行"新文化运动"。"新文化运动"产生的"新式标点"被运用于"古书阅读"，是化解"古书难读"危机的重要形式之一，但同时也是解决古、今文法知识转变的重要手段，是"新文化运动"的重要内容之一。

清末小学生尚能在乡塾教师讲解下"读经"，新式学堂推行 20 年后，社会上却出现了一种"人人公认"的"古书难读"观念。该观念曾在民国教育界引起了激烈争论，然当下鲜有学者对这一观念产生的背景、表现及影响进行研究。100 年过去了，"古书难读"仍是传承中国传统文化所需解决的一个

* 基金项目：本文系中国政法大学青年教师学术创新团队项目"德治与法治"（18CXTD06）阶段性成果。

** 作者简介：郑云艳，中国政法大学人文学院历史研究所副教授。

难题。当前民众"古文阅读"困境，往往被归为"新文化运动"的结果，然"古书难读"现象古已有之，"新文化运动"对"古书难读"现象出现以及该观念传播之影响有待重新考量。古书是否真的难读？"难读的古书"到底指什么？对谁来说古书是"难读"的？如何解决"古书难读"问题？回答以上问题，首先需要解决的是"古书难读"的源头问题。从历史的角度来看，"古书难读"现象古已有之，但"新文化运动"之后，"古书难读"观念开始流行。无论是"新文化运动"之倡导者还是反对者都不约而同地认可"古书难读"。

一、古已有之的"古书难读"现象

1. "古书难读"现象变迁

有人总结了当前阅读"上古之书"存在的五点困难：其一，原始文字不能有效地记录语言；其二，口传失误太多；其三，方音与雅言的隔阂；其四，文字假借；其五，后代古音研究，自乱阵脚。因此，"本来是易懂的依古人口语而写成的古书，后人看来便成了天书一般的难读了"。①

不仅当代人有面临着"古书难读"的困境，事实上"古书难读"现象古已有之。历来"古书难读"产生的原因大体可从内容本身和传承两个方面来看。

从内容本身来说，语言变迁，古今音义渐有别，后人难读古人之文，尤其是中国特有的"言文分离"现象，使得习惯于日常白话之普通读者不再熟谙"古书"，及少数知识界间书面沟通所用之"雅文"。Benjamin Elman 认为，中国科举制度使得古典语言或称文言文只在小部分科举士人间通行，这种情况一直延续至清末废除科举②。1909 年《江苏教育总会咨呈学部请变通初小学堂程文》称："古人浅近之语言，自今人讲习之，无一非深邃之文义，童年索解尤苦其难。""在高等小学之生徒，尚不过什解二三"③。1906 年，顾实亦指出："古人以当世语言文字之经，犹须令十五岁以上之成童读之，今人以远

---

① 黄奇逸. 历史的荒原——古文化的哲学结构 [M]. 成都：巴蜀书社，1995：674.

② Benjamin Elman. Civil Examinations and Meritocracy in Late Imperial China [M]. Cambridge, MA：Harvard University Press, 2013.

③ 江苏教育总会咨呈学部请变通初小学堂程文 [M] //璩鑫圭，唐良炎. 中国近代教育史资料汇编：学制演变. 上海：上海教育出版社，1991：548.

隔三千年古言语，而小儿能了然耶？"①

从传承人角度来说，古书数量渐多，博通群书之义者渐少，使得兼涉多种知识之古书为后人所不解。"专经"现象是极好的例证。1904 年，《奏定学务纲要》称："汉唐以来，学者本尚专经，或兼习一两经。国朝（清）乾隆以前乡、会试房官，仍是分科取士。即经学诸大师，亦罕有兼精群经者，至于士林中才，能读'十三经'者本少，大率只读'五经''四书'。即《礼记》《左传》，亦读节本者居多"。这种"专经"做法，使得科举未废除之前，"曾读'九经'，而能讲解者不过十分之二三"。②

即便如此，在 20 世纪以前，"古书难读"几乎从未成为过"热门话题"。相反，中国古代还曾多次出现了"复古运动"。如唐、宋学者就曾经发起了以提倡古文、反对骈文为特点的文体改革运动，即"古文运动"。

"古书难读"成为一个热门话题始自"新文化运动"以后。1923 年，梁启超说："中国书未经整理，一读便是一个闷头棍，每每打断趣味，这是坏处。"并称："中国书没有整理过，十分难读，这是人人公认的"。③

2. 古人化解"古书难读"危机之法

"古书难读"现象古已有之，但古人很巧妙地化解了各个时期的"古书难读"危机。如王国维曾指出，古书虽然难读，但"唐宋之成语，吾得由汉魏六朝人书解之；汉魏之成语，吾得由周秦人书解之。至于《诗》《书》，则书更无古于是者。其成语之数数见者，得比较之而求其相沿之意义，否则不能赞一辞。若但合其中之单语解之，未有不龃龉者"。④

自古以来，"古书难读"总体上体现在以下四个方面：古书之句不能断；古书之义不能通；古书之音不能明；古书浩繁不能尽。古代学者已经采取了不同措施来解决"古书难读"的问题。

其一，章句之学。古代经书章句，名义上为注释，实为对经书进行离章、析句，并加以注释，使之成为时人易懂之书。因此，章句常常是句读和注释之结合体。冯友兰称："章句是从汉朝以来的一种注解的名称，先前的书是一

① 顾实．论小学校读经之谬（未完）[J]．教育杂志，1909，1（4）：58－62．
② 奏定学务纲要 [M]//璩鑫圭，唐良炎．中国近代教育史资料汇编：学制演变．上海：上海教育出版社，1991：492－493．
③ 梁启超．梁任公先生《国学入门书要目及其读法》[M]//胡适．胡适文存．合肥：黄山书社，1996：108－109，106．
④ 胡适．今日我们还不配读经 [J]．中华教育界，1935，22（12）：99－100．

连串写下来的，既不分章，又不断句。分章断句，都需要老师的口授。在分章断句之中，也表现了老师对于书的理解。因此，章句也成为一种注解的名称。"① 古书在先秦时期多无"大题"（书名），仅有"小题"（篇名），刘向、刘歆父子为前秦古籍厘订篇章。汉以后学者开始为"古书"拟定篇章名称，古代"章句之学"主要是针对先秦古籍。汉五经博士之设使得"章句之学"兴盛，如《论衡》中有"夫儒生之业五经也，南面为师，且夕讲授章句"，《后汉书·徐防传》载："防以《五经》久远，圣意难明，宜为章句，以悟后学。"汉代"章句学"著作流传者并不多，东汉时期著名的章句书有《楚辞章句》和《孟子章句》。从这两本来看，当时章句，不仅是分章析句，还解释篇名、串讲句义概括章旨、训释字词等。②

其二，句读之学。中国文字标点在清末以前，大体经历了以下几个发展阶段：①汉唐离经句读法：有"离经辨志"（见《学记》郑玄注，离经，句绝也）和章句所用"句读"，大概语意已完称"句"，语气未完而须停顿称"读"，汉唐人所用的符号已不可考见，只有《说文》有'乚'字，钩识用，又有'、'字，绝止用。②宋明圈点句读法：宋朝馆阁校书始用旁加圈点的符号，宋岳珂在《九经三传沿革例》说："监蜀诸本皆无句读，惟建本始仿馆阁校书式，徒旁加圈点，开卷了然，于学者为便。然亦但句读经文而已。惟蜀中字本与兴国本，并点注文，益为周尽"。《增韵》也说："今秘省校书式，凡句绝则点于字之旁，读分则微点于字之中间。"宋相台岳珂氏本《五经》、佛经刻本、《永乐大典》《水浒传》等也多用此法。③清以后圈点鉴赏符号：文人用浓圈密点标识所赏识的句子，把从前文法符号变成了赏鉴符号。曾国藩在《经史百家简编序》评论："后人不察，以涂抹古书，大圈密点，狼藉行间。故章句者，古人治经之盛业也，而今专以施之时文；圈点者，科场时文之陋习也，而今反以施之古书。末流之迁变，何可胜道？"③

其三，注疏之学。中国传统"注释"大体可分为解释字意、标注语音和疏通文义三种。第一种可分为传、笺、解、章句等，第二种可分为义疏、正

---

① 冯友兰. 中国哲学是史料学 [M]. 南京：江苏教育出版社，2006：125.

② 吴承学，何诗海. 从章句之学到文章之学 [J]. 文学评论，2008（5）：24-25.

③ 马裕藻，周作人，朱希祖等. 新式标点符号议案（国语统一筹备会提出）[J]. 浙江教育，1920，3（8）：1-13.

义、疏义等（谶纬之学亦可归为此类），第三种称音注、音解、音义等。中国早期"古书注释"有鲁史官左丘明为《春秋》所作之"注"，即《春秋左传》，后其本身也成为经典，而为后人诠释；后有清人阮元所刻《十三经注疏》，将历代学者有关"十三经"之"注""疏"合为一体，以方便后人阅读、学习"十三经"；又，北魏郦道元《水经注》、裴松之《三国志注》、刘孝标《世说新语注》和李善《文选注》堪称注释经典，被誉为中国古代"四大名注"。

其四，编纂之学。中国古籍浩繁不能尽，是中国古人对"古书"进行选编、改写等之原因。南朝梁萧统编《文选》时采取总集形式，之后古籍日聚，不得不采取选编。如选集编纂大约在魏、晋以后日益兴盛；唐宋诗词流行之后，诗词选集则更是不胜枚举；宋明以后，随着科举之盛，科举时文选编盛行。此外，中国史书之纲目体、纪事本末体，便是对中国传统编年、纪传二体的改编尝试。

其五，目录之学。中国古籍浩繁，往往一类知识重复于多书，或同类知识散见诸书。故欲求某知识，不必穷群书，是古代类书、目录书等编纂之主要原因。在古籍浩烦不能尽的情况下，帮助后人快速阅读古书，寻找相关知识的检索工具书不断被编写。《七略》以下及历代艺文志，《皇览》以下历代类书均有此功能。

其六，文字、音韵之学。中国古代辅助理解古书音、义之工具书大体有训诂书、韵书、字书等。中国最早的目录书《七略》即开始在"六艺略"下设小学类，专门著录辅助阅读经学古籍之工具书，之后一直沿袭至《四库全书》，收书日增。这些传统之小学之书在清代发展至高潮，梁启超在《清代学者整理旧学之总成绩》中所述甚详。许慎《说文解字》至清代《康熙字典》均属此类。

总之，"古书难读"现象"古已有之"，古人亦曾采取各种措施来解决该问题，然而，"古书难读"对民国以前的学人而言，似乎是不言而喻、习以为常之问题，古人鲜少宣扬"古书难读"观念，更少将"古书难读"作为"放弃阅读古书"之借口；相反，古人以此为业，从事了许多解决这一困难的具体工作，如为"古书"作了许多句读、注释，撰写了一系列文字学、音韵学等参考书。

二、"新文化运动"与近代"古书难读"观念

1. 近代有关"古书难读"的两种归因

部分民国学者认为,"古书难读"是"古书"本身特征,"古书"需经整理后方可阅读。1923 年,梁启超说:"中国书未经整理,一读便是一个闷头棍,每每打断趣味,这是坏处。"并称:"中国书没有整理过,十分难读,这是人人公认的"。① 1935 年,傅斯年《论学校读经》称:"六经虽在专门家手中也是半懂半不懂的东西,一旦拿来给儿童,教者不是混沌混过,便是要自欺欺人。"② 胡适支持该观点,认为:"最近二十年中,学校废止了读经的功课,使得经书的讲授完全脱离了村学究的胡说,渐渐归到专门学者的手里,这是使经学走上科学的路的最重要的条件,二三十年后,新经学的成绩聚多了,也许可以稍稍减低那不可懂的部分,也许可以使几部重要的经典都翻译成人人可解的白话,充作一般成人的读物。"③

也有部分学者认为,"古书"本身并不难读,而将"古书难读"现象归咎为"新文化运动",认为"国语、白话运动"加深了古、今语言隔阂,而废除儿童"读经课",则是罪魁祸首。1922 年,姚明辉在《学校教授读经论》一文中将时人不能"读经"归咎为学堂运动,称"学堂兴而教法或至于废读,是使学童不习声音章句,而训诂理义亦从而晦塞",并以孔子韦编三绝等先人故事为例,证明"五经为本,读之百遍,其义自见"④。1923 年,马季立称,"五经"并非不可读之书,"童子十五岁以前一句经不读,于是十五岁以后,必不能读",因此言"童子脑筋未足,不宜以经之难读者困之","往时读之而不晓解,今日何为费日力","五经全读,则必无余力以及西学"者,均为托辞⑤。1934 年,汪懋祖在《禁习文言与强令读经》中称:"教育部一再令禁小学文言,并初中各科教科书除国文一小部分外,不得以文言编辑,而两次

---

① 梁启超. 梁任公先生《国学入门书要目及其读法》[M] //胡适. 胡适文存. 合肥:黄山书社,1996:108 - 109、106.

② 胡适. 今日我们还不配读经 [J]. 中华教育界,1935,22 (12):99 - 100.

③ 同②.

④ 姚明辉. 读经论(上)[J]. 研经社杂志,1922 (2):1 - 3.

⑤ 马贞榆. 今日童子读经不读经为今日中国存亡说(遗稿)[J]. 昌明孔教经世报,1923,2 (3):5 - 8.

修订标准，文言文分量愈削愈少，势将驱除文言于中学课程之外，而尽代之以白话。使十数年后，文言文绝迹，移风易俗，莫善于此矣"。①

2. "存文会"之攻击

"新文化运动"推行者认为，"古书难读"是近代民众教育难以普及的原因所在，称"白话文"更有利于推动民众教育。20 世纪 30 年代部分学者主张在"古文"基础上制作"简体字"。1935 年，教育部公布了第一批简体字，理由是："中国义务教育、民众教育，未能普及者，文字繁复，为最大原因之一。"②

但也有人认为，"古文"更有利于推动民众教育。1934 年，汪懋祖在《禁习文言与强令读经》中认为古文较白话更为简洁实用。他指出"文化愈进，生事愈繁，于是有以简驭繁之工具与方法"，"文言为口语之符号，所谓一字传神，最能描写文言之便利。凡自然科学之各种符号与方式，皆可作文观"，"今初中学生因喜白话，所作信札多累赘不通，往往一言可以说明者，而十数语不能达意"，"乃必舍轻便之利器，用粗笨之工具"。③ 此外，他认为提倡白话者，在一定程度上受到商业利润的驱使。"字数既有定价，往往一书三千字足以发挥者，必多至二三万而收益可以十倍。今教科书亦成商品，各局争销，常生纠纷。社会人士，本不喜此中猫言禽寓之教本，殆格于当局者之有力主张，而无可如何？"他认为，若略加努力学习文言，则"以后之受用，必且倍增"。④

"存文会"成员掀起了近代"古文运动"的高潮。1935 年，"简体字表"公布后不久，胡朴安、王西神、江亢虎、潘公展、胡宿尘、姚明辉等 20 余人在上海成立"存文会"，反对推行简体字，称："我国自新文化运动以来，教育普及，功效未见，而国文作风日坏，国学程度日低。"该会的宗旨是："以保存汉字，保存文言为目的，联合同志努力迈进。认注音为识字符号，如字母反切只用，但反对以之代替汉字；认白话为学文阶梯，有启蒙通俗之功，但反对因而废弃用文言。并主张以群经正史诸子百家为国文最高之标准，中

---

① 汪懋祖. 禁习文言与强令读经 [J]. 江苏教育，1934，3（5/6）：236 - 239.
② 何键. 对于教育部推行简体字表之意见（附太原存文会致何主席代电）[J]. 船山学报，1935（4）：1.
③ 同①。
④ 同①。

等以上学校校本作文，悉用文言"。①

"存文会"骨干何键总结了反对"简体字"的六大理由：①民众于繁体字外，还需学习简体字，求简而得繁；②旧书业书贾，已印课本将作废，损失巨大；③民众需重购新书，损失大；④有损文字真义，降低学术；⑤文字是国粹，改革文字，是自毁国粹；⑥不关教育大体，反有损民众教育普及。②

由上可知，"存文运动"不仅要在语言文字层面推行"古文"，也包括在知识内容层面推广"古书"之阅读。他们提倡的"古书"（传统文化知识）是与"新书"（近代知识）相对应的。

3."新文化运动"推行者之申辩

"存文会"主张遭到了"新文化运动"推行者的反驳，主要有以下七个方面：①"存文会"反对的用符号代替汉字的做法并不存在。③ ②"以五经为正宗"的观念违反了文学的自然演化的公理④，"群经正史诸子百家，是中国文学最高的标准"，只是"少数'国学大家'"的标准，新时代还有"许许多多的新思想新知识"待人探求。⑤ ③"中等学校以上都用文言"会浪费民众大量时间与精力，"如果是思想，可以用白话文释出；如果是文学，可以选编两册，供国人阅读，欣赏。固用不着大中学校统读文言，更要那得着以经文为正宗"；⑥ ④反对"把中国教育不普及的责任，推在新文化运动的身上"，认为"中国若没有新文化运动，中国教育，今日不知还要如何衰败呢"；⑦ ⑤"国文作风日坏，国学程度日低，也不是新文化运动的罪过"，"新文化运动"使得"白话及新学问，却代之而兴，日有进展"；⑧ ⑥反对以"存文"名义行封建复古之事。⑨ ⑦主张改"存文"为"尊文"，不论文白，皆是文，皆当尊；且当尊重以文字为生之人。⑩

---

① 沪学术界组织存文会 [J]. 浙江图书馆馆刊，1935，4（2）.
② 何键. 对于教育部推行简体字表之意见（附太原存文会致何主席代电）[J]. 船山学报，1935（4）：1.
③ 姜桐."存文会"存的什么文 [J]. 澎湃（武汉），1935，1（2）：14-15.
④ 光. 存文会的成立 [J]. 民鸣周刊，1935，1（46）：2.
⑤ 行安. 向"存文会"提出几点抗议 [J]. 人言周刊，1935，2（7）：128.
⑥ 光. 存文会的成立 [J]. 民鸣周刊，1935，1（46）：2.
⑦ 同⑤。
⑧ 同⑤。
⑨ 张凤. 关于存文会的话 [J]. 芒种，1935（4）：124-125.
⑩ 同⑨。

胡适、傅斯年等认为，"古书难读"并非"新文化运动"的结果，而是"古书"本身所具有之特征。

傅斯年指出，古来学者多不敢承认"古书难读"，但这并不代表他们都已读懂。1935年，傅斯年在《论学校读经》中称"经过明末以来朴学之进步，我们今日应该充分感觉六经之难读。汉儒之师说既不可恃，宋儒的臆想又不可凭，在今日只有妄人才敢说《诗经》全能了解，有声音文字训诂训练的人，深知'多见阙疑''不知为不知'之重要性。"他认为："西洋人并不比中国人聪明，只比我们认真。六经虽在专门家手中也是半懂半不懂的东西，一旦拿来给儿童，教者不是混沌混过，便是要自欺欺人，这样的效用究竟是有益于儿童的理智呢，或是他们的人格呢？"①

胡适认为，古来第一个敢于承认自己不完全懂经书之学者为国学大师王国维。"古经学所以不曾走上科学的路，完全由于汉魏以来诸大师都不肯承认古经的难懂，都要'强为之说'。南宋以后，人人认为朱子蔡沈的集注为集古今大成的定论，所以经学更荒芜了。顾炎武以下，少数学者走上了声音文字训诂的道路，稍稍能补救宋明经学的臆解的空疏。然而他们也还不肯公然承认他们只能懂得古经的一部分，他们往往不肯抛弃注释全经的野心，浅识的人，在一个过度迷信近代朴学的空气里，也就纷纷道听途说，以为经过了三百年清儒的整理，五经应该可以没有疑问了，谁料到这三百年的末了，王国维先生忽然公开揭穿了这张黑幕，老实地承认，《诗经》他不懂的有十分之一二，《尚书》他不懂的有十分之五，王国维尚且如此说，我们不可以请今日妄谈读经的诸公细细想吗？"②

4. "国语、白话教育"对"古书阅读"之影响评价

"古书难读"古已有之，"新文化运动"并非罪魁祸首。同时，"国语、白话教育"推广亦需一定时日，不可能在"新文化运动"初兴的1923年形成梁启超所言"人人公认"③的现象。

（1）从师资力量来看，培养尚需时日。"白话、国语运动"虽在清末便有学者提倡，但据1919年国语统一筹备会召开时的相关规定可知，国内推动

① 胡适. 今日我们还不配读经 [J]. 中华教育界，1935，22 (12)：99-100.
② 同①。
③ 梁启超. 梁任公先生《国学入门书要目及其读法》[M] //胡适. 胡适文存. 合肥：黄山书社，1996：106.

"国语、白话文运动"单从师资力量上来看，便不太可能在短期内产生"古书难读"的效果。1919 年国语统一筹备会有关推行国语白话文运动的政策有如下五条：①师范学校于国文功课内兼授国语。国文功课三分之二仍旧法教授，复划出三分之一专教国语，至教员是否深明普通话，及学过注音字母，而宜于是科者，须由学务局或教育厅检定之，庶发音不讹，得有正确之教授。②师范学校内附设夏期国语讲习会也。此项讲习会为高等小学校，国民学校与乙种实业学校之教师而设，但因地理上关系，中等学校之教师，亦得往听讲，满期者，给以证书，如是试办四年以期普及。③第五年后教员检定实验时，加国语一门。凡国语不认为合格者，不得充以上各项学校之国文教师。④第六年后全国国民学校改国文为国语，高等小学及乙种实业学校则以今日国文功课二分之一，教授国语中学，及甲种实业学校则以国文功课三分之一教授国语。⑤同年后，凡师范中学甲乙种，实业暨高等小学，国民学校等，修身等学科，如愿以国语教授，不用国文者，听之。易言以明之，即各种教科书，或讲义，亦的用语体文是也。① 可知，依该政策实施，"国语课"在全国范围内推行始自 1920 年，且至少仍需要 6 年方能培养出第一批师资力量。

（2）从教材和教学语言来看，文白长期并行。整个民国时期，文言、白话虽在某一时期曾占据过优势，整体趋势则是并驾齐驱。1920 年，《教育部令第七号》令全国各学校一二年级国文改语体文（白话文）。1922 年，教育改革改"国语"与"国文"并立，前者以语统文，后者以文统语；前者为浅显之语体文，后者为标准之国音；前者在于促使文字教育普及与运用，后者在于统一国民之语言。② 1930 年，《教育部通令中小学校励行国语教育》，禁止文言文教科书，实行部颁国语标准。自白话文、国语运动以来，国文教材编写其大概趋势如下：1920 年以前，文言文一统天下；1920—1922 年，白话文、文言文并存；1923—1932 年，文言文、白话文、文白对照同时存在；1932 年后，文白对照开始流行。③ 如 1946 年开明书局邀请叶圣陶、周予同、郭绍虞等编写国文读本，甲种为白话读本，乙种为文言读本；1948 年又邀请朱自清、吕叔湘、叶圣陶等编写了高中国文言文、白话两种读本。

---

① 记国语统一筹备会 [J]. 教育公报，1919，6（9）：160–188.（10）：98–122.
② 黎锦熙. 为反对设"读经科"和中学废止国语给教育总长章士钊和次长陈任中的呈文 [J]. 国语周刊，1925（22）：1–4.
③ 郑国民. 从文言文教学到白话文教学 [M]. 北京：北京师范大学出版社，2000：128.

然而，民国时期"古书难读"现象之存在与近代教育改革后"古文"阅读内容和数量转变有一定关系。

在学习内容上，近代新学知识教育大大增加，古书阅读时间不得不相应地有所减少。如1934年汪懋祖在《禁习文言与强令读经》中指出，"今初中科学增繁，几举人世各种学术之基础，尽纳之于三年之中，食且不能下咽，安得消化。故师资、教法、课程，不加改良，不谓文言有碍算学，实为学科上之一大诬案也"。①

在学习数量上，为兼顾新旧学知识学习时间，近代教育多不得不采取选读中国古代经典的措施。如1902年张之洞在《筹定学堂规模次第兴办折》中称，古时"六朝尚对策，唐取贴经，两宋重词科，并记注疏子史，北宋又设神童科，幼稚即记多经，于是学童读书，务为苦读强记，以致耗精多而实用少。今欲救之，但令仿古人专经之法，少读数部"。② 自清末开始，讲经"要义在讲授经文，字数宜少，使儿童易记。讲解经文宜从浅显，使儿童易解，令圣贤正理深入其心，以端儿童知识初开之本"。③

三、"古书难读"的应对之策

1. "古书难读观"影响下的近代"古书阅读"选择

与古人不同，近代"古书难读"引发了一场"古书阅读"必要性的论争。第一种论调是禁止阅读古书，如在20世纪30年代，"教育部一再令禁小学文言，并初中各科教科书除国文一小部分外，不得以文言编辑，而两次修订标准，文言文分量愈削愈少，势将驱除文言于中学课程之外，而尽代之以白话"。④ 第二种论调是强令阅读古书。如1934年湖南、广东等省强令中小学"读经"。⑤ 第三种论调则是折中阅读古书，这包括对古书阅读范围、形式和年龄的限制。

从范围来说，有选择性地阅读古书。1922年，在《读书杂志》发表了一

---

① 汪懋祖.禁习文言与强令读经 [J].江苏教育，1934，3（5/6）：236-239.
② 璩鑫圭，唐良炎.中国近代教育史资料汇编 [M].上海：上海教育出版社，1991：112.
③ 同②，第294-295页。
④ 同①。
⑤ 同①。

个《一个最低限度的国学书目》，分必读古书为民族史、语言文字史、经济史、政治史、国际交通史、思想学术史、宗教史、文艺史、风俗史、制度史等 10 类，共 184 种。梁启超认为，该书目并不合理，他于 1923 年应《清华周刊》之约作《国学入门书要目及其读法》，将推荐阅读古书分为修养应用及思想史关系书、政治史及其他文献学书、韵文书、随意涉览书。他将这些书分为两类，"一类是精熟的，一类是涉览的"，如"诸经、诸子、四史、通鉴等书，宜入精读之部"，"词曲集"则可"随所好选读数种"，因此又别拟了一个《最低限度之必读书目》，包括四书、《易经》《书经》《诗经》《礼记》《左传》《老子》《墨子》《庄子》《荀子》《韩非子》《战国策》《史记》《汉书》《后汉书》《三国志》《资治通鉴》（或《通鉴纪事本末》）《宋元明史纪事本末》《楚辞》《文选》《李太白集》《杜工部集》《韩昌黎集》《柳河东集》《白香山集》25 种，称"无论学矿学工程，皆须一读"。①

从形式来说，推荐阅读整理本古书。如 1935 年胡适在《今日我们还不配读经》一文中指出，"古代的经典今日正在开始受科学的整理的时期。""最近二十年中，学校废止了读经的功课，使得经书的讲授完全脱离了村学究的胡说，渐渐归到专门学者的手里，这是使经学走上科学的路的最重要的条件，二三十年后，新经学的成绩聚多了，也许可以稍稍减低那不可懂的部分，也许可以使几部重要的经典都翻译成人人可解的白话，充作一般成人的读物。"②1934 年，孙乃湛指出，"小学国文用白话，则易入儿童脑经"，"经不必全读，初小仅选一言半语，高小初高中如曾文正史百家杂钞之分段选录，颇合实用，不能视为割裂经籍"。③

从年龄来说，不同年龄阅读不同层次的古书。以经书来看，"经学"可作为大学阶段专门之学。1913 年《教育部对于小学读经之批辞》一文，反对中小学"读经"，称"四书五经所包含至广，专言道德之书，亦非若教科书之自成系统，其属于政论、哲学、历史、文学、风俗、制度者，尤非儿童所能领悟"。古人以《礼》教儿童，而"今则官室饮食服装器用之制，与古绝异"，因此当前儿童教育，应采用适合儿童心理的新式读物为宜。同年，教育部第一号令规定，大学"文科"之"中国哲学类"中有《周易》《毛诗》《仪礼》

---

① 梁启超．梁启超全集［M］．北京：北京出版社，1999：4241－4242．

② 胡适．今日我们还不配读经［J］．中华教育界，1935，22（12）：99－100．

③ 孙乃湛．中小学教授交言读经与民族复兴之关系［J］．民鸣周刊，1934，1（13）：10－11．

《礼记》《春秋》《公》《谷》《论语》《孟子》诸书，这是"成人读经说"之实践。①

近代学人已经意识到，"古书难读"只是一个相对的难题。第一，残缺和伪书相对难读。王国维认为《尚书》之所以难读，在于其"伪阙"极甚。可见不仅内容残缺之书是难读的，而难辨真伪之书也是属难读范畴。② 第二，使用成语之上古书相对难读。即凡是以不同前一时代语言写成的，有别于当世语言习惯之书，都在"难读古书"之列。王国维认为，除《诗》《书》之外，古书历来都有注释之书，"唐宋之成语，吾得由汉魏六朝人书解之。汉魏之成语，吾得由周秦人书解之"。然而"至于《诗》《书》，则书更无古于是者"。③ 第三，使用避讳之书相对难读。陈垣在《史讳举例》中提道，"欲叙述唐人避讳改地名，乃先避宋讳，又避明讳，而后避唐讳。甚矣古书之难读也。"可见，使用避讳的古书属"难读之书"范畴。

因此，部分近代学人也意识到近代学术环境有利于化解"古书难读"危机。如出土资料和域外文献的发掘有利于理解中国传世"古书"。1935年，胡适在《今日我们还不配读经》一文中便提到，古人用的材料，绝大部分还是古书的文字，铜器文字绝少。《马氏文通》以来，学人方开始参考别国文法，以及从事铜器文字、甲骨文字的研究，这使"古经"的研究添了不少比较材料。④

2. "新式标点符号"用于辅助理解"古书"文法

如何化解"古书难读"的危机？部分学者认为，近代"古书难读"困难是由古、今"文法知识"之差异导致的，而"新式标点"可辅助解决该问题。1935年，胡适在《今日我们还不配读经》一文中指出："古书难读"不仅体现在单字或成语，更重要的是"文法"。他认为，"古代的经典今日正在开始受科学的整理的时期"，而整理目的之一则是打通"古今文法知识"。⑤

可见，近代"古书标点"与"古籍白话翻译"有异曲同工之效，殊途同归。如朱自清在20世纪40年代称"我国经典，未经整理，读起来特别难，

① 马贞榆. 今日童子读经不读经为今日中国存亡说（遗稿）[J]. 昌明孔教经世报，1923，2 (3)：55 – 57.

② 胡适. 今日我们还不配读经 [J]. 中华教育界，1935，22 (12)：99 – 100.

③ 同②。

④ 同②。

⑤ 同②。

一般人往往望而生畏，结果是敬而远之"①，甚至指出"新式标点"是近代"白话文"组成部分②。

部分民国学者认为"古书"自有其"文法标识符号"。1919 年，在国语统一筹备会上，马裕藻、周作人、朱希祖等总结了中国"文法符号"发展的几个阶段：①汉唐离经句读法；②宋明圈点句读法；③清以后圈点鉴赏符号。③ 又，1923 年汪东在《新文学商榷》中指出，中国古代文字自有其标识符，"问词在句首用岂、用何、用胡；句末用乎、用邪、用哉。""白话句首用可、用甚么；句末用呢、用吗。"④

因此，部分近代学者曾利用中国古代"句读法"探索近代"文法知识"。如 1904 年马建忠撰写的《马氏文通》为我国第一部语法专著，其例句均摘自经、史、子、集。"白话文运动"表面上是为了实现中国文字"文与言之统一"，结束"文与言分离"的状况，然而所谓"白话文"在当时并无一定标准，且"白话文"在宋元以来早已以书面形式与"文言文"并存。故所谓"白话运动"，实际是宣传新式文法知识。近代"古书句读"的研究著作有如 1923 年陈钟凡的《古书校读法》，1929 年杨树达的《古书之句读》，1934 年杨树达的《古书句读释例》，1936 年孙德谦的《古书读法略例》等。

"新式标点"推行者也认为，阅读"古书"之最大障碍之一在于"古今文法差异"。如 1919 年《新式标点符号议案（国语统一筹备会提出）》言，中国旧时真正意义上的标点符号只有"句号"和"读号"；中国古代"标点"本有"句读"和"鉴赏"之用，而晚清以来，"有些报纸书籍，无论什么样的文章，都是密圈圈到底，不但不讲文法的区别，连赏鉴的意思都没有了，这种圈点和没有圈点有什么分别。"⑤ "新式标点"有助于弥补古书本身"文法标识"模糊的缺陷，以辅助"古书阅读"。因此，1920—1927 年胡适为亚东图书馆出版的新式标点本章回小说作了一系列考证及序文，并结集为《中国章回小说考证》，其中谈到"新式标点"对阅读古代章回体小说的重要意义。

---

① 朱自清. 经典常谈·序 [M]. 北京：生活·读书·新知三联书店，1980：6.
② 文贵良. 新式标点符号与"五四"白话 [J]. 华中师范大学学报（人文社会科学版），2015，54（3）：65-73.
③ 马裕藻，周作人，朱希祖，等. 新式标点符号议案（国语统一筹备会提出）[J]. 浙江教育，1920，3（8）：1-13.
④ 汪东. 新文学商榷 [J]. 华国，1923，1（2）：10.
⑤ 同③。

四、结语

"古书难读"是一个古已有之的现象，但近代"新文化运动"与"反对新文化运动"者的论争在客观上推动了"古书难读"观念的流行。20 世纪 30 年代以后，无论是新文化运动，还是反对者，他们都在某种程度上认可"古书难读"现象的客观存在。

基于"古书难读"现象的不同归因，近代学人提出了解决"古书难读"困难的不同方案。"新文化运动"推行者认为"古书难读"是"古书"本身特性决定的。因此他们或将"古书难读"作为放弃，或减少"旧学"教育，提倡"新学"教育的理由；或者认为需对"古书"进行整理，方能解决该难题。反对者认为，"古书难读"并非古书本身特质，而是"新文化运动"的结果，因此，他们将"古书难读"作为反对国语、白话，以保存国粹的依据，认为只有加强国人的"古文"训练才能解决"古书难读"。

实际上，"古书难读"与"新文化运动"是互为促进的两种近代观念。"新文化运动"引发的有关"古书阅读"必要性的讨论，促进了"古书难读"观念的流行。反过来，"新文化运动"推动者又利用"古书难读"的观念来推行"新文化"。如"新式标点"运用于"古书"不仅是化解"古书难读"危机的重要形式，同时也是解决古、今文法知识转变的重要手段，是"新文化运动"的重要内容之一，因此有人甚至将"新式标点"本身作为近代"白话文"的组成要素。

慈善与救灾

民国北京大学生的慈善义演[*]

赵晓华　祁文馨[**]

慈善义演是近年来近代社会文化史研究中备受关注的一个领域。目前，学界对慈善义演的举办主体、内容及其实践进行了较多讨论，但是，关于某一地域、某一社会群体的慈善义演的研究还较为薄弱。慈善义演的研究既可拓展近代慈善史、日常生活史的研究空间，亦可作为研究近代城市、社会群体的重要平台。本文拟对民国北京大学生慈善义演的内容、特点及社会效应进行初步分析。作为近代中国社会十分活跃的社会群体之一，大学生群体把参与慈善事业作为其社会活动的重要组成部分。民国初年，北京作为全国教育发达的地区之一，"学校之多甲于全国"，大学生群体的慈善活动对其他地区具有一定引领和参照作用。[①] 其中，慈善义演是重要的组成部分。民国北京大学生进行慈善义演的形式多元，反映了民国教育理念与传统慈善思想的有机结合，展示了大学生作为新知识群体的特点，并取得了一定的社会效果。

　＊　基金项目：本文为教育部哲学社会科学重大项目攻关项目"近代救灾法律文献整理与研究"（18JZD024）的阶段性成果。

　＊＊　作者简介：赵晓华，中国政法大学人文学院历史研究所教授；祁文馨，青海省西宁市第七中学教师。

　①　目前相关研究主要有：关心. 民国时期的学校赈灾义演探析 [J]. 历史教学，2016（4）；关心. 近代中国学校音乐会的功能 [J]. 史学月刊，2012（6）；周爱军. 晚清民国学生演剧"筹款"现象研究 [J]. 戏剧文学，2019（1）. 等。

一、民国北京大学生慈善义演的表现形式

慈善义演是募款的一种重要途径。民国北京大学生进行慈善义演的目的，除了救灾、赈贫外，也是他们开展平民教育、举办平民学校的重要手段。北京高校学生慈善义演的形式主要有举办游艺会、音乐会，演出义务剧和歌唱大会等。

1. 举办游艺会

1920 年，华北五省发生严重旱灾，社会各界积极投入救灾活动中，北京的大学生群体也积极参与其中。他们将 12 月 18 日作为旱灾纪念日①。北京大学成立赈灾会，发布启事称："灾民有数千万之众，无衣无食，道殣相望，瞬届寒冬，苦痛尤甚，窃思此等难民同属国民份子，坐视不救，夫岂人情。"② 是日，北京三千多名学生走上街头，担当募捐义勇员，其中，北京大学青年会组织义勇员 200 人上街募捐③，燕京大学当时女生人数不足百人④，即有七十多人参加，清华等北京市各学校也纷纷响应⑤。大学生还发起游艺会这样具有娱乐性的募捐方式。1920 年，北京女高师赈灾游艺会在《北京大学日刊》上刊登销售游艺券的广告，头等票每张现洋一元，二等票每张现洋六角。⑥ 燕京大学女校青年会的理事部决议，与男校青年会共同组织一个文艺募捐会，由理事部举出新剧委办二人，会计司账各一人，其他如会场委办、售票委办、秩序委办各俩人，与男校委办联合办理。同学们将比利时著名的诗家梅德林的"蓝鸟"译成汉语，并在演习、化妆布景等工作花费了不少功夫。1920 年 11 月 27 日晚七点，游艺大会开演，活动场面十分热闹，"青年会的座位不过七百多，开会时候还没到，有许多的来宾已经没有座位了，所以决定停止临时售票。"⑦ 游艺会募款达到 1200 元左右，其中除了段祺瑞特捐 100 元外，余下都由半元、一元集成，可见参与人数之多。由于义演的形式极被社会欢迎，

① 燕京大学青年会赈灾报告 [M] //1920—1921 赈灾报告, 1921：72.
② 北京大学赈灾会启事 [N]. 北京大学日刊, 1920 – 09 – 24.
③ 北大学生青年会启事 [N]. 北京大学日刊, 1920 – 12 – 21.
④ 张玮瑛、王百强等主编. 燕京大学史稿 [M]. 北京：人民中国出版社, 1999：428.
⑤ 旱灾纪念日 [J]. 清华周刊, 1920 (204)：30.
⑥ 日刊课启事：北京女子高等师范赈灾游艺会券 [N]. 北京大学日刊, 1920 – 10 – 15.
⑦ 同①, 第66页.

燕大同学又加演一场。第二次演出的目的并非要获得大数目的捐款，而是要加强与北京其他高校同学的联络，所以把票价减少至 3 角，第二场演出又获得 200 多元。①

举办游艺会也是北京大学生进行平民教育的常见活动。一方面，举办平民学校的经费除了依靠申请外，大学生也会自己想办法克服经费困难，如定期举行纪念周、游艺会、恳亲会等来筹集经费。例如，1922 年，北京大学第二平民学校因为要增开班次，于是在 4 月 1 日、2 日两天连续举办筹款游艺会，节目内容包括男女合唱和音乐会，以及北大戏剧实验社和北京实验剧社联合演出的《爱国贼》等四部新剧等，两天演出收入与支出相抵，共赚约 104 元。② 另一方面，北京各高校大学生还自发组成乡村平民服务团。如 1931 年 3 月，由燕京大学、辅仁大学、北京女高师等学校学生自发组成的北平区学生乡村服务团到达河北定州，除了了解平民教育、观察乡村社会等目的外，服务团的另一项重要工作便是开展游艺会。服务团的队员们在当地先后举办游艺会、儿童会、新年同乐游艺大会，演出《刘兰芝与焦仲卿》等剧目。此后，服务团又受到救世军邀请，举办年终同乐大会，队员们表演了音乐、趣剧、独唱和新戏等节目。剧目演出以及演艺会的举办，并非依照学生自己的特长选定内容，旨在符合村民的兴趣，在定州期间，服务团仅游艺会就举办了至少五次。当地民众一向对演剧感兴趣，受大学生表演的影响，后来也自己组织起了农民剧团。③

2. 举行音乐会

20 世纪 30 年代，北京的大学生以音乐会为载体举办慈善义演的活动并不鲜见。如 1935 年，清华大学军乐队于 8 月 11 日、18 日、25 日，9 月 14 日，分别在中山公园、香山饭店、协和礼堂等地举办了四次赈灾室内音乐会。④ 其间，该军乐队部分成员为了赈灾募款，还举行了四次露天音乐会。⑤ 由上可见，清华大学军乐队是开展赈灾音乐会的主力军之一。清华大学军乐队与弦

---

① 燕京大学青年会赈灾报告 [M] //1920—1921 赈灾报告，1921：66.
② 北大第二平民学校启事 [N]. 北京大学日刊，1922 - 03 - 28；北大平民夜校启事 [N]. 北京大学日刊，1922 - 04 - 13.
③ 定县通讯：第一个农民剧团 [J]. 民间（北平），1934，1（4）：27.
④ 音乐演奏会 [N]. 大公报，1935 - 08 - 12. 水灾音乐会 [N]. 大公报，1935 - 08 - 18，1935 - 08 - 25；清华大学水灾音乐会 [N]. 大公报，1935 - 09 - 14.
⑤ 清华大学水灾音乐会 [N]. 大公报，1935 - 09 - 14.

乐队共同组成清华西乐部，发展至 20 世纪 30 年代已形成一定规模。清华大学支持西乐部的发展，聘请俄籍提琴家托诺夫和德籍钢琴家古普克执教，此外还提供乐器，仅收取学习费。"这种特别的优待，全是为了鼓励同学们学习音乐的兴趣起见。"① 由于成立以来历经国际著名音乐家指导，加以"设备完善，队员努力"，清华军乐队等社团组织在"华北一带，声誉卓著"②，备受好评。

在举办的赈灾音乐会上，大学生十分注重与其他音乐家的联动。1932 年 1 月 9 日，清华大学西乐部同学在协和大礼堂发起举办"冬赈音乐大会"，为冬赈募集款项。据称，其中有"华北最大军乐队的演奏"，参与演出的还有著名的提琴家及钢琴家等，当时所售票价分为 1 元票与 2 元票两种。③ 音乐会内容丰富，也常有与唱歌表演等形式结合者。1936 年 12 月初，清华大学西乐会举办"援绥音乐大会"。西乐会负责人指出，"在这举国一致的援绥大运动中，该会亦积极筹备募款音乐大会，内容除军乐队演奏外，尚有管弦乐队、歌咏队及其他名人项目"。为了扩大募捐范围，除了预定在本校大礼堂演奏外，并商借燕京、协和以及青年会礼堂举行公演，其演出目的，"俾能凭能力报效国家云"④。

3. 演出义务剧与歌唱大会

演出义务剧筹款，也是民国北京大学生慈善义演的重要内容。1929 年，北平协和医学院学生表演剧目，为该院工人夜校筹款⑤。1935 年 11 月 9 日、10 日两日，国立北平师范大学学生主办水灾救济会义务剧，借北平市开明剧院举行。⑥ 1935 年 11 月 2 日，北平辅仁大学及其附属中学师生成立"联合水灾赈济会"，聘请国剧界名伶郝寿臣、言菊朋等在该校大礼堂义务演戏，筹款大洋 600 余元。除去开销，净得洋 1600 余元。⑦ 北京大学生演剧，刚开始时是新剧和旧剧混杂演出，但由于新剧的形式比较新颖，观众也更喜爱以"文明戏"形式演出的新剧。1943 年 6 月，北京大学法学院的北法剧团在长安剧

① 清华大学各系概况：清华的音乐 [J]. 清华周刊, 1931, 35 (12).
② 清华大学军乐队 [N]. 大公报, 1935 - 01 - 01.
③ 冬赈音乐大会：清华大学西乐部主办 [N]. 北平晨报, 1932 - 01 - 09.
④ 符鲁特. 国内新闻：西乐会将举行援绥音乐大会 [J]. 清华副刊, 1936 (45)：7.
⑤ 北平协和医校学生为该院工人夜校募款演剧 [J]. 图画时报, 1929 (622)：1.
⑥ 北平晨报 [N]. 1935 - 11 - 04.
⑦ 左芙蓉. 基督宗教与近现代中国社会工作 [M]. 北京：民族出版社, 2015：52.

院举办急赈慈善公演，演出剧目即为《茶花女》。①

除了义务剧，民国北京大学生组织慈善义演的形式多样，如还有慈善歌唱大会。1943 年，辅仁大学救济委员会社会服务部为了筹备粥厂赈济贫民，于 12 月 22 日、23 日举办慈善歌唱大会，由曾在维也纳做合唱指导的高司铎做指导，女高音王复生担任独唱，名家杨荣东担任男低音，票价分为五元、三元和两元三种，票款所得用于办粥厂。②

二、服务社会与舍己救人：北京大学生慈善义演的双重动力

1. 高等教育中社会服务理念与美育的养成

民国北京大学生的慈善义演活动，与高等教育中对社会服务能力的养成、美育的积极开展，都有着密不可分的联系。北京大学等高校非常注重对学生社会服务能力的培养。蔡元培认为，大学应该借鉴美国"大学的目的，要把个个学生都养成一种服务社会的能力"③。胡适在《少年中国之精神》中提及，中国少年"必须要有社会协进的观念"。他认为："在社会协进的观念下，人人都应被看作是通力合作的伙伴，每个人的人格应该得到尊重，每个人都要意识到自己的一举一动都与社会有关，如此才不会造恶因，而是努力结善果，也就不会成为自私自利的野心投机者。"④ 社会服务与慈善活动在"舍己救人"的理念相通。但是，与传统慈善活动明显不同的是，不少知识分子把社会服务看作社会改造的一部分。郑振铎指出，社会服务是"知识阶级里的人，利用职务的余暇，实地的投身于劳动阶级或没有觉悟的群众中，用种种切实的方法，以唤起他们的觉悟，改进他们的生活，增进他们的幸福的一种工作"⑤。与国立大学相比，燕京大学等教会大学的慈善活动带有浓厚的宗教色彩，但其同样非常重视对学生社会服务的培育。燕京大学的校训是："因真理，得自由，以服务。"燕大还专门成立了"宗教与社会服务专业"。燕京大学的校训成为激励学生救灾的口号："我们男女两校两百人的同学，为着要履

---

① 北法急赈公演《茶花女》[N]. 新北京报：1943 - 06 - 22. 转引自：郭常英. 中国近代慈善义演文献及其研究 [M]. 北京：社会科学文献出版社，2018：308.

② 辅大救济委员会主办慈善歌唱大会 [N]. 新北京报，1943 - 12 - 12.

③ 高平叔. 蔡元培教育论著选 [M]. 北京：人民教育出版社，1991：358.

④ 陆翔辑，胡适. 少年中国之精神 [M] //当代名人新演讲集，广文书局，1921：138 - 139.

⑤ 郑振铎. 社会服务 [J]. 新社会，1920 (7).

行我们的校训，竟然欢欣勇敢的抛掷了自己，也将一切都牺牲了。"①

从政府的高等教育政策来讲，国民政府成立以后，也强调要："训育培养学生爱护公共事业及养老、恤贫、除灾、互助等美德。"② 自 20 世纪 30 年代开始，国民政府提倡高校学生积极开展社会服务。1931 年颁布的《三民主义教育实施原则》指出："高等教育训育要鼓励并指导各种学生服务团体组织，使其能深入社会内层，从事提高民众智识，有益社会改革的工作，培养知识分子牺牲的习惯和应有的责任心。"③

如果说，民国大学社会服务理念及政策的提倡为北京大学生群体慈善义演提供了独特的空间和环境，那么，北京大学、清华大学等高校在美育方面的率先倡导和实践，则为大学生慈善义演创造了有利的专业基础。蔡元培作为近代力倡美育的教育家，对音乐美育实践尤为提倡。1916 年，他在法国撰写的《华工学校讲义》，对"音乐"做了如下界定，"音乐者，合多数声音，为有法之组织，为娱耳而移情者也。"在他的倡导下，1919 年，北京大学成立音乐会，蔡元培亲自代拟章程；1920 年，北京女子高等师范学校设音乐科，开办管弦乐的演奏会。蔡元培指出，高等学校的美育要向社会进行普及实践："美育为近代教育之骨干，美育之实施，直以艺术为教育，培养美的创造与鉴赏的知识，而普及于社会。"④ 清华大学的第二任校长周诒春是"清华人格教育"的最早倡导人。⑤ 1912 年，周诒春教育清华学生应服务社会，热心公益，积极参加公益劳动⑥。因学校附近的贫民子弟缺少求学机会，周诒春发动清华学生以表演剧目的方式筹款助赈。⑦ 梅贻琦执掌清华校印以后，成立音乐室、军乐队、话剧团等多种艺术团体，并聘请中外著名音乐家担任学生导师，清华大学的音乐美育教育内容多样，质量上乘，校园里经常出现的音乐会、戏剧演出等活动，既丰富了大学校园文化，更使学生有能力在校内校外举办慈善义演。此外，燕京大学的女校也有歌咏团、新剧团等学生团体。歌咏团培养学生对西方音乐的兴趣，每年都举办音乐会，新剧团每年公演，演出莎士

---

① 谢婉莹. 发刊词 [M] //燕京大学青年会赈灾报告，1921：5.
② 秦孝仪. 中华民国重要史料初编 [M]. 中国国民党中央委员会党史委员会，1981：426.
③ 陈元晖. 中国近代教育史资料汇编（高等教育）[M]. 上海：上海教育出版社，2007：1163.
④ 蔡元培. 蔡元培全集：第六卷 [M]. 杭州：浙江教育出版社，1997：214.
⑤ 黄延复. 清华的传统精神 [M]. 北京：清华大学出版社，2006：101.
⑥ 同⑤，第 103 页。
⑦ 社会调查的尝试 [J]. 清华学报，1924，1（2）：403.

比亚的戏剧。①

2. 大学生社会服务理念与慈善意识的有机结合

民国北京大学生慈善义演体现了大学社会服务与慈善活动的有机结合。1923 年,《清华大学校歌》的词作者汪鸾翔在解释校歌所含真义时说,"诸君! 在暖炉电灯之旁时,也要想到中国尚有无数因饥寒威胁生命的同胞。"他号召清华学子要从"力所能及者""发奋救人"②。作为新兴的知识阶层,大学生对民众充满了同情心,认为积极参与慈善活动,帮助苦难中的民族缓解痛苦,是大学生群体应尽之责。1920 年,在赈济北五省大旱灾的活动中,北京女高师等学校学生也提议,因为"京畿附近灾荒遍野,时值秋冬,民转沟壑",大学生应当"推人溺己溺、人饥己饥之心,广为销售,俾泽被灾民,敝会同人亦感同身受矣"③。在慈善实践中,大学生把慈善义演当作参与慈善实践和社会服务的比较理想的一种方式。他们认为,义演的特点就是能够吸引人的眼球,能够让人产生共鸣。其中,话剧表演被称为"化妆演讲",具有直观的展示作用,可以利用言语和剧情的魅力,振奋人心,感动观众。大学生在募集赈款时,话剧的内容一般都是反映被灾地区灾民的状况,或者讲述古代急公好义的英雄或大义之举。剧本选择也会根据观众的喜好进行调整。大学生就社会服务经验交流时,也非常认同话剧表演的这种方式:"各队员皆深入民间表演话剧,女生对乡村启示默化处尤巨,根据民意修改剧本,是一创举,可以被借鉴。"④

大学生对组织和参与慈善义演也充满热情。在组织慈善义演的过程中,他们自己也深知"自己的力量的薄弱,经验的不足",但是,"我们受着热情的鼓舞、热情的催促,使我们尽了最大的努力,来从事社会服务,把整个的身体献给社会事业",他们希望自己的热情能够感染更多"社会上的有力的人士","自动地捐助我们贫苦的同胞"⑤。燕京大学的旱灾游艺会,起初只决定表演一场,但因社会和新闻的关注,于是决定为联络北京各学校,降低票价加演一场。大学生通过包括义演在内的慈善活动,收获了"成功的快乐"⑥,

---

① 张玮瑛、王百强等主编. 燕京大学史稿 [M]. 北京:人民中国出版社,1999:435.
② 汪鸾翔. 清华中文校歌之真义 [J]. 清华周刊,1925,24(4):5-9.
③ 日刊课启事:北京女子高等师范赈灾游艺会券 [N]. 北京大学日刊,1920-10-13.
④ 各校寒假乡村服务团昨举行工作报告大会 [N]. 北平晨报,1935-02-18.
⑤ 辅大同学急赈游艺会特刊 [N]. 新北京晚报,1943-05-11.
⑥ 燕京大学青年会赈灾报告 [M]. 1921:40.

在精神上得到了极大满足，他们认为组织这样的活动，是自己增长社会经验的良好时机："这些服务工作，肉体上虽然有时吃苦，心灵上都是自由自在，做错时心想好在是学生时期。做好了，惊为何以竟有这样子好的成功，因此做的时候兴奋极了，真实极了，大家都是这样子。"这种精神上的快乐也是校园学习和生活中所没有的。"回到学校的时候，都觉得同学们都是暮气沉沉，我在乡间度过了天堂的愉快，也只有服务的人们感觉到"。①

3. 女学生走向社会的良好平台

慈善义演也为女大学生展示自我、走向社会提供了良好平台。1919 年，还是燕京大学学生的冰心以"谢婉莹"的名字，在北京《晨报》上发表文章《"破坏与建设时代"的女学生》，表达女大学生想借助校内的"恳亲会""毕业会""音乐会"等形式与社会接近，这种接近方式在女大学生眼中是"秩序的""精神的""庄严优美"，能"起敬起爱"的。② 民国时期，北京高校逐渐开始实行男女同校，对于接触社会的路径，女大学生在五四前后仍旧处于保守的试探，她们认为，"除了必要的时候，过多的接触容易引起社会的误会。"③ 在女大学生如何走向社会的探讨中，很多人认为，相比其他社会活动，作为"天然慈善家"的女性在参与慈善活动时不会遇到太多阻碍，"夫女子者，温良和善、富于感情，而博爱之心，尤胜于男子，是所谓天然慈善家也。"女学生自己也希望借助对慈善事业的参与而走向社会，她们渴望："将与男子并驾齐驱，占同等优美之地位，尊贵之价值，而两千余年，男尊女卑之耻一扫而空不亦美乎？"④

女大学生参与慈善义演的过程自然不会一帆风顺。20 世纪 20 年代，燕京大学男女生一起参加音乐会和郊游活动还很罕见。男女学生自治会为了开展社会服务工作，对外演出筹款时均是分开活动。1927 年春，燕京平剧社在校内公演，"这种对外的'公演'通常是为社会福利工作筹款的"，因为第一次有女社员参加演出，引起全校哗然，其中，反对最为激烈的并非保守的男士，而多是女教员、女学生。几经疏通之后，演出才在贝公楼礼堂进行。从效果

① 北平区基督徒学生乡村服务团出版部 . 到民间去 [M]. 华北公理会，1930：32.
② 卓如，编，冰心，著 . 冰心全集：第一卷[M]. 福州：海峡出版社，1993：10.
③ 同②。
④ 张佩芬 . 杂录：学堂成绩选粹：论女学慈善会 [J]. 直隶教育杂志，1907（8）：115 - 116.

来看，演出三日，座无虚席，但是观众中没有一个女性。① 应当说，女性在参与慈善事业中逐渐锻炼了自己走向社会、实现男女社交公开的能力。燕京大学的女青年会、女校自治会、妇女会等组织，积极带领女生推广贫民教育，组织义卖义演，组织校内游园会、联欢会等活动，正因为这种种努力，前面提及的男女生不能同台演出的"现象在20年代末就消失了"②。

三、北京大学生慈善义演的社会效应

1. 从反对到肯定：政府与媒体态度的转变

民国初年，教育部门把学生筹赈义演等视作荒唐之举，严加反对。"自文明演剧后，优人为艺员热心者对于助赈募捐往往牺牲面目以为取资地步，男女相竞，举国若狂。然莘莘学子，荒废本业，亦教育前途之障碍也。凡有各校学生，不论官立私立，一经入场演剧，即由校长按名斥责，以示惩戒。倘或扶同隐匿，校长亦难辞其咎。"③ 但是，经过长期的努力，媒体与政府对学生义演、尤其大学生慈善义演均发生了逐渐接纳到由衷欢迎的转变。国民政府强调大学生训育"以集体生活言之，应从学校内部各种组织——如学生自治会、演说会、辩论会、座谈会、游艺会、音乐会、弈棋会、服务团等组织——锻炼治事驭人之能力，发扬服务自动之精神"。④ 1922年3月，北大平民夜校演出新剧，"还没到六点钟，却座位差不多都占满了"，虽然其中存在诸多不足，但是观者认为"颇可对付"⑤。有人肯定说，"学生演剧，本来是学生课外的正当娱乐，只要这个剧本是合乎时代的需要，不是像玩票的那样客串一剧青衣或是老生，演话剧尤其是发扬民族精神的话剧，的确可以演。"⑥ 更有记者对大学生剧目表演和组织能力给予好评。他们认为，在众多的作品之中，学生表演的新剧是精品，观察游艺会中大学生办事井井有条，预测将来走出校园，处理社会事务必定远胜"腐劣之官僚"。除肯定大学生的办事能力之外，作者还肯定了学生参与慈善活动的方式，通过表演新剧抒发爱国情

① 张玮瑛，王百强，等. 燕京大学史稿 [M]. 北京：人民中国出版社，1999：429.
② 同①，第429，435页.
③ 纪闻：二、中央消息：严禁学生演剧 [J]. 教育周报（杭州），1913（7）.
④ 张均兵. 国民政府大学训育1927—1949年 [M]. 北京：光明日报出版社，2011：39.
⑤ 巫启瑞. 看了北大平民夜校新剧以后 [N]. 晨报副刊，1922年3月.
⑥ 谈学生演剧 [J]. 中国学生（上海1935），1937，4（1）.

感，"示真理之不可磨灭，所见至为远大"，新剧深切感人，"大学有如此思潮，大学生有如此能力，足为我中国报乐观"。因此，该记者对"大学生抱有无穷的希望，进而对国家前途抱乐观心态，希望与大学生共勉"①。

2. 北京高校的引领作用

北京作为近代中国的高等教育中心，名校云集，精英荟萃，北京大学生群体的慈善活动，对其他地区的大学生开展此类活动自然有着一定的引领和示范作用。北京高校的大学生参加慈善活动、发起社会服务的目的之一，也是"盼望能让千秋万世的同学，了解早在1921年，大学生社会服务的精神蓓蕾已经萌芽并茁壮成长"②。燕京大学社会学系的学生赵承信曾写有《科学化的燕京大学社会服务工作》一文，其中反思燕京大学的社会服务工作不够科学化，尤其学生没有工作记录，没有能够留下可供他人利用的工作经验。③ 这也说明，北京的大学生参与社会慈善活动时，自觉地希望成为学生慈善事业的先行者和倡导者。

1921年，上海各学校组织开办旱灾纪念日募款大会，上海学生募赈会称，其具体做法"系仿北京学生旱灾纪念日办法"④，即模仿北京旱灾纪念日经验，借鉴北京旱灾纪念日学生的募款方法。这一方面说明北京大学生举办的旱灾纪念日筹款办法的合理性，另一方面也说明北京旱灾纪念日的引导作用与广泛的社会影响。

北京大学生群体的慈善义演活动也得到了其他地区学校的肯定。江苏景海女子师范对北京大学生在北五省旱灾中义演筹款的行为大加赞誉，"今者北方五省大旱灾生灵不下千万，而粒谷无收，使一人之力或数人之谋而救济之，诚杯水车薪，与事何济？所赖各校学生，牺牲无价之学业，宝贵之光阴，经无数之思考，越无数之手续，编剧筹赈表苦况，告以所处之地位，惕以所遭之时势"，大学生所体现出来的担当意识，正是国家与民族的希望："热心毅力之学生能以牺牲相感格，以大义相维持，为他山之借，为将伯之呼，快哉！我黄种之荣也，乐哉！我汉族之光也。"⑤

① 年假中之北京学界：记北京大学游艺会 [N]. 申报，1919-02-08.
② 谢婉莹. 发刊词 [J]. 燕京大学青年会赈灾报告，1921：5.
③ 赵承信. 科学化的燕大学生社会服务工作 [J]. 燕大月刊，1929，3 (3-4).
④ 赈灾新闻：上海学生急集募赈款会之筹备 [J]. 救灾周刊，1921 (18).
⑤ 丁舜华. 对于各校学生会演剧助赈之感言 [J]. 景海星，1921 (1)：27-28.

3. 大学生作为新知识群体的良好展示

如前所述，从北京大学生慈善义演的内在根源来讲，本身就是慈善意识与社会服务理念交相作用的结果。在慈善义演的实践过程中，大学生也与社会发生了紧密的接触，既增加了对社会的了解，也向社会展示了新知识群体的良好形象，还提高了自己的实践能力。北五省旱灾募集灾款时，因为燕京大学游艺会效果甚佳，"最初游艺至大的希望不过要得 1000 元上下"，学生们考虑自身处在求学阶段，不能花费多份功夫在别的事上，打算托付一个可靠的机关，代为施放所得募款，但筹款数目超出学生预计范围之后，激起学生助赈的热情，遂经两校理事部的会议决定，由学生自己经理一切赈务①，他们把部分款项放在灾区办"灾女救济所"，从而进一步扩展了慈善实践和社会服务的半径。慈善义演从设定地点、节目范围、宣传、演出到账目的公开，都需要大学生们做出精密的筹划和设计。1943 年，辅仁大学数十位同学为举办急赈游艺会，"奔走忙碌，皆汗流浃背而不辞劳苦"，"充分发挥青年之热情，其努力善举之精神，至堪钦佩"②。学生们自己声称，"为了游艺会的节目，使我们绞尽了脑汁，费去了许多的时间。然而为了救饥民是我们最终目的，所以不得不把节目的范围扩充、兴趣的范畴增广，使社会上每一个圈子里的人都能够欣赏。"③

在开展社会服务活动之前，大学生群体的社会形象并非是完全正面的："凡对于现代中国的大学生，稍微有点认识的人，大概都承认请大学生下乡，比请他们不跳舞，不穿西装，不看外国电影，还要难上千万倍。作者非敢故意和'中国将来的领袖人才'开玩笑，因为事实所昭示我们的，确是如此！"④ 可见，这其中不乏对大学生群体脱离社会、生活奢靡的批评。通过发起平民教育和乡村服务团等活动，社会各界对大学生群体有了进一步的了解。如北平区乡村服务团学生的乡村服务，让当地民众对大学生的态度发生了从基本不了解到非常欢迎的变化，"'北平服务团'这五个字，在附近的各村子差不多全知道了，他们只知道来些唱戏的，到底他们也莫名其妙，来服务的

---

① 燕京大学青年会赈灾报告 [M] //1920—1921 赈灾报告，1921：66.
② 长安戏院昨夜盛况 辅大举办急赈游艺会圆满演出 [N]. 新北京报，1943 – 05 – 12. 转引自：郭常英. 中国近代慈善义演文献及其研究 [M]. 北京：社会科学文献出版社，2018：304.
③ 辅大同学急赈游艺会特刊 [N]. 新北京报，1943 – 05 – 11.
④ 喻任声. 大学生下乡 [J]. 民间（北平），1934，1（5）：12 – 14.

人们，是什么样儿，所以当我们进村口的时候，就听见孩子叫，大人嚷，真好像看到怪物似的。我们在这里住了四五天，除了每天晚上的游艺会外，还有讨论会、讲演会、小孩会、联欢会"①，到服务团离开定州时，乡亲们用横幅和大旗为服务团的同学们送行，服务团的同学也多依依不舍。②

此外，大学生通过举办慈善义演，也激发了其对学习的兴趣："学生在时间与经济两方面都感觉着便利，所以场场座满。这样，学生对他们的艺术起了浓厚的信仰。"③ 在义演活动中，"美妙之词令、绘画、歌曲，纯熟之乐器、舞蹈、武技，均剧中不可少之艺术，亦即人生有价值之艺术也"，寓善于乐的同时，"观感所及，自令报一艺术者，动精益求精之欲望，而缺乏艺术者，亦油然兴学习之念矣"④。

余 论

慈善义演是民国北京大学生实现社会服务理念与慈善意识的重要途径，通过组织和参与慈善义演，北京的大学生群体展示了新知识阶层的良好形象，实现了自身的社会价值。但是，无论从大学生自身还是社会而言，这一时期对大学生参与慈善义演仍然存在着不少质疑和限制，反映了政府与社会对慈善义演的认识和探讨。

其一，女大学生慈善义演仍会遭受一定局限。

1920 年 10 月，北京女子高等师范准备举办赈灾游艺会，场所原定在新明大戏院，并在两星期前已将在新明戏园开演的参观券分送教育当局，又请了警厅维持秩序，学生方面以为当局已经默认同意演出，于是一心一意预备游艺会，并在新戏院台上预演过两次，精心准备。但是在 10 月 16 日下午，教育部忽传请警厅禁止该校学生演出，理由是新明戏院为"普通伶工演剧之所，易招一般人之误会，于女学生不甚相宜"⑤。收到教育部公函后，学生不得已只能将地点改在江西会馆，但是布景等与新场馆不符合，只能将就使用。

① 北平区基督徒学生乡村服务团出版部. 到民间去，华北公理会. 1930：68.
② 同①，第 4 - 13 页。
③ 东大赈灾游艺会 [N]. 大公报，1935 - 11 - 03.
④ 赵正平. 学生演剧在教育上之主观价值 [J]. 中国与南洋，1921，2 (45).
⑤ 女师学生救灾之会盛会 [N]. 申报，1920 - 10 - 12.

除了女大学生组织和参与慈善义演遭遇限制外，有些大学生对于参与慈善义演活动，也有一定的矛盾心理。1920 年 11 月，中国大学准备筹办赈灾游艺会，他们一方面认同慈善义演"既可得耳目之娱，又可逐慈善之旨，一举两得"；另一方面又感慨举办游艺会实属无奈之举，"惟本校经费既绌，同人等又力薄如棉。兹特牺牲色相，游艺赈灾"①，将游艺会赈灾形容为"牺牲色相"，可见部分学生心中对慈善义演还是存有偏见的。

其二，政府与社会对大学生慈善义演的质疑与管制。

有人指责，学生举办慈善义演，有荒废学业、借机敛财之嫌："今也各地学生募赈则演剧，赎路则演剧，为学校筹捐则演剧，与夫其他种种，凡欲为敛财之举动者，皆无不出于演剧。则是学校已为剧场，学生已为江湖剧客，所得利益与所受损失，以数计之殆未可比。深愿教育界学生界同人之猛醒也。"②政府和教育部门一再申明，学生筹款演戏，不能以"任由学生抛掷光阴，荒废学业，肃整校规"为前提③。1933 年 4 月，北平市政府批评包括学生在内以慈善为名举办的义务戏，对所收票价任意开销，"余款无几，甚有不敷开支者"，这种活动"对于教育、慈善，既鲜实际裨益，而强售戏票，要求免捐，公私交受其弊，殊乖延长义务戏剧之本意"，规定此后凡有请求举办义务戏者，应由主办人将开支呈报，以开支一百元为限，"借杜流弊"④。

总体来说，民国时期，在高校提倡美育和社会服务的引领下，北京的大学生群体将社会服务理念与近代慈善意识融合在一起，在慈善义演中发挥了重要的作用，北京的大学生群体对慈善义演的努力践行和积极推动，对全国高校具有一定的引领和示范作用，同时也反映了大学生作为新知识群体的崭新姿态，成为民国慈善事业中的亮丽色彩。当然，受时代的局宥，对大学生慈善义演的多元评价，也体现了政府、社会及学校对大学生慈善义演这一新生事物的不断探讨与思考。

---

① 中国大学筹赈游艺会启事 [N]. 北京大学日刊，1920 – 11 – 02.
② 谈学生演剧 [J]. 中国学生（上海 1935），1937，4（1）.
③ 批京师维持私立女校慈善会 [J]. 京师教育报，1915（23）.
④ 防假借慈善团体名义演唱义务戏 [N]. 大公报，1933 – 04 – 11.

民族革命背景下慈善的社会功能刍议[*]

——以李大钊与基督教青年会的关系为例

王 娟^{**}

中国慈善史研究近年来呈现出强劲的发展势头，已取得丰硕成果①。不过仍有一些研究领域尚待开拓或加快推进，特别是要"加强探讨慈善研究的理论与方法"②，譬如深入探讨慈善的概念界定与社会功能等基础理论；研究方法上也要努力实现跨学科融合等。在论及慈善事业的概念界定时，夏明方在综合各家认知歧异基础上，主张"大体上可以把中国历史时期的慈善活动限定在民间救助与社会互助的范围，并把它看成一种融物质救助、道德教化、修身养性、知识传承与社会团结于一体的社会自我调节机制"③。那么，及至近代民族革命浪潮翻涌时期，慈善到底扮演着什么角色？应该如何全方位地评价民族革命时期慈善事业的社会功能？本文尝试采取跨学科的研究方法，

* 基金项目：教育部人文社科基金重大项目"近代救灾法律文献整理与研究"（18JZD024）。

** 作者简介：王娟，北京理工大学马克思主义学院副教授。

① 主要参见：曾桂林. 20 世纪国内外中国慈善事业史研究综述 [J]. 中国史研究动态, 2003 (3)；曾桂林. 近 20 年来中国近代慈善事业研究述评 [J]. 近代史研究, 2008 (2)；曾桂林. 2000 年以来中国古代慈善事业史研究概述 [J]. 文化学刊, 2009 (1)；曾桂林, 王卫平. 日美及港澳台地区近五十年对中国慈善事业史的研究 [J]. 史学理论研究, 2008 (2)；周秋光. 中国近代慈善事业研究的回顾和反思 [M] //天津, 天津古籍出版社, 2013；郭常英. 近六年来中国近代慈善史研究述评 [J]. 中州学刊, 2014 (10). 等。

② 周秋光. 中国近代慈善事业研究（上）[M]. 天津：天津古籍出版社, 2013：31.

③ 夏明方. 用历史的眼光看待慈善 [N]. 中华读书报, 2016 - 11 - 30.

结合马克思主义（在华）发展史相关知识，以近代中国早期马克思主义先驱人物李大钊在青年时期与基督教青年会的关系为例，通过揭示李大钊由接受基督教青年会的社会服务理念转而信仰马克思主义的转变历程，审视慈善组织在近代民族革命洪流中社会功能的多样化特质及其必然的民族主义历史归宿，以此深度阐释近代慈善事业的基本社会功能及其与近代中国社会的深层关联等理论问题。

一、近代民族革命时期慈善事业的民族性问题

中国慈善史研究中一个核心的问题就是慈善的功能定位以及慈善与民族发展的内在联系。学者在论及现代慈善的本质和功能的时候，更多地强调其经济特征及其经济功能，认为"慈善事业在现代社会保障体系中是一种独特的混合型社会分配方式"[①]。然而，当我们意欲历史地考量慈善事业在近代中国社会中的作用与影响时，就必须从当时具体的社会背景出发，才能对慈善史研究的诸多问题（譬如时代特征、社会功能与定位以及总体评价）"做出合情合理、公正客观的处境化解释"[②]。

在中国传统社会，长期以来慈善组织发挥着救贫助困以及道德教化的社会功能。步入近代以来，中国社会遭遇数千年未有的剧烈变革。在西方列强不断加紧侵略的情形下，中国面临严重的民族生存危机。在西风东渐浪潮的激荡之下，中西慈善文化不断地交融，传统慈善事业由此发生近代化转型，主要表现为慈善家群体的形成、慈善机构的多样化、慈善救济运作的先进性、慈善道德的多层化、救济区域的广阔性、慈善经费渠道的广泛性等[③]。慈善事业的近代化转型导致其社会作用亦发生广泛而深刻的变化。在民生苦痛的近代社会环境中，慈善事业在异常险峻的生存条件下嬗变求新、除弊兴利，勉力发挥博施济众、恤贫助困、消弭战乱、救助伤病、稳定社会秩序、推动社会进步的强大功效，其社会影响力远超以往任何历史时期，堪称慈善发展史的一个"黄金"时期。

---

① 郑功成. 当代中国慈善事业 ［M］. 北京：人民出版社，2010：31–32.

② 夏明方. 用历史的眼光看待慈善 ［N］. 中华读书报，2016–11–30.

③ 周秋光，曾桂林. 近代慈善事业的基本特征 ［N］. 光明日报，2004–12–14；王卫平. 论中国传统慈善事业的近代转型 ［J］. 江海学刊，2005（1）.

近代慈善组织特别是一些新型慈善组织的设立缘由、肇兴与发展及其慈善理念与实践，不仅折射出深刻的民族革命背景，同时反映了民族主义的情感诉求。从普遍意义而言，慈善组织尽管并非政治组织，但在民族危机日渐严重、民族革命勃兴猛进的历史大背景下，慈善组织的活动及其演变真切地映照出了近代中国的社会变迁和时代主题①。在特殊的历史氛围中，近代慈善事业在很大程度上称得上是中国人民增强民族凝聚力的一个有力手段，它催发并增强了国人的民族意识，折射出近代中国人民百折不挠、自强不息、抵御外侮的民族精神，凸显出先进人士吐故纳新、超越自我的创新品格。在不同慈善组织的身上，深浅不一地承载着中华民族深沉的民族感情，可谓民族精神在社会领域的一种生动体现，当为近代慈善事业的基本社会功能之一。

尽管从不同慈善组织的宗旨、理念与具体实践而言，慈善事业的如上社会功能未必呈现出相当自觉和显性的色彩，但对今人而言却绝然不可忽视、不可低估。事实上，慈善史研究领域已有学者通过剖析诸如义赈、红十字会、红卍字会、中华义赈会等慈善组织或者慈善现象，给予不同程度的揭示和阐释②。归纳这些研究成果，大致为：近代慈善事业相当复杂的内涵，是以近代民族革命作为时代背景；慈善组织纷繁错综的复杂关系，充分体现出中华慈善事业具有的民族特性及其蕴含的民族精神。

探讨近代慈善事业与民族精神的关系，不可避免地涉及一个论题，即慈善在救亡图存、民族主义高涨的近代社会氛围中既然真实而普遍地存在和发展，那么，我们内心强烈的民族情感是否预示或者决定了慈善必然会具有排他性或排外性？此即周秋光论及的慈善事业的"民族性"问题③。一方面，

---

① 周秋光. 中国近代慈善事业研究（上）. [M]. 天津：天津古籍出版社，2013：92.

② 主要参见：李文海. 晚清义赈的兴起与发展 [J]. 清史研究，1993（3）；夏明方. 论1876年至1879年间西方新教传教士对华赈济事业 [J]. 清史研究，1997（2）；周秋光. 红十字会在中国 [M]. 北京：人民出版社，2008；池子华. 红十字与近代中国 [M]. 合肥：安徽人民出版社，2004；蔡勤禹. 民间组织与灾荒救治——民国华洋义赈会研究 [M]. 北京：商务印书馆，2005；朱浒. 地方性流动及其超越：晚清义赈与近代中国的新陈代谢 [M]. 北京：中国人民大学出版社，2006；高鹏程. 红卍字会及其社会救助事业研究 1922—1949 [M]. 合肥：合肥工业大学出版社，2011；李光伟. 世界红卍字会及其慈善事业研究 [M]. 合肥：合肥工业大学出版社，2017；侯亚伟. 世界黄、蓝等卍字会考论 [J]. 世界宗教文化，2014（2）；王娟. 民国北京地区的诸卍字会及其社会救助事业述略 [C]. 赵晓华，高建国. 灾害史研究的理论与方法 [M]. 北京：中国政法大学出版社，2015；曾桂林. 共赴国难：卢沟桥事变后平津地区的慈善救助——世界红卍字会的个案研究 [J]. 湖南师范大学社会科学学报，2019（4）. 等。

③ 同①，第52页。

从慈善事业的基本社会功能而言，我们承认不同民族的慈善文化保有其独特个性，但不同慈善文化的本质和本性是一样的，它们彰显着全人类某些共通的美好情感和共享的道德价值，例如仁慈博爱、帮扶互助、利他利人、发扬人道、救人济世等，它们是古今中外人类存在所共同尊崇的发展理念和价值追求。因此，慈善救助的范围与对象理应不分地域与人种、不论信仰与民族，此即人们所认可的"慈善无国界"理念。

这种认识自然无可厚非，但是另一方面我们需要强调指出的是，正如周秋光所批驳的，如果单纯地由此而认为"慈善是没有民族性的"，这样的认识恐怕是"不完整和有缺陷的"①。民族是创造与发展慈善文化的重要主体②，任何一个从事慈善和接受慈善救助的人，都会有自己特定的民族情感。某个民族的人们，往往对本民族怀有深沉的民族感情和文化认同心理，遑论在本民族出现严峻生存危机的时刻。所以，慈善决不是宽泛意义的"普世"性质的慈善，慈善必然会与本民族的社会发展、本国的实际国情以及本国的政权建设、经济建设、社会建设、文化建设等紧密关联，与人们的思想认识水平、国民素质有关，也与国家的对外关系所导致的民族发展赖以存在的外部环境之优劣息息相关。

中华民族的慈善文化发展到近代，其慈善民族性在深重的民族危机面前焕发出一种强烈的忧患意识、抗争意识和创新意识。慈善事业在这种精神、意识的激励下，成为增强民族凝聚力、彰显国格和个体人格的一种重要手段和途径。因此从这个角度而言，慈善文化的民族性是存在的，积极的慈善文化无论从理论上还是实践层面上都应是民族精神的一种具体体现。因此，慈善的民族性问题，说到底关乎的是慈善的功能、作用和定位等基本理论问题，是一个值得高度重视的问题。如果我们跨越历史学的界限，从政治学、从马克思主义理论发展史角度出发，经过严谨的科学解读之后，可以发现经典马克思主义者是承认慈善的阶级性与民族性的③。因此，我们需要谨慎对待慈善的内涵和民族属性，决然不可以牺牲民族利益的代价去发展慈善事业，这是基本的底线。

① 周秋光. 中国近代慈善事业研究（上）[M]. 天津：天津古籍出版社，2013：52.
② 毕云天. 慈善文化的民族性及其意义 [M] //中华慈善文化论坛暨首届市长论坛. 无锡，2006 - 12 - 16.
③ 楼慧心. 如何解读马克思恩格斯关于慈善的否定性论述 [J]. 马克思主义研究，2008（12）.

正是在民族革命的社会背景之下，近代一些新型的慈善组织，譬如基督教青年会，以其舶来的社会服务理念，吸引着彼时的先进青年参加实践活动；然而它们"无意间"却引导着中国青年们试图将"慈善救国"理念作为挽救民族危亡的一种激情回应和行动方案。

二、李大钊青年时代与基督教青年会的短暂交集

1844年，英国人乔治·威廉在伦敦创立基督教青年会，希望通过坚定宗教信仰和推动社会服务活动来改善青年人精神生活和社会文化环境。1851年，基督教青年会传到美国后，逐渐发展成社会活动机构。进入20世纪后，青年会逐渐从对个别青年施加影响，扩大成为对整个社会推行改良主义、参与政治活动和社会活动的基督教的外围团体。青年会主要分为以职业青年为主和以学生为主的城市青年会和学校青年会两部分。

1895年，基督教青年会传入中国，其宗旨在于："向学生及智识阶级从事宣传，使之了解青年会之理想及原理。""对新中国未来的伟人做些感化的工作，影响重大，自可不言而喻"。1912年，中华基督教青年会全国协会成立，总部设在上海，时有城市青年会25处、学校青年会105处[①]，而且决定开始分部办工，设有总务部、庶务部、城市部、学生部、书报部、体育部和讲演部。基督教青年会不仅有宗教团契活动，而且重视开展各种社会服务实践，主要包括兴办教育、赈济灾民、组织学生活动、举办文艺和体育活动，同时积极开展对外交流等，并不断地走向本土化、世俗化和社会化，使处于迷茫和困惑中的许多新型知识分子感到了希望，向它张开欢迎的臂膀。特别是在1900—1920年，基督教会成为见证和推动中国近代社会发展的一支重要的社会力量。费正清在论及基督教活动对中国社会改革的影响时，对于基督教青年会评价颇高，他指出："从第一任总干事来会理于1885年到中国直至1949年，青年会一直是中国社会改革的推动力。它对中国政治和社会发展方面产生的影响，在世界上任何其他国家和地区找不到同样的例子。"

根据美国学者甘博当年的调查，学生和官员阶层是基督教青年会福音传教工作的先锋，它们最成功的工作对象是受过教育的人士与官员。正是通过

---

① 顾卫民．基督教与近代中国社会 [M]．上海：上海人民出版社，2010：281－282．

军界、政界、学界的高级人物和知识分子,"基督教理想主义和利他主义的观点和目标开始在国民生活中产生影响"。① 尽管基督教青年会本质上是宗教组织,但是它以社会服务理念的外在运作面貌成功地吸引了不少知识人士。时人把它看作一种舶来的新型慈善救济机构,特别是对知识青年人极具魅力,从而产生了广泛的影响。它的发展十分迅猛,甚至还创办了海外分会。1905年,中国学生留学日本形成高潮。1906年,美国教会通过上海中华基督教青年协会,经美国驻日大使的协调,在东京建立了中华留日基督教青年会,王正廷担任第一任干事②。海外分会对于留学海外的中国人具有吸引力,周恩来、张学良、恽代英以及张伯苓、梅贻琦、黎元洪等今人耳熟能详的历史人物,都和青年会曾有着深浅不一的交集③。中国早期马克思主义先驱人物李大钊,也曾参加该会的组织活动。基督教青年会在特定历史时期曾影响着一代青年人的政治信仰或宗教信仰,慈善与信仰在这里演绎过短暂的碰撞与交融。

众所周知,作为中国早期马克思主义的先驱人物,李大钊在中国共产主义运动和民族解放事业中具有崇高的历史地位。1919年以后,李大钊成长为马克思主义者。然而,李大钊对社会主义思想的接触、认识和信奉,却有一个相当复杂的发展过程。④ 李大钊接受并传播社会主义思想并非偶然,他在日本留学期间与基督教青年会的短暂交集是一个不容忽视的历史因素。早年的李大钊在留日期间不仅有机会接触到日本马克思主义者介绍的社会主义思想,而且曾经受到基督教文化友爱互助思想的影响,在明确地选择马克思主义信仰立场之前,他曾经受惠于基督教青年会,对于基督教青年会的社会服务理念有了一定的了解。

1913年,时年24岁的李大钊自感"随政治知识之日进,而再建中国之志趣亦日益腾高"。面对民族危机和国家政俗衰弊,李大钊满怀忧虑之心,遂在北洋法政专门学堂毕业后接受孙洪伊、汤化龙的资助,东渡日本东京早稻田大学继续求学。当年"残冬风雪"之时,李大钊抵达东京后,住在下户冢町520号的中华基督教青年会中国留学生宿舍(也称:青年会馆)。从早稻田大

---

① 甘博. 北京的社会调查(下)[M]. 陈愉秉,等,译. 北京:中国书店,2010:435 - 436,438.

② 顾卫民. 基督教与近代中国社会[M]. 上海:上海人民出版社,2010:282.

③ 覃小放. 恽代英与基督教青年会[J]. 华中师范大学学报(人文社科版),2009(6). 等。

④ 韩一德,李帆. 从空想到科学的转变——略论李大钊早期社会主义思想[J]. 中共党史研究,1992(3).

学向南步行大约 500 米的小山坡上，矗立着的欧式风格的教堂式建筑便是中华基督教青年会。这所会馆如前所述始建于 1906 年，其总部在北神保町，下户冢的基督教青年会称为宿舍或分会。该宿舍为集资筹建，由早稻田大学基督教青年会无偿使用。

中华基督教青年会馆，是英美等国为打破日本对中国留学生教育的垄断，通过前述上海基督教青年会协会兴建的[①]。这幢三层楼房的建筑，第二、三层是宿舍，一层有教室、食堂、书亭、小卖部等。这里有基督教会牧师开设的英语补习课和《圣经》课，食堂还对中国留学生的各种集会和文化娱乐活动提供一定的补助，这里的馒头、米饭等主食可以不受限制地食用。商店出售新出版的中文书报、生活用品，并有服装缝补等服务。青年会作为政治与社会互动的一个载体，其社会服务的功能和运行方式俨然是一个令人亲近的慈善组织，自然博得了留日学生的好感。这个会馆后来在反对"二十一条"的斗争中，成为留日学生反袁斗争的集会场所和活动基地，可见中国留日学生对于基督教青年会的认可和依赖程度。

李大钊初到东京"问难无地、索居寡欢"，随后在基督教青年会的帮助下生活逐渐安顿。他一面广泛收集资料，研究国内外形势，写出《风俗》《政治对抗力之养成》等文章；同时又利用基督教青年会提供的方便条件为入学做准备，其中包括参加青年会馆组织的英语补习，听过青年会英文教师鲁宾逊的英语课，并撰写《我的自传》这份作业[②]。1914 年 9 月，李大钊开始在早稻田大学政治经济学本科学习，他修习的课程主要包括国家学原理、帝国宪法、经济学原理、近代政治史、民法要论、刑法要论、政治经济学原著研究、古典经济学原著研究、英文练习等。此外，尚有哲学、明治史和第二外语等选修课[③]。在他准备投入新学年学习之时，国内响起袁世凯恢复帝制的聒噪之声。国内帝制运动的喧嚣，以及很快演成的洪宪帝制现实，在留学日本的中国学生中间也引起了反响。在这段时间里，李大钊深研救国真理，将大部分精力投放到浏览报刊，了解国内政治动向和阅读西方近代社会科学家的著作。

李大钊留日期间的几位老师都是在日本政界和学界颇有影响力的人物。

① 朱志敏. 李大钊传 [M]. 北京：红旗出版社，2009：54－56.

② 富田升. 李大钊在日本留学时代的事迹和背景 [M]. 韩一德，等，译. 日本东北大学《东洋学季刊》，1979（42）.

③ 韩一德. 李大钊留学日本时期的史实考察 [J]. 近代史研究，1989（4）.

例如，幸德秋水、安部矶雄与片山潜于 1901 年创立日本社会党，其目标是"争取社会主义和民主主义的实现，以人类平等、为世界和平而废除军备、废除阶级、土地和资本的国有等为奋斗理想"。他们都带有浓厚的宗教和自由主义色彩的早期社会主义思想，在日本社会产生了广泛影响。在这里，李大钊尤其受到安部矶雄教授的影响。安部矶雄是一位虔诚的基督教徒，具有基督人道主义，被称为"基督教社会主义者"，他经常在基督教青年会为留日的中国学生补习英语。安部矶雄在早稻田大学用社会主义观点讲授经济学，他主张"以人类爱为中心，使宗教和社会主义融为一体"①。安部矶雄的基督教社会主义观点使李大钊初步感受到了社会主义思想的气息。

李大钊借助基督教青年会提供的社会服务活动，以自己的独立判断接受来自各方学说的影响，并按照自己的需要加以吸收，思想由此开始发生变化。受此影响，及至 1916 年 5 月回国后，李大钊任职北京大学期间，热心参与慈善公益事业，如担任北京大学妇孺救济会的调查部主干，参与发起北方灾民募捐的赈灾会和及救济俄国灾民的俄国灾荒赈济会。除此之外，他还为那些愿意从事半工半读的学生介绍工作，参加为教职工索薪与争取教育经费的斗争等②。

从理论上讲，中国人接受马克思主义最初并非完全出于对抽象理论的兴趣，而是出于实际的需要。马克思主义作为一种最新的革命理论，逐渐受到中国人的欢迎，是因为现实的迫切需要，"在相当程度上是出于救国建国的动机"③。除此之外，李大钊思想上尝试接受社会主义，还在于他自己对于社会主义的认识和理解。1919 年，李大钊写下《阶级竞争与互助》，他指出，为了"辟一个真历史的新纪元"，既要"拿着阶级竞争作改造社会的手段"，同时也主张"人类应该相爱互助""从物心两方面改造世界，改造人类，必能创造出来一个互助生存的世界。我信这是必然的事实"。他认为社会主义在道德上体现了人类生活的普遍原则，"应该互相友爱，不该仗着强力互相残杀"，"一切形式的社会主义的根萌，都纯粹是伦理的。协合与友谊，就是人类社会生活的普遍法则"。李大钊认为，马克思讲的人类真正的历史，就是互助的历

① 森正夫. 李大钊 [M] //北京大学图书馆，北京李大钊研究会. 李大钊史事综录. 北京：北京大学出版社，1989：107.

② 朱志敏. 李大钊传 [M]. 北京：红旗出版社，2009：192 – 194.

③ 张汝伦. 现代中国思想研究 [M]. 上海：上海人民出版社，2001：212.

史；所有社会主义概念的基础都应该建立在"协合、友谊、互助、博爱的精神"① 之上。显然，这与中西慈善的仁爱、博爱理念有互通和契合之处。从这个角度而言，我们有理由推断，李大钊对社会主义的初步认识与思考，与他亲眼目睹、亲身体验基督教青年会的慈善活动有着直接的现实关联。

从以上粗浅梳理可以推断，李大钊留学日本期间，由于日常受惠于基督教青年会的慈善服务，他了解和接受其社会服务、友爱互助的慈善理念，幻想以慈善"博爱"理念糅合社会主义"友爱"精神来解救中国，期望在中国建立一个"协合与友谊"的社会。然而随着对于社会主义、马克思主义更多的认识和思考，他意识到倘若没有理想的社会制度根基，没有有力的阶级斗争手段，关于社会大同、人类友爱的梦想将无从谈起，"非先实行社会主义不可"②，而这恰是慈善的缺陷所在。事实证明，在日本留学期间，出于现实生存的需求和理论认知的不足，李大钊并没有很快离开青年会的决绝心念，而是接受进化论和调和论的影响，力主通过改造人心、改良政治推进国家的政治建设；但是基督教青年会无疑成为李大钊后来在思想信仰方面实现否定之否定的一个过渡性世俗平台，并在此基础上不断进行思想的脱胎演进，最终选择马克思主义，并成为革命的暴力论者。

三、谁与争锋：慈善服务还是革命信仰？

李大钊在留日期间与宗教慈善组织基督教青年会的短暂交会已是不争的历史事实，与此史实相关联的一个重要问题是，根据它对李大钊早期信仰的改变所产生的实际影响，应该如何全面评判近代民族革命背景下慈善组织的社会功能？

尽管由于涉及的复杂因素太多，我们无法精确估计基督教及基督教青年会对中国生活的影响，但如甘博所言，基督教青年会希望以积极的宗教慈善活动"吸引充满活力的年轻中国的注意和支持"，而且意欲在中国"建立一个崭新的上帝的王国"，其产生的巨大影响无人可以轻易否认，"尤其是在新中国的意识形态方面"。基督教及基督教青年会面向中国介绍的新型社会服务理

---

① 李大钊. 李大钊文集：下卷 [M]. 北京：人民出版社，1984：16、43、45、96.
② 同①，第446页。

念和道德理想效果十分明显，"多年来不断地传授的新思想间接地促进了当今中国的理性觉醒"。近代中国在从旧式固定的儒教社会制度向一个新的社会制度迅速转变的时候，基督教运动"为这个新的社会制度提供道德基础、社会观念和宗教动力，并以具体的形式和物质上的支持将这些理想和动机付诸实践"①，而基督教青年会以其慈善服务的外部形象很好地发挥了桥梁的作用。在李大钊与彼时众多的青年人热切地希望从西方获得重建国家的工具的时候，基督教运动和基督教青年会在中国带来的种种社会服务理念、组织与活动，给这些青年人"提供了一个无以伦比的机会"。

然而，基督教青年会自传入中国以来在大城市里遍地开花，以及其后在20世纪20年代中国掀起的非基督教运动②，这样的历史图景并非偶然因素所致，而是民族革命时期不同救国理念相与争锋的必然结果，是马克思主义逐渐在青年知识分子头脑中扎根、萌发的体现。多套救国方案逐一尴尬破产，面对千疮百孔的中国社会，人们一度陷入迷茫、困惑乃至相互讨伐的情绪当中。新型慈善组织基督教青年会燃烧着的社会服务的微弱火苗，并不能满足青年知识分子追求民族振兴的强烈愿望和情感诉求，特别是在非基督教运动中，他们抛弃了基督教的宗教理想和社会服务理念，诀别于温和的慈善事业和"慈善救国"念想。当然我们应该承认，在哀鸿遍野和社会问题层出不穷的年代里，慈善组织和慈善人士曾经的抗争在这些热血青年慨然前行的道路上发挥了不容忽视的推手作用。

那么，既然慈善事业映照出民族生存危机时刻人们朴素的民族意识，为何李大钊归国后还是最终放弃慈善服务理念而选择马克思主义革命信仰？这多少看似有些悖论的味道。这种质疑无可厚非，其实它恰恰说明，慈善事业在试图实现社会救助功能的同时，客观上也帮助唤醒、启迪了人们内心深处的民族意识。在民族抗争时期，包括民族工商业者在内的相关社会人士在危难中"以慈善方式重塑民族自尊和自爱"，张扬民族性，追求民族的体面与尊严③。慈善事业促使有识之士在了解、鉴别各种救国思潮的过程中，最终选择

① 甘博. 北京的社会调查（下）[M]. 陈愉秉，等，译. 北京：中国书店，2010：437-438.
② 杨天宏. 中国非基督教运动1922—1927 [J]. 历史研究，1992 (5).
③ 蔡勤禹. 民国时期工商业者慈善动因论析 [J]. 东方论坛，2017 (5).

了马克思主义的革命信仰。从这个角度而言，作为中国近代化的一个组成部分①，慈善事业孕育、刺激、启迪了人们的民族革命热情。所以，李大钊放弃"慈善救国"的理念，不仅印证了慈善在激活、鼓舞和传递民族意识方面的启迪作用，而且无情宣告了慈善在残酷的民族革命斗争现实中的无力感，由此雄辩证明了马克思主义符合中国国情客观需要的真理性。也就是说，尽管慈善事业在民族革命大境遇中从侧面推进了革命进程，应给予应有的正面评价；但是慈善救国思潮终究抵挡不住更为激进的革命救国浪潮。温和的不触及制度根基的社会改良方式并不能救中国，中国需要暴风骤雨式的制度革命。百舸争流，大浪淘沙，"慈善"最终让位于"革命"，这就是历史真切的答案。随着马克思主义逐渐扩大影响，诚如 1920 年年底李大钊所指出的，人们"热心创造一种社会的新生"②，一大批具有初步共产主义思想的知识分子逐渐具备思想反击能力，自觉地展开了对于空想社会主义和各种改良主义的批评，并最终接受了科学社会主义③。

由此可知，在近代民族民主革命时期，慈善并非简单地具备经济领域扶弱济困的基本功能，慈善事业在政治或革命方面的深层意蕴以往强调得并不够充分，它应是近代中国慈善事业显著的时代特点之一，此即本文愿意大费周章的良苦用心所在。夏明方曾深刻指出："中西文化碰撞之后，来自于西方的冲击与中国自身的传统究竟在中国慈善活动的推演过程中发生了什么样的作用，迄今仍是一个有待深入探讨的领域。"就近代以降的慈善而言，"它不再只是对纯粹的中华传统的慈善特质进行抽象的演绎，而是将其置于中西文化对峙与碰撞的大背景下，透视其间的互动与融合，以及在这种冲突与融合之中浮现出来的新形态"。因此，将慈善事业及其催发的各种社会新形态置于近代民族革命的历史大背景下全方位考察，应是阐释和深化研究近代慈善多样化社会功能的正确选择。

总之，所谓的基督教"慈善救国"理念在 20 世纪 20 年代"非基督教运动"中被李大钊等人抛弃，昭示出慈善事业在惨淡的近代社会环境中在彻底

---

① 王卫平，黄鸿山，曾桂林. 中国慈善史纲［M］. 北京：中国劳动社会保障出版社，2011：85.

② 李大钊. 唯物史观在现代史学上的价值［M］//李大钊文集：下卷. 北京：人民出版社，1984：365.

③ 彭明，程歗. 近代中国的思想历程 1840—1949［M］. 北京：中国人民大学出版社，1999：525.

挽救民族危机方面令人沮丧的先天能力不足和中国旧式民族革命的悲剧性历史命运。但是聆听了慈善事业在近代中国民族革命过程中留下的清亮的历史回声，我们可以看到，在民族危机面前，有些慈善组织实际上自觉或不自觉地扮演了凝聚民心、唤醒民族意识的角色，对于先进的国人慈善发挥了思想启蒙、激发民族自尊的启迪作用，让彼时的仁人志士对于"慈善救国"产生令人尊敬的幻想。在民族主义的大旗之下，慈善人士并未沦落为时局的冷眼旁观者。而另一些慈善组织，譬如基督教青年会，则通过间接地输入利于中国改造旧世界、创造新制度的物质、精神和观念的因素，不经意间滋养了一批渴望民族振兴的中国人干涸的思想心田，经过比较和博弈，前所未有地开阔了他们的政治视野和思想斗争空间。

毕竟，正如列文森所说："作为一个中国人，他不能摆脱民族主义的束缚。"在19—20世纪，帝国主义对中国的侵略和压迫，构成了中华民族长时期的生存经验，"民族主义的诉求成为中国人最高的政治律令，""任何理论和信仰都无法消除由此而生的民族主义意识"[1]。因此，在近代民族革命浪潮中慈善组织的社会功能呈现出多样化的特质，并且必然走向民族主义的历史归宿。回望李大钊青年时代与基督教青年会的短暂交集，我们可以感受到近现代中国社会在激烈转型时期的时代最强音——民族精神对慈善救助事业的深刻影响和必然的发展指向，由此更深刻地感知和把握到近现代中国波澜壮阔的时代洪波和民族主义的主流脉动。

---

① 张汝伦. 现代中国思想研究［M］. 上海：上海人民出版社，2001：207.

抗战时期晋冀鲁豫根据地
救荒政策及实践研究[*]

文姚丽　胡菊芳　李心怡^{**}

习近平总书记在中央政治局第十九次集体学习时强调，我国是世界上自然灾害最为严重的国家之一，灾害种类多，分布地域广，发生频率高，造成损失重，这是一个基本国情。加强应急管理体系和能力建设，既是一项紧迫任务，又是一项长期任务。因此，有必要总结中国共产党在民主革命时期救灾政策为，当代的减灾防灾事业提供历史经验借鉴。历史研究的意义或许在于从社会问题及现实需求出发，从历朝历代的灾荒救助中追寻古人治理灾害的思维方式与逻辑体系以及具体的技术方法，为当代减灾防灾事业及应急管理体系建设提供历史经验。

抗战时期晋冀鲁豫革命根据地曾遭受国民党、日本侵略者的军事包围和经济封锁，各种自然灾害连年不断，甚至一年之中多种灾害并至，可谓是雪上加霜，极大地影响了根据地军民正常的生产生活。面对如此严峻的困难，根据地军民在中共中央和根据地政府的领导下积极救灾，开展生产自救，战胜灾荒并渡过难关。以群众性生产自救为核心的救灾政策不仅保障了根据地

---

　*　基金项目：教育部社会科学基金重大项目"近代救灾法律文献整理与研究"（18JZD024）、教育部人文社会科学研究青年项目"延安时期党的领导与社会保障建设相统一的实践智慧及其当代意义研究"（18XJC710010）、陕西省社科基金"民国时期社会保障制度研究"（2015R041）阶段性成果。

　**　作者简介：文姚丽，西北政法大学文化与价值哲学研究院研究员；胡菊芳，中国人民大学图书馆副研究馆员；李心怡，西北政法大学本科生。

军民的生活，而且还支援了前线，并且最终赢得了抗日战争的胜利。晋冀鲁豫根据地灾荒救助实践经验对当代自然灾害救助具有重要历史借鉴。

一、晋冀鲁豫革命根据地灾荒概况、成因及时代背景分析

（一）晋冀鲁豫根据地灾荒概况

晋冀鲁豫革命根据地是民国时期灾荒最为严重的地区之一，军民粮食供应发生困难，灾民达到 36 万人。[①] 从 1942 年秋末开始，旱灾持续蔓延，直到 1943 年 8 月始有降雨，但并未缓解严重的旱情。持续的旱灾从冀西、豫北发展到晋东南。1942 年主要集中在冀西、豫北地区，但到 1943 年之后，太行地区的灾荒蔓延到根据地腹心区的左权、涉县、黎城、偏城、潞城、平顺等地。太行山革命根据地在 1941 年秋和冬季雨雪均稀少，到 1942 年春季发生旱灾，全年粮食大幅度减产，许多水井干涸，不少河流断流，土地龟裂，禾苗枯死，人畜用水很困难，伴随旱灾而来的是疾病蔓延，不少村庄传染病流行。在豫北和冀西的安阳、沙河等县蝗虫遮天蔽日袭来，大片禾苗被蝗虫一扫而光。[②]

太行地区的具体灾荒发展过程大致经过三个阶段：第一个阶段为虚荒阶段，一般在秋后至冬中。这一阶段群众还有相当的余粮，但灾荒的威胁导致人人恐慌，一部分人（并非灾民）即开始向外流动，社会的积蓄更加隐匿起来，有钱的暗中囤积，中等户首先要求救济并减免负担，造成普遍的恐慌气氛，但第一个阶段并非真正的恐慌。第二个阶段是真正缺粮阶段。这一阶段一般在冬中至来年春天。经过整个冬天的消耗，社会余粮用完，群众有钱无粮（缺粮户从秋后的 30% 扩展到此时的 60%—70%），[③] 粮价高涨，大多数群众以代食品充饥，破坏分子亦趁机活动，灾荒趋向严重。第三个阶段是缺乏购买力阶段，一般从春末至夏季。粮价继续高涨且群众购买力普遍低落，尤其是贫农与下中农极为缺乏购买力，进入饥饿状态的人数占人口总数的

---

① 太行山革命根据地史总编委会. 太行山革命根据地史稿（1937—1949）[M]. 太原：山西人民出版社，1987：170.

② 同①，第 169 - 181 页。

③ 解放区救灾运动——太行六分区救灾经验介绍 [N]. 解放日报，1945 - 06 - 27.

15%—20%，全部灾民约占人口之一半，灾荒尤为严重。①

在晋冀鲁豫根据地的所有灾害中，最为严重的是旱灾所导致的蝗灾。由于1939—1944年的旱灾和战争影响，致使荒地逐步增多，这为蝗虫繁殖创造了有利条件，在晋冀鲁豫的郓北三区、南华的临河区、寿张的一区与二区以及范县的三区等九个村庄先后发现大量蝗虫，部分禾苗已被啃食殆尽，从而形成灾荒。② 此外，1946年苏北水灾致使黄河、淮河以及由山东南流之沂河、沭河均暴涨，1946年8月25日，运河水位在淮阴已涨至二丈七尺二寸，高邮码头水位涨至一丈六尺五寸。③ 加之1938年国民党军队在河南花园口炸毁黄河堤口，黄河水经淮河入运河，致使抗战时期苏北水灾比战前倍加严重。

（二）晋冀鲁豫革命根据地灾荒的成因及时代背景分析

晋冀鲁豫根据地灾荒形成的原因是多方面的；其一，晋冀鲁豫革命根据地自然灾害频发，春季的风沙和夏季的旱、虫、冰雹等各种自然灾害交错发生。1942年旱灾极为严重，岳城数十村庄只能收一斗多秕谷，较坏的地谷苗早已枯死，颗粒未收。④其二，1941年敌人对沙区实施"四一二大扫荡"，施虐"三光政策"，致使地荒人稀，农业产量大幅降低。⑤ 大部分农民一天两餐菜汤，粒米不见。民国时期就曾有学者提出："灾荒是帝国主义、国民党血腥统治的罪恶，水灾绝不是不能避免的天灾，如果每年能修理堤岸，疏通淤沙，水灾是有可能避免的，然而国民党及其各派军阀将更多的注意力及财力集中到养兵等开支方面。"⑥其三，广大群众生产情绪及生产力不高。由于晋冀鲁豫一些地区靠太行山北侧，地形狭长且土地贫瘠，土地的生产能力不高，加之减租减息未能彻底执行，因此在某种程度上也影响了群众的生产情绪。其四，失业及在业贫困者人数严重增加。由于抗战以来工商业较抗战前凋落，并且此地区经商及做工者甚多，因此影响了小工商业者的收入。此外，其他地区因敌伪强行抢粮，并采取封锁粮源的政策，更加重了灾荒。

---

① 解放区救灾运动——太行六分区救灾经验介绍 ［N］. 解放日报，1945-06-27.

② 河南省财政厅，河南档案馆. 晋冀鲁豫抗日根据地财经史料选编（河南部分）（四）［M］. 北京：档案出版社，1985：213.

③ 乔汀. 苏北水灾真相 ［J］. 群众，12（7）.

④ 晋冀鲁豫边区怎样为人民解救灾荒 ［N］. 解放日报，1943-03-17.

⑤ 同③。

⑥ 然之. 论援助灾民与开展灾民斗争 ［N］. 红色中华，1933-08-25.

二、晋冀鲁豫革命根据地的救灾思路及其步骤

晋冀鲁豫根据地的救灾工作始终贯彻"寓救灾于生产，寓抗战于救灾"的思路。晋冀鲁豫根据地的救灾工作是在战争中进行的，具有战争中救灾的特点，晋冀鲁豫根据地的救灾工作随时与对敌斗争相结合，在具体的救灾过程中提高政治觉悟，将"反扫荡"斗争、反特务斗争、保卫秋收、保卫粮食和劳动力的斗争等工作相协调展开。晋冀鲁豫根据地在战争之前因备战关系粮食调剂得很少，根据地政府将上级政府发给的春耕贷粮、救济粮发给群众，起到了很好的救灾效果。① 在战争中，由于灾情发展到最高峰，群众情绪极不稳定，根据地政府集中突击开展救灾工作，将优抗粮及各村救委会与士绅劝募的救灾物资和贷救济粮以及各村斗争成果全部发给灾民，起到了稳定群众情绪的作用，有助于灾情大减。

晋冀鲁豫根据地依据灾荒发生的不同情况，分阶段有序推进不同的救荒政策。首先，在灾荒开始的阶段（1942 年 10—12 月），根据地政府开始有组织有计划地进行救灾工作，成立晋冀鲁豫救灾委员会统一领导减免灾区负担，在灾情严重的地方拨放一部分赈贷粮，并对外来灾民进行安置和管理。同时，根据地政府将救灾工作与当时的经济斗争相结合，将大批灾民组成运输队自西向东运输粮食，并在脚价上特别优待灾民。其次，在春荒时期（1943 年1—3 月），这一阶段正值青黄不接，灾情日趋严重，太行区政府抓紧调剂粮食与管制粮食，并进一步组织灾民纺织进行生产自救。太行区救委会通过深入调查研究掌握灾情实况，动态统计灾民的增减及现实需求，对救灾工作进行有计划的部署与指导。最后，是春耕工作最为忙碌时期（1943 年 4—6月）。此时是社会积蓄及上一年粮食消耗殆尽的时期，群众面临的不仅仅是温饱的问题，还有春耕的资本及劳动力各方面的问题都需要解决。根据地政府将春耕与救灾相结合，各地区以春耕救灾委员会的组织形式推进工作，春耕贷款与种籽贷款均提前下发，并由根据地政府拨出赈济粮 500 石，低贷粮5400 石，② 以支援灾民开展春耕。

---

① 河南省财政厅，河南省档案馆．晋冀鲁豫抗日根据地财经史料选编（河南部分）（四）[M]．北京：档案出版社，1985：336 – 337．

② 一年来太行区救灾工作 [N]．解放日报，1943 – 09 – 12．

太行革命根据地政府根据灾荒发生的阶段性特征制定相应的救灾措施，在灾荒发生的第一个时期（虚荒阶段），一方面需深入宣传、教育和安定民心，并使群众认识灾荒和如何救灾，有信心生活并有决心战胜灾荒，另一方面开始组织群众参加运输、纺织及其他手工业等生产活动。灾荒发生的第二个时期，也就是真正缺粮阶段，主要以组织粮食调剂并进一步推动生产为中心。通过详细的粮食以及生产力与生产工具的调查，为进一步推动手工业和农业生产做充足准备。灾荒发生的第三个时期，也就是缺乏购买力阶段，救灾的方式主要以大量组织社会互济、扩大生产解决基本群众购买力为重点，政府的贷赈粮在这时发挥着有力的配合作用（在第二时期也需发放），以达到生产救荒的目的。

三、晋冀鲁豫革命根据地具体救灾政策及实践

对于具体的灾荒救助，晋冀鲁豫革命根据地政府采取减免灾区负担、对敌开展粮食斗争、安置灾民组织移垦、以工代赈、开展社会互济等有效措施。总的来说，晋冀鲁豫根据地政府的救灾经历了从单纯的应急性救灾走向积极增加生产的救灾过程，取得了显著的救灾成效。

（一）应急性救灾政策

1. 粮款赈款政策

在晋冀鲁豫根据地政府颁布的多项救灾政策中，首要是解决粮食供应问题。赈粮赈款的救灾措施是在"寓救灾于生产"总的救灾思路下展开的，根据地政府在赈粮赈款中发展运输、纺织、合作社、修滩筑渠打井等生产救灾活动。根据地政府还在下属的各区县成立低利借贷，帮助灾民生产并发动灾区进行冬耕，组织劳动力实行无偿代耕或互助，抓紧作战空隙进行生产突击。[①]

晋冀鲁豫根据地政府一方面采取急赈，并分区减轻灾区的负担，具体规定是："要处处爱护民力，少支差，少开会，以减轻群众的劳力负担。"[②] 另

---

① 晋冀鲁豫边区怎样为人民解救灾荒 ［N］. 解放日报, 1943 - 03 - 17.
② 同①。

一方面，边区政府拨发公粮赈济贫穷且无法生活的灾民，减免其公粮负担，进行粮食调剂以贱卖给灾民，1942 年冬，晋冀鲁豫地区拨发了救济贷款 500 万元。同时，革命根据地政府联合党政军民纷纷建立救灾委员会，各县有威望的人士担任救灾委员会的领导，以确保全力领导生产救灾运动，确保"不饿死一个肯自救的"。更重要的是，在敌区附近设立招待所以免灾民流入敌占区以增加敌人的人力资源，各部队机关团体都纷纷响应"一把米"的号召，每人每日节约一两小米以急救灾民。

太行边区是晋冀鲁豫根据地的重要组成部分，在面对严重的灾荒时，一是边区政府给受灾严重的六专区减免公粮 675 万斤，1943 年夏收减少 232 万斤，[①] 在此情况下颁布了灾区减免地租的办法。二是太行地区利用粮价东贵西贱、货币比价东高西低的特点，开展对敌粮食斗争，从西线敌占区购回 3150 万斤粮食[②]。同时禁止粮食出卖给敌占区，并有计划调剂各根据地的粮食，奖励根据地内粮食买卖自由，反对富商囤粮居奇。同时加紧向有粮的敌占区开展政治攻势与军事攻势，扩大解放区与采取一切有效办法吸收敌占区军粮，同时各地加紧准备保粮与反敌伪抢粮的斗争。三是太行边区根据具体情况抢种抢收粮食。1942 年 7 月，八路军各部队帮助群众补种杂粮，抢种蔬菜。7 月中旬，太行北部地区在暴雨之后，太行边区党政军民一齐出动，乘墒抢种，引水、担水浇苗，救活了一批禾苗，在空闲的地上补种了一批杂粮和蔬菜。四是太行边区政府召开紧急会议，成立了以杨秀峰为主任委员的太行救灾委员会，太行区的救灾工作得以全面开展。[③]

2. **厉行节约政策**

厉行节约政策是各抗日根据地政府在灾荒救济中普遍采用的政策之一，通常与粮款赈济政策同时在灾荒救济过程中发挥作用。灾荒发生之后，太行地区各领导机关和各级领导干部动员全区党政军民普遍开展节约运动，同群众共甘苦，每人自动减少一部分口粮，并拿出自己为数极少的津贴资助灾民。[④] 太行根据地在 1945 年春天发生的灾荒中，号召党政军民采取一切办法

---

① 太行山革命根据地史总编委会. 太行山革命根据地史稿（1937—1949）[M]. 太原：山西人民出版社，1987：172.

② 同①，第 173 页.

③ 同②。

④ 同①。

厉行节约、反对浪费，并发动广大群众及党政军干部厉行节约，不仅群众要节约，党政军民各机关均需节约，用节约的粮食去救济灾民，支持灾民发展生产。

3. 社会互助与社会救济政策

首先，社会互助也是一项主要的灾荒救济政策。首先，晋冀鲁豫根据地政府在非灾区群众中发展互助互济政策，太行分区党政军民全动员在社会互济活动中普遍开展借粮与募捐活动，号召"一把米、一升糠"运动，号召开明人士募捐及举办慈善救灾义演。粮食调剂得以普遍建立，并有组织、有计划地调剂并分配。其次，太行区救灾分会贯彻执行"柿子出口"法令，非灾区人民将柿子做成柿子炒面送给灾区居民。对于敌占区与游击区的救灾工作，太行根据地政府主要组织灾民进行反勒索斗争，开展"中国人大团结""中国人救中国人"的社会互济活动。① 此外，太行地区继承并创造性地发展了传统的救灾模式。在以前山西各县仓储及各村公仓的基础上，发挥义仓与合作社社会互助救济的作用。太行救委会在第五次会议决议中明确规定了义仓的组织办法和藏谷之来源及使用原则，仅平顺储藏义仓谷 496015 斤，如全部用于灾民，可供 15000 人 3 个月度荒之需。② 义仓与合作社不仅起到了灾荒救济的作用，而且促进了太行区的消费、生产等各种合作社在救灾工作中的发展。

4. 灾民安置政策

晋冀鲁豫根据地将灾民安置作为灾荒救助的重要组成部分，安置灾民并组织移垦，取得了显著的救灾实效。晋冀鲁豫根据地政府行政公署制订了临时救济办法，规定凡到该地的难民应受抗日公民的平等待遇且享受同等权利，并规定"由敌占区逃来的灾民经县公安局登记后，县政府予以慰问、招待、安置、救济等"③，并号召各地民众发扬同舟共济的民族精神，帮助灾民解决生活困难，动员富户出借存粮存款。对于灾民自己确实不能解决的生活问题应给予必要的救济。尽可能使逃来的灾民转入农业生产，除行署已有的指定移民区外，各专区各县可自行指定区域以奖励敌占区同胞定居；对于灾民参

① 太行山革命根据地史总编委会. 太行山革命根据地史稿（1937—1949）[M]. 太原：山西人民出版社，1987：174.
② 河南省财政厅，河南省档案馆. 晋冀鲁豫抗日根据地财经史料选编（河南部分）（二）[M]. 北京：档案出版社，1985：112.
③ 救济敌占区逃来同胞——分予土地粮食使其参加生产 [N]. 解放日报，1943 – 04 – 10.

加军队的,其家属即享受政府的优待,同时政府又拨粮急赈,为灾民介绍职业以实行以工代赈。[①]

太行边区根据地政府对于少数在本地无依无靠可到他乡投亲靠友的灾民,由政府出面联系并组织移民。对灾荒严重地区的灾民,太行地区组织部分灾民迁移出去开荒种地并安家落户。此外,太行地区政府颁布了移垦优待办法,为了组织灾民在本地参加救灾活动,拨出 225 万斤粮食帮助移垦灾民,吸收、安置灾民多达 2 万人,仅从五、六专区移到二、三专区的人数就多达 3500 之人,从一专区临城、内邱、赞皇移到山西、山东的多达 1500 人。[②]

5. 捕蝗打蝗政策

晋冀鲁豫革命根据地的蝗灾相对于其他革命根据地甚为严重,尤其是林北、平顺、磁武等地区。在科学技术思潮传播的影响下,人们也通过实践逐步掌握了蝗虫的生长发育过程及蝗虫的各种生活习性,认识到"蝗虫不是'打不得,天命下来的神虫',它和一般的虫子一样,是由蝗虫卵变化出来,并经过一定的生长和发育过程"。[③] 破除了消极的、迷信式地对待蝗灾且将蝗虫看成是神虫的荒谬思想,在人民群众对蝗虫的认识提高及强烈要求下,根据地政府提出具体的解决办法,揭穿迷信思想,反对听天由命的思想。

通过查阅《解放日报》及救灾工作报告[④]发现,晋冀鲁豫革命根据地根据灾情有组织地统一指挥进行捕蝗并开展全民总动员,彻底执行扑灭蝗虫的计划。林北、平顺两县实行了首长亲自动手领导与群众相结合的办法,政府干部与共产党员以身作则起到了带头作用。[⑤] 如林北在指导委员会的领导下,全县划分为几个逃荒区,区设大队,村设中队,下设分队,全县每天出动 8 万人参加打蝗运动,安阳动员 1 万多人。磁武组织除蝗委员会,各村设立灭

---

① 晋冀鲁豫边区怎样为人民解救灾荒 [N]. 解放日报,1943 – 03 – 17.

② 太行山革命根据地史总编委会. 太行山革命根据地史稿(1937—1949)[M]. 太原:山西人民出版社,1987:173.

③ 蝗虫 [N]. 解放日报,1945 – 01 – 07.

④ 包括《安阳县政府关于打蝗蛹工作的报告》(1944 年 5 月 4 日)、《生产救灾中的几个偏向》(《边区政报》第 39 期,1944 年 3 月 1 日)、《安阳等地人民积极挖蝗卵》(《解放日报》,1944 年 5 月 6 日)、《太行部分地区蝗蛹肃清敌占区禁止群众捕蝗》(《解放日报》,1944 年 5 月 27 日)、《太行捕蝗运动展开林北每天八万人捕蝗》(《解放日报》,1944 年 5 月 11 日)、《太行林北剿蝗胜利磁武敌占区飞蝗成灾》(《解放日报》,1944 年 6 月 4 日)、《太行林北、平顺等县剿蝗成绩大》(《解放日报》,1945 年 6 月 5 日)等。

⑤ 太行林北、平顺等县剿蝗成绩大 [N]. 解放日报,1945 – 06 – 05.

蝗指挥部，下设侦检队、打蝗队；在蝗灾地区组织了 2 万余人，全区已有 11 万人参加灭蝗运动，各地军队、机关、学校、商店都统一参加。① 在扑蝗打蝗具体政策的执行过程中，为了做到群众负担公平，边区政府决定增援每人每天所需一斤半小米，按群众负担公摊。由于粮食短缺，为了应急，边区政府先向大户借粮，余额不足将从义仓中支出。②

晋冀鲁豫根据地政府与民众在具体的蝗灾治理过程中，根据蝗虫的生活规律，将已有的灭蝗方法与新的方法和技术结合起来，积累了大量的治蝗经验与技术，如坑杀法、扑杀法、打杀法、诱杀法、禽杀法③、秋翻地溜崖拍畔和掘沟治蝗等。在捕蝗打蝗的实际执行过程中主张把蝗虫消灭在蝗卵、蝗蝻阶段④等，并根据捕蝗的地点如山坡、麦子地等选取不同的捕杀办法。各地政府有组织地发动群众进行灭蝗运动，以避免各自为政相互扰乱、不负责任害人又害己的办法。

晋冀鲁豫边区政府在蝗灾严重的地区不仅实行奖惩制度鼓励灾民灭蝗扫蝗，而且还创造性将蝗卵作为灾民救济的食物来源之一。在奖惩制度方面，鼓励灾民根治蝗灾，如刨蝗卵，林县、安阳都规定刨 1 斤，挣 1 斤小米。各地群众在"要吃麦子，刨蚂蚁蛋"的口号下，男女老幼全动员下地刨蝗卵，安阳县在一个月的时间里送交政府的蝗卵多至 130 多石。⑤ 晋冀鲁豫根据地政府在捕蝗打蝗运动中，不仅采用各种方法捕杀蝗虫以抢救被蝗虫蚕食的庄稼，还将蝗卵变成救灾食物进行灾民救助，可以说做到了变废为宝。政府将蝗虫蝗卵炒熟后救济灾民，以每人三天吃两升来计算，80 石可供 205 个灾民吃 1 个月，80 石蝗卵换米 14700 斤，每人每日以食 5 两计算，足够 4000 个灾民食用 1 个月左右。⑥

晋冀鲁豫根据地救灾成效显著。经过党政军民的共同努力，林北刨蝗卵 25000 斤，活捉打死蝗蝻 450000 斤；安阳刨蝗卵 28000 斤，不到十天打死、活捉蝗蝻 60000 斤；磁武六、七区人民刨了蝗卵 2294 斤，活捉打死蝗蝻

① 太行部分地区蝗蝻肃清敌占区禁止群众扑蝗 [N]. 解放日报, 1944 – 05 – 27.
② 太行林北剿蝗胜利磁武敌占区飞蝗成灾 [N]. 解放日报, 1944 – 06 – 04.
③ 河南省财政厅, 河南档案馆. 晋冀鲁豫抗日根据地财经史料选编 (河南部分) (四) [M]. 北京：档案出版社, 1985：214.
④ 把蝗虫消灭在蝗卵蝗蝻阶段——太行四月份剿蝗概况 [N]. 解放日报, 1945 – 06 – 04.
⑤ 同③, 第 627 页。
⑥ 安阳等地人民积极挖蝗卵 [N]. 解放日报, 1944 – 05 – 06.

70000 斤，三县共刨了 55294 斤，活捉打死蝗蛹 58 万斤。①

（二）生产性救灾政策

1. 以工代赈政策

以工代赈并不是单一的救荒措施，其政策的实施是在其他救灾政策的相互协调与配合之下发挥作用，以工代赈孕育于生产自救之中，生产自救中又有赈粮赈款、厉行节约政策做基础铺垫。就具体以工代赈措施而言，晋冀鲁豫根据地政府组织灾民进行运输，政府在沿途设立招待所；设立纺织小组，由工作队协同政府以家庭为单位实施，政府所拨款项由合作社统一购买棉花，贷给灾民加工成布匹之后，再给价收买，以此来调剂灾民生活。② 太行地区首先在运粮中实行以工代赈。灾民在运粮当中所挣收入除吃用外，每日每人能剩余 0.5—1 斤小米。仅此一项，灾民可得到粮食 525 万余斤，可供 53000 人食用三个月③。其次，太行边区政府在纺织、开渠、修滩等方面普遍实行以工代赈，组织灾民兴修水利并开荒修滩。1942 年 10 月至 1943 年 6 月，太行地区拨出 235 万元和 20 万斤小米，组织灾民开渠修坝④，这些水利设施为以后开展的"大生产运动"创造了有利条件。

2. 兴修水利政策

太行地区在防旱与水利备荒中，首先进行思想教育，充分发挥群众的主动性与创造性。在利益分配上，特别照顾贫苦农民的利益，贫农是最有剩余劳动力的阶级，如果不能将广大贫农发动起来，打井、修渠等备荒运动则无从开展。在防旱水利备荒上，必须采取合作互助的形式，由于打井、修渠都是重体力劳动，因此特别要求将劳动力高度组织起来。

就具体措施而言，各专区根据自身的水利状况和实际情况颁布了水利贷款等方面的法规，如《第五专署关于水利贷款分配》（1943 年 12 月 8 日）中对水利贷款的数额、用途都作出了明确指示（水利贷款如表 1 所示），即主要用于来年开渠、修滩、打井、修水车等事项。水利贷款的数额核定建立在实

① 太行部分地区蝗蛹肃清敌占区禁止群众扑蝗 [N]. 解放日报, 1944 – 05 – 27.
② 晋冀鲁豫边区怎样为人民解救灾荒 [N]. 解放日报, 1943 – 03 – 17；3.
③ 太行山革命根据地史总编委会. 太行山革命根据地史稿（1937—1949）[M]. 太原：山西人民出版社, 1987；174.
④ 同③，第 173 页。

际勘察并考虑成效的基础上，根据不同条件制订计划，单个项目贷款应以小型而费用不大为宜，如表 1 所示。水利生产要纠正过去单纯依靠政府的观点，应以群众力量为主，修滩开渠，首先应照顾灾荒区的劳动力，不以该区该村为限，县政府应统一调剂，实现以工代赈的成效。①

表1　晋冀鲁豫地区第五专署关于水利贷款数额②（1943.12.08）单位：万元

涉县	磁武	林北	安阳
25	15	20	10

晋冀鲁豫根据地的水利事业在生产度荒中得到了较大的发展，如太行根据地政府在生产救荒中组织开挖的水渠增加到了 14 条③，水浇地扩大到 1300 亩④，加上地方政府和群众自己兴办的水利事业，全区的水浇地面积大大增加，仅受灾较重的六专区增加并恢复了 5992 亩水浇地⑤。同时，在兴修水利救荒过程中，纺织手工业、合作事业等也得到大力发展。1942 年，太行根据地在救荒中发展群众纺织，并在 1943 年得到了进一步发展，全区参加纺织的妇女达到 20 万人，赚取 340 万斤小米。1944 年 11 月，太行地区的武安县参加纺织的妇女高达 36000 余人，能织 66 种花布，获得工资收入 2100 万元。太行根据地通过群众纺织运动提高了妇女的织布技术，原来只能织白布、平布等少数品种，逐步发展到能织芝麻呢、竹子呢、蓝色席子呢、烟色条布、人字布等 94 种类的花布⑥。

3. 发展合作事业救荒

晋冀鲁豫根据地政府为了发展合作事业以增加灾民收入，颁布了《灾民贷款办法》，对灾民贷款的种类、手续、用途、担保、利息及期限分别作出了明确的规定。晋冀鲁豫根据地这些法规政策的颁布，都是根据当时灾荒救济的切实需要，并且各规章制度颁布的先后顺序都是根据现实的需要，后一政

① 河南省财政厅，河南省档案馆．晋冀鲁豫抗日根据地财经史料选编（河南部分）（三）［M］．北京：档案出版社，1985：69 - 70.
② 同①。
③ 太行山革命根据地史总编委会．太行山革命根据地史稿（1937—1949）［M］．太原：山西人民出版社，1987：178.
④ 同③。
⑤ 同③。
⑥ 同③，第 178 - 179 页。

策的颁布都是对前一政策的补充与完善，并针对灾荒救助中新的问题给予规定并解决。此外，太行地区的合作事业在生产救荒中得到了很大的发展。太行地区的合作组织由小到大，并建立了许多专业合作组织，1944 年 11 月，全区的合作社已有 937 个，比 1943 年 6 月增加了 521 个，参加合作社的社员达到 203571 人之多，合作股金增加到 24646559 元。①

4. 春耕救荒政策

晋冀鲁豫根据地的春耕救荒在《晋冀鲁豫关于春耕运动的指示》中作出了明确规定，其目的在于恢复战前生产水平，真正做到在数量和质量上没有一亩荒地。春耕运动的开展首先需要粮食的调剂与救济以确保群众的生存问题，否则春耕工作将无从谈起。其次，在春耕之前要做好荒地的分配，根据条例的规定实现逐村、逐家切实分配。劳动力是春耕救荒的关键之一，在春耕之前需要组织抗属代耕队，组织妇女、地方武装政府机构及外来难民参加生产，做到地有人耕。此外，春耕救荒之前需提前开展修地（被大水冲毁的土地）工作，通过鼓励儿童团、子弟兵、游击队捡河滩石头，并鼓励自卫队、农会互助帮助修地。在被水冲毁田地多的地方还鼓励武装部队、学校、外地群众帮助修地。② 特别需要说明的是，春耕救荒的开展是晋冀鲁豫根据地群众运动的重要内容之一，举行全根据地规模的动员干部大会，进行深入的政治动员，各村举行春耕运动座谈会，使每村、每人都了解春耕的重要性。

晋冀鲁豫根据地政府为了确保春耕运动的开展，各地区根据自身条件和需要就春耕救荒作出具体安排，如《第五专署关于 1943 年度春耕贷款的指示》③（1943 年 11 月 17 日）对春耕贷款数目分配、贷款分期及用途、贷款对象等事宜均作出详细规定，如表 2 所示。

---

① 太行山革命根据地史总编委会. 太行山革命根据地史稿（1937—1949）［M］. 太原：山西人民出版社，1987：179.

② 选自《1943 年太行党的文件选辑》，1944 年 9 月 25 日。

③ 河南省财政厅，河南省档案馆. 晋冀鲁豫抗日根据地财经史料选编（河南部分）（三）［M］. 北京：档案出版社，1985：66 - 68.

表2 第五专区关于 1943 年度春耕贷款分配数额① （1943.11.17） 单位：万元

涉县	磁武	林北	安阳	偏城
83	45	34	15	15

注：晋冀鲁豫第五专区暂留8万元不做分配，以作机动之用。另外，此表数据系根据晋冀鲁豫抗日根据地财经史料整理。

晋冀鲁豫地区的春耕贷款分三批发放给群众②，第一批从 1943 年 11 月开始，首先由县、区、村逐级布置并确保 1944 年 1 月下旬至 1 月底把贷款发放到群众手中，主要用于灾民购买牲畜和农具；第二批贷款从 1944 年 2 月开始至 3 月底完全发放到群众手中，用以购买肥料（水地里多上麻饼，旱地里准备大粪）及种子，具体数额③为 50 万元，其中涉县 21 万元，磁武 11 万元，林北 8 万元，安阳 4 万元，偏城 4 万元，另有 2 万元用于调剂；第三批贷款于 1943 年 5 月（即麦收前）贷到群众手中，主要用于购买种子和肥料，因麦收后有大批土地都要播种。晋冀鲁豫根据地春耕贷款的对象主要是贫苦农民，但由于区干部在执行过程中将大批贷款发放给了中农以上户主，而真正用于贫苦灾民的却很少。虽然根据地政府在办理贷粮贷款时都本着认真负责的态度，“贷粮贷款之前政工小组挨户调查各户受灾实际情况，并将结果和村干部调查的结果对照，有不符合的重新调查，力求正确。”④ 但由于灾民已经极度贫困且已经流离失所，丧失了再生产能力，基本上处于一种被动救济的状态，他们没有能力申请贷款进行生产救灾。

春耕救荒是在“家收不如国收，反对自私自利”⑤ 的思想下展开的，尽可能动员最广大人民群众参加春耕生产以渡过灾荒，因此具有重大的抗战意义。敌占区游击区的灾情及救灾工作比其他根据地更为严重，除一般的自然灾害发生外，还有敌人的残酷掠夺和经常性的勒索。因此，在敌占区不仅需要把救灾工作做成社会事业，更要组织灾民与敌人做斗争。敌占区游击区的春耕救荒是在日伪连续而残酷的扫荡中进行的，武装保卫春耕是一个严峻的

---

① 第五专区关于 1943 年度春耕贷款的指示 ［M］//河南省财政厅，河南省档案馆. 晋冀鲁豫抗日根据地财经史料选编（河南部分）（三）. 北京：档案出版社，1985：66.

② 同①，第 66 - 67 页。

③ 同①，第 66 - 67 页。

④ 救济赤贫户帮助生产 ［N］. 解放日报，1944 - 05 - 08.

⑤ 积极进行生产救灾——安应定出抢救秋田预防春荒办法 ［N］. 解放日报，1944 - 08 - 16.

组织任务。首先，领导在观念上要认识清楚，要研究敌人的政策及进攻的方式和特点，抓住一切有利时机进行春耕救荒；其次，要广泛地组织劳力和武力的结合，认识清楚领导春耕与保卫春耕是合而为一的。发动群众采取夜间耕种，解除群众后顾之忧并稳定群众生产情绪。总之，在敌占区游击区需将战争准备与春耕准备合一，将武装组织与劳动组织合一，特别要加强村与村之间的联络，做到轮流保卫与战时突击。

5. 减租减息的救荒政策

南京国民政府于 1927 年 6 月已制定了减租减息政策，但在整个国统区没有实施。中国共产党领导的根据地政府充分发动广大群众参与减租减息并将之作为减灾救荒工作的一部分，晋冀鲁豫根据地政府首先认识到减租减息和订约保佃是真正发动农民群众积极进行生产救荒的有利政策之一。根据地政府注意从思想上发动群众，把群众真正组织起来抵抗灾荒。在具体实施过程中，是把群众正确的、比较零星的意见集中处理，提高群众觉悟，在减租减息救荒政策的执行过程中，对群众进行有系统的思想教育，进而指导群众有组织地落实政策。同时群众又在行动中学习，在行动中解决自身问题，逐步提高群众觉悟并继续开展救荒运动。①

在各地的减灾救荒运动中，许多根据地都非常注意对灾民中积极分子的发现和培养，注意建立和培养群众中的领导核心，这也是群众路线与干部政策的萌芽。这在一定程度上说明群众路线是领导减租减息救荒政策的重要方法与关键。根据地政府在减灾救荒过程中，把群众路线、群众观点与恩赐观点、恩赐作风加以区分和对立，两者有所不同。② 除了以上政策之外，晋冀鲁豫根据地政府还联合工商总局、救灾总会等机构对灾情严重地区采取综合救助措施，分别由各公营商店拨借资金，筹备原料，推销成品，由县救联会负责发动、组织等工作，即商店负责业务经营，县救联会负责在组织领导上尽力协助。③

（三）救灾成效与不足

晋冀鲁豫根据地的救灾成效是非常显著的，上文在论述具体的救灾政策

① 太行区党委关于继续开展减租运动准备春耕生产的指示 [N]. 解放日报, 1945 - 02 - 05.

② 战斗. 1945 (91).

③ 《工商总局、救联总会关于五、六分区灾情严重举行生产救济的联合指示信》, 1942 年 10 月。

中也用实际数据说明了各种救灾政策所产生的救灾成效，不仅体现在对灾民的实际救助，而且促进了农业生产、纺织、合作事业等的发展，更为重要的是支援了抗战。这里不再一一赘述。本部分主要讨论晋冀鲁豫根据地救灾需要克服的几个问题，具体如下。

在救灾实践中一是干部在一定程度上存在自私自利的问题。根据地政府注意到这一问题并对村干部开展教育批评，这种批评教育已经从经济利益上的迁就转为政治上的教育，以灾民的生活水平来检验干部既得利益。二是克服平均主义贷赈救济，坚持"有饭送给饥人"的原则，以不同的救济办法救济不同程度的灾民。三是组织与教育灾民。由于灾民长期以来形成的单纯依靠政府、不从事生产、好吃懒做等情况比较严重，因而组织并教育灾民显得尤为必要与紧迫。灾民教育主要在于鼓励灾民自救与互助、奖励生产和提倡节约，以及讨论分配办法和推选典型人物奖励等。四是由于救灾组织人员与灾民素质等各方面的原因，只看到灾荒带来的困难，以及灾荒对生产、抗战等工作的不利影响，没有看到救荒是广大人民群众最普遍紧迫的要求与生存问题这一事实。实际上，正是因为老百姓最注重的是自身的生存和生产问题，才将救灾与生产、抗战等各项工作相结合，在救灾中贯彻春耕、减租减息及土地政策等。贯彻群众路线，把群众团结和组织起来与灾荒做斗争。但在具体实践过程中，有的地区由于认识不到位，未能将救灾工作与发动群众贯彻土地政策相结合，致使过去初步打开的工作局面与发动群众的部分收获受到很大影响，不但没有把工作向前推进一步，相反还阻碍了工作的发展。

四、晋冀鲁豫革命根据地的救灾法律制度与组织机构

为了全面协调抗战与救灾，晋冀鲁豫抗日根据地先后颁布了一系列制度，在很大程度上推动了晋冀鲁豫根据地救灾政策的实施，并取得了显著的救灾成效。具体包括《晋冀豫地区党委关于春耕运动的指示》（1940 年 1 月 30 日）、《晋冀豫区党委关于春耕运动的指示》（1941 年 2 月 20 日）、《旱灾救济贷款暂行办法》（1942 年 10 月）①、《晋冀豫区党委关于开展春耕运动的指示》

---

① 河南省财政厅，河南省档案馆. 晋冀鲁豫抗日根据地财经史料选编（河南部分）（一）［M］. 北京：档案出版社，1985：189 - 190.

（1942 年 2 月 20 日）、《晋冀鲁豫边区政府关于太行区下年度生产贷款的决定》（1943 年 9 月 12 日）、《一年来太行区救灾工作》（1943 年 9 月 20 日）、《第五专署关于颁发春耕贷款分配的命令》（五财会字第 1 号，1943 年 1 月 6 日）、《第五专署关于开展税契补契工作颁发分配数额的命令》（收字第 1 号，1943 年 1 月 9 日）、《第五专署关于克服灾荒困难改变食粮定量厉行节约的命令》（1943 年 8 月 5 日）、《第五专署关于 1943 年度春耕贷款的指示》（1943 年 11 月 17 日）、《第五专署关于水利贷款分配的指示》（1943 年 12 月 8 日）、《第五专署关于遭受雹灾的村庄补种问题的紧急指示》（1945 年 8 月 6 日）、《林北救灾委员会工作总结及今后方针与做法》（1943 年 6 月 2 日）、《安阳县政府关于打蝗蝻工作的报告》（1944 年 5 月 4 日）、《林县救灾委员会第四次会议记录》（1945 年 2 月 22 日）等救灾法令及规章制度。

相对于南京国民政府颁布的一系列救灾法律及制度，显然晋冀鲁豫和其他革命根据地的救灾法令、指示、制度、条例、决定等更具有实践操作性，很多指示或决定都是针对某一地区或具体的灾害进行的救助，或者是针对某一救灾措施的实施的决定，并且晋冀鲁豫根据地颁发的救灾指示、决定、法令等都是对具体救灾实践的总结，或是针对救灾制度的完善与改进。这充分说明，晋冀鲁豫根据地的灾荒救助注重解决人民群众的民生保障以及生产和生活中的具体问题。根据地的救荒政策始终贯彻群众路线，坚持从群众中来到群众中去，充分发挥人民群众生产救荒的积极性和主动性。

为了规范救灾组织体系和机构，晋冀鲁豫根据地政府颁布了《晋冀鲁豫各级救灾委员会暂行组织条例》①。该条例对救灾委员会的行政体系作出了规定，分别设立晋冀鲁豫区救灾委员会总会、县救灾委员会及村救灾委员会三级体系，并对各救灾委员会的组织结构、职能及任务作出了详细的规定。各救灾委员会应协助各级政府做好救灾宣传，鼓励各界人士进行募捐，并协助政府调查灾民受灾情况并实施救助。

五、晋冀鲁豫革命根据地救灾的根本：群众性的生产救灾

从晋冀鲁豫根据地的减灾救荒经验来看，用生产来克服灾荒，是战胜灾

---

① 河南省财政厅，河南省档案馆. 晋冀鲁豫抗日根据地财经史料选编（河南部分）（四）［M］. 北京：档案出版社，1985：298 – 299.

荒的基本道路，也是根本所在。① 晋冀鲁豫根据地政府将救灾与生产的重要性上升到政治层面，认为救灾与生产不仅是贯穿革命根据地各项工作的中心环节，而且也是一项严重的政治任务。邓小平同志在《解放日报》发表的《太行区的经济建设》一文中明确指出："我们的救灾办法，除了部分的社会互济之外，基本上是靠生产。"中共晋冀豫区党委、晋冀鲁豫边区政府先后发出紧急号召和指示，要求把救灾与生产结合起来，以生产为中心克服灾荒并渡过难关。

晋冀鲁豫根据地的救灾是在"寓救灾于生产"总的思路下展开的，救灾工作主旨是组织灾民参加生产，在实际工作中把救灾和生产的每一步结合起来，使其发挥更大实效，并且在组织灾民参加生产过程中发挥对干部和灾民的实际教育作用，提高他们的生产劳动观念。综合起来，在扶持农业生产上主要包括：

第一，解决粮食、种子、农具、肥料及组织劳力、畜力与兴修水利等。

第二，扶持群众开展副业生产，最主要的工作是组织妇女纺织，这不仅加强了妇女的组织工作，而且激发了妇女的生产劳动热情。通过纺织救灾培养了不少生产者，并且提高了妇女的纺织技术，在政治经济上提高了妇女的社会地位；不仅达到了生产自救的目的，而且为纺织手工业打下了基础。

第三，辅助手工业生产。根据地政府组织铁工、木工、弹花弹毛工、染匠、皮匠等有计划地修理农具、纺车、机子、开设各种作坊等发展灾区手工业生产。

第四，组织群众运输运销。一方面采取让群众"挣脚费"的办法，灾民参加运输工作以获得脚价来维持生活，另一方面为保障农业生产而组织运输。

第五，组织群众性的供销与信用业务。为了有效扶持和组织各种生产事业，合作社同时发展与生产相结合的供销业务，以推销土产换回必需品以保障再生产。

总之，正是由于晋冀鲁豫根据地政府在各方面组织和扶持群众生产，在灾荒连年的惨烈状况下，充分发挥边区的人力、物力、资力以战胜灾荒。

太行地区党政军民领导鼓励群众相信自己的力量，发动群众开展生产救

---

① 吴宏毅. 从灾荒中站起来——晋冀鲁豫边区的生产救灾运动［N］. 解放日报，1944 - 08 - 29.

灾以战胜自然灾害，太行边区政府制定并颁布了一系列安定社会秩序、辅助群众生产、打击敌特破坏活动的政策法令。太行地区的灾荒主要由旱灾所致，因而生产救灾的中心是千方百计发展农业生产，太行边区政府拨出 310 万元贷款和 81 万斤公粮支持灾区生产①。为了使将要破产的手工业作坊、煤矿等恢复生产，根据地政府有计划地向小手工业者低价供应粮食、发放低息贷款以帮助他们推销产品。为了确保生产救灾有充足的劳动力，太行边区政府还在疾病流行的地区用 3 万元购买药品并且组织医疗队、卫生队免费为灾民治病。② 此外，太行边区政府在实施生产救灾时，绝大部分人家搞代食品、采集野菜、树叶等，太行边区政府即在太行区发动了一场全区总动员采野菜的运动，发现 15 大类、180 多种野生植物可以食用，并发明了多种食法。③

六、借鉴与启示

晋冀鲁豫根据地从灾荒应对口号的提出、灾荒应对机制的建立、救荒措施的实施、军民全体总动员、春荒和减灾减息运动的发展等，无不表现出根据地在灾荒救济中的政治性倾向，即灵活应对的举国救灾体制。可以说，民主革命时期中国共产党领导的灾荒救助已经形成了比较成熟的灾害救助制度体系，这种减灾救荒制度体系及理念价值都直接影响着后来解放战争时期的灾荒救助乃至新中国成立后的灾害救助，对当代救灾体制也有重要的影响。

一是晋冀鲁豫根据地将救荒上升到政治高度，强调灾荒救助的政治责任。习近平总书记在中共中央政治局第十九次集体学习时强调，各级党委和政府在我国应急管理体系和能力建设中要切实担负起"促一方发展、保一方平安"的政治责任，严格落实责任制。这正是对民主革命时期中国共产党将灾荒救助上升到政治高度的继承和发展，只有将应急管理体系和能力建设上升到政治责任的高度，才能在实践中落实责任制，确保居民的生命和财产安全。

二是晋冀鲁豫根据地在灾荒救助中动员广大群众积极参与，充分调动全社会的力量开展减灾救荒活动。当代我国自然灾害、各类事故隐患和安全风

---

① 太行山革命根据地史总编委会．太行山革命根据地史稿（1937—1949）［M］．太原：山西人民出版社，1987：173.

② 同①，第 174 页。

③ 同①，第 180 页。

险交织叠加、易发多发，影响公共安全的因素日益增多。因此，应急管理体系和应急管理能力建设更要坚持群众观点，坚持走群众路线。社会共治是新时代应急管理体系和应急管理能力走群众路线的具体体现。应当推动普及安全知识宣传进企业、进农村、进社区、进学校、进家庭，加强公益宣传，鼓励志愿服务，开展常态化应急疏散演练，支持和引导城市社区居民和农村社区开展风险隐患排查和治理，积极推进安全风险网格化管理。

三是晋冀鲁豫根据地在灾荒救济中优化整合各类救灾政策、救灾资源和技术。新时代的救灾应急管理面对新的社会风险和灾害，需要结合当代科技革命、信息技术的发展和时代环境变迁建立健全风险防范化解机制。正如习总书记在中央政治局第十九次学习中所强调的："要强化应急管理装备技术支撑，优化整合各类科技资源，推进应急管理科技自主创新，依靠科技提高应急管理的科学化、专业化、智能化、精细化水平。要加大先进适用装备的配备力度，加强关键技术研发，提高突发事件响应和处置能力。要适应科技信息化发展大势，以信息化推进应急管理现代化，提高监测预警能力、监管执法能力、辅助指挥决策能力、救援实战能力和社会动员能力。"同时，建设一支专常兼备、反应灵敏、作风过硬、本领高强的应急救援队伍，并充分发挥各方面力量的作用。

中华人民共和国成立后，党和国家始终高度重视应急管理工作，充分继承并发展了民主革命时期中国共产党在应急管理体系和应急管理能力建设中积累的宝贵经验，成功应对了一次又一次重大突发事件，有效化解了一个又一个重大安全风险，创造了许多抢险救灾、应急管理的奇迹，我国应急管理体制机制在实践中充分展现出自己的特色和优势。应当充分发挥我国应急管理体系的特色和优势，积极推进我国应急管理体系和能力的现代化。

女性与儿童

从幽闭到出走：清末民初女性困顿—解放话语形成及实践

秦　方[*]

对于近代中国女性而言，"解放"大约是最重要的词汇。但是，女性解放作为一种话语和实践，究竟是怎样形成的，又如何被时人所认知？我认为，欲回答这些问题，我们必须关注自晚清以来形成的困顿话语及其在现实中的实践。解放之意义，恰因时人将之置于困顿的对立面，因此不谈困顿，便无法真正理解解放。目前学界对"解放"使用甚多，且多持有一种不言自明的进步态度，但却很少有人从学理角度分析"解放"和"困顿"。有鉴于此，本文试图初步梳理自19世纪后半期以来形成的困顿话语及其实践，以期更好理解近代女权主义和妇女运动之意义。

如果我们从困顿的视角来观察近代妇女史，就会发现，近代有关女性的叙述形成了一个相当固定的模式，如前文所示，自19世纪后半叶起，女性总是与一种困顿感相连，不管这种困顿源自闺阁、学校，还是家庭。继续将引文列举下去，这种困顿感还来自于社会、政党甚至国家。近代女性似乎一直在困顿和解放两个极端之间来回摆荡。困顿继而求解放，解放继而又成困顿，如此循环往复。这种模式反复出现频率之高，以至于近代女性身份界定呈现出一种明显的"匮乏"特点，即时人普遍认为女性受困是一切问题的来源，

---

* 作者简介：秦方，首都师范大学历史学院副教授。

因此一心将解决问题的希望投向那个打破困顿后的理想化世界，但也因此一直处于一种求而不得的状态。其结果有二：一是近代女性一直出出入入各种实际的和想象的场域，但却始终无法获取一个固定支点，她们一直在寻找，但却似乎一直无所依；二是在女权运动史中，这种困顿——解放模式会导致一些议题以现象趋同的形式反复出现，最典型的就是 20 世纪几次对女性回家的争论。这种周期性的问题模式容易使时人对女权运动形成一种刻板印象，即女权主义者们努力在识别、应对这些问题，但却一直无法解决它们。这种被动的应对模式，容易产生一种女权运动无效化的社会印象。

自然，困顿——解放话语的形成和实践是一个长期且复杂的过程。限于篇幅，本文仅探讨清末至民国五四运动这一时段，因为这涉及困顿话语的最初形成以及打破困顿、实现解放的初次践行。大致而言，自 19 世纪后半叶起，随着文明话语、国族主义和女权主义等思潮的兴起，中国女性幽居家内的生活方式以及崇尚幽、娴、贞、静的道德气质受到批评甚至否定，取而代之的是一种贬斥幽闭、向往释放的现代性特质。同时，因晚清女子教育的兴起，时人得以将释放具体化，将女校想象为那个释放后的理想世界，充满自由和光明，因而实现了从家庭向学校的转变。但是，时至五四运动时期，学生作为社会新兴群体参与政治运动所获得的权力感，使得一部分女学生在描述女学时，将之刻画成一个压制女性身心的困顿之地，一心想要打破校门、走向社会。她们对女学的猛烈批判，丝毫不逊于晚清女性对闺阁和家庭的批判。而且，由于日后官方历史书写对解放话语的提倡和对五四运动的推重，此一时期学生对学校的批判亦成为官方话语的重要组成部分，由是更加强化了后人对学校困顿女性的刻板印象。总之，从困顿到解放再到困顿，从走出家庭到进入学校再到走出学校，近代女性实践了她们人生的第一次摆荡。

必须说明的是，本文虽多用困顿和解放二词，但其实在不同的历史时期，时人是选择不同的词汇来表达相似的意思的。而这些词汇的选择，也恰可见时人对困顿感和解放感的不同主体立场和阐释框架。因此，本文将尽力保留各个时期的各自用语。

一、幽闭：文明阶序下困顿话语的兴起

19 世纪后半叶，有关中国女性，整个社会经历了一种从尚"幽"到抑

"幽"的话语转变。在传统中国社会，尤其是在宋代以后，随着儒家思想的世俗化，中国女性多有意识地以幽、娴、贞、静为道德行为规范。其内化程度之高，由成千上万例贞女节妇的生命史可窥一斑。在旌表奏折、地方志或者历代正史、笔记记载中，当这些女性遭遇丧（未婚）夫之痛后，很多人会选择隐居家内，以与世隔绝的方式来实践自己对妇德贞节的坚持。① 但是，这种尚"幽"的话语和实践自 19 世纪后半叶开始遭到批判和否定。

据笔者目力所及，这种从尚"幽"到抑"幽"的话语转变大约始于 1870 年代传教士的论述。在这一时期，诸如《中西闻见录》《万国公报》等传教士创办的报刊开始零星刊登一些女性议题。这些议题一方面既有充满启蒙论调的对东西方女性历史的勾勒、对女性教育的支持和对缠足的批评，另一方面也有在中国传统节烈话语中对烈妇、贞女、孝妇的推崇，可以说，此一时期传教士刊物呈现出一幅相当混杂的女性光谱图。但在此光谱图中，传教士和中国基督徒对女性幽居家中、举止娴静的否定性批评，却逐渐浮现出来，成为一条清晰可见的时代线索。"幽"这一主动选择之美德逐渐成为"困"这一隐含被动和无助的恶俗。在这其中，《万国公报》起到了至关重要的作用。《万国公报》由传教士林乐知（Young Allen, 1836—1907）创办于 1868 年，初名《教会新报》，于 1872 年改为《万国公报》，其间几经起伏，至 1907 年停刊。《万国公报》可谓晚清内容最丰富、规模最大、流通时间最长的传教士报纸，因此，也最能体现来华传教士和中国基督徒们的主流观点。

1878 年，传教士艾约瑟（Joseph Edkins, 1823—1905）在《万国公报》上发表《泰西妇女备考》一文，这应是该报较早一篇涉及对女性幽居进行价值判断的文章。艾约瑟这篇文章并非写中国问题，而是攫取泰西诸国妇女的历史实例，强调一夫一妻之正理。其中，在谈及希腊、罗马两地时，艾约瑟写道，"罗马人有云：希腊之尊贵妇女，尚不及罗马之更为尊贵也。何则？希腊之妻室，只勤操作于室中，不令游观于户外，况肆筵设席之余，非属戚族，不同饮食，是家中且多拘束矣。而罗马之妻室则不然，或主中馈，或纵外观，酬酢之间，言言语语，与男子互相讲论，和其畅适之得自由耶？"② 希腊女性

---

① 卢苇菁（Lu Weijing）. True to Her Word: The Faithful Maiden Cult in Late Imperial China [M]. Stanford: Stanford University Press, 2008: 180 - 182.

② 艾约瑟. 泰西妇女备考 [J]. 万国公报, 1878（497）. 张玉法, 李又宁. 近代中国女权运动史料（1842—1911）: 上册 [M]. 中国台北: 传记文学出版社, 1975: 174.

拘于室内、不得与男性同饮，是为拘束；而罗马女性出入内外、与男性相互往来，是为自由。此处虽未提及中国情况，但却可见拘束为劣、自由为贵的高下对比。而以历史上古罗马取代古希腊为实，也可见一种时间上的进化感：自由必然取代拘束，此乃大势所趋。

在《万国公报》上直接批评中国女性幽居生活的论述，与传教士对缠足议题的关注有直接关系。早在 1875 年，《万国公报》上便发表了《保师母与年会议论缠足信》一文，在文中，作者保端肃将缠足视为一种恶俗。这种恶俗论非保端肃独然，而是当时传教士群体将中国"异俗"转变为"恶俗"的普遍做法，它指向了中国社会和文化的可改变性。就缠足这一恶俗来说，保端肃认为，缠足"不独戕害女子身体，是亦得罪上帝"。其原因是，缠足将女子变成终身残废，使之无法归荣上帝。"女子一缠足即残废矣，何能入学读书？并往见疾痛贫苦之女流而顾恤之，礼拜堂若离家稍远，则崇拜上帝听解圣经诸善事悉能与焉？"[1] 保端肃的观点虽未直接将缠足与女性拘于家中画上等号，但却已从现实经验出发，批评缠足对女性灵魂（皈依上帝）以及身体（无法前往礼拜）的约束。

这种思路在此后 20 年间《万国公报》上发表的反缠足文章中反复出现，虽时有变化，但基本框架不变，可谓奠定了缠足导致女性身心困顿这一基本论调。如 1898 年在传教士举办的天足会征文比赛中，《万国公报》曾刊出第一名永嘉祥的文章。在此文中，作者便提出缠足对于女性外出"游乐"的阻碍。"女子亦人也，人生于程功劾力之余，颇多行乐之处。为问缠足女子有能风雩游沂凭登眺以自适者乎，无有也。为问缠足女子有能着屐踏青借行游以自娱者乎，无有也。则是耳目同手足同而生命之乐独不得与同，谓非缠足者之拘拏其身有以召之乎。言念及此，能勿伤心？"[2] 永嘉祥的观点主要是强调缠足有碍女性在家外的自由游乐。但从另一个侧面，我们也可见，此时在传教士的主流论述中，在家外自由游移开始取幽居家中而代之，成为渐受推崇的女性生活方式。

1899 年，《万国公报》刊出美国传教士卜舫济（Francis Lister Hawks Pott，1864—1947）所撰写的《去恶俗说》一文。卜舫济对缠足的批判态度与《万

① 保端肃. 保师母与年会议论缠足信 [J]. 万国公报, 1875 (320)：28.
② 永嘉祥. 戒缠足论并序 [J]. 万国公报, 1898 (118)：13.

国公报》过去的观点一脉相承，将缠足视为恶俗，"夫风俗有善有恶，恶俗之足以害世，不啻暴主之虐民"。但是，与永嘉祥不同的是，卜舫济更偏重批评缠足对女性智识的拘束。作者指出，中国女性"既缠其足，必累其脑，两足纤削，终身不越闺门，亦何能仰观俯察，远瞩高瞻？讵知生人之知识，大半从见闻阅历而来，故耳目实为引进知识之门。苟因足小而不出户庭，则于一切世故，直皆懵无见闻。妇女之知识，每多浅陋，坐此弊也"。① 卜舫济强调一种学习模式，即可以经由在家外的阅历和实践获取知识。这一观点对中国文化而言或许全无新意，所谓"读万卷书、行万里路"是也，但对女性而言，确有转折性意义，清代以来士大夫有一种观点，认为女性因其本真纯洁的天性，因此更有诗词创作的天然优势。其中，闺阁起到了一种保护伞的角色，即尽管女性在家庭中要承担起各种繁杂的角色——如照顾父母公婆、服侍丈夫、抚养子嗣和操持家务——并因此耗去很多精力，但是恰恰因为女性长期处于闺阁中，这种与世隔绝反而保证了女性才学的纯洁，使得她们没有像那些汲汲名利的男性那样，一心只为了世俗的功成名就。"至于闺阁丽媛，绝不闻科制事，誉非所望也，故其言真；亦不与兴亡数，骚非所寄也，故其言冷。"② 相较而言，卜舫济在 19 世纪末期则强调知识必须通过见闻阅历获得，这便打破了女性之学与身居闺阁的必然联系。

时至 20 世纪初，传教士论述中国女性困顿的方式有所变化。如果说此前关于中国女性困顿的论述大都是从缠足这一恶俗出发，那么 20 世纪初的论述则更抽象地以文明进化为标杆来针砭中国女性或者更广泛意义上的东方女性的困顿。于是，"幽闭"二字开始出现，并与"教化"这样的词汇紧密联系在一起。其中，林乐知起到关键作用。1901 年，林乐知翻译美国教师琼思的一篇文章《论高丽妇女地位》，刊登在《万国公报》上。在文中，琼思条列式地指出高丽妇女的三大缺点，其一便是"幽闭顺服"。具体而言，"贱视女子之恶习，即于幽闭一事见之。不使干预外事，不使与人往来，甚至外言不入于梱，内言不出于梱，务使终身株守于闺阁之中"。③ 1903 年，林乐知在其著名的《全地五大洲女俗通考》连载文中，以与琼思文高度相似的结构和论

---

① 卜舫济撰. 去恶俗说 [J]. 万国公报，1899（131）：10.

② 高彦颐. 闺塾师：明末清初江南的才女文化 [M]. 李志生，译. 南京：江苏人民出版社，2005：55.

③ 林乐知，译. 任廷旭，述言. 论高丽妇女地位（并引）[J]. 万国公报，1900：4.

调，指出中国女俗三大恶端，第一条即为"幽闭女人"。"今以知能同具、身灵全备之女人，使终身禁锢于闺门内室之中，不得出门一步，不得与闻男人之事，不得与男人通问，不得与男人授受，且不得与男人见面，虽在至亲骨肉，已嫁之后，亦不得同席而食，以为必如是而风俗可美，教化可盛，否则风俗必坏、教化必衰矣。"① 由此，幽闭成为一个负面的、贬低性的词汇，用来形容中国女性深居闺阁的社会现实和道德意义。

林乐知等人论述的背后，其实反映了一种现代进化观点在 19 世纪末 20 世纪初的兴起和流行，即一个国家女性地位的高低反映了这个国家教化程度的高下。这种观点大约在 19 世纪 90 年代初见端倪，很多作者在将中国女性与"泰西女士"进行高下比较时，都隐约透露出这种倾向。而 1900 年在《万国公报》上刊出的《论印度古今妇女地位》一文，更是直接阐述此观点。在该文中，林乐知借印度某女士之笔引述英国前首相格兰斯敦观点，"凡欲考察各国人之地位，而衡量其人类之尊卑者，不必观其他也，但观其国中妇女之情形，即可一以贯之矣"。这种观点流行的背后，与西方殖民主义的全球扩张有直接的关系，因为每每谈及幽闭，多是与印度、高丽、中国这样在殖民扩张中处于劣势的国家相关联。像这篇《论印度古今妇女地位》，林乐知开门见山地便指出这位印度女士"肄业于英塾，学成而后，以英文论列印度古今妇女之地位，刊登新报，夫以印女而自道妇女之情状，自亲切而有味"。② 一位接受殖民国教育、用英文"自道"印度妇女的历史，并主动宣扬殖民国的教化论，还有什么例子比这位印度妇女更能表现出西方殖民主义扩张宣传的有效和成功呢？

不仅是对印度女性，林乐知在论述中国女性的"问题"时，也表达了同样的观点。在其《论中国变法之本务》一文中，林乐知在抨击中国不讲女学、幽闭女人及缠足三大弊端时，也强调"故论一国之教化，必观其女人之地位，以定其教化之等级。西方文明教化之国，其待女人皆平等，东方半教化之国，其待女人皆不平等。若在未教化人中，则其待女人，直与奴仆、牲畜无异矣。中华为东方有教化之大国，乃一观其看待女人之情形，即可明证其为何等教

---

① 林乐知，撰. 吴江，任保罗，述. 论女俗为教化之标志（录女俗通考之末章）[J]. 万国公报，1903（172）：2.

② 林乐知，述. 任廷旭，译. 论印度古今妇女地位 [J]. 万国公报，1900（138）：7.

化之国矣"。① 而在谈及幽闭女人时，林乐知所表达的观点与其在《全地五大洲女俗通考》中的观点稍有差异，更多将幽闭视为上层女性之特点。"中国尊贵女子，终身不出闺门，谓恐染门外之恶俗也。"相较而言，西国"不但女子出门无禁，即赴宴聚会，皆得与焉。且凡有女子同在者，其男人皆肃然起敬，不敢偶涉笑言，是西国男女杂处，反于风俗有益"。最后，林乐知得出结论，"永远幽闭女人，亦即为教化永远不长之见端也"。②

与"幽闭"形成对照的是，此一时期"释放""自由"这样的词汇在《万国公报》上开始流行起来，成为"幽闭"的解毒剂。以"释放"为例。林乐知可谓提出"释放"第一人。1903 年，林乐知在其《论中国变法之本务》一文中明确指出，"所谓释放世人者，何也？谓当释放全国中之男女老幼，使尽脱其虚假邪恶之束缚，以复还其固有之灵明本体也。……文明教化，其大本在于释放自由。受束缚者，岂能与释放之人同步长进哉？"③ 四年后，林乐知又发表《论世界震动由释放而起》一文，更进一步指出，"世界各国，无论旧大陆中新大陆中，自二十纪以来，无不有震动之象。其所以震动者，何曰？由束缚而求释放而已矣。释放则自由，自由则人类之权利全而其地位复矣"。④

由此可见，在传教士话语体系中，"释放""自由"并不必然直接针对女性，而是普遍意义上各国在文明教化进程中得以进阶之法宝。但是，对女性的"释放"无疑是像中国这样处于文明低阶的国家亟宜进行之实践。"所谓释放女人者，何也？释放世人，因为第一要务，但释放女人一端，实为拯救东方诸国之良法，而中国为尤亟，因对症发药，非此不能奏效也。"⑤ 由此，"幽闭"与"释放"成为一对在文明教化框架下意义明确的反义词，"幽闭者，释放之对面也"。⑥ 中国女性过去永远都是幽闭的，因而是教化不足的，将来如果可以被释放，一定可以使中国作为国家跻身阶序前列。可以说，经过传教士的重新书写、阐释和宣扬，一种以文明进化为标尺的阶序建立起来，

---

① 林乐知，撰．任保罗，述．论中国变法之本务 [J]．万国公报，1903（169）：8．

② 同①，第 7 页。

③ 同①，第 5－6 页。

④ 林乐知，著．东吴范祎，述．论世界震动由释放而起 [J]．万国公报，1907（218）：1．

⑤ 同②。

⑥ 林乐知，撰．任保罗，译．论女俗为教化之标志——录女俗通考之末章 [J]．万国公报，1903（172）：2．

中国被置于此文明阶序之下方，受此影响，中国女性原本那种备受推崇的"深居闺阁"的生活方式及附载其上的道德意义，此时已经发生了彻底的转变，成为中国女性之原罪，非改革不足以图存。

二、困守：性别政治中困顿话语的流行

同样是在 19 世纪末 20 世纪初，在传教士幽闭话语之外，中国男女两性启蒙知识分子也参与了困顿话语的建构和推广，尤其是一些女性精英开始以创办女性期刊的方式，形成一种同性代言的论说风格。

1897 年，梁启超在《时务报》上发表长文《变法通议》，专列女学篇，指出中国女学不兴的种种弊端，文中，梁启超数次谈及女性深居闺阁之弊端，如"今中国之妇女，深居闺阁，足不出户，终身未尝见一通人，履一都会，独学无友，孤陋寡闻，以此从事于批风抹月拈花弄草之学，犹未见其可，况于请求实学，以期致用"。① 这段引文与上面卜舫济的观点有相同之处，都强调女性幽居闺阁导致其现代知识（"实学"）匮乏。但是，与传教士从"女俗"的角度自外强调文明教化不同的是，梁启超在此更多展现自己身为中国文化传承者的姿态和自信，将矛头直指中国才女传统。次年，梁启超、经元善及其妻女等人在上海成立第一所国人自办女学堂。在其所撰写的《倡设女学堂启》中，梁启超再次提及女性之困顿，"且又戕其肢体，蔀其耳目，黜其聪慧，绝其学业，闺阃禁锢，例俗束缚，惰为游民，顽若土番，乌乎"。② 女性生活被描述为一种完全意义上的禁锢和凝滞。

1898 年，中国第一所国人自办女学堂兴，薛绍徽等女士为配合女学堂创办了《女学报》。这是中国第一份女性自办报纸。就笔者所见，《女学报》在形容女性困顿方面，多有延续梁启超观点之实。如裘毓芳在《论女学堂当与男学堂并重》文中指出，"中国之女子，蔀耳目，束肢体，幼脂粉，而老米盐，圈禁房闼，不识一字，即或略通文墨，亦惟吟弄风月，沾沾自喜，绝不足助生计，而遂以愧然无用之身，群焉待养于男子"。③ 裘氏此言，与梁启超在《变法通议·女学篇》与《倡设女学堂启》中的观点甚至用词，有高度相

① 梁启超. 变法通议·论女学［M］//饮冰室合集·文集之一. 北京：中华书局，2010：44.
② 梁启超. 倡设女学堂启［J］. 时务报，1897（45）：3.
③ 裘毓芳. 论女学堂当与男学堂并重［J］. 女学报，1899（7）：4.

似性。同样地，王春林在《男女平等论》一文中，也提及男性对女性的钳制，"天下之事，皆出于男子所欲为，而绝无顾忌；天下之女，一皆听命于男，而不敢与校。立法以防闲之，重门以锢蔽之，而千载之女子，几不得比于人类矣！"①

但是，《女学报》的独特之处，在于其承上启下之过渡性。所谓承上启下，一是从报刊史本身而言，它开启了此后20世纪初期女性自办期刊的模式，由此在公共媒介中形成了一个女性自有、自言空间，这种空间究竟是强化了女性在社会中得到的公共关注，还是又形成了一个女性的封闭空间，仍待进一步论述；但重要的是，自《女学报》始，一种新的性别意识、政治经验及可复制性的书写模式开始形成，即此时女性不再像前近代士大夫阶层女性那样，依随家庭中的男性获取社会身份和阶层认同，而是基于"同为女性"的性别意识，通过实践性别代言，达到动员其他同性、获取社会认同和阶层认同之目的，由此，女性囿于闺阁的困顿话语得以开始流行。具体而言，这些有资源创办女性刊物、有能力阐发时代观点的女性，认为自己有资格代言全体女性，一方面站在"女界"的立场上批评"男界"，以争取两性平权，另一方面，则自我赋权般地审视"女界"内部，以启蒙姿态，对那些仍在蒙昧状态的女性进行批判和动员，以强调自我精英地位。可以说，如果梁启超将自己视为中国文化责无旁贷的传承中坚，那么，这些参与期刊活动的女性便是将自己视为现代性别意识的阐释者和践行者。这种"同性代言"的性别意识，最清晰地表现在《女学报》主笔之一潘璇撰写的《论女学报难处和中外女子相助的理法》一文中，"这报称名女学，是天下女子的学，我是女子，我便有兴女学报的责任。见路上有两人挑担，一是外人，一是姊妹，两人都弱了，我不当帮助我姊妹么？"② 基于此，《女学报》开始出现批评女性自甘困顿的论述。如薛绍徽在《女学报序》一文中指出，"今日各国新学灿然秀发，有出诸子百家外。吾辈日处闺阃，若仍守其内言外言之戒，自画其学，安足以讲致知而合于新民之旨乎？"③ 而刘纫兰在《劝兴女学启》亦反复多次批判，"女子之生，天地不能禁其智，鬼神不能勒其才，而以失教之故，自安于玩好之具，耳目之娱，淫佚之道，娼妓之风，岂不大可惜哉……以聪慧之

---

① 王春林. 男女平等论 [J]. 女学报，1898 (5)：2.
② 潘璇. 论女学报难处和中外女子相助的理法 [J]. 女学报，1898 (3)：3.
③ 薛绍徽. 女学报序 [J]. 女学报，1898 (1)：3.

淑质,自甘于野蛮之俗,违礼背经,莫此为甚……世之为女子者,何苦不自致于文化之域,而自甘于禽兽也哉?"① 倘若是无知的、被动的愚昧,或许情有可原;但倘若是自择的、自甘的堕落,那么非大批判不足以大觉醒。这种自甘困顿,为日后女性启蒙女性提供了合法性,唯有女性才能真正解决女性自己的问题。而此一任务,则由 1900 年后兴起的新女性群体和女性期刊群来完成。

1900 年后,女校、女性期刊和女性社团广泛、频繁出现,好似在整个社会中划出了一个以女性为中心的空间,既有实际的,也有想象的。越来越多的女性走出闺阁,担任女教习、女学生、女医生、女革命家等角色;探讨女性议题不必再像过去那样,零星地嵌在传教士或维新士人所创办的报纸中,而是有了专门的刊物,尤其是很多女学生、女教习、女权主义者主动投文,成为女权思潮的重要倡言者;很多女性还以合群的方式,组织、参加各种社会或政治活动。

以女性期刊为例。1900 年后,重要的女性期刊有 1903 年创办的《岭南女学新报》,1904 年创办的《女子世界》,1905 年创办的《北京女报》,1907 年创办的《神州女报》《中国新女界》,1908 年创办的《惠兴女学报》,1909 年创办的《女学生》以及 1911 年创办的《妇女时报》等。在这些期刊中,诸如批评女性缠足、缺少学校教育、婚姻不自主、无经济独立能力等文章,俯拾皆是。在此,笔者所关注的,并不是这些文章所表达的具体观点,而是作者们在论述女性问题时的叙述方式。Amy D. Dooling 在总结女权主义叙述方式时指出,叙述方式其实具有传达意识形态的功能,它不仅能为传统父权制服务,强化男女两性的等级关系,同样,它也可以被女权主义者拿来所用,"以新的方式,重新论述现实,从而强化政治意识、扩大想象的可能,以及产生新的主体身份"。② 就此而言,如果我们翻阅晚清这些文章,尤其是论说文,会发现这些文章的写作风格和论述逻辑具有高度的趋同性和可模仿性,这正预示着一种新的论述方式和主体身份开始形成。比如说,不管论述何种问题,很多作者会不约而同地将女性困顿视为这些问题的源头之一。如自立在《女子世界》上连续刊载《女魂篇》,指出女性问题之一便是愚鲁,"不识不知,蠢

---

① 刘纫兰. 劝兴女学启 [J]. 女学报, 1898 (4): 3.

② Amy D. Dooling. Women's Literary Feminism in Twentieth – Century China [M]. New York, Palgrave Macmillan, 2005: 16.

如鹿豕"。为何会这样？自立指出，女子"莲步蹒跚不出户闼，深闺寂寥若处囚徒，里党之道路不知，方向莫辨，何论乎，全国戚友之声气不通，交往隔绝，何论乎，社会则束缚之过于男子也。拘于习惯而婚姻不得自由，妆竟陆离而志气颓于玩好，要皆较男子而更进一步，则痛乎我同胞，寝门以内又俨然一无形之动物圈也，而能解其嘲者谁乎"。① 这种有关女性困顿的焦虑，一直贯穿整个晚清，直到 1911 年，虽已有十多年女权思潮的启蒙和动员，但是，这种困顿论调仍然存在。"近世之至足怜者，诚莫中国女界若矣。数千年专制黑幕，翳障未开，为女子者沉沦苦海之旋涡，踡伏阿鼻之黑狱。独立生活既有，不能天赋利权又被剥夺，虽圆颅方趾，俨具人形，实则男界中之寄生虫附属品已耳。"② 与女性困顿形成对比的，是走出困顿后的那个美丽世界。1904 年，亚特在《论铸造国民母》一文中所描述的女子得新风气后的新世界，可谓典型。"跳出于旧风气，而接近于新风气。凡人生得享精神上无限快乐者，以其有新鲜空气相呼吸，相调济也，否则必困顿抑郁，无以自适而自存。……女子得乎风起之先，阳和一转，万象皆春，奇花初胎，春草又绿，绝爽。心绝快意，高尚洁白，不可侵犯。夫而后文明种子传播于无量数中，庄严璀璨美丽光辉之新世界，即于此胚胎矣。"③ 这样一种以投射未来为方向的想象性书写，正是为晚清女性的困顿局面提供了一种变革和颠覆的合理性。

从上述引文中，我们也可以看出，作者们会频繁使用相同或相似的词汇和比喻，从而使得写作风格高度趋同。如在形容女性困顿时，会使用"沉沉""黑暗""地狱""牢狱""不自由"这样的词汇，还会用"奴隶""废人""囚徒""罪犯""病夫""玩物"这样非完整人以及"鹿豕""蜉蝣"这样非人化的比喻，以"传达将她们（女性）降至一种完全的无权和无尊严的地位"。④ 像在《女子为国民之母》一文中，作者指出，"中国人把女子看成玩物，紧裹着小脚，幽囚在屋中，如同残疾的废人，如同监禁的罪犯，这就是弱种弱国的一个大原因"。⑤ 或者是这首流行的《女子歌》，"我女子等蜉蝣，

---

① 自立. 女魂篇 [J]. 女子世界，1904 (2).

② 魏宏珠. 对于女学生之厄言 [J]. 妇女时报，1911 (4).

③ 亚特. 论铸造国民母 [J]. 女子世界，1904 (7).

④ Amy D. Dooling. Women's Literary Feminism in Twentieth – Century China [M]. New York, N. Y.: Palgrave Macmillan，2005：56.

⑤ 女子为国民之母 [N]. 顺天时报，1905 – 07 – 19. 转引自：张玉法，李又宁. 近代中国女权运动史料（1842—1911）：上册 [M]. 中国台北：传记文学出版社，1975：607.

困守闺中不自由，堂堂巾帼胄，辱为男儿羞，昏昏辜负好春秋，我女子等蜉蝣。我女子不自由，洞耳穿足如楚囚，女亦天所生，虐之若马牛，悲愤填胸无限忧，我女子不自由。"① 一直到 1915 年，这些词汇仍可见于当时流行的女性期刊中。"女界沉沉，女权扫地，我二万万同胞姊妹，为盲人，为聋者，如废物，如病夫，局踌躇辕下，沉沦海中二千年于兹矣。"② 而且，在描述困顿时，时人多将一种空间感赋予其上，将困顿想象成一种实在的空间对女性的封闭，将解放想象成一种实际可操作的"打破"动作。如 1898 年《女学报》初创时，主笔之一潘璇便曾说及该报之意义在于"直把戒外言内言的这块大招牌，这堵旧围墙，竟冲破打通了，堂堂皇皇的讲论女学女主笔，岂不是中国古来所未有的呢？"③ 这种高度趋同的行文风格，一方面可见此时的作者们已将之前传教士和维新志士们发端的女性困顿话语毫无置疑地接续下来，已然将之视为一种"病理性"的社会现实而非话语生成；另一方面，这些作者们亦通过重复、模仿和宣扬这些相似的论调，继续强化有关女性困顿的刻板印象，自己也因此跻身流行观念复制者的行列，掌握、操纵和行使话语权，从而在一个传统饱受贬斥的时代重新确立起自己作为精英的政治和社会权威。有意思的是，这种话语的接继制造和传播并非一成不变。比如说与传教士行文相比，此时的作者们不再用"幽闭"和"释放"一词，而多用深居闺阁、不出闺门、圈禁、围困、跳出、打破这样的词汇。如果说"幽闭"更多是从女俗的角度强调女性困顿作为"事实"的存在，那么，这些新词汇和叙述方式更多强调一种女性被动地受制于困顿、从而必须自主打破困顿的可转化性。这种从被动到主动的转变意味着，女性被期待甚至自我期待必须形成一种具有打破原有秩序意图的主体性，从而逐渐展现出一种向外的、呈现激进倾向的性别意识。

三、新潮：女学萌兴中解放话语的实践

如何打破困顿、走向解放？清末民初新兴女性群体的行动力决定了对这一问题的回答必然会落实到实践层面，我们因此得以见证近代女性第一次的

---

① 女子歌四章 [J]. 女子世界，1907（6）：39.
② 无锡德馨学校校长瑞华. 敬告女学生 [J]. 妇女杂志，1915，1（7）：7.
③ 潘璇. 论女学报难处和中外女子相助的理法 [J]. 女学报，1898（3）：2.

"离家出走"。如果我们翻阅清末民初刊物，尤其是女性期刊，就会发现，时人不约而同地将闺阁视为困顿女性的具化空间，从而出现了一种清晰的批判闺阁的社会思潮。这其实不难理解。闺阁，不管是在日常生活层面上，还是在仪礼实践意义上，都一直是女性生命经验的重心所在——尤其是对士大夫阶层女性而言。因此，它首当其冲地被视为困顿女性的空间。如当时情佛发表《女子教育评议》一文，指出女性"居处之化，美其名曰绣阁，艳其词曰香闺，而实无异于自在之天牢，透明之幽室。如病如痼，如死如囚，见男子则如奴如婢，伈伈伣伣，博一时欢"。① 也有人更进一步，将矛头指向家庭，将其视为困顿女性的场域，遂提出"家庭革命"之口号，以解放困顿其中的"大好女儿"。"同胞万万大好女儿乃禁狱囚徒之为伍，无知动物之不如。吾谓女子一生被父母爱者，独多其受父母罪者亦最酷。劝我同胞亟发自由之精神，乘间而运革命之机关焉。"② 而晚清以何震为首的无政府主义者所提出的"毁家废婚"口号，无疑是打破困顿、实现释放的极端倡行者。如汉一在其著名的《毁家论》中，指出家庭乃羁绊女性之始作俑者，非废除无以为继。"盖家也者，为万恶之首。自有家而后人各自私，自有家而后女子日受男子羁縻，自有家而后无益有损之琐事因是丛生，自有家而后世界公共之人类乃得私于一人，自有家而后世界公共之婴孩乃使女子一人肩其任。"③ 从这些观点我们可以看出，不管是对闺阁的批评，还是对家庭的抨击，这些作者们都不是在简单地否定它们的空间意涵，而是更多指向这些场域背后所代表的道德伦理秩序和人际关系。正是在空间秩序和伦理意义上，女学出现在人们视域中，被视为黑暗闺阁和牢狱家庭的替代物。"自女学振兴以来，一般青年女子如出地狱而登天堂，亟亟然出外求学，闺阃几为之一空，学校亦日形拥挤。"④

　　其实，早在 19 世纪末，当传教士在沿海通商口岸兴办女学时，便有中国基督徒提出以女性教育来释放女性的说法。"自耶教东来，第一以释放女子、提挈女子为事。其释放与提挈之法，则在兴女学，使女子与男子，同受教育，同有学问，同有见识，同担荷其天与之责任，同享用其天赋之权利。"⑤ 时至

<hr/>

① 情佛. 女子教育评议 [N]. 顺天时报, 1908 - 04 - 19.

② 初我. 女子家庭革命说 [J]. 女子世界, 1904 (4).

③ 汉一. 毁家论 [J]. 天义, 1907 (4).

④ 张鹴瑛. 吾所望于求学时代之女子 [J]. 妇女时报, 1913 (12).

⑤ 东吴范祎撰. 中西女塾章程序 [J]. 万国公报, 1905 (199).

20世纪初期，梁启超等启蒙知识分子将女学视为"天下存亡强弱之大源"，赋予其强国保种之现代功能，因此，时人多以一种乐观、向往的笔调将女学再现为一个自由的空间。如当时的《入学歌》便有"入学好，女同胞……新世界，女中华……活泼地，女学堂……不入学，可怜虫"这样的描述，① 而入学的女学生，则更是"从黑暗狱底一跃而进光明璨璨之新学界中，脱奴才之籍，登学生之册，身负开化女界之伟大希望文明前席。……女学生投身学界而后脑窗大辟，思潮怒上，与彼重帘深锁者，其感觉之锐钝，见解之广狭，当不可同日语"。② 到了1916年，女学已经成为习以为常的社会存在，这种黑暗和光明的对比不再那么强烈，但是，仍有学生发表诸如《学校生活与家庭生活之比较》的文章，认为家庭生活只是一种无意识的物质生活的富足和理所当然的对身体舒适的庇护，而学校生活则是一种习得社会关系的充实和心灵上的愉悦。③ 可以说，时至民国初年，就像困顿和释放被视为一种二元对立一样，一种黑暗/光明、无知/启蒙、身体/心灵的二元对立也通过学校和家庭的对比逐渐形成。

在现实中，这种对女学之向往，确实促使很多女性做出脱离家庭、摆脱婚姻的选择。最典型者非秋瑾莫属。1904年，秋瑾选择放弃为母、为妻的身份，离开家庭，东渡日本求学。此外，曾在上海务本女学和苏州景海女塾读书的杨荫榆，肄业嫁给蒋某，但"即不得自由入校，女士深衔翁姑及其夫之专制，即行离婚，复入务本肄业"。④ 另外一位杨寿梅女士，几次求学均遭自家和未来夫家反对，杨女士甚至以死抗争，也无济于事，最后唯有趁家人出门上香之时，离家出走，至上海天足会女学求学。⑤ 离家、离婚、自杀，这些女性选择激烈的方式离开家庭，在既定的生命轨迹之外开辟新的可能性，因此，颇有典范之效。⑥ 有意思的是，在媒体中所呈现出来的这些女性出走（不

---

① 女学生入学歌 [J]. 女子世界，1904 (1).
② 新罪业（亚陆女学界七大罪案）[J]. 女子世界，1904 (11).
③ 朱起华. 学校生活与家庭生活之比较 [J]. 江苏省立第二女子师范学校校友会汇刊，1919 (8).
④ 离婚创举 [J]. 女子世界，1905 (3).
⑤ PC生. 纪杨寿梅女士事 [J]. 复报，1906 (6).
⑥ 但是，我们也应该看到，这种"离家"实践并非一蹴而就，而是充满了各种反复和纠结。杭苏红对此解释为是观念解放和情感解放之间的差异。这一观点，对我们理解清末民初女性"出走"这一社会现象的复杂性很有启发。杭苏红. "观念解放"还是"情感解放"——民初湖南新女性"离家"的实践困境 [J]. 妇女研究论丛，2016 (1).

管是离开家庭还是走出婚姻）的经历，大都戛然而止于这些女性进入学校，似乎解放一旦在此实现，便也在此终结。这引发了另外一个问题，学校是否就是时人所描述的那样，确是一个释放后的光明理想世界，还是仅仅因为学校成为解放的象征而被推崇？这是一个非常复杂的问题。

首先，如果通读晚清有关女学的文字，我们会发现一个奇怪的缺失。在这一时期，时人会长篇累牍谈论女学的进步意义，也会经常以乐观的笔触想象女学堂的自由光明，甚至会有黑幕小说或者教育小说或讽刺或教诲地以文学笔法再现女学生的校内生活。① 但是，我们很少看到女学生自己记录、发表的学校生活，也很少有深入学校内部的、对女学的实际描述，只有几篇外人参观性质或者官方调查性质的文字见诸报刊。唯有到了民国之后，有关女学的描述才日渐丰富。这为后人留下了一个印象，好像晚清女学初建时，只能用于抽象的讨论或工具性的想象，而无法真正落实到笔端。为何会有如此的缺失，这值得进一步探讨。但这种缺失，形成了一种印象，女学生在学校里面的生活，被学校这个高墙所遮蔽起来，你可以站在外面讨论或想象，但是你却很难知道里面的日常生活究竟是怎样。

而且，学校是否真像以上那些文字所描述，是一块活泼地、自由地呢？并不尽然。固然，女学自初始，便表达出一种比拟家庭的倾向，将师生关系类比为母女关系，"学生……一切服食起居皆由监督指导，恩爱慈祥，有如母女"，② 从而合理化女学之存在。但是，女学却以家庭从未有过的严密校规立足于社会，"女学章程较他项规章为更密，非曰以防流弊，既曰勿贻口实"。③ 因此，往往呈现出对女学生的身体、衣着、举止、活动范围进行全面规训的特点。以衣着为例，20 世纪初建立的大部分女学均要求学生统一穿朴素、简单、纯色的衣服。如创办于 1908 年的京师女子师范学堂规定，"学堂衣装式样，定为一律，以朴素为主，概行用布，不服罗绮。其钗环一律，不准华丽"。④ 1909 年，学部甚至专门规范划定女学堂制服的款式、长度、质地和颜色，以求"有裨于化民成俗之美，敬教劝学之规"。⑤ 而我们目前所见的清末

---

① 黄锦珠. 晚清小说的女学论述 [J]. 国立中正大学中文学术年刊, 2003 (5).

② 明华女学章程 [J]. 女子世界, 1904 (2).

③ 魏宏ほ. 对于女学生之厄言 [J]. 妇女时报, 1911 (4).

④ 学部奏遵议设立女子师范学堂折 [M] //1908 年 7 月 4 日. 璩鑫圭, 童富勇, 张守智. 中国近代教育史资料汇编：实业教育、师范教育. 上海：上海教育出版社, 2007：795.

⑤ 奏遵拟女学服色章程折（并单）[J]. 学部官报, 1910 (112).

民初女学生合照，也确实以身穿过膝、深色、统一服装居多。

不仅如此，很多女学也强调学生与外界的隔绝。女学自兴办之始，便是一个公私界限模糊的社会空间。一方面，为获取社会认同、支持甚至实际的资助，很多女校经常举办常规性的开校式、开学式、寒暑假结业式、毕业式，还会组织各类观摩会、陈列会、运动会、学艺会、游艺会，甚至追悼会这样非常规性开放活动，但是，这些开放性的活动均安排在学校可控的开放空间界限之内，如展览厅、教室、操场等。而且，在日常层面，女学创办者大都期盼学校能够成为一个维系内外、男女之别的实际空间，因此，对学生与外界的接触相当谨慎。如 1904 年成立的天津女子公学规定，"凡有愿来本堂观看者，须预由总理或议员通知，男客由董事导引，女客由舍监导引，看视一切，但男客虽总理议员，亦不得径入宿舍，以示区别"。① 而北京译艺女学堂是完全不允许男性进入。"凡堂中自总监督以下，一切执事人等暨全班学生，无论亲戚朋友，有事来堂相招者，如系女客，则请入女客堂暂候，回明总理，告知各员及诸生……男客则只准在大门内客屋等候，由门吏报知女佣传话，不得擅行入内观瞻，并不得相对晤言，以分内外而严出入，各宜谨遵。"② 不仅如此，一些学校还对女学生走出校园，在公开场合抛头露面、参加社会活动也多有限制甚至制止。如上海爱国女学校规定，女学生"不得常骛游观，即集会演说之场，非监督率领，亦不参加"。③ 像这样的女学，似乎是更为严格地复制了它们原本取代的那个内外隔绝的闺阁家庭，再次成为一个在社会中相对封闭的空间，时人对此多有批判。"吾尝见有某某女校，彼其组织而支持之者，亦当世之闻人也。而所定规例乃有不得文字标榜，不得参预会场，不得为奇怪之行，以不容于家庭社会之禁令。夫言论自由而可压制，则与内言不出，外言不入，无才是德者何异？国家之大事，民党之机关，而女子不得与焉，则与妇人无外事者何异？"④ 可以说，女学初现时，不管是校内规则还是空间设定，"都是为了让空间展现自身的规训权力，学校空间自身埋伏着自动而匿名的权力，权力在空间中流动，通过这个空间达到改造和生产个体

---

① 天津女学堂创办简章 [N]. 大公报，1904 - 10 - 03.

② 译艺女学堂章程三十条 [N]. 顺天时报，1906 - 02 - 22；张玉法，李又宁. 近代中国女权运动史料 (1842—1911)：下册 [M]. 中国台北：传记文学出版社，1975；1105.

③ 爱国女学校甲辰秋季补订章程 [N]. 警钟日报，1904 - 08 - 01. 张玉法，李又宁. 近代中国女权运动史料 (1842—1911)：下册 [M]. 中国台北：传记文学出版社，1975：1035.

④ 安如. 论女界之前途 [J]. 女子世界，1905，2 (1).

的效应"。①

时至民国初年，女校对学生进行身体和空间规训的趋势非但没有消减，反而更为强化。这一是与社会对整个女子教育越来越持批判态度有关。时人普遍认为，女学发展至今已数十年，但是，女学生们非但未能达到最初预设的贤妻良母、强国强种之目标，反而走向"道德之沦亡无日，国民之堕落可期"的相反方向。② 暇珍在 1915 年发表《余之忠告于女学生》一文，列举三类女学生，几乎涵盖了当时社会对女学生的主要批评。一为学问派，即那些只顾求知识、而无心学家政的女学生，学成不过为教师，而无法承担家庭责任；一为自矜派，自学校学得一点皮毛，便自命不凡、四处吹嘘，一心求名；一为浮嚣派，"以女学为护符，以装饰为日课"，可谓女学界之害群之马。③ 整个社会舆论对女学的态度日趋保守，有人甚至提出要借鉴日本，对年轻女性加强规训，包括男女青年不可在密室里对谈，必须得有第三人在场，年轻女性不可造访青年男子，除非有父兄相陪，否则不得访独居之男子，不得与青年男子往来，通信也必须有适当的人阅读过，不可把自己的照片和物品送给青年男子等，希冀以保守将女学从偏离的歧路上拉回。④

二是在袁世凯当政时期，袁世凯试图强化传统道德以为社会基础。因此，在民国初年颁布的教育宗旨中引导女性以家庭、家政为重。其实，袁政府强调传统道德，不独针对女性，而是试图抑制、抵消整个社会的激进思潮。"破坏之说，虽不如往时之冲口而出，而遇有一事刺激其脑筋，关系其利害，则必凭其意气，极图抵抗，逞一时之热度。思潮所及，有奔突，无控止，有进发，无回旋，有私愤，无公理。……若必将当前之秩序，一切之机关，尽行摧毁而破坏之，而后乃快其心；此则是非之不明，利害之不辨，实爱国心之薄弱有以致之也。"⑤ 在女学方面，袁世凯政府在 1914 年 12 月制订《教育部整理教育方案草案》，明确提出，"今且勿骛高远之谈，标示育成良妻贤母主义，以挽其委琐齷龊或放任不羁之陋习。……所谓职业者，以家政为重，兼及手工图画刺绣造花各科，养优美之本能，知劳动为神圣，一扫从前褊隘恬

① 石艳. 现代性与学校空间的生产 [J]. 教育研究, 2010 (2).
② 女德与家庭 [J]. 东方杂志, 1915, 12 (6).
③ 暇珍. 余之忠告于女学生 [J]. 妇女杂志, 1915, 1 (4).
④ 无锡德馨学校校长瑞华. 敬告女学生 [J]. 妇女杂志, 1915, 1 (7).
⑤ 袁世凯. 颁定教育要旨 [M] //舒新城. 中国近代教育史资料: 上册. 北京: 人民教育出版社, 1981: 249.

嬉之弊，庶家庭社会两受其益"。① 1915 年 1 月，袁世凯政府颁布《教育宗旨》，虽未花大篇幅谈论女学，但也提出"女子则勉为贤妻良母，以竞争于家政"以及"至女子，更舍家政而谈国政，徒事纷扰，无补治安"。② 这大约有针对民国初年女性参政运动过激之意。同年，教育部又通令各省女学，提出五条惩戒规则：包括不准剪发，不准缠足，不准无故请假结伴游行，通校女生不得过 14 岁，以及不准自由结婚。③ 这种由上而下的权威式的惩戒态度弥散在整个女子教育体系中，对当时女校规范的制定有重要影响。

受社会舆论和政府导向的影响，民国初年女学一方面加强家政学教育，试图打破家庭和学校的隔膜，引导女性教育裨益家庭管理。根据刘景超、刘毕燕的研究，清末民初女子教科书出现家政化的倾向，一大批有关各类家政的教科书在此时出版，很多女学还加设各类家政学科；④ 另一方面，学校也基本上延续了自晚清以来对女学生课堂学业、在校生活、出入校园等各方面的严格规训。如江苏省立第二女子师范学校采取"严肃主义"，对学生进行管理。"非住居本地之学生，不得请假出校。倘有特别事故，须凭亲属证方能假出本校，以诚朴二字为校训，学生在校一律校服，借免服装之过于华丽。"⑤ 大部分学生对学校权威式的管理，是相当认同的。管理严格如江苏省立第二女子师范学校，其在校生张碧针对"而或者谓学生在校，规则严肃，不能自由，且各种勤务，均须练习，何乐之有"的问题，回答道："吾辈青年，意志未坚，易为外物所动，规则不严，校风何由整肃？况规则为便于修养，而设吾人苟能恪守不违，仍从容自若。"⑥

但是，我们也应看到，在学生们遵守校规、服从学校权威管理的同时，学校生活的另一面是学生们自治精神和自治实践的兴起。这一趋势不独于女学，而是普遍存在于民国初年各类学校，"近年教育思潮一变，训育要旨一以

① 教育部整理教育方案草案［M］//舒新城．中国近代教育史资料：上册．北京：人民教育出版社，1981：243－244.

② 袁世凯．颁定教育要旨［M］//舒新城．中国近代教育史资料：上册．北京：人民教育出版社，1981：255.

③ 教育部之近闻［J］．教育杂志，1916，8（10）.

④ 刘景超，刘毕燕．清末民初女子教科书家政化倾向的现代性特点［J］．湖南师范大学教育科学学报，2014（2）.

⑤ 本校三年间之概况［J］．江苏省立第二女子师范学校汇刊，1915（1）：3.

⑥ 张碧．说学生在校之快乐［J］．江苏省立第二女子师范学校汇刊，1917（5）：16－17.

自动与社会化为原则，现在中等以上各校皆行学生自治，鼓励合作服务之精神，是诚学校训育上一大进步"。① 其核心内容便是学生自治自管，改变原来"处于被动被治之地位，今则咸自觉悟，力图自治，一举一动，弗复劳师长督责"。② 以女学为例，当时很多女校，尤其是高等女子师范学校，以年级或学校为单位设立各级自治会，"盖自治为养成人格之基础，亦吾辈立身之要道，此学校之中所以有自治会之设也"，③ 有时还会联合在校生和毕业生，设立校友会，并附设校刊和校友会刊，试图参与校务管理，并加强同学、校友之间联系。可以说，学校自治会的成立，满足了那些离开家庭、初入校园的年轻女性对一种新的共同体的向往，"一种既能保持个体独立，又能使自己归属其中的群体"，以及对一种新的权力实践方式的操练。④ 如当时在北方闻名的直隶第一女子师范学校，在1916年实行校务自治，建立校友会，"以敦厚前后师生之情谊、扶助本校教育之发达为目的"⑤，下设总务部、学艺部、讲演部、文艺部、图书部、运动部、交谊部和余兴部八个部门，由学生轮流管理，负责学校十周年纪念日、运动会、成绩展览会、管理图书馆等各类事务。⑥ 校友会还刊行会刊，定期汇报校务和校友会进展，各级学生还可发表文章，或展现学业进步，或表达对具体校务或一般教育的意见。像《对于体操教授上之管见》《废止学校教授舞蹈游技之商榷》等文章，便属后一类文章。

　　一方面是学校对在校日常行为规范的严格管理，另一方面是学生自治意识和自主能力的增强，当这二者被限于校园这样一个单一空间中，很容易产生学生对学校权威的对抗，即学潮的出现。按石艳的观点，诸如学潮这样发生在学校内的"事件"，"之所以发生，是因为既定的学校空间将'行动者'捆得太紧，给行动者预留的自由空间太小。……从表面上看，学校日常生活中'事件'的发生是行动者日常活动方式的变化，但是在这种变化的背后，

①　舒新城. 中国近代师范教育小史［M］// 琚鑫圭，等. 中国近代教育史资料汇编：实业教育、师范教育. 上海：上海教育出版社，1994：1064.
②　向思任. 对于本校学生成立后之希望［J］. 江苏省立第二女子师范学校校友会汇刊，1920（10）：19.
③　过素英. 述本级自治团之缘起［J］. 江苏省立第二女子师范学校汇刊，1916（1）：6.
④　杭苏红. 无根之群：民国新女性的精神困境：许广平及其经历的女师大学潮分化为例［J］. 社会学研究，2015（6）：194.
⑤　直隶第一女子师范学校校友会新章［J］. 直隶第一女子师范学堂校友会汇刊，1916（2）.
⑥　本校大事记［J］. 直隶第一女子师范学堂校友会汇刊，1916（2）.

含有一种对于学校空间既定规则和归类模式的反抗和颠覆"。① 近代自开始有女学，便有女学学潮相伴相生。早在 1904 年女学萌芽阶段，湖南便出现女学被关闭之事件。当时，女学创办并未被中央政府承认，湖南地方已有乡绅设立女学三两所。后有官员上折请废女学，致使湖南第一女学堂和淑慎女学先后遭封闭。此可谓最早一例女学风潮。此后还有 1904 年爱国女学堂公案，1908 年南京粹敏女校风潮，1909 年直隶女学堂罢学风潮等。这些公案或风潮各有起因，但大致说来，均是学校与校外力量发生矛盾或是学校管理层出现不洽，学生在其中并未承担主动角色。但是，时至 20 世纪一二十年代，随着女学成熟，风潮一变而为学潮，据杭苏红的统计，在 1911—1925 年间，全国共有 31 起女校学潮可考。② 这些学潮多因学生和学校之间产生矛盾所致。学生对师资不良的抱怨，对学校过度管理学生行为的不满等，均是重要的学潮导火索。其中，较为典型的一例是 1913 年北京女子师范学校风潮。北京女子师范前身是建于 1908 年的京师女子学堂，在京津地区女学界颇负盛名。但是，据何玲华研究显示，自进入民国，该校尤其强调制度的细密性和诉求的划一性，不仅对学生的日常行为，而且也对学生操行和情趣的养成严加规范。③ 其结果是，校方和学生之间冲突不断。民国初年吴鼎昌接任校长，校内学生反对吴氏及吴系教员的声音此起彼伏。其中，吴鼎昌所规定的各类规范细则让学生尤其不能容忍。比如吴鼎昌规定，每日报纸必须等吴氏本人检阅过才能被送至内堂让学生阅读，不许学生写报纸文章的风格，不许学生在内堂聚集谈话，学生要梳某种特定头型等。时人感慨，"盖吴所实行之政策，在于禁锢学生之言论，闭塞其智识，干涉其行动，使之脑中眼里皆含有校长之权威而后操纵爱憎惟一人所左右"。④ 学生起而反抗，"痛哭上书，力陈罪状"，⑤ 最终，该风潮以吴氏去职而结束。

---

① 石艳. 现代性与学校空间的生产 [J]. 教育研究，2010 (2)：25.

② 杭苏红. 无根之群：民国新女性的精神困境：许广平及其经历的女师大学潮分化为例 [J]. 社会学研究，2015 (6).

③ 何玲华. 新教育、新女性：北京女高师研究 1919—1924 [M]. 北京：中国社会科学出版社，2007：70.

④ 今之伤心人述. 北京女子师范学校最近大风潮闻见记 [J]. 妇女时报，1913 (9－11). 此处引文在第 9 期第 54－55 页；此外，还请参阅请看京师女子师范学校校长吴鼎昌之罪状 [J]. 女子白话旬报，1912 (2). 开云. 女学界之障碍 [J]. 女子白话旬报，1912 (3).

⑤ 今之伤心人述. 北京女子师范学校最近大风潮闻见记 [J]. 妇女时报，1913 (11).

不独女学,清末民国初年其实发生了很多闹学风潮。这与接受现代教育的学生作为新兴群体登上社会和政治舞台有着直接的关系,在某种程度上,学潮已成为他们塑造自我公共形象的重要方式。比如说,不论因何而起,在这些闹学风潮中,学校权威(如校长、教职员)都被视为压制性力量,因此被描述得极为负面,如上述北京女子师范学潮中,吴鼎昌被称为"无赖小人,滥竽师席,营私植党,固位怙权",[1] 学生们也因此顺理成章地将自己刻画为反抗压制、打破禁锢的主体行动者。这种将权威恶名化的做法,合理化了学潮的发生,赋予学生一种反抗权威的正义感,使其获得充足的社会自信。像著名教育家蒋梦麟就认为,辛亥革命之所以成功,与学生群体中的这种反抗权威心理有直接关系。"前清的时候,到处闹学,青年心理的态度大大的变迁——从尊师尊君的心理变到反对学校主持人和反对清朝的心理——到底酿成了辛亥的革命。"蒋称之为"心的革命"。[2]

而近代学潮之巅峰,非五四运动莫属。事实上,在前人研究和流行观念中,五四运动一直被视为进步女学生打破学校禁锢、走向社会、参与爱国运动的重要时刻。于是,我们经常看到如下典型引文,表达五四女学生感受学校压抑、于是打破困囿、走出校门的解放感。

"初入校的时候,虽然大家都有逃出封建家庭升入高等学校的一番喜悦,但两年住下来,总觉石驸马大街红楼,不象理想那样美丽。而且,与这相反,门禁森严的看守,校长严厉的监督,学监日夜的检查,礼记内则的讲授,桐城古文的习作,一切的一切,都引起了我们极度的反感与无限的苦闷。"[3]

(据作者回忆,1919年5月5日,北京女高师学生计划参加学生游行,但是校门被校长锁上,同学们走到后门,两位同学站了出来)"面对大门琢磨了一阵之后,就上前去把整个大门连门带锁一起端起来,摘了下去。女高师多年紧闭的朱门终于被打开了!游行队伍像潮水一般涌出学校,同学们打心眼里感到一种从未有过的激动、高兴、痛快!觉得,

① 今之伤心人述. 北京女子师范学校最近大风潮闻见记 [J]. 妇女时报, 1913 (11).
② 蒋梦麟. 学潮后青年心理的态度及利导方法 [J]. 新教育, 1919, 2 (2).
③ 程俊英, 罗静轩. 五四运动的回忆点滴 [M] //北京师范大学校史资料室. 五四运动与北京高师. 北京: 北京师范大学出版社, 1984: 151.

今天我们这些女同学才算解放了。"①

但是，这种女学生打破校门、获得解放的论述其实与当时女学生走出校门、上街游行的事实，是有着重要区别的。五四时期，女学生确有走出校门的事实。如5月4日那天，女学生因为事前未得到游行通知，所以这日是缺席学生游行的。但是，5月8日，北京各女校学生在校外开会，并表达支援学生行为之意。② 至6月初，北京学潮扩大，数百名学生被捕，当时监狱空间不足，政府甚至将学校改作监狱，羁押学生。于是6月4日这天，北京各女校学生千余人游行至天安门，四名女学生代表至新华门谒见总统，并提出四项要求：大学不能作为监狱；不可以待土匪者待高尚之学生；日后不得再以军警干涉学生爱国之讲演；对于学生只可告诫，不应苛待。③

但是，当时的报纸期刊均是关注女学生的爱国和声援学生这些行为，并未记载如上所引的女学生打破朱门、冲出学校的细节；而且，此时学生虽与媒体互动频繁，经常将电文和声明付诸报端，但其重心亦多在国耻层面，以谈论国事为主，也未谈到女学生冲出学校这样的细节。如《青岛潮》一书，编辑于1919年6月，出版于1919年8月10日，算是较早以五四运动为主题保存下来的资料集。④ 其中，作者专章收录包括北京女界、南京女界和上海女界等在内的各女学学生对五四运动的参与。纵览其内容，明显是强调女学生对国耻的激愤回应，而非她们对学校的反抗，甚至当北京女子高等师范学生们计划出校游行时，校长方还软硬兼施，最后学生们"看其可怜，无可如何，只得将传单交与方还，限时速送各校而罢"。⑤

将解放、痛快或自由这样的感受与五四运动女学生走出校门联系在一起，是迟至20世纪20年代才形成的。这时，距离1919年已过去几年，但是，在运动中，学生们通过发起学潮，组织各类自治团体，推动各种政治诉求，取得了对政府的胜利，这在社会中形成一种"学生万能"的观点，从而极大增强了学生们的社会自信和自我定位。当时学生领袖罗家伦回忆道，"我们这次

① 陶淑范．五四运动时期的女高师［M］．五四运动与北京高师．北京：北京师范大学出版社，1984：158．

② 女学生之爱国运动［N］．晨报，1919 – 05 – 08．

③ 北京女学生之大活动［N］．晨报，1919 – 06 – 06．

④ 龚振黄．青岛潮［M］//中国科学院历史研究所第三所近代史资料编辑组．五四爱国运动资料．北京：科学出版社，1959：1 – 236．

⑤ 同④，第101页．

'五四运动'实在成功太速，陡然把学生的地位抬得很高，而各界希望于学生的也愈大……五四的时候，我们还没有十分出头露面独立一帜，所以一般社会都当我们是他们中间的一部分看待，所以同情更加增多。六三以后，学生界奇军突起，恍惚成了一个特殊的阶级，而且这个特殊阶级，往往什么事都要过问，并常常站在监督和指导他们的地位，所以他们也就不能不另眼相看"。① 直到此时，学生们关于五四运动的回忆文章中才频繁出现对学校压迫的抗议。也就是说，这是学生在确立自我权威后，回溯性地批判、否定学校权威的做法。如1924年匡互生撰写《五四运动纪实》一文，算是早期的对五四运动的纪实文本。匡互生是北京高师数理部学生，在该文中，匡互生颇为详细地记录了女学生的"解放"行为。"先是几次运动都没有女校学生参与其间，而其所以不能参与的原因，就是女校校长及其他办事人的多方压制。北京女子师范校长方还专制尤甚，当二三两日各校学生因出外演讲被捕的事情被该校同学在报纸上看见以后，他们就立刻商议援助的方法。不料事为方校长所探知，就一面嘱咐工人把校门紧闭，一面召集学生训话，加以严厉的斥骂。这样的办法，似乎使得女同学再也没有活动的余地了。但女同学的愤气却因此更盛，就将后门打开，一齐向外出发，沿路讲演。"② 这应是较早出现的女学生将女高师后门打开、冲出学校的描述。在此后的几十年，这一细节均被当时女高师的几位学生回忆并记录下来，尽管局部细节有所不同（如游行时间差异、是打开后门还是拔去篱笆，或是打破矮墙角等）。③

可以说，经过层层记忆和论述累积，时至20世纪30年代，女校这种压抑学生的形象已经根深蒂固，很多女学生已经熟练地掌握了解放、自由、压迫、专制这样的词汇，并可以毫无自觉意识地用这些词汇来形容她们的校园生活，此时，压抑已成"事实"，成为这些女性自我认知和自我界定的重要标尺。最为典型的就是庐隐在1934年所出版的自传。在文中，作者回忆其于民国初年在北京女高师的生活，如当时学校规定学生们梳着一样的头型，穿着

---

① 罗家伦. 一年来我们学生运动底成功失败和将来应取的方针 [J]. 新教育，1920，2（5）：605.

② 匡互生. 五四运动纪实 [C]. 五四运动与北京高师. 北京：北京师范大学出版社，1984：15-16.

③ 如罗静轩的《北京女高师在五四运动中》；程俊英、罗静轩的《五四运动的回忆点滴》；陶淑范：《五四运动时期的女高师》等，均收入《五四运动与北京高师》。

一样的墨绿色爱国布的衣裙。但是，衣服洗了两次之后，庐隐觉得，"穿得每一个人都像从坟墓里挖出来的一样"。校服虽是一件小事，"但当时在我的精神上，实在感到压迫，每次走到整容镜前，我看了自己这种怪模怪样，有时竟伤心得哭了"。在这样的环境中学习，庐隐只觉得学校成为一个像牢笼一样的压抑性空间。"学校里的规矩太严，不许这样，不准那样，我处身在这动辄得咎的环境中，简直比进牢狱还难过。每逢星期六放假回家去，就像罪人被赦般的欢喜，出了学校，觉得太阳都特别亮些。"① 牢笼、囚犯这样的比喻再次出现，只是，这次不再是像晚清那样，针对闺阁或者家庭，而是强调学校对学生的困顿。由是，原来的自由地又变成现在的牢笼地。

四、结语

本文大致勾勒了近代女性困顿——解放话语的形成及其实践。受文明、国族和女权等思潮的激发，中国女性深居闺阁的社会事实和道德意义在 19 世纪末期被完全否定，取而代之是一种强调自由、释放、打破的现代性的女性气质和道德规范。由此，一种幽闭与释放、困顿与解放的二元对立话语逐渐形成，并对女性的思维方式和生命实践产生了深远的影响，女性不停地在感受困顿与实践解放这二者之间摆荡。从对家庭的否定，到对学校的向往；从对学校的否定，到对社会的向往，近代女性一直通过打破困顿、走向解放来获取身份认同和性别意义。但是，何处是归处？时至 20 世纪二三十年代，学潮的激进性和突发性已被教育的日常化和通俗化所消除，尤其对女性而言，贤妻良母主义再次成为社会主流思潮。很多女性在接受新式教育后，选择了婚姻和家庭作为自己的归处，可是，这样的归处是怎样的归处呢？凌叔华小说《小刘》中的女主人公"我"就感到，"除了一星期去教两点钟浅易不要预备的外国语外，其余时光都蹲在家里……静坐时偶尔抬头一望，只觉得黑漆的四面都是高墙，有一回我睡醒午觉时忽然疑惑起来，'这别是犯了什么法来坐监牢了吧？'"② 一种因日常和琐碎所形成的困顿感如影随形地贴附在这

---

① 庐隐自述［M］. 合肥：安徽文艺出版社，2014：21－22.

② 叔华. 小刘［J］. 新月，1929，1（12）.

些女性的身体上和心灵中，又为日后的"解放"埋下了契机，如此循环往复。① 唯有困顿存在，解放才有了现实的意义。

———————————

① 饶有趣味的是，到了 20 世纪 80 年代，很多女性主义作家都会刻画一个女性在一间空屋子中独处的形象，这个空屋子不再是困顿的象征，而是成为女性寻求自我、审视内心的重要文学道具。见贺桂梅. 有性别的文学——90 年代女性话语的诗学实践［M］//贺桂梅. 女性文学与性别政治的变迁. 北京：北京大学出版社，2014：185 - 186.

闺秀·名媛·学者

——民国女性诗词的多元书写

彭敏哲[*]

民国时期新旧文学并存，并呈现新文学逐渐压倒旧文学的态势。但旧文学不会在一夕之间消亡，新旧文学的关系也不是简单的"断裂"。"五四"以后，富于主体意识的女性文学在中国文坛勃然兴起。[①] 然而，在中国现代的文学语境下，新文学才是"现代女性意识"的代表，人们将目光投注于女性小说、戏剧、政论、翻译等创作领域[②]，旧体诗词被看作传统守旧思想观念的延续。事实上，在旧文学内部场域中同样发生着激烈变革，女性诗词经历着"闺阁意识"到"现代女性意识"的嬗变，呼应着"娜拉"式的出走，呈现出和女性解放相一致的路径。

民国女性诗人长期被遮蔽，较之于同时期出生的冰心、庐隐、凌叔华、丁玲等在文学史中成为经典的"五四"女作家而言，她们无疑是"失语"的一群。以往对于20世纪中国女性文学进行研究的论著不在少数，但大多数集中在女性新文学的创作上。事实上，女性诗词作家人数众多，以词人为例，

---

　* 作者简介：彭敏哲，中国海洋大学文学与新闻传播学院副教授。

　① 马勤勤. 闺情·启蒙·市场·学校——清末民初女作者小说的多元书写 [J]. 妇女研究论丛，2017（3）.

　② 如盛英，乔以钢《20世纪中国女性文学史》一书中所述及的女诗人仅有徐自华、徐蕴华、沈祖棻数位。郭延礼. 20世纪初叶中国女性文学的转型及其文学史意义 [J]. 上海师范大学学报（哲学社会科学版），2009（6），将民初女性文学群体分为"女性小说家群""女性翻译家的群体""南社女性作家群"和"女性政论文学家群"。

知其生平者有近百位，生平不详者有 70 位，此外还有大量散落于报刊当中的女词人①。但学界对于女性诗词史的书写多止于清末民国初年吕碧城、秋瑾等女杰诗人，其关注点也集中在一些名家。近年来部分民国女诗（词）人浮出历史地表②，其中有不少女性是旧体与新体兼擅的，如以小说驰名的陈小翠，著有旧体诗集《翠楼吟草》；以诗词闻名的沈祖棻，也写作了新诗集《微波辞》、小说《辩才集》；"五四"时期"新小说家"冯沅君，从事古典文学研究，有旧体诗集《四余诗稿》《四余词稿》，其余如关露、陶秋英、曾兰、杨令、吕逸等，既能诗词，又能小说，因此，旧体诗词和新文学一样，其性别观念的新变是研究女性文学和女性史的另一个维度。

本文从闺秀、名媛、学者三个角度切入，以新闺秀诗人丁宁、上海中国女子书画会、南京中央大学女性诗群为中心，展现民国女性诗词书写的多元图景。之所以选取这些女性作为研究对象，是因为这三大群体在一定程度上代表了其时诗词的创作风貌和知识女性的生存样态。以往研究更多关注晚清女性，尤其是活跃于政坛上的女杰诗人（如吕碧城、汤国梨、张默君、秋瑾等）如何通过文学进行抗争，而本文则想将目光投注于更晚的时代——出生于世纪之交（1892—1911）、成名于 20 世纪三四十年代的"新一代"女性，她们得益于前期女性解放运动的成果，不必像前辈女杰一样站在政治浪尖呐喊，与晚清女性"传统——现代"的两极分化相比，民国女性诗词演绎出新旧交融的双重变奏。她们诗词中所体现的性别意识，呈现出旧体诗词内部场域的变革与女性解放之间的微妙关系，为诗词史和女性文学史弥补了长期缺失的一环，丰富了民国女性意识的精神内涵。

---

① 据王慧敏的《民国女性词研究》（南开大学博士论文，2012 年）统计。

② 李遇春，朱一帆. 现代中国女性旧体诗词的历史沉浮与演变趋势 [J]. 天津社会科学，2017 (1)；曹辛华. 论民国女性词的创作 [J]. 学术研究，2012 (5)；付优. 斜阳处·眼前语·旧香色——论民国女性词人的词艺拓展和词学思想 [J]. 中国韵文学刊，2017 (3)；徐燕婷. 民国女性词集二维研究 [J]. 华东师范大学学报（哲学社会科学版），2017 (1)；这些文章对民国女性诗词作了整体概述。袁志成. 女性词人结社与晚清民国女性词风演变 [J]. 贵州社会科学，2015 (3)；徐燕婷. 民国女性词文化生态中的"传统范式"及其新变 [J]. 福建论坛，2016 (3)，是从民国女性结社的角度切入。王慧敏. 民国女性词研究 [D]. 天津：南开大学博士论文，2012；赵卓飞. 近百年女性词史研究 [D]. 长春：吉林大学博士论文，2017，这两篇文章对民国女性诗词人有较为详细的介绍。但以上这些研究多着眼于诗词本体，较少关涉性别观念的新变及其背后性别思想的流变等。

一、闺秀的情感书写

中国古代女性文化中，"闺秀"文化源远流长，《世说新语》就专辟"贤媛"一门，记述闺中女子德行，树立典范，如言"王夫人神情散朗，故有林下风气；顾家妇清心玉映，自是闺房之秀"①。自此以后，"闺秀"就用以指世家望族中才艺出众、有妇德妇容的女子，尤其是指那些以才艺擅名者。梁启超曾总结道："古之号称才女者，则批风抹月，拈花弄草，能为伤春惜别之语，成诗词集数卷。"② 及至晚清，与女杰诗人相对的传统闺秀，仍承续着前代才女的身份与命运，作为"名父之女""才士之妻"或"令子之母"流名于世，这一类人以吕凤、沈韵兰、姚倚云、曾懿、屈蕙纕、吕景蕙、杨延年、许禧身、刘鉴、左又宜、李慎溶等人为代表。

民国时这种情况发生了变化。民国初年闺秀虽然幼承庭训，也是按照传统闺阁才女模式成长起来，但她们受新的时代风气影响，形成了故常与新变同在、封闭和开放兼有的"新闺秀"派③，如罗振常的女儿罗庄（1896—1941），著有《初日楼稿》及《初日楼正续稿》，词中颇有"流转故事，今日犹自不能忘"④ 的遗民情怀；温倩华（1896—1921），学诗于陈蝶仙，过锡邑妻，二十六早逝，遗稿由亲友辑为《黛吟楼集》；潘静淑（1892—1939），潘祖年之女、吴湖帆之妻，与吴湖帆合著有《梅景书屋词集》；晚清桐城派大儒吴汝纶之孙、吴北江之女吴君琇（1911—1997），自幼承父训，髫龄通经史，尤工诗词，一生笔耕不辍，其父亲自为其手抄《舒秀集》。在这一群体中，丁宁取得了较高的艺术成就，受到新旧文学家的一致好评。在其早年，时人就对她推崇备至，夏承焘在1932年云，"近日女界文学，以予所知，端推此君矣"⑤，1938年又云，"吾温数百年来女流，无此才也"⑥，龙榆生《词学季

① ［南朝·宋］刘义庆．（南朝·梁）刘孝，标注．余嘉锡，笺疏．世说新语笺疏［M］．北京：中华书局，2007：822.
② 梁启超．变法通议·论女学［M］//饮冰室合集：第1册．北京：中华书局，1989：39.
③ "新闺秀派"这一名称最早由毅真在《几位当代中国女小说家》中提出，指以凌叔华为代表的现代女作家。王慧敏在《民国女性词研究》（南开大学博士论文，2012年）引入这一概念。
④ 罗庄．初日楼稿［M］．上海：上海辞书出版社，2013：33.
⑤ 夏承焘．天风阁学词日记［M］//夏承焘集：第五册．杭州：浙江教育出版社，1997：305.
⑥ 同⑤，第六册，第51页。

刊》曾刊载丁宁《昙影集》。及后郭沫若亲自致信丁宁，给予其词作"清泠澈骨，悱恻动人"①的评价，周延年比之李清照、朱淑真："今君所遭较漱玉、幽栖为尤酷，而其词之低回百折，凄沁心脾。虽不外个人得失，亦未始非旧社会制度下之呻吟之音也。"②施蛰存认为丁宁在闺阁词流中"即以文采论，亦足以夺帜摩垒"③，故本文以丁宁为代表，来透视新闺秀不同于前代女诗人的生存状况、情感世界和诗词风貌。

丁宁出生于1902年，原名瑞文，又名怀枫，别号昙影楼主。其父曾就职于裕宁官银钱局扬州分局，为当地绅士，家境殷实。丁宁生母早逝，由嫡母抚养，嫡母是传统的大家闺秀，为其朝沐，教诵诗词。1910年，丁宁拜入扬州耆宿戴筑尧先生门下，开始系统学习诗词创作。丁宁的童年生活是幸福的，其《小梅花·感怀》云，"春醅绿，秋花馥，年时掌上珍如玉"④。丁宁九岁时由父母包办和黄姓男子定亲，十七岁时完婚，生育一女。这段婚姻为其一生不幸的肇端。黄氏子好赌成性，浪荡逍遥，夫妻感情逐渐恶化。女儿四岁时夭折，令丁宁彻底不再留恋这段婚姻，提出离婚。但囿于礼教，迫于世俗，丁宁不得不在族人面前跪在亡父牌位前立誓永不再嫁，才被允许离婚。此后丁宁专力填词，"每于思深郁极时又学为小词，以遣愁寂"⑤。

与"五四"时期勇敢反抗的新女性不同，丁宁骨子里流淌着极为传统的闺秀气质，首先体现在她克情守礼的婚姻观上。她在《临江仙·婚姻回忆》写道："闻说扶床初学步，赤绳系定难更。随鸡随犬注前生，飘茵诚可喜，坠溷亦何憎。"⑥——顺从于父母之命、媒妁之言，嫁鸡随鸡、嫁狗随狗，不论遇到何种情况，都要与丈夫和谐共处，恪守妇道。正因为怀有这样传统的婚姻观念，丁宁只能选择"从今尘梦不关情，澄心依古佛，力学老青灯"⑦来了却余生，即使以后遇到心仪的男子，也只能恪守誓言，忍痛将情感埋葬。离婚是丁宁万般无奈下的被动选择，但她的行为实际呼应着"五四"青年争取恋爱自由、反对专制婚姻的思潮。万念俱灰后的她以皈依佛道来坚守闺秀

---

① 郭沫若. 郭沫若答丁宁书［M］//还轩词. 合肥：安徽文艺出版社，1985：1.
② 周延年.《还轩词存》初校跋［M］//还轩词. 合肥：安徽文艺出版社，1985：138.
③ 施蛰存.《北山楼抄本》跋［M］//还轩词. 合肥：安徽文艺出版社，1985：139.
④ 丁宁. 还轩词［M］. 合肥：安徽文艺出版社，1985：67.
⑤ 同④，第2页。
⑥ 同④，第131页。
⑦ 同④，第131页。

气节：“南华读罢添香坐，消得芸帷半日闲。”① 丁宁的老师程善之曾将其与
袁枚之妹袁素文相比，“至其身世，颇类袁素文，恨无简斋为其兄耳”②，袁
素文抱守“从一而终”的贞节观念宁死不肯与纨绔子弟高氏之子退婚，婚后
极为不幸，最后郁郁而终，袁枚作《祭妹文》悼之，程善之将她与丁宁相比，
感伤其同样迫于礼教的悲凄命运。

其二，《还轩词》塑造了一个离异后“伶俜”的独身女性形象。这位出
走后的“娜拉”没有解脱，“数年来受种种之摧折，神经激刺，几欲成癫”。③
她反复叙写离异生活的凄凉感受，将自己的不幸婚姻归结为命运的因果：“微
雨清宵，断魂千里，梦随流水。溯前因，待问浮沉，洒不尽，飘零泪。”④ 她
将 1927—1933 年的词集命名为《昙影集》，寓昙花一现、青春易逝之意。终
其一生，丁宁活在婚姻失败的阴影之下，情感上留下难以平复的伤痕。她的
词集中频繁出现“伶俜”一词，表现出离异生活的孤苦：

“似慰伶俜，戍楼晨角语。”(《台城路》)⑤

“凄凉雨，伶俜月，哀蝉怨，啼鹃血。”(《满江红》)⑥

“剩伶俜倦影，穿窗度幕，赚愁人泪。”(《水龙吟·杨花和忍寒用东
坡韵》)⑦

“落日孤村，伶俜三尺，碧草天涯。”(《一萼红》)⑧

“伶俜、已无可恋，问当窗柳眼为谁青。”(《木兰花慢》)⑨

“伶俜帘外三更月，阅遍沧桑圆又缺。”(《小梅花·感怀》)⑩

“又肠断伶俜窥户月，似琼匣，鸾镜初缺。”《浪淘沙慢》)⑪

实际上，“伶俜”是传统弃妇心理的潜在表现，丁宁“毅然与传统战斗，

---

① 丁宁. 还轩词 [M]. 合肥：安徽文艺出版社，1985：33.
② 夏承焘. 天风阁学词日记 [M] //夏承焘集：第五册. 杭州：浙江教育出版社，1997：294.
③ 同②。
④ 同①，第 36 页。
⑤ 同①，第 12 页。
⑥ 同①，第 19 页。
⑦ 同①，第 37 页。
⑧ 同①，第 14 页。
⑨ 同①，第 69 页。
⑩ 同①，第 67 页。
⑪ 同①，第 75 页。

又怕敢毅然与传统战斗，遂不得不复活其'缠绵悱恻'之情"①，她虽有离异之举，但并未在任何公开场合说过丈夫的是非，只是慨叹自身命运的不幸，从这点来说，《还轩词》显示出"挣扎出历史地表的女性将毅然逃出奴隶的死所，又怕毅然踏上新路，遂无形中寻觅于新旧生死之间的真实写照"②。

其三，在与时人的交往和诗词酬唱中，丁宁也坚守着闺秀身段，孤洁自守。夏承焘于1931年12月10日通过程善之的来信初识丁宁，直到1932年9月17日，丁宁"自扬州双桂巷四号寄来挂号信，附一长幅及十二小笺，皆精书其所作词"③，二人方才订交。龙榆生曾想托夏承焘问丁宁全集及其生平，丁宁却作《满江红·髯公索旧稿，赋此谢之》婉拒之。夏承焘附上信函与宣纸向丁宁乞词，又被丁宁拒绝。而两人正式晤面则到1938年9月1日，此后也保持着词友间的友谊，多以书信往来。通过夏承焘，丁宁与龙榆生订交，又与林铁尊、王巨川、任心叔等诸多名流相识，龙所编《词学季刊》刊登了29首丁宁词作。但她淡然自处，与他人保持着单纯的文字之交，龙榆生《鹧鸪天·寄昙影扬州》有"闻剥啄，对氤氲，蓦然相见细论文"④描绘二人品味诗词、探讨文学的情景。丁宁与龙榆生的唱和中亦常抒孤洁自守之情志："南华读罢填香坐，消得芸帷半日闲。"⑤（《鹧鸪天·感怀和忍寒》）"天寒袖薄平生惯，一点冰心抵万金。"⑥（《鹧鸪天·薄命妾辞和忍寒用遗山韵》）"愿逐荒烟归逝水，不因残照恋高枝。"⑦（《梦江南·落叶和忍寒用翁山韵》）

丁宁骨子里保有传统的闺秀观念，这与她的成长环境、教育背景和人生经历密切相关。她生于仕宦书香之家，由嫡母启蒙，自幼拜塾师，与同时代进入新式学堂，习得诸如"女国民""男女平权""自由结婚"等观念的"新女性"相比，显然是守旧的。1964年郭沫若回信丁宁时就指出，"微嫌囿于个人身世之感，未能自广"⑧。但与丈夫离婚后，她的视野逐渐开阔，师从南

① 鲁迅. 中国新文学大系 现代小说导论（二）［M］//中国新文学大系导论集，长沙：岳麓书社，2011：112.

② 孟悦，戴锦华. 浮出历史地表：现代妇女文学研究［M］. 北京：北京大学出版社，2018：83.

③ 夏承焘. 天风阁学词日记［M］. 夏承焘集：第五册. 杭州：浙江教育出版社，1997：305.

④ 龙榆生. 忍寒诗词歌词集［M］. 上海：复旦大学出版社，2012：34.

⑤ 丁宁. 还轩词［M］. 合肥：安徽文艺出版社，1985：33.

⑥ 同⑤，第42页。

⑦ 同⑤，第84页。

⑧ 郭沫若. 郭沫若答丁宁书［M］//还轩词. 合肥：安徽文艺出版社，1985：1.

社社员、《新江苏报》文艺副刊主编程善之学佛和诗文，又从国术家刘声如学习击技和剑术，与诗词界名流唱和交往，后被聘为扬州国学专修学校教授古典诗词的老师，并收下女弟子。她摆脱了不幸婚姻的束缚，并通过努力掌握了自身的命运，改写了人生篇章。

值得注意的特点是，政权更替与战争使得女性重新开拓与发掘爱国题材的深度与广度，女性脱离"闺阁化"的生存场景，将笔触伸向民族国家的命运，在词作中显示出截然不同于前代闺秀的心态与心境。1938 年，词友王叔函被日寇杀害，丁宁作《莺啼序》① 挽之，"沧桑换劫，生死微尘，看几人醉舞"之句，将山河破碎的悲凉况味寓于对词友的哀悼之情中，"但沉恨、烟埋玉轴，露冷琴丝，绝响难招，是谁轻误？"一句诘问流露出对无情敌寇的仇恨和对无能当局的批判，而"何时梦叩青林，唤起悲魂，凯音说与"又表达出对抗战胜利的渴望。再如《金缕曲·题钟馗横幅》以激昂文字指点江山，批评汪伪政权为虎作伥、自残同类："早知饕餮非常计，悔当年希荣干禄，自残同类。鬼国纵横千载久，弱肉浑难胜记。到今日、独夫群弃。五鬼不来供使役，对蒲殇未饮先成醉。掩两耳，昏昏睡。"② 施蛰存评其词"抗日之战，成就一还轩矣"。③ 同为闺秀诗人的吴君琇，遭逢七七事变的她写下《暑假归宁，北平骤逢七七事变，感甚写寄孔章》，其二："时事阽危百感深，湖山无恙客登临。百年块垒凭谁数，一醉新亭要有人。"④ 而生于遗老之家、从未接受新式教育的罗庄面对山河破碎的惨状时也臧否时局，发激厉之语，"果然丽日光重吐。启中兴、旧京丰镐，金瓯初固。收复神州宜指顾，未卜天心可许。奈几辈、城狐社鼠"⑤。

总的来说，丁宁是民国新闺秀诗人群体的一个缩影，映射出旧文学强大的生命力和延续性。相比于同时代的女性新文学家，旧体诗人对传统文化有着更深的信服与眷恋，所以她们在抗争的道路上频频回首，步履蹒跚。在她们的身上，处处体现着新思想与旧道德之间的矛盾拉锯，成就了别具情感张力的诗词风貌。但每个人因为个人遭际而受到新气候的影响程度也不同：生

---

① 丁宁. 还轩词 [M]. 合肥：安徽文艺出版社，1985：49.

② 同①，第 87 – 88 页。

③ 施蛰存.《北山楼抄本》跋 [M] // 还轩词. 合肥：安徽文艺出版社，1985：139.

④ 唐世政. 红羊悲歌 [M]. 北京：作家出版社，2006：115.

⑤ 罗庄著. 初日楼稿 [M]. 上海：上海辞书出版社，2013：85.

于遗老之家、长于乱世之际的罗庄对封建王朝眷恋坚守，更似旧时代走出来的女遗民；作为陈蝶仙弟子的温倩华，凤慧而早逝，颇有明末才女叶小鸾的影子，其《黛吟楼遗稿》灵气逼人，也有作"鸳鸯蝴蝶小说家语"的一面：

> 玲珑心性，缠绵情绪，在地本为连理。绿波相照太分明，看花颊、也含羞意。
>
> 莲侬蕙汝，形偎影倚。不怕蜂狂蝶忌。临风双笑傲鸳鸯，似说道、痴情胜你。①

由父亲吴北江教养的吴君琇，则体现出旧道德与新女性共融的时代风貌，她与学者丈夫金孔章琴瑟和谐，共同创作了诗集《琴瑟集》；而作为典型的《还轩词》，既是个人泣血之作，亦是时代之悲鸣，深刻地反映了观念变革、战争频仍年代中普通女性的情感与命运，在女性诗词的演变过程属于"新中有旧、旧中含新"的过渡阶段。这也说明，旧体诗词这一传统的文学形式同样伴随着时代风潮显现出"更新"因子，不应被文学史上"新""旧"对立的固有观念所遮蔽。

二、名媛诗词的时尚特质

近代"名媛"是与传统"闺秀"相对的一个概念。"名媛"的词义从古代至近代有所变化。在古代是指有名望的美女，《晋书·载记》载王鉴等言："臣闻王者之立后也，将以上配乾坤之性，象二仪敷育之义，生承宗庙，母临天下，亡配后土，执馈皇姑，必择世德名宗，幽闲淑令，副四海之望，称神祇之心。"② 到晚清沈善宝编《名媛诗话》，则无论是出身于名门望族，还是普通人家，"有才有德的女子"皆可称为"名媛"。进入近代，"名媛"一词具有了某种特殊的指代意义。1928 年《时代》杂志创始人布里顿·哈顿创造的单词"socialite"被翻译成"名媛"，指家境富有、穿着华丽，流连穿梭于各种社交场合的上流有闲阶级女性。"名媛"一词在民国时大行其道，是对有身份有地位女人的雅称，名媛出入于社交场合，穿梭于公共空间，有才情和

---

① 赵郁飞的《近百年女性词史研究》（吉林大学博士论文，2017 年）认为，温倩华为"鸳鸯蝴蝶词"传人，其师陈蝶仙为"鸳鸯蝴蝶派"骁将，温词受其影响亦濡染"鸳蝴"味。

② ［唐］房玄龄，等，撰. 晋书：卷一百二［M］. 北京：中华书局，1974：2676.

学识。与普通闺秀相比，名媛在当时即具有相当的知名度，出身非富即贵，往往受几代世家之风熏陶，普遍受教育程度较高，甚至有机会出国留学深造，她们走出家庭，活跃于公众视野，是大家想要结交的对象。

名媛诗词比闺秀诗词相比，呈现出更突出的商业气息与时尚特质。旧上海是名媛辈出之地，成立于1934年4月的中国女子书画会是由一群上海名媛自发组建的书画社团，她们举办画展，开办专栏，刊印画册、参与慈善，是女性团体思想解放的代表与先声。成员多出身世家，如陈小翠为著名小说家、实业家陈蝶仙之女，顾青瑶为清代名画家顾若波孙女，陆小曼为财政部司长陆定之女，李秋君为宁波望族李薇庄之女，冯文凤为岭南书法家冯师韩之女等等。此后何香凝、潘玉良等众多知名女画家纷纷参与其中。中国女子书画会创作群中的代表诗人周炼霞，生于1906年，原名紫宜，又名苣，字懒，号螺川，室名螺川诗屋、忏红轩，曾从郑德凝习画、蒋梅笙学诗。周炼霞身上有典型的名媛气质，出入于沪上各种文酒之会，倾倒当时才彦，其词《浣溪沙》"海角诗人原善饮，江南词客惯能文。一时低首尽称臣"[1] 为真实写照。谢啼红《锦心绣口周炼霞》形容道："绝艳惊才之周炼霞女士，擅诗画书三绝。有'女郑虔'之目。年来每应邀参与文艺界文酒之会，凤集餐聚，炼霞辄姗姗莅止，翩然入座，谈笑风生，于是集友皆大欢喜。"[2] 剪公《记周炼霞》也有类似描述："历数上海名闺才媛，我始终以为周炼霞女士，足当'惊才绝艳'四字评……她要在每天用三分之二的时间来作她的应酬。"[3] 周炼霞是一个以鬻画谋生的新女性，并身处于"西风"渐浓的繁华都市中，她的诗词大多发表在《礼拜六》《紫罗兰》《万象》《邮声》等通俗期刊上，迎合着市民阶级的审美与趣味，弥散着商业气息。

在这一群走出家庭而参与社交、自力更生而活力四射的"新女性"笔下，旧体诗词呈现出时尚特质，主要体现在以下几个方面：

其一，对新女性洋派生活方式的描绘、对女性才华的欣赏。名媛的诗词中常出现当时沪上各色西式的生活情景。周炼霞爱烫发，写词调侃陈小翠"不喜烫发"："盛鬓齐眉，轻鬟贴耳。生成光滑油油地。怜她纤薄似秋云，嫌

---

① 李遇春，编选. 现代中国诗词经典·词卷 [M]. 武汉：华中师范大学出版社，2014：233.
② 谢啼红. 锦心绣口周炼霞 [J]. 中外春秋，1947 (18).
③ 剪公. 记周炼霞 [J]. 戏报，1946 (11).

她波皱如春水。爱好天然，懒趋时世。淡妆不借兰膏腻。"① 陈小翠也以《虞
美人·予不喜烫发，炼霞赋词调侃，然炼霞固烫发，戏为俳句报之》戏答周
炼霞："银钳熨皱春云绿，宛转情丝缩。文心宜曲不宜平，始信乱头时节最倾
城。"② 周炼霞曾十分优雅地描写自己身着睡衣卧床的场景："习习风来透晓
凉，流苏初卷郁金床。乱云犹散隔霄香。一点思量都有梦，十分娇懒不成狂。
睡衣熨损紫鸳鸯。"③ 塑造出一个娇懒贪睡、生活优渥的名媛形象。陈小翠曾
作《沁园春·新美人发》描绘名媛染发卷发："色染金鹅，撩乱情丝，低遮黛
蛾。""花缬笼春，银箄炙晓，熨帖春云覆粉涡。"④《沁园春·新美人手》描
写新女性弹钢琴的手："爱琴声如雨，随他上下。"⑤ 涂指甲油："珍怜甚，更
香薰豆蔻，色染芙蓉。"《沁园春·新美人裙》咏西式裙："怕娉婷碍步，莫
遮鸦袜；回旋小舞，逗响鸾铃。"⑥ 顾青瑶《题陈翠娜银筝集》赞美陈小翠的
才情："美人文思太玲珑。绝代聪华曲又工。"⑦ "一枝秀出天南笔，三绝风传
海内名。"⑧ 冲破了"女子无才便是德"的藩篱，表现出女性对自身才华的
肯定。

其次，对女子私情的袒露和对同性情谊的刻画。面对情趣不合的婚姻，
陈小翠没有离婚，而以分居作为折中之法，并坚守独居之志："譬如昨日死，
翱翔恣远游。人生岂无情，惟情招众尤……大道本无我，吾师乃庄周。"⑨ 她
与顾佛影惺惺相惜，"何曾一日能忘汝，已似千年不见君"，有许多难忘的记
忆："长忆法华郊外雨，小楼灯火细论文。""莫忘红叶思南路，风雪天涯饯别
时。"但终究还是克情守礼："矜持刻意讳情真，哀乐何须遣汝闻。""愿为知
己共清谈，相知何必成眷侣。"仅以诗词来袒露内心情爱之所系。相比之下，
周炼霞就要大胆直白得多，她最为世人传诵的自度曲《庆清平·寒夜》："几
度声低语软。道是寒轻夜犹浅。早些归去早些眠，梦里和君相见。丁宁后约

① 炼霞. 踏莎行 [N]. 社会日报，1938 – 10 – 12.
② 小翠. 虞美人 [N]. 社会日报，1938 – 10 – 12.
③ 周炼霞. 浣溪沙 [N]. 社会日报，1938 – 08 – 11.
④ 陈小翠，著. 刘梦芙，编校. 翠楼吟草 [M]. 合肥：黄山书社，2010：71.
⑤ 同④，第 72 页。
⑥ 同④。
⑦ 顾青瑶. 题陈翠娜银筝集 [J]. 紫罗兰，1926，2（1）.
⑧ 同⑦。
⑨ 以下陈小翠诗均出自《翠楼吟草全集》，中国台北三友图书有限公司 2001 年版，是书原无页
码，不再一一出注。

毋忘。星眸滟滟生光。但使两心相照，无灯无月何妨。"① 情致欢娱，风格旖旎，冒鹤亭评之："螺川词一破陈规，务求欢娱，以难好者见好，而有时流于骀荡。"② 由于其多艳情之作，时人常捕风捉影将各种佚事与她联系起来，包谦六为其辩解说："紫宜少时颇端丽富文彩，所作词语颇大胆……其实跌宕有节，有以自守，只是语业不受羁勒而已。"③ 对女子欢情的大胆展现，正是她对名媛身份的一种认同。同时她也肯定女性的社交行为，专门写词纪念社交集会，新雅酒楼是上海著名粤菜馆，为当时作家艺人常常聚会之所在，她写作《虞美人》描绘女性社交的情境，"淡黄罗幕深深处，依约闻娇语"④，极有风致。出于对彼此的欣赏，她们也在诗词中展现出"同性情谊"：陈小翠《寄顾飞》"夜雨春灯对读诗，十年初见已嫌迟。近来苦忆君知否，到处逢人问顾飞"；顾飞也同样惦记着她："蕉不展，花不语，竹凄然。寂寞水禽三两，雨中眠。"⑤（《相见欢·过陈小翠旧居》）陈小翠视顾青瑶为骨肉，"我视顾君同骨肉，鬘年马帐共传经"，顾青瑶也还赠以深情，"赢得十年知己感，肝胆文章相示"⑥（《金缕曲》），这些酬唱颇有古之文人惺惺相惜的情怀，传递了女友之间的互怜互爱，更反映出女性在彼此认同后的自我认同轨迹。

最后，中国女子书画会成员将女性情怀融于题画诗，有情感欢娱、语言芬馨的特征。受海派文化和市民审美趣味的影响，尽管身处战争时代，名媛诗作仍倾向于表达平和喜乐之情，以女子之眼观物，呈现独特的女性特质，如周炼霞《题画·白桃花》拟白桃花为仙女："仙子无言情本淡，只应素月伴黄昏。"⑦《菩萨蛮·题落花蝴蝶图》将追逐落花的蝴蝶喻为追寻爱侣的女子："痴魂拼向花心醉。一春幽梦醒耶未。艳影舞翩翩，相怜还自怜。倦眠芳草路。莫遣封姨妒。宛转恋残花。天涯更水涯。"⑧ 句句不离蝴蝶，却又不拘于

---

① 周炼霞．庆清平·寒夜［M］//刘聪．无灯无月两心知——周炼霞其人其诗．北京：北京出版社，2012：224.

② 冒鹤亭．螺川韵语序［M］//徐昱中，徐昭南．女画家周炼霞，美国私印本，2010：33.

③ 包谦六．与施议对论词书［C］．施议对编．当代词综．福州：海峡文艺出版社，2002：1362.

④ 周炼霞．虞美人·××冷气开放，小集纪事［J］．1936（650）.

⑤ 裘柱常，顾飞．梅竹轩诗词集［M］．杭州：西泠印社，2006：165.

⑥ 陆丹林．介绍几位女书画家［C］．徐建融，刘毅强．海派书画文献汇编．上海：上海辞书出版社，2013：310.

⑦ 周炼霞．题画·白桃花［J］．礼拜六，1933（529）.

⑧ 周炼霞．题落花蝴蝶图［M］//刘聪．无灯无月两心知——周炼霞其人其诗．北京：北京出版社，2012：132.

画幅，隐含一个凄美的爱情故事。顾青瑶诗《题山水册》："应爱春光好，登楼望欲迷。薄云抱红树，远岫隔青溪。烟敛城初出，潮生岸忽低。凉风不识路，芳草自然齐。"① 平和淡雅，风怀旷远。陈小翠《绘箑自题》："阑干九曲是回肠，欲卷湘帘怯嫩凉。吩咐门前一溪水，替侬流梦到横塘。"② 情思婉转，显现出细腻生动的少女情怀。

那么，她们是如何与市场相互作用的呢？固然，书画会成员都具有良好的家庭出身和丰富的教育经历，周炼霞自幼从名家，游刃于新旧文化之间；陈小翠通晓英文，上过新式学堂；冯文凤、顾青瑶、李秋君等都出身书香世家，有深厚的家学渊源。她们未必需要倚仗诗词书画谋生，但上海发达的商品经济和商业氛围潜移默化地影响着她们。其时，新兴工商业的发展培育了一大批社会新贵，收藏艺术品成为这批人亲附风雅、标榜身份的途径之一，商贾云集、文人荟萃的上海因具有潜力巨大的书画艺术市场而吸引大量艺术家前来，张鸣珂《寒松阁谈艺琐录》云："自海禁一开，贸易之盛，无过上海一隅。而以砚田为生者，亦皆于于而来，侨居卖画。"③ 同时，上海兴起"订润"风气，书画家订有自己的润例，"上海为商贾之区，畸人墨客往往萃集于此，书画家来游求教者每苦户限欲折，不得不收润笔。……风气所趋，莫能相挽，要不失风雅本色云"。④《申报》曾发布顾青瑶的润格。周炼霞与丈夫徐绿芙出版摄影绘画书《影画集》，并在《文华》上发布广告。⑤ 可见，文艺创作作为盈利之手段极为常见。前文所述"描绘新女性的时髦生活与才华美貌""表露女子私情"和进行诗画创作共同完成了"名媛"形象的塑造，"才""貌""情""艺"作为鲜明的要素建构出"名媛"这一隐藏的符号象征，创作主体的女性身份、创作过程中的女性特质，既能满足男性读者对于才媛的窥探与想象，也容易调动女性读者的阅读兴趣，从而激发出商业价值。同时，市场也反过来促进和释放书画会成员的艺术创造力和潜力。

与闺秀相比，名媛活跃于公共空间，虽不以诗词谋生，却拥有更广阔的生活空间和社会舞台供她们展现才华。她们走出家庭，享受着时尚的西式生

① 顾青瑶. 题山水册 [J]. 紫罗兰，1926，2（1）.
② 陈小翠，著. 刘梦芙编校. 翠楼吟草 [M]. 合肥：黄山书社，2010：22.
③ 张鸣珂，著. 丁羲元，校点. 寒松阁谈艺琐录 [M]. 上海：上海人民美术出版社，1988：150.
④ 葛元熙. 沪游杂记 [M]. 上海：上海书店出版社，2009：75.
⑤ 文华. 1929（1）.

活，向世人表露女性的才情与友情，表达出对"两心相照"理想爱情的渴望与追求。作为妇女解放运动的参与者、推动者和受益者，名媛在才德观和婚姻观上比闺秀更进一步，表达出对女性美的欣赏，对自身才华的肯定，对自由爱情的向往。同时，她们强调自身性别属性，以女子特有的柔媚绮丽的笔触塑造出个性鲜明的"名媛"形象，显示出女性作为言说主体对自身性别身份的肯定、追寻与建构。

三、女学者的士人身份认同

女学生的出现使得中国历史上的现代女性开始诞生，现代意义上的女学生不是私塾先生或名士文人收的女弟子，而是以正式的名义离开家庭进入公共学校读书的女性。女学生群体中的佼佼者以"学者"的身份跻身文化精英阶层。被视为"以反抗的青年女性的姿态登上文坛"① 的冯沅君为女性解放找到一条路径，"在书，在画，在工艺，在史学，在政治，甚至在军事，她们都曾显过身手"，"听到这些女先辈的卓越的成就，我们不该兴奋吗？她们造成了光荣的过去，我们不该造成光荣的现在和未来吗？"因此"我们呢，实际上虽然不免还有不少障碍，理论上，我们同男性已有同样发展天赋才能的机会。我希望，甚且是预告，在将来，还许是不远的将来，文化的各部门都有女专家。我们并不放弃旧有的文学地盘，但决不以此自限！"② 于她自身来说，"学者"正是实践女性解放、男女平权的最佳途径。

与前文中受塾师或者家庭教育的女性不同，女学生经历过完备的高等教育，她们是真正意义上"走出去"的新女性，如果说闺秀与名媛的知识习得和创作经历在不同程度上来自于家庭内部，那么女学生则在学校中接受现代化的知识谱系。民国大学的日常课堂中保留着大量古诗文的训练③，一批女学

① 孟悦，戴锦华. 浮出历史地表：现代妇女文学研究 [M]. 北京：北京大学出版社，2018：83.
② 冯沅君. 妇女与文学 [N]. 中央日报，1943 – 01 – 19.
③ 以南京中央大学为例，20 世纪 30 年代汪东担任中央大学文学院中国文学系主任兼副教授代理院长，黄侃、王瀣、王易、胡小石、汪辟疆、吴梅担任中国文学系副教授。这几位学者，都是雅擅诗词的行家。查阅当时的课程设置可知，吴梅在本科一至四年级开设词曲必修和选修课程，一年级开设《词学概论》课，规定每两周填词一首。二年级时，由汪东开设《宋名家词》课，在课堂上讲解词的作法。除开词选之外，吴梅还开设《曲选》《南北词简谱》《词学通论》等课程。吴梅在 1924 年起与学生组织词社"潜社"，后印行《潜社词刊》，凡是选课的同学都可以入社，填词作曲皆可。

生写作诗词，形成数量可观的"女学生——女学者诗群"：如张汝钊①、王兰馨②、孙荪荃③、冼玉清④、冯沅君⑤等。其突出代表是南京中央大学女性诗群：20 世纪 30 年代前后的南京中央大学文人群体集中表现出"文学的古典主义的复活"⑥，被视为坚守"旧学"的"东南学派"，这一时期涌现出以陈家庆⑦、沈祖棻⑧、尉素秋⑨、盛静霞⑩等为代表的女性诗人。她们跨越性别鸿沟，渗透出强烈的现代女性意识，代表了 20 世纪三四十年代"女学生——女学者"的创作风貌：

其一，文士身份的集体认同。学生时代的尉素秋、王嘉懿、曾昭燏、龙芷芬、沈祖棻等人创立梅社⑪，与古代女性结社不同，梅社有汪东、吴梅、汪辟疆等现代大学教授的指导，他们参与雅集，点评作品。梅社人访古寻幽、雅集宴饮、比照古人结社、仿效文人传统，展示出对"文士"身份的向往。她们各自取笔名来增强这种集体身份认同：沈祖棻是"点绛唇"、尉素秋是"西江月"、曾昭燏是"霜花腴"、龙芷芬是"钗头凤"等。梅社作为一个开放的社团，陆续又有许多女性加入，逐渐形成了共同的诗词理念，从创作中体认各自价值、也增强着自我认同："曾昭燏学识最渊博，龙芷芬最娴静优

---

① 张汝钊（1900—1970），先后就读于上海沪江大学、南方大学及国民大学，于 1925 年出版《绿天簃词集》。

② 王兰馨（1907—1992），毕业于北京师范大学国系，后任教于西南联大、南开大学、清华大学、云南大学，于 1934 年出版《将离集》。

③ 孙荪荃（1903—1965），毕业于北京师范大学，于 1936 年刊印《荪荃词》。

④ 冼玉清（1895—1965），任教于岭南大学、中山大学，在抗战时期创作了《流离百咏》。

⑤ 冯沅君（1900—1974），任教于上海暨南大学、中山大学、东北大学、山东大学等，著有《四余诗稿》。

⑥ 沈卫威. 文学的古典主义的复活——以中央大学为中心的文人褉集雅聚［J］. 文艺争鸣，2008（5）.

⑦ 陈家庆（1904—1970），字秀元，号碧湘，曾就读于北平女子师范大学，结识凌叔华、许广平、谭惕吾等，后转学至南京东南大学，拜吴梅门下。毕业后执教于上海淞江女中、安徽大学、重庆大学、南京中央政治大学等。

⑧ 沈祖棻（1909—1977），字子苾，后任教于南京金陵大学、南京师范学院、武汉大学等，著有《涉江诗词集》，吴梅得意弟子。

⑨ 尉素秋（1914—2003），笔名江月，1949 年后迁居台湾，任教于台湾成功大学、中国文化大学、东海大学等，著有《秋声集》。

⑩ 盛静霞（1917—2006），字弢青，后任教于之江大学、浙江师范学院、杭州大学、浙江大学等。

⑪ 梅社的具体介绍可参见：彭敏哲. 梅社女性诗群的形成与承续［J］. 中南大学学报（社会科学版），2017（5）.

雅，沈祖棻才华最富……彼此切磋琢磨，视为益友。"①

其二，自我价值的多元实现。如果说 19 世纪末 20 世纪初是女性自我意识萌发阶段，是"浮出历史地表"的初始期，那中央大学女学生所处的 20 世纪 30 年代则是现代女性意识的奠定期与稳固期，她们不仅自由地接受了现代教育，还通过教学、治学的多元途径实现了自我价值。中央大学女学生毕业后不少以教师为职业，追求经济和精神的独立。汪东曾对尉素秋说："我看重女子教育，认为是改造社会国家的一个根本问题。现在我老病侵寻，要做的事太多。你一直服务教育界，希望胜利复员之后，实践你的诺言，为我所计划的教育事业尽力。"② 所以尉素秋"虽然现在海天遥隔，消息梗阻，但我仍未离开教育岗位，也没有荒废其所学"③。女学者在教育方面，尤其注重对诗词艺术的传授，沈祖棻在金陵大学任教期间开设词选课，并在学生中倡立"正声诗词社"；尉素秋以此为终生之事业："我自己虽无能，却一直为了延续词的命脉，奉献其余年。盼望与此中同道，共同努力，莫让这一脉艺术生命，枯萎在我们这一代人手里。"④ 此外，她们还通过治学立说来实现自身价值，如沈祖棻著有《唐宋词赏析》《唐人七绝浅释》等。

其三，对"志同道合""文章知己"平等爱情的追求。与五四时期反抗包办婚姻、通过出走追求自由爱情的女性不同，中央大学的女性基本实现了婚姻自主，作为女学者的她们，把拥有共同的理想看作是最重要的择偶标准。陈家庆、沈祖棻、盛静霞都嫁给了学者，与丈夫砥砺学问，引为文章知己。陈家庆与丈夫徐英合著《澄碧草堂集》，她曾在诗中写夫妇共同作诗治学、把酒高谈的情境："如鹣如鲽在长安，消息闲凭曲艺看。记得花阴文宴屡，雄谈夜半斗牛寒。"⑤ 沈祖棻与程千帆相识于校园，彼此欣赏，二人诗词唱和，曾"学写鸳鸯，暗瞒鹦鹉，封题犹记。更飘灯隔雨，吟笺小叠，凭商略、游春意"⑥。他们同样热爱古典文学，从事学术研究，后双双执教于武汉大学。程

① 尉素秋. 秋声集：第二版[M]. 中国台湾：帕米尔书店，1984：112.
② 同①，第 110 页。
③ 同①，第 111 页。
④ 尉素秋. 词林旧侣 [J]. 中国国学，1984（11）.
⑤ 陈家庆. 与澄宇居北京三年，颇有遗世之思，因集龚定庵诗句以遣兴 [M] //徐英，陈家庆. 澄碧草堂集. 合肥：黄山书社，2012：150.
⑥ 沈祖棻. 水龙吟 [M] //沈祖棻著. 程千帆笺. 涉江诗词集. 石家庄：河北教育出版社，2000：31.

千帆写他们的爱情是:"文章知己千秋愿,患难夫妻四十年。"① 沈祖棻自云:"故我二人者,夫妇而兼良友,非仅儿女之私情。"② 沈尹默以"昔时赵李今程沈"③ 将他们比为李清照与赵明诚。盛静霞的丈夫蒋礼鸿毕业于之江大学,曾以诗词叩开盛静霞的心扉:"云自合,月难盈,人间何地着深情?潇潇一夕惊秋到,恼乱高楼又雨声。"④ 结婚当日,蒋礼鸿作《瑶台第一层》赠给妻子:"连理枝头侬与汝,人天总是双。瑶华小谪,回头蓦见,只是迷藏。分明相见惯,怯此度烛底轻狂。"⑤ 盛静霞次韵酬唱:"明镜台前肩并处,笑看恰一双。罗衾雪粲,宝奁月满,密幄云藏。相携还试问,问者番可许轻狂?"⑥ 二人合著诗词集《怀任斋诗词·频伽室语业合集》,"频伽"是佛经中两只妙音鸟,比喻夫妻诗词唱和,后他们一同执教于之江大学、杭州大学、浙江大学等。值得注意的是,沈祖棻曾在白话小说《马嵬驿》中借唐玄宗之口表达了理想爱情的内涵:"爱你的精神和性格,爱你的聪明和才能。"⑦ "没有目的,没有条件,是心与心的结合,灵魂与灵魂的拥抱,生命与生命的交融。"⑧ 男性对于"她"才学的肯定,成为"心灵结合"的重要途径,"文章知己"也就成为女学者乐于选择的爱情模式。

其四,现代家国意识的萌蘖。女学者怀抱传统士大夫经世致用、忧国忧民的情怀,在创作实践中模糊性别界限,以积极入世的姿态把个人荣辱与家国兴亡联系起来,体现出为国家(而不只是家庭)分担责任的愿望。陈家庆兄姐皆为同盟会会员与早期南社社员,参加反清革命活动,她自幼受到影响,关心国事,1924 年仿效杜甫《秋兴八首》,以七律联章体式作《甲子秋兴》,以秋日萧索之景"他乡黄菊正含英,检点秋光暗自惊。照水狂花都带泪,出

---

① 程千帆. 鹧鸪天 [M] //沈祖棻,著. 程千帆,笺. 涉江诗词集. 石家庄:河北教育出版社,2000:7.

② 沈祖棻. 上汪方湖、汪寄庵先生书 [M] //微波辞·书札拾零. 石家庄:河北教育出版社,2000:212.

③ 沈尹默. 寄庵出示涉江词稿,嘱为题句,因书绝句五首奉正 [M] //沈祖棻,著. 程千帆,笺. 涉江诗词集. 石家庄:河北教育出版社,2000:3.

④ 蒋礼鸿. 鹧鸪天·和遗山薄命妾词三首·其二 [M] //杭州市政协文史委员会. 之江大学的神仙眷侣:蒋礼鸿与盛静霞. 杭州:杭州出版社,2012:19.

⑤ 杭州市政协文史委员会. 之江大学的神仙眷侣:蒋礼鸿与盛静霞 [M]. 杭州:杭州出版社,2012:259.

⑥ 同⑤,第 260 页。

⑦ 沈祖棻. 马嵬驿 [M] //微波辞·辩才集. 石家庄:河北教育出版社,2000:176.

⑧ 同⑦,第 178 页。

山小草孰知名？"起笔，暗合北洋军阀统治下多难时局，诸如"不信干戈能救国，似闻狐鼠尚偷生""中原此日皆荆棘，把酒难销万斛忧""残照西风来白下，不堪重忆故园情"①，无不体现出知识分子心忧天下的家国情怀。

沈祖棻跳出传统闺秀视域，观照文学之发展、时局之变幻、民生之疾苦，她的诗词不仅是抒发一己之情的工具，更是民族精神的系托。她在大学二年级时就写下忧国忧民的词作《浣溪沙》，末句"有斜阳处有春愁"喻日寇进军，国难日深，"春愁"乃"家国之愁"，"世人服其工妙，或遂戏称为沈斜阳"②。纵观沈祖棻之《涉江词》，此类隐喻俯拾即是，《高阳台·访媚香楼遗址》借桃花扇的乱世背景隐喻时局"青山几点胭脂血，做千秋凄怨，一曲娇娆。家国飘零，泪痕都化寒潮。美人纨扇归何处？任桃花、开遍江皋"。③ 作者之恨与香君之悲融为一体，隔代悲凉在词中交汇，家国情怀被拉到漫长的时空里，与晚明历史遥相呼应。沈祖棻曾说："忆余鼓箧上庠，适值辽海之变，汪师寄庵每谆谆以民族大义相诰谕。卒业而还，天步尤艰，承乏讲席，亦莫敢不以此勉勖学者。"④ 又在《自传》中说："在校时受汪东、吴梅两位老师的影响较深，决定了我以后努力的词的方向，在创作中寄托国家兴亡之感，不写吟风弄月的东西，及以后在教学中一贯地宣传民族意识、爱国主义精神。"⑤ 她甚至表达要亲赴沙场保家卫国的意愿："十载偷生，常自恨未能执干戈，卫社稷。"⑥

尉素秋在词中为抗战胜利欢呼，展现出女性对战争的体验，对家国的关切和热爱："苦战年年，洒多少，英雄碧血。终换取，河山光复，中兴事业。倭寇乞降新俯首，中华重奋旧威烈，看指日，雄师驻东京，仇尽雪。公理振，强暴歇，和平立，纷争灭。动千家钟鼓、万人行列。秋送征鸿来朔漠，心随江水到苏浙。倩长风，送我入京华，朝陵阙。"⑦ 此外，尉素秋积极参与妇女解放运动，发表《乱世的象征》提出以"禁娼"提升妇女地位。

① 徐英，陈家庆. 澄碧草堂集 [M]. 合肥：黄山书社，2012：133.

② 沈祖棻，著. 程千帆，笺. 涉江诗词集·涉江词稿 [M]. 石家庄：河北教育出版社，2000：5.

③ 沈祖棻. 高阳台·访媚香楼遗址 [M] //沈祖棻，著. 程千帆，笺. 涉江诗词集·涉江词稿. 石家庄：河北教育出版社，2000：7.

④ 同②，第95页.

⑤ 徐有富. 程千帆沈祖棻年谱长编 [M]. 南京：南京大学出版社，2013：71.

⑥ 同④.

⑦ 尉素秋. 满江红 [M] //秋声集：第二版. 中国台湾：帕米尔书店，1984：20 - 21.

盛静霞以诗词为武器，写下大量保家卫国的战争诗，不局限于描写女性所面对的内部世界，更揭示出女性与男性共同面对的外部世界①。抗日战争爆发后，她随中央大学迁至重庆，毕业时以四十首《新乐府》代替毕业论文，揭露日寇的暴行和国民党的弊政。她激赏朱希祖在敌人的威逼利诱面前宁死不屈，作《天都烈士歌》："屡遭名捕更不屈，一朝肢解金躯裂。三载苌弘怨结天，朝朝精卫空衔石。四肢虽解心更坚，血化江河山化骨。呜呼！烈士之死天下哭，天都之峰天上矗！"②像沈祖棻一样，她对亲赴战场心驰神往："于国于家心无惭，杀敌致果待奋发。……忠骸入都万人拜，万人意气更慷慨！"③

中央大学女性诗词以女性之笔直触男权社会君臣父子的儒家精神内核，其诗词反映重大的历史事件和对于时局的思考，凝聚强烈的时代使命感④，呈现"诗史""词史"的特征。无论是《涉江词》中沉潜含蓄的比兴手法，还是《秋声集》中直白激烈的美刺功用，都是对中国儒家士大夫诗歌精神的深度继承。沈祖棻说，"受业向爱文学，甚于生命。曩在界石避警，每挟词稿与俱。一日，偶自问，设人与词稿分在二地，而二处必有一处遭劫，而宁愿人亡乎？词亡乎？初犹不能决，继则毅然愿人亡而词留也。此意难与俗人言，而吾师当能知之，故殊不欲留躯壳以损精神"⑤，将文章事业看作比生命更重要的人生寄托。文以载道，"道"正是修身进德、匡世济国的儒家精神，故而吴宓评价正声诗词社是沈祖棻"行道救世、保存国粹"的历史见证。

那么，这批独特的女学者诗群是何以产生的呢？首先，与前述"闺秀"和"名媛"不同，女学者观念的形成与家庭的关联较小，而与现代大学的教育密切相关。"五四"以后开放女禁，男女同校，女子和男子享受同等的教育权利，男女平权意识深入人心。其次，大学体制下的技艺传授，不再是一个老师来教导弟子，而是由许多位不同学术背景、不同思想观念的大学教授来

① 李遇春，朱一帆.现代中国女性旧体诗词的历史沉浮与演变趋势 [J].天津社会科学，2017（1）.

② 杭州市政协文史委员会.之江大学的神仙眷侣：蒋礼鸿与盛静霞 [M].杭州：杭州出版社，2012：272.

③ 同②，第276页。

④ 彭敏哲.梅社女性诗群的形成与承续 [J].中南大学学报（社会科学版），2017（5）.

⑤ 沈祖棻.上汪方湖、汪寄庵先生书 [M] //微波辞·书札拾零.石家庄：河北教育出版社，2000：211-212.

指导。大学课程的设置与学科体系的建构相生相成，课程体系的完善，使得学生受到不同老师影响，形成丰富多元的思想观念，从侧面促进了现代女性观念的生成和发展。最后，经济独立、社交自由的职业女性摆脱了对男性的依附、家庭的拘囿，具有独立谋生的能力和一定的社会地位，从而也对个人及社会命运有了更高的关注度和参与度。

有别于闺秀名媛对于自身性别身份的定位，女学者的诗词书写淡化了自身的性别属性，而作"士大夫"之音。学者的社会身份、精神气质与前代女诗人已大为不同，她们身上流淌着现代气息，在新旧之间选择了一种调和，这种调和实质上包含两极：传统士人身份的认同和现代女性独立自主的追求。这一颇近"中庸之道"的调和方式，与"弑君杀父"、激进反抗的现代女作家迥异，是深深浸润过传统文化的土壤之后，在自身性别、时代风潮与个人追求之间作出的一种特殊选择。女学者诗群所展现出的对于女性人格独立、婚姻自由以及国家命运的深沉关注，在前代女性诗词中是很难见的。可以说，女学者诗群是民国旧体诗词史上最为特殊的群体，创作中闺秀特质消解，显现出现代女性的独立精神与家国情怀。

四、结语

长期以来，民国旧体诗词创作被简单看作是一成不变、故守旧态地延续古之闺阁女性书写传统。事实上，旧体诗词同样随着时代气候革新，展现出现代女性意识的萌发和兴盛，呈现新旧交融的面貌。本文所述的三个群体尽管处于同一时期，但在才德观、婚姻观和家国观三个层面上却呈现出一种递进模式，以丁宁为代表的"新闺秀"诗人继承古代闺秀诗词传统，为其注入新的内容；以中国女子书画会成员为代表的名媛诗群走出家庭，在融入文化市场的过程中发掘女性自身的美貌与才华，以独具时尚特质的才艺争取社会地位，获取商业价值。女学者诗群则迎来了更大的空间，从创作、教育、治学多方面实现自身价值，持志同道合、平等共进的婚姻观念，强调文学的经世致用，试图跨越性别鸿沟，继承中国千年的文人士大夫精神。三者承上启下，既有对传统闺阁诗词的回顾与守望，也开创出现代女性诗词的新局面，或言之，三种形态的交错并存，是绵延承续又递进更新的三个环节，折射出民国女性诗词内部的演变趋势。

这种多元的文学图景既是女性所在的历史环境和个人境遇的综合显现，也反映出时代话语和文化心理的衍变轨迹。"多元书写"是家庭出身、教育背景以及诸如五四运动、西学东渐、商业写作、抗日战争等外部环境共同作用的结果。这其中，家庭出身决定了她们的眼界和起点，出身书香门第的新闺秀诗人显示出女性在"更新"的过程中并非是充满现代性的决绝"颠覆"，也非简单的古典守旧，而是在新旧交融的过渡时代中顺应隐忍、流连回顾、反抗革新；教育背景奠定了重要的基础和底色，现代大学教育为女学生开拓视野，也促使她们形成士人身份的集体认同；报刊媒体、出版市场等商业环境影响着创作风格，生活在上海的中国女子书画会成员以诗词书写形塑"名媛"；而运动与战争则改变了女性命运，激发出她们的家国情怀、民族大义。藉此我们可以窥见，尽管旧文学内部场域的演进趋势并不如新文学那样具有"转折"性和"冲击"力，但它在与外部环境互相作用的过程中也发生着脉络清晰的演变，呼应着"她"对现代女性意识由模糊到清晰的探索过程。对于民国女性诗词的发掘和研究不仅能使旧文学中被遮蔽的、潜隐的现代女性精神浮出历史地表，更能弥补片面从新文学角度研究性别意识变迁的不足。

中国共产党与新安旅行团（1935—1952）

蔡 洁[*]

　　摘　要：新安旅行团是江苏省淮安县新安小学校长汪达之所创设，以践行"生活教育"和宣传国难为宗旨，自 1935 年至 1952 年跨越国统区、根据地 22 省市，历经了近 5 万里的长途修学旅行。新安旅行团自诞生伊始便与中共有着天然的背景联系。在国统区期间，中共的秘密指导既是新安旅行团顺利开展各项抗战动员工作的保障，同时在其先后两次成功摆脱国民党的"收编危机"起到中流砥柱的作用。转战苏北根据地后，中共全面确立了对新安旅行团的领导地位。新安旅行团由无党派的民间教育团体向中共领导的儿童革命组织的转型，探索出儿童解放与民族解放合一的路径，展现了中国少年儿童运动波澜壮阔的历史图景。

　　关键词：新安旅行团；中国共产党；少年儿童运动；1935—1952

　　新安旅行团（1935—1952）由江苏省淮安县新安小学校长汪达之创立，以践行"生活教育"、宣传国难、抗战动员为使命，活跃在华东、华北、西北、华中、西南等地区，历时 17 年，得到了中国共产党的支持和领导，毛泽东、周恩来、刘少奇等领导人曾先后接见或褒扬，被誉为"中国少年儿童运动史上的一面旗帜"。

---

　　* 作者简介：蔡洁，华北电力大学马克思主义学院讲师。

目前学界针对中国少年儿童运动史的研究，主要聚焦根据地的儿童团，而鲜有关注中共在国统区的少年儿童工作①。区别于儿童团直接由中共创建的是，新安旅行团最初为活跃在国统区无党派属性的民间儿童教育团体，继而在中共的秘密指导下发展壮大，最终在苏北根据地全面确立了中共的领导地位，并承担起苏北、苏中根据地儿童的组织动员任务。目前学界虽有对该团的旅行路线及活动进行简要梳理者，但仍存在史实考订方面的错误，并且尚未充分注意到该团与中共的关系②。本文拟在深入搜集和挖掘该团的通讯、时人日记、文集、书信、各类报刊杂志以及团员回忆录等史料的基础上，进一步爬梳并考订相关史实，探究该团的诞生、早期活动与中共的渊源、中共为应对国民党两度"收编危机"所采取的策略、转战苏北根据地后实现了中共从"指导"到"领导"的角色转型，以及其所开创的少年儿童运动的新局面，以期对于深化中共党史中的儿童问题与近代儿童史的研究，有所补益。

一、新安旅行团的诞生及早期活动

1933 年，为践行恩师陶行知"生活即教育，社会即学校"的理念③，新安小学校长汪达之创造性地提出了"组织旅行团"的设想④，动员儿童进入社会这所"活的学校"，以形形色色的生活为教科书，同时作为"小先生"将知识传授给他人，达到宣传国难，唤醒民众投身民族救亡的目标⑤。同年 10 月 22 日，新安小学 7 名学生组成了"新安儿童旅行团"，赴镇江和上海游

---

① 团中央少年队工作委员会，中国少年先锋队工作学会 . 中国少年儿童运动史话 [M]. 北京：中国少年儿童出版社，1989：161 – 176；郑洸，吴芸红 . 中国少年儿童运动史 [M]. 天津：天津人民出版社，1992：154 – 160.

② 哈华 . 新安旅行团 [M]. 苏南新华书店，1949；徐兰君 . 新安旅行团：旅行、小先生与战争，儿童与战争：国族、教育及大众文化 [M]. 北京：北京大学出版社，2015：99 – 104；张德鹏，鸿鸣 . 国难与新安旅行团 [J]. 华中理工大学学报，1996（4）；郭志高 . 新安旅行团与桂林儿童抗日救亡运动 [J]. 社会科学家，1987（5）；李燕 . 国难背景下的修学旅行——新安旅行团研究（1935—1945）[D]. 江西师范大学硕士论文，2014.

③ 中国普及教育方案商讨 [M] //陶行知 . 中国教育改造 . 北京：北京联合出版公司，2015：132 – 133.

④ 时代的病症啊！[M] //汪达之 . 生活的书 . 上海：儿童书局，1934：263 – 266.

⑤ 新安小学 . 我校为儿童旅行团宣言 [M] //新安小学儿童旅行团 . 我们的旅行记 . 上海：儿童书局，1935：17 – 20.

历 57 天①。随后,汪达之以顾问的身份同 14 名学生组成"新安旅行团",拟定了全国长途旅行的计划,于 1935 年 10 月 10 日从淮安出发②。

新安旅行团孕育伊始便得到了中共上海地下党组织的策略指导和物质支持。在汪达之策划全国旅行计划之际,上海左翼教师联合会中共支部囿于政府当局反对宣传抗日,一方面建议仅强调践行"生活教育"的主旨,切勿公开发表抗日言论,以确保团员的政治安全,另一方面协助接洽上海爱国厂商赞助宣传设备和生活用品,并提议向各地政府争取交通免票的优惠③。新安旅行团之所以获得中共的帮助,不仅缘于该支部部分成员师从陶行知,或与汪达之在南京晓庄学院有同窗情谊,或曾在新安小学任教④,而且汪达之带领儿童以旅行的方式在全国各地宣传国难,与中共动员各阶层投身抗日救亡的方针相契合⑤。

在华东、华北、西北期间,新安旅行团在中共地下党员丁华、王洞若的帮助和指导下,不仅克服了经费拮据和合法性危机的双重困局,而且以文艺宣传等形式融入了民族救亡浪潮。

关于前者,由于江苏省政府、南京国民政府拒绝提供免费交通和发放全国通行证,使得新安旅行团不仅难以支撑日常生活的开销,而且缺乏旅行全国的合法性⑥,甚至一度被视为"亲共"团体⑦。对此,左翼教联中共地下党支部改变了争取南京国民政府支持的原初策略,转而协助其探索自立更生的出路。为应对经济困难,中共建议团员通过售书、撰稿、放映电影等方式筹集经费。该团不仅代售邹韬奋生活书店的图书以及魏新建的国难地图⑧,而且担任了上海《儿童日报》《新儿童报》特约撰稿人⑨,并在放映电影时酌情收

① 孙铭勋. 古庙活菩萨 [M]. 上海:儿童书局,1934:202.
② 淮安新安小学校组织之儿童旅行团 [J]. 艺风,1935 (3):4.
③ 新安旅行团组织的意义方法和经过路线 [J]. 生活教育,1935 (19):33-36.
④ 是生活教育中心的理论,就是从自身实现 [M] //汪达之. 生活的书. 上海:儿童书局,1934:15-18.
⑤ 江苏淮安新安旅行团告国人书 [J]. 生活教育,1935 (19):32.
⑥ 新安旅行团抵镇江 [N] 新江苏报,1935-10-12.
⑦ 竺可桢. 竺可桢日记:第 1 册 [M]. 北京:人民出版社,1984:75-76.
⑧ 张敬茂. 在南京推销国耻史地图 [N]. 新儿童报,1936-06-01、1936-06-15、1936-06-22.
⑨ 《新儿童报》主编李白英和该报特约撰稿人合影及其说明 [M] //中国革命博物馆. 民族解放的小号手:新安旅行团历史图册. 北京:中共党史出版社,1992:8.

取微薄费用，达到了筹集资金和宣传国难的双重成效①。此外，中共还提议全团借"援绥抗战"这一契机，离开国民党监控较强的华东地区，转移至华北、西北一带。1936 年 12 月中旬至 1937 年 2 月，新安旅行团分为三批，先后加入"上海妇女儿童绥远前线慰劳团""上海、北平、天津三市妇女儿童绥远前线慰劳团""上海文化界绥远前线慰劳团"，前往绥远等地，避免了南京国民政府将之解散的厄运②。

关于后者，中共地下党员丁华、王洞若等人邀请洪琛、冼星海等艺术家对新安旅行团进行戏剧、音乐方面的培训，指导其运用多种喜闻乐见的文艺形式，先后对北平、绥远、宁夏、甘肃等地的国民党将士、普通民众尤其是少数民族地区的百姓进行抗战动员。团员赴北平南苑慰问参加长城抗战的第29 军，教唱《救国军歌》。在归绥、百灵庙、平地泉等地慰问伤兵时，团员表演了《放下你的鞭子》《张家店》等街头剧③。随后，在绥远慰劳国民党爱国将领傅作义部队之际，该团献上"谨代表五千万赤子之心，誓为将军抗敌后盾"字样的银盾等，对收复百灵庙的功绩致以敬意④，并组织抗日军民歌咏会，宣传国共合作的新局面⑤。为深入绥西汉、蒙等多民族杂居之地，向当地王公贵族讲述全国抗战局势，团员将蒙古民间小调改写为《蒙汉团结歌》⑥。同时，该团将电影这一现代科技带入宁夏等西北中小城镇和乡村，且在放映前作抗日救国的演讲⑦。此外，团员在兰州《妇女旬刊》等报刊发表了多篇鼓舞民众参与抗日的文章，尤其是通过形塑儿童英雄模范的作品动员儿童践行救亡的使命⑧。

值得注意的是，在华东、华北期间，中共将新安旅行团视为一个儿童进步团体，由与汪达之有私人交情的中共地下党员在该团面临困难之际给予帮

① 耳比. 新安旅行团返沪晤谈记 [N]. 大公报（上海），1937 - 01 - 27.
② 陈波儿等慰问伤兵 [N]. 北平晨报，1937 - 01 - 02；沪妇孺劳军团第二批团员续抵平 [N]. 南京日报，1937 - 02 - 03；新安儿童旅行团昨北上赴绥 [N]. 大公报（上海），1937 - 02 - 04.
③ 张敬茂. 在伤兵医院里 [N]. 新儿童报，1937 - 05 - 03.
④ 张敬茂. 阅兵典礼 [N]. 新儿童报，1937 - 04 - 26.
⑤ 张敬茂. 三百军民大歌咏 [N]. 新儿童报，1937 - 05 - 10.
⑥ 张敬茂. 和蒙古人联欢 [N]. 新儿童报，1937 - 05 - 17.
⑦ 团员在包头郊外放映电影前教民众唱救亡歌曲 [M] //中国革命博物馆. 民族解放的小号手：新安旅行团历史图册. 北京：中共党史出版社，1992：20.
⑧ 左义华. 我们要做打疯狗的人，曾兆寿. 谁说我们年纪小，新安旅行团. 儿童节告小朋友书 [J]. 妇女旬刊（兰州），1938（7）.

助。转战西北后，中共开始在团内发展党员，成立秘密党支部，对其进行组织指导。1937 年 11 月，徐志贯作为代表，以向八路军学习抗日宣传经验的名义，前往庆阳寻找党组织，主动表达了入党的诉求①。另因新安旅行团赴西北后与先前给予建议的中共地下党员失去了通讯，中共亦亟须以新的方式恢复与该团的联络。1938 年 3 月上旬，八路军驻兰州办事处党组织正式批准徐志贯、张杰、张牧三位团员入党并组建党支部，归属各地的八路军办事处领导。当时，中共在新安旅行团建立的党支部具有对外与对内双重"秘密"的性质，原因有二：对外方面，尽管国共第二次合作业已达成，但中共认为隐藏党员身份及支部便于在国统区开展各项活动，即使国共两党产生摩擦，亦可确保他们的政治安全；对内方面，顾问汪达之虽历来尊重并吸收中共的指导意见，但尚未主动表达入党的愿望，相反多次强调新安旅行团应当保持独立性，坚守作为民间教育团体属性这一立场②。

自兰州至西安之际，团内出现了"北上延安"与"南下武汉"的路线分歧。对此，林伯渠秘密传达了周恩来的指示，鉴于国统区的组织儿童任务较根据地更为紧迫，要求支部在新安旅行团中发挥核心指导作用，率领全团南下同八路军驻武汉办事处接洽③。由是，新安旅行团作为国统区少年儿童运动的"排头兵"，在团内党支部的带领下进入华中、西南等地。

二、两度"收编危机"与中共之应对

1938 年 6 月 28 日，新安旅行团辗转抵达武汉，年底因武汉、长沙相继沦陷转战桂林④。此间，该团在八路军驻武汉办事处、驻桂林办事处的秘密指导下，从事国统区的抗战动员。

---

① 牟永春在兰州留影及其说明 [M] //中国革命博物馆. 民族解放的小号手——新安旅行团历史图册. 北京：中共党史出版社，1992：22.
② 汪达之. 介绍新安旅行团 [M] //刘友开. 汪达之教育文集. 北京：中国文联出版社，2003：199－200.
③ 林伯渠同志一九三八年五月在西安同新旅谈话摘录 [M] //刘友开. 汪达之教育文集. 北京：中国文联出版社，2003：224.
④ 雅尼. 新安儿童旅行团访问记 [N]. 大公报（湖南），1938－08－08、08－09、08－11. 需要指出的是，徐兰君在《新安旅行团：旅行、小先生和战争》（《儿童与战争：国族、教育及大众文化》，第 101 页）一节中提到，新安旅行团"随着战争的发展，转移到中国西南地区，包括贵州、云南等省"。然而，经笔者考证，该团并未到达上述两地，仅有一个工作队曾赴贵阳。

新安旅行团通过建立"儿童团体座谈会"推动武汉、桂林的少年儿童运动。在武汉时期，该团协同各儿童团体成立了"星期座谈会"，不仅协助儿童保育会抢救儿童的工作①，而且通过歌咏大会等活动，号召民众团结一致，保卫武汉②，并以话剧等文艺形式前往伤兵医院慰问士兵，呼吁儿童为前线将士撰写慰劳信③；在桂林时期，该团扩大团员招收计划，达到了近百人的空前规模④，并联合桂林儿童团体组建"星期座谈会"，特别是首次提出了"中国儿童运动"的口号以及建立全国儿童统一组织即"中国儿童之友社"的设想⑤。

新安旅行团以"小先生"的角色承担民众教育。该团配合生活教育社在桂林"七星岩"设立民众学校，从事扫盲识字运动及国难宣传，赢得良好的社会反响。如苏联《消息报》摄影记者卡尔曼以"岩洞教育"为背景，拍摄了名为《小英雄》的纪实片⑥。徐特立称赞其为中国民众的"抗战大学"⑦。此外，团员还深入乡镇中小学、工厂、街头教唱救亡歌曲、排演戏剧、出版壁报，贴通俗标语、发表抗战演讲、放映抗战影片⑧，践行了谢觉哉此间为该团题词中所言："以艺术武装你们的手口，以理论武装你们的头脑，从工作中锻炼你们成为铁的战士。"⑨

然而此间，新安旅行团先后两度面临国民党的"收编危机"，最终在中共的协助下得以摆脱。第一次"收编危机"发生于1938年底武汉沦陷前夕至长沙短暂停留时期。此际国民党欲行收编，主要缘于该团在国难宣传方面取得了突出的成绩，契合了政府当局在抗战形势下亟须进行群众动员的诉求⑩。据团内中共党员张牧回忆称，国民政府军委政治部部长陈诚要求将该团改编为国民党的抗日宣传队，才应允拨放宣传经费，遭拒后便勒令该团立即解散，

---

① 一切动员保卫大武汉 [N]. 新华日报（汉口），1938 – 08 – 04.
② 武汉各儿童团体今举行歌咏会 [N]. 新华日报（汉口），1938 – 07 – 28.
③ 儿童座谈会决定每人再写慰劳信十封，抢救儿童宣传每周举行三次 [N]. 新华日报（汉口），1938 – 08 – 22.
④ 罗列. 苦斗六年的新安旅行团——为建设儿童文化儿童幸福事业而奋斗 [J]. 上海周报，1941（14）：426 – 427.
⑤ 维克. 大西南儿童的团结 [N]. 扫荡报（桂林），1939 – 09 – 29.
⑥ 康沅. 新安旅行团的孩子们访问卡尔曼 [N]. 救亡日报（桂林），1939 – 02 – 05.
⑦ 童常. 在桂林的岩洞 [N]. 新华日报（重庆），1939 – 02 – 28.
⑧ 新安旅行团访问记 [N]. 新华日报（汉口），1938 – 07 – 28.
⑨ 谢觉哉. 谢觉哉日记 [M]. 北京：人民出版社，1984.
⑩ 新中国的少年们 [N]. 大公报（上海），1938 – 07 – 25.

团员转入国民革命军事委员会战时干部训练团或战时儿童保育院，以期借此分散力量，进而将之纳入党化教育系统①。

对此，时为国民政府军事委员会政治部副部长的周恩来提出了因应策略。周恩来在八路军驻武汉办事处秘密接见团内中共党员徐志贯、张杰、张牧，作出指示：通过扩大新安旅行团的影响力以对政治部施压，并分团保存实力。该团遂利用庆祝成立三周年扩大纪念活动的契机，邀请各报社、儿童团体、救亡组织、热心儿童教育的社会人士参加，争取同情与声援。此间，周恩来派遣王洞若、江陵、任光等中共党员暗中保护，并委托妻子邓颖超代为前往祝贺，令团员们深受鼓励，坚定了拒绝国民党拉拢的决心②。与此同时，由徐志贯、张杰带领部分团员组成"武汉工作队"留守，其余由张牧率队南下湖南，以防全团遭受收编。随着同年底武汉沦陷，国民政府军委会政治部退至湖南，周恩来以协调者的姿态向陈诚提出了一项折中性方案：每季度政治部向团员拨放经费，该团作为政治部的"特约团体"提交工作报告，具体工作自行管理。经过权衡，陈诚决定为每人每月提供 45 元津贴，惟要求团名冠以"国民革命军事委员会政治部特约"字样③。上述方案之所以能被采纳，一方面缘于周恩来等在公开场合始终以中立的态度亮相，未曾流露出中共欲掌握新安旅行团领导权的倾向，从而避免了陈诚生疑，另一方面则因周恩来利用陈诚从武汉撤至长沙无暇他顾之际，借助兼任国民政府政治部副部长的职位之便，以分忧名义提出折中方案，相对易为陈诚接受。这不仅使得该团获得了稳定的经济来源，而且避免了被国民党解散或收编的厄运。这种结果从形式上看是双方妥协的产物，但在目标和效果方面则是中共与新安旅行团一场巧妙的胜利。

第二次"收编危机"发生在桂林时期。据团内中共党员张牧回忆称，从1939 年底至 1940 年末，国民政府军事委员会委员长桂林行营政治部相继采取多项措施，包括取缔新安旅行团主持的"桂林儿童团体座谈会"、派遣专员直接领导、要求全团参加集体入党仪式、停发津贴、解散团体，令"幼者送进

① 张牧. 和陈诚的一场斗争，忆新安旅行团 [M]. 北京：中共中央国家机关工委宣传部，1995：64 – 65.

② 密林. 努力保卫武汉中，新旅庆祝三周年 [N]. 新华日报（汉口）. 1938 – 10 – 15.

③ 吕星斗. 新安旅行团活动年表（1935—1952）[M] //中国革命博物馆. 民族小号手——新安旅行团史料选. 北京：春秋出版社，1989：464.

学校，大者分放在政工团服务，主持人受训"等①，以加强对新安旅行团的控制。发生第二次收编危机，原因有二：一是在武汉时，国民党在新安旅行团领导权问题上达成的妥协，与全面抗战爆发初期无暇他顾有关，随着抗日战争进入相持阶段，稍有余力关注内政事务；二是实现对于新安旅行团的直接领导，避免其被纳入中共政治宣传系统。尽管该团对外宣称仅为民间教育团体，无涉党派背景，但中共与之频繁接触，或多或少地引起了国民党的猜疑。如周恩来不仅屡在八路军驻桂林办事处接待汪达之和团员代表，而且多次前往该团驻地慰问。在诸多庆典上，团员不自觉地流露出对中共代表熟悉的姿态，均为在场的国民党官员及监视的特务所观察和注意到②。

八路军驻桂林办事处负责人李克农和秘密赴桂的周恩来，在协助新安旅行团摆脱国民党第二次"收编危机"中起到了关键性的作用。周恩来籍贯与旅行团诞生地同为淮安这一关系，使得出面接见、慰问团员具有合理性，尽管无法向普通团员直接告知国共两党政治斗争对他们产生的影响，但可以交谈为契机，委婉地教会团员在紧急状况下自我保护的技巧，并与国民党官员以及秘密监视的特务相周旋的策略③。李克农在接见新安旅行团代表之际指出，为尽力消除国民党对该团政治属性的生疑，由汪达之、徐志贯、嵇钰三位团员作为代表象征性地加入国民党，并待风波平息后，将国民党重点监控对象、身兼团务总干事及党支部书记的徐志贯送至延安，防止遭遇不测。同时，李克农向该团提议精减人数以节省开销，并联络武汉、重庆等地中共支部以及父母尚在的家庭，妥善安置离团儿童④。此外，中共借用"亲共"的顾问汪达之、陶行知固有的人际关系网络，邀集"左翼"进步人士讲授政治、哲学及文艺知识，在潜移默化中提升了团员的思想觉悟，且为新安旅行团筹募转移资金，以备随时撤出桂林⑤。1940 年 10 月，中共接洽欧阳予倩等聚集

---

① 张牧．风雨来临之前，梁寒操的一场戏，忆新安旅行团［M］．北京：中共中央国家机关工委宣传部编印，1995：90 - 93．

② 一个动人的晚会：儿童团体座谈会招待各界［N］．救亡日报（桂林），1939 - 02 - 08．

③ 周恩来同志一九三九年春在桂林同新旅党支部负责人的谈话要点［M］//刘友开．汪达之教育文集．北京：中国文联出版社，2003：226．

④ 吕星斗．新安旅行团活动年表（1935—1952）［M］//中国革命博物馆．民族小号手——新安旅行团史料选．北京：春秋出版社，1989：469。

⑤ 陶行知致杨静桐信，陶行知致张治中信［M］//陶行知．陶行知全集：第 5 卷．长沙：湖南教育出版社，1984：549 - 550、614 - 615．

在桂林的文化名流，与新安旅行团共同推出了大型抗日四幕舞剧《虎爷》，筹得 1000 余元的票酬①。在国民党发动"皖南事变"前夜，周恩来、李克农等敏锐地察觉到政局将变的气息，为该团向苏北根据地的转移赢得了时间，避免了突发境况措手无策的局面②。

1941 年 1 月，随着"皖南事变"的爆发，国共两党的关系由合作中的微妙转而呈现出行将破裂的趋向，中共启动了紧急应对的方案。2 月，在八路军驻桂林办事处、驻香港办事处与新四军驻上海办事处的协调安排下，新安旅行团采取了分队筹备、分批出发、伪装身份等策略，由桂林取道香港、上海，向苏北根据地转移。八路军驻桂林办事处先将部分团员暂留于桂林市区，应付政府举办的总理纪念周等活动，同时将其余团员分批逐次送出桂林。随后，八路军驻香港办事处将团员乔装打扮为各行业人员，教授途中应对国民党、日伪军警盘查的技巧，禁止沿途宣传、观看及参加其他相关团体的活动③。继之，新四军驻上海办事处接待由港赴沪的团员北上，但途中因日军"扫荡"苏北而滞留苏中根据地，直至 1942 年 1 月，各路团员始会师于苏北盐城④。由此，新安旅行团光荣地结束了在国统区的使命。

三、中共领导的全面确立与苏北少年儿童工作之开拓

苏北根据地时期，在华中局党委、苏北区党委以及新四军军部的支持下，新安旅行团通过组织机构改革，公开团内中共党支部，确立了中共从"指导"到"领导"的角色转型，进而开创了苏北、苏中根据地儿童工作的新局面。

首先，1942 年 2 月中旬，新安旅行团召开了第一次全体团员大会，重建并调整了组织机构。大会通过了新团章，成立了团部及"团务委员会"，取代了先前的"团务干事会"，下设秘书、宣教、组织、研究等部，并民主选举团

---

① 四幕舞剧《虎爷》[N]. 救亡日报（桂林），1940 – 10 – 22.
② 张杰. 从国难中产生，在抗战中成长的新安旅行团 [J]. 东南战线，1939 (5)：264.
③ 韩枫. 从桂林胜利转移到苏北 [M] //中共上海市文化局党史资料征集领导小组，等. 烽火五万里——回忆新安旅行团. 北京：中国城市经济社会出版社，1989：70 – 78.
④ 青年儿童的先锋队，新旅全部抵苏北，成立总团部扩大团员 [N]. 盐阜报（苏北），1942 – 01 – 21.

务委员五人，分管各部，团内事务由全体团员民主协商并投票决议①。从淮安出发之际，该团曾建立干事管理制度，设立总干事、团务干事，由"团务干事会"负责全团事务的统筹。在桂林时期，由于团员增加至百余人，该团则在"团务干事会"以下增设了秘书部、总务部、编辑部、儿童运动部等六部②。至苏北后，改组后的新安旅行团在组织形式方面已同根据地的"儿童团"趋近一致。

其次，1942 年春，新安旅行团党支部转变了在国统区的"秘密"状态，正式对外"公开"，并通过改选第三届支部委员会，全面确立了中共的领导地位。在国统区期间，中共党支部只是发挥着对全团的指导作用，抵达苏北根据地后，在中共支部与团部的关系方面，实现了从"指导"到"领导"的变化，这表现在团务委员会全体委员（张牧、纪宇、张拓、聂大朋、聂启坤）皆由中共党支部委员兼任，改变了此前仅是团务干事会总干事及部分团务干事由中共支部委员出任的局面③；在新安旅行团与中共党委的关系方面，12月，该团正式划归苏北区党委领导④。

再次，此前坚持民间无党派教育团体这一属性的汪达之，也于同年底递交了入党申请书，1944 年 1 月成为正式党员⑤。汪达之此际思想转变的原因，一方面缘于在国统区期间中共始终充分尊重其意见，多次提供战略指导和物质支持，并称赞其为"党外的布尔什维克"；另一方面，抵达苏北根据地后，其认为新安旅行团不能仅局限于践行"生活教育"和宣传国难，应当融入更广阔的民族解放与民族复兴浪潮，全面确立中共的领导地位，将有利于开拓少年儿童运动的新成绩，并适应根据地革命发展的形势与任务⑥。

① 新旅团员大会闭幕，成立团部，选出团委员，将举办童干班扩大团员 [N]. 盐阜报（苏北），1942-03-01.
② 罗列. 苦斗六年的新安旅行团 [N]. 江淮日报（苏北），1941-06-08.
③ 中共新安旅行团支部历届领导成员名录，新安旅行团历届领导成员名录 [M]//中共上海市文化局党史资料征集领导小组，等. 烽火五万里——回忆新安旅行团. 北京：中国城市经济社会出版社，1989：366-368、362-364.
④ 吕星斗. 新安旅行团活动年表（1935—1952）[M]//中国革命博物馆. 民族小号手——新安旅行团史料选. 北京：春秋出版社，1989：471.
⑤ 汪达之. 自传的一个轮廓 [M]//刘友开. 汪达之教育文集. 北京：中国文联出版社，2003：583.
⑥ 汪达之. 谈《论共产党员修养》[M]//刘友开. 汪达之教育文集. 北京：中国文联出版社，213.

　　新安旅行团在华中局书记兼新四军政委刘少奇、新四军代军长陈毅的关心和指导下，成为了发展苏北根据地儿童事业的中坚力量。1942 年 1 月，刘少奇指出，新安旅行团是一个具有光荣历史与海内外影响力的革命团体，苏北根据地的少年儿童工作亟须其引领及开拓①。同年 10 月，陈毅出席新安旅行团成立七周年的庆祝大会②，并以军部名义发出了"挑战竞赛书"③：以三年为限，新四军完成消灭敌伪军，收复苏北失地的任务，新安旅行团则实现十万儿童大联合的计划，获胜者"坐飞机"，反之"坐乌龟"④。为此，新安旅行团先后创办了《儿童生活》《儿童画报》《华中少年》《华中少年画报》《每月新歌》等报纸杂志，刊载了通俗生动的抗战故事、各地儿童活动通讯、模范"儿童团"及团员、自创歌曲等丰富内容，同时遴选各"儿童团"骨干近 400 多人担任通讯员，邀请了 100 余名教师充当"儿童之友"，在各中小学和村镇组织儿童定期阅读与讨论⑤。陈毅为《儿童生活》题词："抗战事业应该让儿童参加，新四军愿意做儿童们的良友。"⑥ 并且，新安旅行团组建了由村至县各级相互联结的"儿童团"系统，在家庭或公共场所从事"小先生"教育，并参与"慰问首长""拥军优抗"等集体活动。如 1944 年 1 月，该团发起了为期一周的"儿童拥军优抗大活动"，为新四军第三师暨盐阜军分区写一万封慰劳信和一万条拥军标语。师长黄克诚、副师长张爱萍复信致谢，鼓励团员"学习生产的学问，提高自己的知识，准备做新民主主义国家的主人!⑦"此外，在 1943 年国民党企图进攻陕甘宁边区之际，新安旅行团还发起了以"拥护团结反对内战"为主题的"一万儿童签名运动"⑧。经过三年的努力，新安旅行团最终超额完成了"十万儿童"的组织任务，成功将十三万

---

　　① 刘少奇同志一九四二年一月同汪达之、张牧谈话要点［M］//刘友开. 汪达之教育文集. 北京：中国文联出版社，2003：228 – 229.

　　② 新安旅行团成立七周年，在苏北某地举行纪念［N］. 解放日报（延安），1942 – 11 – 01.

　　③ 陈毅同志一九四二年十月十四日参加新旅团庆七周年讲话摘录［M］//刘友开. 汪达之教育文集. 北京：中国文联出版社，1989：232 –233.

　　④ 聂大朋. 重振旗鼓，蓬勃发展——记新旅在苏北盐阜区汇合以后［M］//崔士臣. 新安旅行团在苏北. 南昌：二十一世纪出版社，1998：119 –123.

　　⑤ 张渔. 记新安旅行团创办的几个儿童刊物，足迹五万里——新安旅行团建团五十周年回忆录：上册［M］. 新安旅行团建团五十周年筹备办公室，1985：161 –164.

　　⑥ 陈毅同志一九四三年为新旅创办的刊物《儿童生活》题字［M］//刘友开. 汪达之教育文集. 北京：中国文联出版社，1989：241.

　　⑦ 黄克诚、张爱萍给盐阜区小朋友的信［N］. 盐阜报（苏北），1944 – 02 – 06.

　　⑧ 新旅儿童生活社发起一万儿童签名运动［N］. 儿童日报，1943 – 07 – 25.

五千五百名儿童纳入各级"儿童团"。1945 年 5 月 17 日，新安旅行团主持召开了盐阜区儿童少年代表大会，将儿童代表分为"列宁""斯大林""毛泽东""朱德"四支大队，接受区党委的检阅，"俨然是一营活泼而又精干的小战士"①。

新安旅行团在苏北、苏中根据地的成绩引起了毛泽东的关注。1946 年 5 月，毛泽东在复新安旅行团的信件中寄托了殷切期许："努力工作，继续前进，争取民主中国的胜利。"②

随着解放战争的推进，新安旅行团作为中国人民解放军的文艺宣传队，以话剧、秧歌、腰鼓等形式，先后进入山东、上海等地，唱响了动员群众、庆祝解放的号角。1952 年 5 月，该团改组为上海歌剧院，结束了长达 17 年旅行全国的历程，实现了从教育团体向革命团体，再到文艺团体的转型。据统计，先后加入者共 505 名，包括男团员 386 名，女团员 119 名③。宋庆龄称赞该团"宣传民众，组织儿童，为抗日战争和争取民主中国的胜利作出一定的贡献"；胡乔木则将其"光荣历程"视为全国儿童永远的典范④。

四、余论

新安旅行团的诞生与发展与中国共产党有着紧密的联系。在中共上海地下党组织的秘密指导下，新安旅行团从江苏淮安出发，踏上了旅行全国的征程。中共不仅在团内发展党员，建立秘密党支部，将其逐渐培养为推动国统区少年儿童运动的排头兵，而且在国民党两度实施"收编计划"期间力挽狂澜。转战苏北后，新安旅行团全面确立了中共的领导地位，并开启了苏北、苏中根据地少年儿童工作的新篇章，成为中国少年儿童运动史上的重要组成部分。

在国难背景下，新安旅行团完成了近五万里的"长征"，既是陶行知"生活教育"理论的成功试验，又开启了新式教育中"儿童修学旅行"的新风尚，

---

① 全区儿童少年代表大会开幕 [N]. 盐阜报（苏北），1945 - 05 - 22.
② 毛泽东. 毛泽东书信选集 [M]. 北京：人民出版社，1983：272.
③ 新安旅行团团员名录 [M] // 陈友开. 汪达之教育文集. 北京：中国文联出版社，1989：307 - 308.
④ 宋庆龄给新旅题词，胡乔木为纪念新安旅行团建团五十周年题词 [M] // 中国革命博物馆. 民族小号手——新安旅行团史料选. 北京：中共党史出版社，1992：扉页 3 - 4.

成为了现代中国儿童生活方式变迁流转的典范。如杭州翁家山小学 10 名学生组成了西湖儿童旅行团，独立前往上海①；上海友声旅行团组织了千余名儿童至无锡游历②。与上述旅行团或是短期游览，或是近邻参观，或是收取费用，或是允许家长陪同，或是纯粹观光旅行不同的是，新安旅行团兼具了地域跨度大、前后历时长、大部分经费自筹、多数团员家庭贫困、自治机构完善、社会服务意识浓厚、艺术和写作能力强等特征，成为了民国儿童旅行史上不可复制和超越的对象。在社会这所"大学校"中，新安旅行团将社会教育与书本教育、精英指导与自治自学、求教"大先生"与担任"小先生"结合起来，既避免了流于观光旅游的形式主义，又突破了学习内容的局限性，同时在民族救亡运动中践行了"小国民"的使命。

新安旅行团先后活跃在国统区、根据地，展现了民国时期中国共产党领导下少年儿童运动多元的历史面相。自建党始，由中共创建并领导的少年儿童革命组织包括：北伐战争时期在武汉、广东、湖南、湖北、江西等地组建的"劳动童子团"；土地革命战争时期在中央苏区、闽西苏区、赣东北苏区、湘鄂赣边区、鄂豫皖边区等创立的"共产主义儿童团"；抗日战争和解放战争时期在晋察冀边区、晋绥边区、陕甘宁边区、苏北根据地成立的"抗日儿童团""儿童团""少先队"，在国统区从事地下活动的"地下先锋队""报童近卫军"。此外还有在国统区公开活动的民间无党派儿童团体，以新安旅行团和孩子剧团为代表。其中，新安旅行团既是中共在国统区团结、培养与救济少年儿童，在根据地动员少年儿童投身民族救亡、支援人民革命战争的突出彰显，又表现出区别于根据地少年儿童组织的独特性：在创始人党派属性层面，新安旅行团并非始由中共创建，而是在国统区诞生，由无党派民主人士创立的民间教育团体，逐渐转向中共领导下的少年儿童革命团体；在参与革命战争的方式层面，新安旅行团不同于"儿童团"，尤其是"少年铁血队"等武装组织从事站岗、放哨、送报、送信、生产、运粮、战斗，而是通过"小先生"的角色深入民众从事扫盲教育，用民众喜闻乐见和通俗易懂的文字、歌曲、话剧、图片等文艺形式，宣传国难并贯彻中共的抗日主张以及社会改造的理念，扩大、增强中共在民众中的影响力，进而实现群众动员。在民族救

---

① 杭州翁家山小学男女生十人组织西湖儿童旅行团三月二十九日到上海 [N]. 大公报（天津），1936 – 04 – 02.

② 友声无锡儿童旅行 [N]. 大公报（上海），1936 – 10 – 21.

亡的特定年代，新安旅行团在践行新式教育理念的同时，在五万里的"长征"中作为抗战宣传的"播种机"与"民族解放的小号手"，成为"时代的小先锋"，在谋求民族国家解放进程中，实现了儿童自身的解放及价值，探索出了"儿童解放与民族解放合一"的路径。经历战争磨砺和政治考验的新安旅行团，成为中国少年儿童运动史上一面独特的旗帜。

中西文明与法律文化

略论清末民初美国宪法在中国之翻译与传播

胡小进[*]

关于清末民初美国宪法（文本与论著）在中国翻译与传播研究，国内已有不少学者涉及，留下了一些研究成果，但依然有几个问题亟待澄清、补充。比如，谁最先完整地翻译介绍了美国宪法全文，是章宗元、蔡锡勇，还是林乐知？除了直接取自美国外，清末民初美国宪法还曾"借道"日本，通过日本学者的研究与翻译，向中国传播。研究美国宪法的中国学者，似乎尚未留意清末民初中国学界从日本学者的研究中获取的美国宪法认知。此外，1914—1915年前后，围绕着制定《中华民国约法》问题，中国知识界还将目光投向美国的制宪会议。1914年，张东荪曾译介美国历史学家法伦德（Max Farrand）1911年编纂出版的三卷本《1787年美国制宪会议记录》，以为中国制定约法之借鉴。这一点，在国内学界似乎也无人提及。

在清末民初的宪制改革运动中，美国宪法是极为重要的知识参照，美国宪法条文也随之出现了多种中译本，在学界广为传播。对于谁最先完整地翻译介绍了美国宪法全文，还在当今学界引发了一场争议。此外，清末民初的中国学者还曾通过日本学者的介绍，翻译出新的美国宪法全文以及相关研究成果，使美国宪法成为一种全球共享的跨国知识财富。这其中，梁启超和张东荪发挥了不应忽视的重要作用。梁启超注意到1787年美国制宪的秘密性

---

* 作者简介：胡小进，中国政法大学人文学院历史研究所教授。

质，而张东荪则依据制宪会议记录，强调了制宪的程序特征及其对民初约法之争的参考价值。

一、谁最早完整地翻译介绍了美国宪法？

关于美国宪法在清末民初的翻译与传播，二十多年前杨玉圣教授曾在《中国人的美国宪法观———一个初步考察》一文中有过开拓性论述，他不但简要论述了鸦片战争以来中国人对美国宪法的相关介绍，还列举了清末民初出现的几种美国宪法中译本。他提出，"根据目前所能接触到的资料，在中国，美国宪法的全文汉译单行本最早是 1902 年由上海文明书局出版的。译者章宗元在其'提要'中高度评价美国宪法，称它为'各国成典宪法之祖也'"。①

章宗元系清末留美学者，出生于浙江湖州，由于其出生之地古名乌程，所以他自称"乌程章宗元"（民国以后又称"吴兴章宗元"，系章宗祥之兄）。除翻译美国宪法全文之外，章宗元还曾翻译过《美国独立史》②《美国民政考》③《美史纪事本末》④ 等书。

章宗元所译《美国独立史》第六卷的标题即为"立宪"，其中第十二节"宪法总纲"，详述了美国宪法具体条文，"宪法按三权平列之旨，首列三大款。第一立法，立法之枢机曰国会，国会分为上下两院。宪法内开明诸大政务，由国会议定法律颁行。所未开列者，仍由各邦议会自行议定，国会不得

---

① 杨玉圣．中国人的美国宪法观———一个初步考察 [J]．美国研究参考资料，1989（5）．后收入作者所著的《美国历史散论》一书，沈阳：辽宁大学出版社，1994 年版。

② 留美学生章宗元译：《美国独立史》，译书汇编社出版光绪二十九年（1903 年）版。该书系"美国姜宁氏著、乌程章宗元辑译、乌程章宗祥校订"。章宗元在"译者附言"中表示："原书为姜宁美史之前六卷，由觅地而殖民，由殖民而立国，详于美国自主之原由，因而名曰独立史。"

③ ［美］勃拉斯．美国民政考 [M]．乌程章宗元，节译．文明书局，光绪二十九年（1903 年）版。顾燮光在《译书经眼录》中介绍说："美为完全民主之国，其宪法大致取法于英而去其不合于己者，其宗旨重在立法、行政、司法三部互相牵制，不使三者之一压乎二者之上，盖深惩于英之议院独揽大权之弊也。"《美国民政考》还有上海广智书局版，沈兆祎在《新学书目提要》中也有详细介绍。熊月之主编．晚清新学书目提要 [M]．上海：上海书店出版社，2014：258－259、439－440。

④ ［美］姜宁，撰．美史纪事本末（求我斋丛译之四）[M]．章宗元，辑译．光绪二十九年（1903 年）版。本书与《美国独立史》都译自美国哈佛大学爱德华·钱宁（Edward Channing）教授的《美国简史》（*A Short History of the United States*），《美国独立史》译自该书前六章，《美史纪事本末》译自该书后九章。最近两年，钱宁教授的这部"简史"再次引起了国内出版界的注意，出现了不下五个译本。

干预。惟宪法中亦载明八大端,为各邦所不得与闻者。……第二行政,行政之枢机曰政府,政府以总统为之主。总统者,对本国而言,为全国之元首;对外国而言,为一国之代表,莅任之初,必发遵守保护宪法之誓。四年一任,由全国公民公举。……第三司法,司法之枢机曰法院,法院以大审院为领袖。……其正副各裁判官,由总统简任,若无过世,终身其任,总统无黜退之权;其俸禄,终其任不得有减。……凡关乎宪法之案,及上控之案,与案涉公使及列邦者,皆归大审院"。①

章宗元这几本译著,尤其是《美国宪法》与《美国独立史》,在晚清流传极广,在学界也具有一定的知名度,加上杨玉圣教授的考索,章宗元最早翻译美国宪法全文的说法,也随之在学界流传开来。②

但是,20世纪90年代中期的一篇博士论文却有了新发现,将美国宪法文本的最早中译时间向前推进了二十年。王林教授在研究《万国公报》时发现,作为《万国公报》(初名《教会新报》)创办者和主笔的美国传教士林乐知(Young John Allen),曾详细翻译、介绍过美国宪法的具体条文。从第551卷(1879年)起,《万国公报》开始不定期连载林乐知的"环游地球略述"。第642卷(1881年6月)的"环游地球略述","第一次把美国1787年的联邦宪法完整地介绍到中国来,宪法全文共七条:一、凡立法权柄总由国会中元老绅董两院司掌,即上下两院之大臣也,外职不得逾分办理。二、凡行法权柄总归民主主持,位分正副,率任四年。三、凡国中审判总权归国会之司审总院及所属各官。四、凡邦会所办政务,无论何事,系我同联之邦皆当信以为实,不可是此非彼。五、我国政体既立之后,国会及各邦会之中若有三分之二欲修改政体者,许即会同商政。六、凡我同联之十三邦与英战之时,无论军需公务所欠银两,或借自别款以及居民,或贷从他国,总归新国按数偿还。七、我同联之邦内见此政体,若有九邦意属可行,其余数邦纵有意见不合者,我民概行从众,不问其余"。《万国公报》第643卷还介绍了美国宪法前十五条修正案的内容,主要涉及美国人民应享有的权利,具体内容如下:"一、公议堂大臣不得行法关系立教,亦不得阻人愿从何教。且不得禁人言论、报馆

---

① 章宗元,译. 美国独立史 [M]. 译书汇编社出版,光绪二十九年(1903年):112-114.
② 长期从事美国历史研究的黄安年先生简要列举清末以来的14种美国宪法中译本,为首的就是章宗元的译本,黄先生似乎也认同了杨玉圣教授的考证。黄安年. 关于《独立宣言》和《美国宪法》中译本 [J]. 美国史研究通讯,1995 (1).

登录、聚集会议，具奏上闻，求免责备。二、保护邦国实为要务，不得禁民自备洋枪。三、太平之时严禁营兵占据民房，即有争战之秋，若不照律所定，亦不准强入民房。四、不准无故行查民产，拿获人民，搜检书信等事……"①

王林特意对比了《万国公报》刊载的美国宪法条款译文与当今的美国宪法中文译本，"发现《万国公报》的介绍相当详细和准确，除个别条文字句有省略外，基本原则未变。他因此认为，"被资本主义各国视为宪法蓝本的美国联邦宪法第一次被完整地介绍到中国来"。②

在作这一评述时，王林似乎未曾留意到杨玉圣教授的考证文章与相关论断，③ 但他的评述得到了好几位学者的认同，④ 此后，林乐知的美国宪法译文似乎成为学界公认的最早的美国宪法中译本。⑤

但是，到了 2010 年年底和 2011 年年初，又有两位年轻学者不约而同地提出了新见解。在"首部汉译美国宪法问世考"一文中，北京大学历史学系博士研究生李文杰利用《总理各国事务衙门清档》，考释了首部汉译美国宪法——《美国合邦盟约》的问世经过。他提出，"关于最早的汉译美国宪法全文，在现有已刊文献中可见张荫桓《三洲日记》光绪十二年十一月二十日（1886 年 12 月 15 日）条：'美为民主之国，应译其创国例备览。蔡毅约有译本，甚清晰'。张荫桓在其后抄录了这一题为《美国合邦盟约》的汉译本美国宪法全文及其修正案 15 条"。文中的蔡毅约即蔡锡勇，福建龙溪人，曾在广东同文馆、京师同文馆学习，光绪四年（1878 年）随晚清首任驻美公使陈兰

---

① 王林. 西学与变法——《万国公报》研究 [M]. 济南：齐鲁书社，2004：73 –74.

② 同①。

③ 他书后的参考文献中没有列举杨玉圣教授的论著。当然，王林的博士论文（"《万国公报》研究"）侧重于中国近现代文化史，没有留意到世界史（美国史）方面的研究成果，也在情理之中。有趣的是，王林在北京师范大学历史系攻读博士学位时，杨玉圣教授也在该校历史系任教，俩人从不同的角度出发，注意到美国宪法全文在中国的最初翻译问题。

④ 有两位学者照搬了王林教授对《万国公报》刊登美国宪法一事的评述，它们是：聂资鲁. 一部宪法与一个时代——《美国宪法》在清末民初的传入及对民初中国立宪的影响 [J]. 政法论坛，2005（5）. 卢明玉. 译与异——林乐知译述与西学传播 [M]. 北京：首都经济贸易大学出版社，2010：72 –73. 另外两位学者也依据王林的研究提出，"林乐知对于美国宪法理论传播最为可贵的贡献是第一次完整地将它的正文和修正案的内容介绍给中国人。"见：刘伟，范进学. 美国宪法理论在中国的最初传播 [J]. 山东社会科学，2009（5）.

⑤ 有学者因袭聂资鲁源自王林教授的评述，也认为 1881 年林乐知"首次把美国 1787 年的联邦宪法完整地介绍到了中国"。见：夏新华，谭钟毓. 借鉴与移植：美国宪政文化对近代中国立宪的影响 [J]. 湘潭大学学报（哲学社会科学版），2010（5）.

彬赴美，派充驻美公使馆翻译兼办参赞事务。据李文杰考证，"《美国合邦盟约》最有可能出现于光绪七年三月至八月之间（1881 年 4 月至 9 月），且至少在六月，即已翻译出部分内容，并形成'合邦盟约'这一对译'Constitution'的汉译名"。①

遗憾的是，这部《美国合邦盟约》当时并未刊布发表，只是随其他外交档案一起，寄送回了总理衙门。李文杰也承认，"蔡译《美国合邦盟约》寄送回国并被抄录进清档之后，有权翻阅者数量极少，被人经常翻阅的可能性不大"。就连担任过总理衙门大臣、以通晓西学著称的张荫桓，在 1886 年出任驻美、西、秘公使之前，"也未曾浏览过该译本，其他人看到该译本的可能性就更小了"。直到"光绪二十三年（1897 年），在国内变法思潮风靡的背景下，《时务报》连载《美国合邦盟约》"，该译本在问世 16 年后，才首次公开刊印。②

李文杰注意到了章宗元的美国宪法译本（以及杨玉圣的研究），但没有留意到林乐知翻译的美国宪法（以及王林的介绍）。实际上，就在蔡锡勇翻译美国宪法的同一时间（1881 年 6 月），林乐知在《万国公报》上刊登了美国宪法全文的大纲译本。

而几乎就在李文杰发表这篇考释文章的同一时间，另外一位青年学者胡其柱也发表了考证《美国合邦盟约》译本的专题论文。他注意到了林乐知的美国宪法译本，并将其与蔡锡勇的译本进行比照，认为"两者差异甚大"，"蔡锡勇的翻译相对详细、完整。更为重要的是，蔡锡勇没有像林乐知一样，为便于中国人理解而皆用固有中文词汇进行翻译。相反，他选用了很多新词汇、新表达"，"可以说已经初步形成了一种新型话语表达"。③

而且，对于蔡锡勇所译《美国合邦盟约》在国内的传播，胡其柱也提出了自己的证据与推测。他发现，"光绪七年（1881 年），新闻界曾报道过蔡氏翻译美国律法一事。当时，蔡锡勇刚刚卸任回国，以介绍西方新闻为主的《西国近事汇编》便发布了这样一则消息：'中国驻美使署有随员蔡锡勇译成

---

① 李文杰. 首部汉译美国宪法问世考 ［M］//北大史学：第 15 辑. 北京：北京大学出版社，2010：221 - 228.

② 李文杰还认为："从现有材料看来，该译本似并未引起思想界特别的兴趣。"李文杰. 首部汉译美国宪法问世考 ［M］//北大史学：第 15 辑. 北京：北京大学出版社，2010：237.

③ 胡其柱. 蔡锡勇《美国合邦盟约》译本考论 ［J］. 学术研究，2011（3）.

美国律法一书。该员在美三年，广交天文历学之士，时往公议堂及律师处留心考察，译成此书，详加注解。经钦使咨送总理衙门，想邀懋赏矣'"。胡其柱推测，"这则消息称蔡锡勇翻译了'美国律法'，并未明说即是美国联邦宪法。不过，既然送请总理衙门邀赏，肯定不是一般的法律条文"。他因此认为这就是蔡锡勇译《美国合邦盟约》的原本，"这个译本不但早于章宗元的译本，还略先于林乐知1881年连载的《环游地球述略》中的美国联邦宪法译文"。①

而且，胡其柱还推测，1897年《时务报》连载蔡锡勇的《美国合邦盟约》后，以康有为、梁启超等人与《时务报》的密切关系，"他们应该有机会阅读这一译本"。当年（1897年）夏天，康有为正在编《日本书目志》，"当时有限的日本法律汉籍，恐怕很难满足康有为的兴致。在此情况下，蔡氏宪法译文按理应该不会被康有为忽略"。②

确实存在这种可能性，康有为在编《日本书目志》时就认为，"日本自维新以来，考求泰西之政，更立法度，讲义图解详哉。《国宪泛论》《美国宪法史》《各国宪法》《万国现行宪法》比较四种最精矣"。③ 其中，《美国宪法史》还曾出现过中译本，④ 此书作者日本人松平康国的另一部著作《世界近世史》，更是出现了作新社、广智书局、商务印书馆等多个译本，⑤ 在清末民初风行一时，成为中国人了解美国宪法、西洋历史的重要渠道。⑥

二、转译自日本学者的美国宪法著述

在晚清"西学东渐"的过程中，日本是重要的"二传手"，日本人翻译的西洋政法、史地著述，成为清末民初中国知识界认识西方的重要来源。这

---

① 胡其柱. 蔡锡勇《美国合邦盟约》译本考论 [J]. 学术研究，2011（3）.
② 胡其柱因此推断："《美国合邦盟约》应该在部分晚清士人，尤其是在康有为了解西方、改造传统的过程中，发挥过一定的刺激和参照作用。"见：胡其柱. 蔡锡勇《美国合邦盟约》译本考论 [J]. 学术研究，2011（3）.
③ 同①。
④ 熊月之. 晚清新学书目提要 [M]. 上海：上海书店出版社，2014：246.
⑤ 顾燮光的《译书经眼录》和沈兆祎的《新学书目提要》都曾介绍过此书，参见：熊月之. 晚清新学书目提要 [M]. 224，451.
⑥ 该书曾被晚清学部审定为历史教科书。熊月之. 西学东渐与晚清社会（修订版）[M]. 北京：中国人民大学出版社，2011：532.

一点，在当今学术界已有共识。① 有学者甚至将甲午战争之后的中日关系称为"黄金十年"。在这段时间里，日本的官方和民间人士，纷纷奔向中国来办学、办报，② 日本学者翻译、撰写的相关学术著作，更是大量翻译成中文。这其中就包括美国宪法全文与相关著作。

比如 1898 年，（南海）康同文就曾译述日本学者坪谷善四郎翻译的美国宪法全文，在日本神户主办的维新派报纸《东亚报》上连载数期。作者在总论中介绍了美国独立制宪、修宪的大致经过，"编纂美国宪法阅历艰辛，匪伊朝夕，内部集权党各地分权党相轧，互固执拗不动，联合之议将裂。嗣得人居间排解之，故所编纂宪法尚能保存，其条例可增者，别加补正。其补正法文十五条中，自第一条至第十一条比宪法修正会所之议定，确定其地方均其权力者也；第十二条乃千八百三年所修正，定选正副两大统领之法；第十三条以下多属奴隶事，实南北战斗之原也。昔北美欲废奴隶，南美怒而图自立。兵败讲和，遂废奴隶之约畴，昔佣役尽解散之，北美人士洵可谓有志竟成尔"。③

这部美国宪法全文的中译者康同文系康有为本家，而《东亚报》又系维新派在日本创办的报纸，由此推测，康有为、梁启超等人定是读过这部译文。康同文所译的这部美国宪法，比章宗元的译本要早四年，比《时务报》刊载的蔡锡勇译本仅仅晚了一年，可谓晚清中国学界"借道"日本，取法西学的一大例证。

日本人翻译介绍西学著作，虽然起步比林则徐、魏源、徐继畬等人要晚，但明治维新之后，却迅速迎头赶上，很快超过中国。1869 年，日本明治时代的著名思想家福泽谕吉出版了畅销一时的《西洋事情》，④ 该书翻译介绍了美

① 郑匡民. 西学的中介：清末民初的中日文化交流 [M]. 成都：四川出版集团，四川人民出版社，2008. 孙宏云也认为："相关研究显示，明治日本在西洋近代文明输入东亚的过程中扮演了非常重要的角色，推动了在东亚地域居于支配地位的传统中华文明向近代文明转型，包括民族国民国家的建构、知识革命与现代学科体系的形成等诸多方面。"参见：孙宏云. 学术连锁：高田早苗与欧美政治学在近代日本与中国之传播 [J]. 中山大学学报（社会科学版），2013 (5).

② 郑匡民. 西学的中介：清末民初的中日文化交流 [M]. 成都：四川出版集团，四川人民出版社，2008：527.

③ ［日本］坪谷善四郎. 美国宪法 [M]. 南海康同文，译述. 东亚报，1898 (1–7).

④ 也有学者认为，《西洋事情》写作于 1866 年 3—6 月，出版于同年 10 月，参见：龙富. 福泽谕吉与《西洋事情》[J]. 日本研究，2006 (4). 而《福泽谕吉自传》的中文译者则提出《西洋事情》（十卷）出版于 1866—1870 年，"详述西方资本主义社会政治、风俗、经济、制度、文明等等情况"。参见：福泽谕吉自传 [M]. 马斌，译. 北京：商务印书馆，1980：113. 还有学者认为，《西洋事情》初稿完成于 1868 年，二编（十卷）完成于 1870 年，参见：刘天纯. 徐继畬与近代化——兼与福泽谕吉的《西洋事情》比较 [J]. 山西大学师范学院学报，1991 (4).

国的《独立宣言》和 1787 年起草的联邦宪法，对美国的历史和制度亦有所论及。[①]

《西洋事情》是福泽谕吉众多著译中"流行最广、最常见的一本"，据他在自传中所言，这本书的初编，"经我手发行的部数就不下十五万部，加上当时在京都大阪一带流行的伪版发行量，约有二十万至二十五万部之多"。"不论朝野，凡谈西洋文明而主张开国之必要者，都把《西洋事情》置于座右。《西洋事情》好像是无鸟乡村的蝙蝠，无知社会的指南，甚至维新政府的新政令，有的可能也是根据这本小册子制订的"。[②]

福泽谕吉被誉为日本近代教育之父，在当时日本甚至出现了"文部省在竹桥，文部卿在三田"的说法，[③] 可见其对近代日本教育影响之巨大。晚清赴日留学的中国学生，几乎无人不知福泽谕吉的大名，也几乎所有学生都读过他的部分著作。福泽谕吉对梁启超的影响，在国内学界也已有定论；[④] 从梁启超主编的《新民丛报》（1903 年）上连载的"日本大儒福泽谕吉语录"，也可窥见一斑（后收录《癸卯新民丛报汇编》）。

福泽谕吉之外，民初美国宪法在中国的翻译与传播过程中，另一个著名日本学者美浓部达吉也发挥了重要作用。1918 年 12 月，署名"熏南"的中国人在《民铎杂志》上翻译介绍美浓部达吉原著的《美国宪法之由来及其特质》，全文长达 64 页，共分三章。其中第一章为美国宪法制定之由来，第二章为美国宪法之联邦主义，第三章为美国宪法之民主主义。

作者在文章一开头就提出，"美国宪法于种种之点，具有欧洲各国及日本之宪法相异之特色，其最著者凡三：（一）联邦主义（Federal system）；（二）民主主义（Democratic principle）；（三）三权分立主义（Separation of Powers）是也。此等特色，无非由美国宪法历史而生，故欲明此，不可不知其成立之

① 1873 年和 1882 年，日本两度翻译出版了托克维尔的《美国民主制度》，1891 年，英国政治理论家詹姆斯·布赖斯的《美利坚共和国》一书的日译本在日本问世。详见：徐更发．日本的美国研究 [J]．美国研究参考资料，1986（12）.

② ［日］福泽谕吉．福泽谕吉自传 [M]．马斌，译．北京：商务印书馆，1980：289、293.

③ 竹桥当时日本文部省所在地，三田系福泽谕吉执教的庆应义塾所在地。语出鹿野正直著《福泽谕吉》。引自：陈山榜．福泽谕吉《劝学篇》与张之洞《劝学篇》之比较研究 [J]．外国教育研究，1989（4）.

④ 郑匡民．梁启超启蒙思想的东学背景 [M]．上海：上海书店出版社，2003．载：［日］狭间直树．梁启超·明治日本·西方：日本京都大学人文科学研究所共同研究报告 [M]．孙路易，译．北京：社会科学文献出版社，2001.

由来。兹略述于次"。①

该文的主体部分为第二、三两章，其中第二章又分为五节：一、美合众国之构成；二、合众国之法律上之性质；三、合众国与他之联邦之实例；四、合众国与各州间权限之分配；五、合众国与各州之关系。第三章分为七节：一、总论；二、美国民主思想之渊源；三、美国民主主义之发达；四、个人权利之保障；五、国民之直接立法权；六、国民之选举权及罢免权；七、美国政党之一班。

1919 年 5 月，"熏南"又在《民铎杂志》上继续前文，刊登了美浓部达吉原著《美国宪法之由来及其特质》一文的后一部分，也就是全文的第四章"美国宪法之三权分立主义"，共计 21 页。第四章分为五节：一、合众国之三权分立；二、合众国之政治组织；三、合众国立法府与行政府之关系；四、合众国裁判所之优越权；五、各州之三权分立。作者认为，其他各国之三权分立，多仅属于形式，而美则不然；从三权分立的角度衡量，"则美政体可谓最能适合立宪政治之精神"。②

在近现代中国法学界，美浓部可能是知名度最高的日本学者。据学者考证统计，"美浓部达吉的著作被翻译成中文的合计 23 部。在外国学者的法学著作被译成中文的数量中，美浓部达吉首屈一指，无出其右，甚至在所有学科中也可能是著作被译为中文最多的一位作家"。而且，其中大部分著作出版于清末民初。清末民初的公法学者多接受日本的公法学教育，甚至直接受教于美浓部达吉，对美浓部达吉推崇备至，视其为"日本法学界的耆宿""宪法学和行政法学的权威"。③ 由此可见，其在中国影响力之大、传播面之广。

除著作外，美浓部达吉还有部分论文被译成中文，研究美浓部达吉著述在中国传播的学者，虽有引用与研究，但几乎都忽略了美浓部的这两篇关于美国宪法的长文。而且，美浓部论述美国宪法的专著《美国宪法概论》④，至今尚未看到中译本。

① ［日］美浓部达吉. 美国宪法之由来及其特质 [J]. 熏南，译. 民铎杂志，1918.12，1 (5)：105.

② ［日］美浓部达吉. 美国宪法之由来及其特质（续完）[J]. 熏南，译. 民铎杂志. "现代思潮号"，1919.5，1 (6)：147-148.

③ 王贵松. 美浓部达吉与中国的公法学 [J]. 比较法研究，2010 (5). 美浓部达吉. 公法与私法 [M]. 黄冯明，译. 北京：中国政法大学出版社，2003：卷头语第 1 页.

④ ［日］美浓部达吉. 米国宪法概论 [M]. 东京：有斐阁，1958.

美浓部达吉《美国宪法之由来及其特质》一文的译者"熏南"，具体为何人，目前已难以查考，笔者猜测，极有可能是某个或某几个人的化名。1907 年（光绪三十三年），刘德熏、郭斌、司克熙、周珍、王镇南等人曾合作，将日本学者高田早苗、吉田巳之助翻译的《政治学及比较宪法论》一书翻译成中文出版，① "熏南"很有可能是刘德熏与王镇南等人的化名。《政治学及比较宪法论》一书的原作者美国人约翰·伯吉斯（John W. Burgess）系美国哥伦比亚学院（哥伦比亚大学前身）教授、该校政治学院创始人和美国政治学奠基人。② 据孙宏云考证，高田早苗等人所翻译的《政治学及比较宪法论》，在清末民初曾出现过好几个中译本（或节译本），③ 是清末中国思想界论战的重要理论来源，影响十分广泛。

伯吉斯此书（英文为两卷本）虽然并非专论美国宪法，但是详细讨论了美国宪法与政府之关系，而且比较了英、美、德、法等国宪法之得失，书后还附有英、美（亚美利加合众国）、普（普鲁士）、德（德意志帝国）、奥（澳大利国）、法（法兰西国）等国宪法全文。

英文的《政治学及比较宪法论》出版于 1890 年，高田早苗等人的日文译本出版于 1902 年前后，译者高田早苗系日本早稻田大学政治学科创始人，该书系"早稻田丛书"之一种。早稻田大学的政治学从建立之初就"紧盯"美国，与美国政治学界关系密切。作为早稻田大学政治学的奠基人，高田早苗除了翻译伯吉斯的《政治学及比较宪法论》外，还翻译过美国早期政治学家伍德罗·威尔逊（曾任普林斯顿大学校长、州长、总统）的《政治泛论》，并曾面见威尔逊总统。④

---

① 孙宏云. 汪精卫、梁启超"革命"论战的政治学背景 [J]. 历史研究, 2004 (5). 孙宏云. 学术连锁：高田早苗与欧美政治学在近代日本与中国之传播 [J]. 中山大学学报（社会科学版），2013 (5).

② 胡晓进. 自由的天性——十九世纪美国的律师与法学院 [M]. 北京：中国政法大学出版社, 2014：140－141.

③ 除刘德熏等人的译本（法制经济社藏版）外，还有朱学曾等人的重译本 [上海：商务印书馆，丁未年（1907）十一月初版，民国五年（1916）九月七版]。此外，《泰西各国立宪史论》（伯盖司著，张竟良译，上海文明书局，光绪二十九年版）很可能也是《政治学及比较宪法论》的节译本，《政治学》（伯盖司著，杨廷栋译，上海作新社，光绪二十八年版），也出自该书。孙宏云. 汪精卫、梁启超"革命"论战的政治学背景 [J]. 历史研究, 2004 (5). 孙宏云. 学术连锁：高田早苗与欧美政治学在近代日本与中国之传播 [J]. 中山大学学报（社会科学版），2013 (5).

④ [日] 内田满. 早稻田与现代美国政治学 [M]. 唐亦农, 译. 上海：复旦大学出版社, 2003：13－16.

与《政治学及比较宪法论》一样，高田早苗翻译的《政治泛论》也出现了几种中译本，① 在国内知识界流传。梁启超就曾熟读此书。

三、梁启超的感慨与张东荪的心得

梁启超在《欧游心影录》中谈及巴黎和会以及出席会议的美国总统威尔逊时写到，普林斯顿大学校长威尔逊所著的"《政治泛论》，我们早经读过的"。② "我这回在巴黎曾和他会过一次，说完山东问题之后，他还谈起世界政治趋势已变易，他的名著《政治泛论》有许多需要改正"。③

在游历欧洲之前，梁启超曾在美国游历数月（1903 年），对美国政治、历史记录甚详。他的《新大陆游记》中也出现了颇多与美国宪法相关的内容，比如，关于美国总统的宪法权力，就有很详细的记载：

"美国大统领，其权力职掌，与他国之首长有所异。今据其宪法所定者论次之：一、大统领有总督联邦海陆军及各省民兵之权；二、大统领有缔结条约之权，惟须得上议院议员三分有二之协赞；三、大统领有任用外交官、司法官及联邦政府各官吏（其宪法中特别规定之官吏不在此限）之权，惟亦须得上议院议员三分有二之协赞；四、有赦减刑法之权（惟议院所弹劾之案不在此数）；五、遇大事故，有临时召集议院之权；六、国会决议之法律案，大统领有权拒之，或饬令再议（惟再议之后，若两院借以三分二之多数通过前案，则大统领不得不画诺）；七、大统领有将美国国情禀告于国会，以政策呈荐于国会之义务；八、有与法律之义务；九、有监督联邦官吏之义务"。④

对于美国的制宪、修宪过程，以及上下两院议员人数、政府各部大臣，《新大陆游记》同样有很详细的介绍。

---

① 据顾燮光的《译书经眼录》记载，晚清时期的"金粟斋、日本译书社、寄东译书社均译有日本高田早苗译、美韦尔孙著《政治泛论》"。参见：熊月之. 晚清新学书目提要 [M]：255. 另外，（吴县）李维格、（新会）伍光建所翻译的美国韦尔生原著《政群源流考》（两卷，上海南洋公学本），很可能与《政治泛论》都源自威尔逊的同一部著作（*The State*：*Elements of Historical and Practical Politics*），只不过是译自英文原本，而非高田早苗的日文译本。

② 目前尚不能确定梁启超所读《政治泛论》到底是高田早苗的译本，还是国内的某种中译本。

③ 梁启超. 欧游心影录·新大陆游记 [M]. 北京：东方出版社，2006：108 – 110.

④ 同③，第 331 页。

《新大陆游记》中多次引用英国政治学家、历史学家詹姆斯·布赖斯（占士布利斯）的《美国政治论》（*The American Commonwealth*），并节译其中的一段，说明为何"美国大统领多庸材，而非常之人物居此位者甚稀焉"。①

布赖斯的这部书，初版于 1888 年（美国两卷本），后来多次再版。《美国政治论》第一卷中有好几章直接涉及美国宪法，② 卷尾还附有美国宪法全文。梁启超引述这部书时在附注中提出，"布氏书千八百九十年出版"③。此书 1891 年便有日文译本，④ 笔者尚不能确定梁启超所读的是英文本，还是日文译本。但不论是英文原本还是日文译本，都能充分说明 1903 年时的梁启超已经对美国宪法有相当深入之了解，并有意识地以文字的形式将其介绍给国人。⑤

这一点从梁启超介绍的美国制宪过程中也能窥见一斑，他非常赞赏美国秘密制宪、以各州代表批准宪法的做法。"苟公议之，则今之所谓合众国者，其终不可得建。宪法草案既布之后，各省议论蜂起。以为立此强大之中央政府，则诸省之权利，与市民之自由，将从此而危。……使当时若如今日者以普通投票法取决之（现今美国若有改定宪法之事，须由全国人民投票取决），则宪法之实行，终无望耳。幸也彼时未知用此法，各省皆以其代表人决事；而所举代表人，皆适当之人物，能知大势之所向，毅然任之。……呜呼！舆论之不可恃也久矣。谁谓美国为全体人民自由建立之国？吾见其由数伟人强制而成耳。以久惯自治之美民犹且如是，其他亦可以戒矣！"⑥

梁启超当时就注意到，美国以全体人民的名义制宪建国，而宪法实际上源自少数伟人的强制，这一看法可谓深刻而超前。

十年之后，民国初创，约法问题争论汹汹，美国制宪经过再次引起了中国思想界的关注。1914 年，张东荪在进步党主办的《中华杂志》上译介美国

---

① 梁启超. 欧游心影录·新大陆游记 [M]. 北京：东方出版社，2006：332–338.
② 比如第 3 章（宪法的起源）、第 23 章（法院与宪法）、第 31 章（宪法的成长与发展）、第 32 章（宪法修正案）、第 33 章（宪法的解释）、第 34 章（宪法的适用）、第 35 章（宪法演变的后果）等，几乎每一章都间接涉及宪法。
③ 同①，第 463 页。
④ 徐更发. 日本的美国研究 [J]. 美国研究参考资料，1986（12）.
⑤ "但以其所知者贡于祖国，亦国民义务之一端也。于吾幼稚之社会，或亦不无小补"（《新大陆游记》凡例）。"其影响于民族前途者，必非浅鲜，岂徒小道可观云尔。"（《新大陆游记》徐序）梁启超. 欧游心影录·新大陆游记 [M]. 北京：东方出版社，2006：243，241.
⑥ 同①，第 456 页。

历史学家法伦德（Max Farrand）编纂出版的三卷本《1787 年美国制宪会议记录》。他开篇便说明了自己介绍此书的动机。

> 不佞尝读勃兰斯之美国平民政治，辄病其叙述斐拉德尔斐亚会议事略而不详，颇欲得伊立渥特之辑录，① 以相发明，顾卒不能得。日前，友人致觉氏惠我法伦德之联邦会议记。法氏为耶尔大学之历史教授，于授课之次，辑得是书。凡三厚册，全取材于记事录及马第孙之述记，并哈密尔顿与耶特之记载，② 精详无伦，窃喜可以补充勃氏之足矣。因念海内研究法律者，不无与予有同感，亟译其重要者，以资镜鉴，倘亦为今之君子所乐同乎。特志其出处，于篇目首以示所本。③

张东荪在文中明确提出，"欲明我国今日造法之合理与否，不可不知美国当日造法之状态；欲知我国一班对于美国联邦会议之说果无舛谬与否，不可不读其记事录等书"。张东荪还表示，美国的《邦联条例》（他称之为"联合条例"），正相当于我国的《临时约法》，而即将制定的《中华民国约法》则类同于 1787 年美国宪法。为此，他还在文中略要翻译了十三条《邦联条例》全文，并依据"条例"中的修改程序条款推测，"当时实有组织国家制定宪法之心"，而且是抛开邦联国会，另起炉灶；"盖美国始终采另立起草机关之主义者也"。张东荪因此生出四种感慨，"①新法之发生也，必依据旧法上所规定之程序，绝无先破坏旧法之举；②始终取起草与决议相分立之主义，绝不自紊其系统；③以国家种族为前提，绝无为党派为个人而生利用宪法之心；④议事之周密，事先事后均预筹办法"。④

国内研究民国初年约法之争的学者，似乎没有留意到张东荪的这番论述，更没有注意到美国制宪会议记录在民国初年便已翻译介绍到了国内。

---

① "斐拉德尔斐亚会议"即 1787 年费城制宪会议，"伊立渥特之辑录"即 19 世纪美国历史学家乔纳森·埃利奥特（Jonathan Elliot）所编辑的《美国诸州批准联邦宪法辩论集》（*The Debates in the Several State Conventions on the Adoption of the Federal Constitution*）。

② "马第孙"即被誉为"美国宪法之父"的詹姆斯·麦迪逊，"哈密尔顿"即亚历山大·汉密尔顿，"耶特"即"罗伯特·耶茨"（Robert Yates），三人均是制宪会议代表，都留下了相关记录。

③ 张东荪. 美国宪法会议之大教训 [J]. 中华杂志，1914，7，1（第六号）. 文中的《勃兰斯之美国平民政治》就是梁启超所提到的詹姆斯·布赖斯（占士布利斯）的《美国政治论》，而章宗元很可能正是依据该书节译并出版了《美国民政考》。他的节译本出版于 1903 年，当时梁启超正在美国，应该没有机会看到。张东荪所读的"美国平民政治"，很可能是 1912 年出版的中译本（孟昭常等译《平民政治》，上海，民友社）。

④ 同③。

尤其值得一提的是，法伦德的三卷本《1787年美国制宪会议记录》英文初版于1911年，而不到三年时间，张东荪便以此为依据，论证修改约法应遵循一定的程序，足见其目光之敏锐，以及美国宪法文献在中国传播速度之迅捷。

四、余论

从梁启超和张东荪的介绍与分析可以看出，他们对美国宪法文本与立宪之经过都非常熟悉。梁启超十分了解1787年美国制宪所面临的困难。"此次制宪会议，以华盛顿为议长，各省代表人凡五十三员，皆一时之俊也。凡经五月之久，苦心焦虑，乃以秘密会议，成彼七章二十条之宪法。论者谓此举之困难，实十倍于独立军云。其所难者，不徒在创前此所未有而已。彼离群独立之十三共和国，各有其利害，各有其习惯，地方上种种感情不能相容，彼此以恐怖嫉妒之念相见，于此而欲调和之，难莫甚焉"。他甚至认为，美国的秘密制宪，由少数几个伟人强制而成的美国宪法，是宪法成功的一大要因，他感慨说，"犹幸也，此宪法成于秘密会议也"。①

张东荪则将民国初年修改临时约法，类比为美国1787年制宪，将《临时约法》类比为《邦联条例》，希望像美国一样，按照程序另起炉灶起草新宪法。他对《1787年美国制宪会议记录》的介绍，将国人对美国宪法的了解向前推进了一步：从关注宪法文本到关注制宪过程。

在梁启超和张东荪之前，美国宪法已经出现了好几个比较完整的中译本。正如前文所述，1881年6月前后，中国驻美公使馆翻译蔡锡勇、美国来华传教士几乎不约而同地翻译出了美国宪法全文，只不过林乐知的译本（简本）当年就发表于他自己所创办的《万国公报》上，得到一定范围的传播。② 而且，《万国公报》对中国维新运动的巨大影响，已经得到学界公认。③ 康有为在《公车上书》中提出的富国强兵之法、养民之法、教民之法，几乎完全来

① 梁启超. 欧游心影录·新大陆游记［M］. 北京：东方出版社，2006：455－456.

② 据估计，当时《万国公报》的发行量大约在每月1000份，只到1890年代中期才攀升到每月5000份左右。见：顾长声. 传教士与近代中国［M］. 上海：上海人民出版社，1991：161. 熊月之. 西学东渐与晚清社会（修订版）［M］. 北京：中国人民大学出版社，2011：324－325. 王林. 西学与变法——《万国公报》研究［M］. 济南：齐鲁书社，2004：43－44.

③ 王林. 西学与变法——《万国公报》研究［M］. 济南：齐鲁书社，2004：245－247.

自《万国公报》，梁启超的育人才、开学校、变科举等主张，同样出自《万国公报》。① 1882 年，梁启超途经上海时，曾订阅过《万国公报》，就连光绪皇帝也阅读过这份报纸。②

而蔡锡勇的全译本（《美国合邦盟约》），只到 1897 年才由《时务报》首次公开刊印，而且"遗憾的是，从现有材料看来，该译本似未引起思想界特别的兴趣"。③ 因此，就传播的广度和影响的范围而言，林乐知的《万国公报》及其所刊登的美国宪法译本（简本），无疑要远远超过蔡锡勇的译本。

有学者推测，以康有为、梁启超等人与《时务报》的密切关系，"他们应该有机会阅读（蔡锡勇的）这一译本"。④ 虽然目前尚未发现充分的证据来证明这一点，但有一点是肯定的：维新运动时期的康梁，对美国宪法怀有浓厚的兴趣。因为就在蔡锡勇译本发表的第二年（1898 年），康有为的族人康同文就译述了日本学者坪谷善四郎翻译的美国宪法全文，在维新派于日本神户主办的报纸《东亚报》上连载数期，开篇便介绍了美国独立制宪、修宪的大致经过。

四年后（1902 年），由章宗元翻译的《美国宪法》全文单行本问世（上海文明书局）。译者在提要中介绍说，"美国宪法，各国成典宪法之祖也，订于干隆五十二年，凡七章。其后续增十五章，都十二章，四十五节。……今确依原文，逐句详译之，附以案辞，则采诸他书，录诸讲义者"。宪法正文（译文）后的案辞，既是一种解释，也体现了译者对相关条文的理解。比如在宪法前言译文之后，章宗元就加上了这样一段案辞，"案此为订立宪法之缘起。首曰我合众国之人民者，明宪法为全国人民所立也；曰完固联邦者，先是已立同盟之约，而国势散涣，联邦之制未备，今立宪法以完固之"。

这种附带解释的宪法翻译方式，也为后来的译者所继承。1907 年（光绪丁未年），江南制造局刻印了郑昌棪（海盐）笔述、舒高第（慈溪）口译、陈洙（江浦）润色的《美国宪法纂释》，此书的作者为美国前总统本杰明·

① 梁碧莹. 近代中美文化交流研究 [M]. 广州：中山大学出版社，2009：274.
② 张注洪. 中美文化关系的历史轨迹 [M]. 天津：南开大学出版社，2001：13.
③ 李文杰. 首部汉译美国宪法问世考 [M] //北大史学：第 15 辑. 北京：北京大学出版社，2010：237.
④ 胡其柱. 蔡锡勇《美国合邦盟约》译本考论 [J]. 学术研究，2011（3）.

哈里森（Benjamin Harrison），① 全书共 21 卷，涉及宪法渊流、国会事宜、总统、内阁、度支部、陆军部、法部、邮政部、水师部、内部、农部、各派班派员、大理院，并附有美国宪法全文（七章）以及续增宪法全文（十五章）中译本。这是"我们所读到的关于美国宪法的解释较为完整的一部专著"。②

中华民国成立之后，上海商务印书馆于 1913 年出版了美国人卜布尔著《美国宪法释义》一书。书中除宪法正文以及第一至十五修正案的译文外，还有解释性说明文字，译者沈允昌总结说，"此为世界最古之成文宪法，而宪法于今日之强有力，更为历史上所未有，因此宪法遂建立一世界所未曾见之共和政体，且不能背近世各国一世纪前所发生之自由精义"。③

这些译本及其在国内的传播，无疑帮助中国学界初步认识和理解了美国宪法。此后关于美国宪法正文的译本，慢慢少了下来，但是研究美国宪法制定过程与宪法理念的译文却多了起来。比如，张东荪介绍的法伦德的三卷本《1787 年美国制宪会议记录》，以及 1918 年和 1919 年《民铎杂志》上翻译介绍美浓部达吉原著的《美国宪法之由来及其特质》长文。

美浓部的著述在国内译本之多，可谓冠盖法学界，但是几乎所有的学者都遗漏了这两篇文章，也没有注意到清末民初中国人曾从日本学者身上转译了不少美国宪法方面的论著。这种现象，一方面说明清末民初美国宪法在中国翻译与传播的来源十分多样，另一方面也证明，美国宪法及其制定过程已经成为一种国际知识界共享的历史，以不同的形式在各国流传。由此可见，清末民初中国人翻译和介绍美国宪法的活动，在不知不觉中形成了美国宪法与美国制宪历史国际化的一个重要分支。

———————

① 原书作者为"美国总统海丽生"，经查考，此书应该是哈里森总统《美国宪法与政府》（*The Constitution and Administration of the United States of America*）一书的中译本。2012 年，上海图书馆整理出版了该书的影印本，见：上海图书馆整理. 江南制造局译书丛编：政史类：第五册 [M]. 上海：上海科学技术文献出版社，2012.

② 杨玉圣. 中国人的美国宪法观———一个初步考察 [J]. 美国研究参考资料，1989（5）.

③ 同②。

葛妈妈与《京畿笔谈》

王　静[*]

　　之前有个关于北京的课题，聚焦近代来华的外国人对北京的观察、认识和对北京历史文化的研究。初始阶段，在多个数据库中按照关键词搜索近代来华外国人所写的关于北京的著作，搜索到一本名为《京畿笔谈》（*Pencil Speakings from Peking*）[①] 的图书。该书是一本英文书，蓝色的封面上题写着"京畿笔谈"四个字。该书 1918 年由英国伦敦一家出版社出版，作者为 A. E. Grantham。看到这本书的时候，想知道作者的身份，为什么写这本书。该书没有"前言"，也没有"作者的话"，无从得知更多关于作者的信息。自此开始了查询作者的历程。

　　在查询的过程中有查到关于《京畿笔谈》的信息，一是在 1918 年 7 月的《英国皇家亚洲学会会刊》的书目列表中，有提到这本书[②]。二是在 1919 年 4 月的《英国皇家亚洲学会会刊》刊登了一篇 5 页的书评[③]。从书评的行文可知《京畿笔谈》的作者应该是一位男士，文中使用 Mr. Grantham，"他概括了"，"他的观点"等。除此之外，再没有其他有关他个人的信息。在读完书评后，

---

　　* 作者简介：王静，中国政法大学人文学院历史研究所讲师。

　　① A. E. Grantham. Pencil Speakings from Peking［M］. George Allen & Unwin Ltd. , 1918.

　　② Additions to the Library［J］. The Journal of the Royal Asiatic Society of Great Britain and Ireland, July, 1918.

　　③ Notices of Books［J］. The Journal of the Royal Asiatic Society of Great Britain and Ireland, April, 1919.

一直以为作者是一位男士。照英文名字惯例，Grantham 为姓氏。之后在黄光域先生所编的《近代中国专名翻译词典》中查阅，查到唯一以此为姓氏的是1947 年出任香港总督的葛量洪（Alexander Grantham）。作者可能与葛量洪有关，只能从葛量洪的信息入手。

查阅了葛量洪的信息，得知葛量洪的父亲为 Frederick William Grantham，职业是律师，母亲全名为 Alexandra Ethelred Marie Sylvie Emillie von Herder。葛量洪的父亲在第一次世界大战中身亡。葛量洪的母亲在一战后再婚，嫁给了来自挪威的曼德将军（General Munthe）。在《近代中国专名翻译词典》中，能查到曼德全名为 Johan Wilhelm Normann Munthe，1887 年进中国海关，相邻的条目是曼德夫人（Alexandra Etheldred Munthe），旅华文学家。后在《葛量洪回忆录》中也查到了相关的信息，可以确认《京畿笔谈》的作者是一位女士，是葛量洪的母亲①，没有确切的中文译名，就叫她"葛妈妈"。除上文所列的信息外，其他个人信息仍是未知。

在确认了作者为葛量洪的母亲后，基本循着葛量洪、他的母亲和曼德将军三条线索去进一步查询。在很多英文网站上有相关的信息，但很少是完整的，而且还会有错误的信息，如不止一家网站写明葛妈妈于 1920 年去世，而葛量洪在其回忆录中提到 1925 年到北京看望母亲。在经过多次的查阅、比对之后，大致上厘清了基本史实，还找到一些老照片。

葛妈妈，1868 年出生在德国，是家中最小的女儿，曾在剑桥格顿学院（Girton College Cambridge）读书。葛爸爸，1869 年出生在英国，曾在哈罗公学和三一学院（Harrow and Trinity College）接受教育。1893 年，葛爸爸成为一名后备役军官。1894 年 4 月 28 日，俩人在伦敦结婚。葛爸爸在 1895 年取得内殿律师学院律师资格。1899 年，加入明斯特皇家炮兵团。在布尔战争（The Boer War）期间，他在南非服役，并在1902 年获得"女王勋章"。1914 年 8 月，他志愿加入

图 1 葛妈妈

现役，上校军衔，在 1914 年 9 月 22 日，被派往法国。1915 年 5 月 9 日，葛

---

① 葛量洪. 葛量洪回忆录 [M]. 曾景安，译. 香港：广角镜出版社，1984：12 - 15. 另外，General Munthe 在文中译为：文迪将军。

爸爸在法国阵亡。

两个人在婚后共生育四个孩子。长子是胡戈（Hugo Frederick Grantham），1895 年出生，1915 年加入埃塞克斯第 44 步兵团，中尉军衔，1915 年 6 月 28 日，他死于加利波利（Gallipoli）。1915 年，葛妈妈出版了诗集《悲伤的母亲》（*Mater Dolorosa*）献给她深爱的儿子，并使用了 A. E. G. 的名字缩写，之后葛妈妈多次使用这个名字的缩写。葛妈妈和她的诗集《悲伤的母亲》诗集被收录在《一战期间英文诗集》中。据学者薇薇安·纽曼（Vivien Newman）的研究，葛爸爸及

图 2　葛爸爸

其长子胡戈均为英国战死沙场，葛妈妈痛失爱人和儿子，但是葛妈妈在英国的处境并不好。由于她出生在德国，遭到怀疑和猜忌，被认为是英国的"敌人"。葛妈妈只能通过诗歌来表达自己的思念及对战争的痛恨。①

次子即为葛量洪（Sir Alexander William George Herder Grantham），1899 年出生，长期担任英国殖民地官员，历任香港辅政司署职员、百慕大与牙买加辅政司、尼日利亚布政司、斐济总督兼太平洋高级专员。1947—1957 年出任第 22 任香港总督。葛量洪是少数发行回忆录的香港总督，1965 年在香港大学出版社发行英文回忆录。1984 年由曾景安译成中文，书名为《葛量洪回忆录》（*Via Ports—From Hong Kong to Hong Kong*）。在香港，有多个以"葛量洪"命名的事物，如葛量洪号灭火轮、葛量洪医院等，也有以他的妻子慕莲夫人（Lady Maurine）命名的"慕莲夫人号"。他的妻

图 3　长子
Hugo Frederick Grantham

子是葛量洪在 1925 年去北京探望他的母亲时所认识，其时葛妈妈随曼德将军居住在北京。葛量洪的妻子慕莲（Maurine Samson）是美国人。二人于 1925 年 10 月在香港结婚。

三子名为埃里克（Eric Howard Grantham），1901 出生，后不久夭折。四

---

①　Vivien Newman. We also Served：The Forgotten Women of the First World War ［M］. Pen and Sword Books Ltd. , 2014：174 – 175.

子戈弗雷（Godfrey Harry Grantham），1911 年出生。在第二次世界大战期间，他在英国皇家空军服役，1942 年 6 月，在一次迫降中身亡。戈弗雷的墓碑上有英国皇家空军徽章和肖像浮雕。葛妈妈再次经历一战时的痛苦；英、德两国仍是敌对国和丧子之痛。葛妈妈后来出版了以戈弗雷为名的诗集，其中包括"坠毁"（Crashed）、"战争的阴云"（Shadow of War）等诗。诗集《戈弗雷》（*Godfrey Grantham*）收录在《二战期间英文诗集》中。1945 年，葛妈妈去世，其时战争的阴云仍未散去。

图 4　1925 年葛量洪与慕莲在曼德将军家　　　　图 5　戈弗雷的墓碑

在查阅的过程中，发现葛妈妈除了上文提到的两本诗集外，还有多本公开出版的作品，如诗集《循此苦旅，以达天际》（*Per aspera ad astera*）、戏剧诗《杨贵妃的暮色时分》（*The Twilight – hour of Yang Kuei Fei*）等。除了《京畿笔谈》外，她还撰写了其他关于中国的图书和文章。她对中国的兴趣应与曼德将军有关，她是与曼德将军结婚之后，才移居到北京。多份资料提到她在第一次世界大战后再婚，但并未提及二人结婚的具体年份。曼德将军的第一任妻子在 1916 年去世。"维基百科"中"曼德将军"词条显示两个人在 1919 年结婚，同时显示葛妈妈于 1920 年去世。葛妈妈去世的年份是错误的，其结婚的时间也可能会有误。考虑到《京畿笔谈》的出版时间，至少那个时候她不大可能受葛量洪的影响，毕竟葛量洪是 1922 年年底才被派到中国。

曼德将军，1864 年出生，挪威人。1887 年来华，最早供职于大清海关。1894—1895 年中日甲午战争期间，他曾参与其中，并站在中国一边。1895—1900 年，袁世凯在天津小站练兵，曼德一直跟随左右。据葛量洪回忆，曼德将军在 1900 年组织了第一列国际火车由天津到北京去解救被困的外国驻军。[①]
1902—1909 年，曼德成为袁世凯的副官，上校军衔。1909 年，晋升为少将。
1909—1911 年，曼德任津海关暂行代理税务司。1911 年，晋升为中将。在辛
亥革命中，曼德曾代表袁世凯与他国外交官联络。1912 年，担任袁世凯政治
顾问的莫理循（George E. Morrison）对曼德很是厌恶，认为他是个"骑墙
派"。[②] 1923 年，北京政府曾聘请曼德将军训练全国路警。1935 年，曼德在北
京去世，葬于天津英国租界墓地。

　　曼德将军在中国生活多年，会说流利的汉语，同时热衷于收集中国的艺
术品，如中国画、瓷器和雕刻品。后来曼德将他的很多珍藏捐给了卑尔根市
的博物馆，卑尔根是他出生的地方。科德美术馆（KODE Art Museums of Ber-
gen）有约 2500 件中国文物来自曼德将军，包括 2014 年中国商人黄怒波向博
物馆捐款而得以回国的圆明园的七根石柱。另外，曼德将军的部分收藏放在
洛杉矶一个博物馆里的"曼德将军珍藏"展览馆。

图 6　曼德将军　　　　　　图 7　曼德将军的肖像画

　　荷兰画家胡博·华士（Hebert Vos）曾给曼德将军画过彩色肖像画。
胡博·华士，1855—1935 年，是欧洲最早开始重视有色人种肖像画的艺术家。
1905 年，胡博·华士第二次到中国来，为慈禧太后画肖像画，他是第一位给
慈禧太后画肖像画的西方男性画家。这幅画经过修复，在颐和园的文昌院不
定期展出。胡博·华士先后曾为荷兰女王、朝鲜国王、李鸿章、袁世凯等人

①　葛量洪. 葛量洪回忆录 [M]. 曾景安，译. 香港：广角镜出版社，1984：12.
②　窦坤. 直击辛亥革命 [M]. 福州：福建教育出版社，2011：231.

绘制过肖像。

葛妈妈的《京畿笔谈》一书出版的时间较早，全书共有七章，章节没有标题，按数字排列。第一章可以算作是总论，内容有：中华文明的特点、中国的历史、近代中国的遭遇、中华文明与其他文明的比较等。第二章和第三章介绍了中国从伏羲、夏商周再到秦汉的历史。第四章，主要是从唐朝到宋朝的历史。第五章和第六章，主要介绍元朝、明朝和清前期的历史。第七章，其中部分是关于清朝的历史，部分是围绕北京城来展开，像元、明、清三代对北京的建设、北京城的价值等。葛妈妈认为，到 20 世纪初西方已有很多关于中国的书籍，其中相当大的比例是来华传教士所写，这些书大部分是带有偏见的，带有强烈的西方优越感。葛妈妈在书中以玩笑的口吻说，可能需要秦始皇再来一次焚书。葛妈妈看到中国的历史如此悠久，而对于究竟应该从何写起，多大的篇幅才能将中国的发展历程呈现出来，是比较困惑的。尽管如此，《京畿笔谈》的时间跨度也很大，记述了从有巢氏到清灭亡的中国历史。

《京畿笔谈》想要解决的问题是，中华文明何以成为唯一没有中断的文明，在 20 世纪 20 年代，又该如何来看待现代与传统。葛妈妈坦言，很多欧洲人看中国是不动的、停滞的，是因为欧洲人习惯了快速的转变，没有考虑到中国悠久的历史。欧洲两三千前的历史、社会和习俗，少有普通民众关心，而中国几千年的传统、习俗还在影响着每个人的日常生活。[①] 中国人之所以能做到这一点，是因为中国人十分珍视自己的过去。中国人珍视历史的原因是因为中华文明的发展有其本源，基本上没有大规模外来传统的影响，不像北欧和西欧因为在与罗马帝国的争战中溃败，被迫接受了外来的希腊文明。直到近代，中国人所思所想都是从祖先那里继承来的。欧洲的情况就不同了，不管是凯尔特人，还是日耳曼人，敬拜从巴勒斯坦来的上帝，遵从罗马帝国来的法律，他的思想跟他的血统没有关系。[②]

讨论到中华文明没有中断的原因，首先是地理因素，当时有不少人认为是中国的地理位置相对封闭，来自外界的威胁较少。葛妈妈回顾了中国的历史，认为中国面临来自边界的挑战并不少，清王朝也正是因为害怕外来的挑

---

① A. E. Grantham. Pencil Speakings from Peking [M]. George Allen & Unwin Ltd. , 1918: 7.

② 同①，第 7 - 8 页。

战才选择封闭。地理位置封闭并非中华文明延续的主要原因。① 其次是家庭的力量，家庭、宗族将每个成员紧密地联结在一起。家庭而非个人，是社会的基本单位，在其中还有一整套的教导，像尊老爱幼、关爱穷人等。家庭是有益的、保守的力量。正是一个一个家庭组成了国家，怎么看重家庭的力量都是不过分的。家庭固然是中华文明延续的原因，但是家庭不鼓励原创和个性，其弱点也是明显的。最后是"顺天"，葛妈妈不止一次地提到她非常喜欢北京的旧称——"顺天府"。葛妈妈认为使中华文明保持活力的因素是顺天（obedience to Heaven），遵从道（Tao）、义（righteousness）、理性（principles of reason）。国家是建立在神启的磐石上，不是建立在以自我为中心的野心上。葛妈妈举例元朝的建立，虽其军事强大，但缺乏稳固根基；拿破仑激起民众的热情，但为的是满足自己的野心；罗马帝国追求利益，催生了好政府和发达的交通网络，但主要为物质方面服务；这些终究都不能长久。② 中国是为数不多以道德立国的国家，而非军事或商业，在中国，兵勇一直排在文人后面。

葛妈妈花了不少篇幅来论述中国人的信仰和儒家思想的影响。在葛妈妈看来，中国圣人看重的是天、地、人，对应精神的力量、物质的力量、自我与社会的关系。在历史的长河中，发展出一整套详尽、庄严的仪式。近代很多欧洲人正是因此嘲笑中国人。西方人总是认为中国缺乏宗教信仰，葛妈妈则提出"中国人什么都拜，是否比其他人更接近真相"的问题。中国人看祖先、父母都是神圣的，中国人看大地山川、日月星辰都是神圣的，更能欣赏自然之美、自然之和谐。西方人总认为中国人是实用的，缺乏想象力的，事实恰恰相反，他们更加珍视神圣的传统和温柔的情感。整体而言，葛妈妈认为，中国人是风雅、有激情、机智灵敏的人。在葛妈妈看来，孔子就出生在中国，他更了解民众的需求，也教育得更好。外来的传教士到中国才多长时间，况且他们在自己的国家都算不上眼界开阔的人。孔子的教导不是超自然的体系，在各种神迹的基础上，用未来的重生来面对今世的苦难。孔子的教导是一套规则，他是一位有知识、有智慧的人，他富有经验，品格高尚，引领跟随他的民众过好每天的生活。

葛妈妈也十分看重仪式，认为孔子坚持隆重的仪式，不是目的，而是一

---

① A. E. Grantham. Pencil Speakings from Peking [M]. George Allen & Unwin Ltd., 1918: 10 – 11.
② 同①，第 14 – 15 页。

种方法，达到在冲动的想法和付诸行动之间有停顿，使中国人不至于一时头脑发热就去行动，学会控制自己。这恰恰是欧洲欠缺的。葛妈妈看到 20 世纪的中国人，放弃了自己的传统礼仪/仪式，失去的好像只是外在的礼貌，实际上失去的多得多，自律/自我修养的支柱动摇了。

到了近代，中国在中西交涉中屡屡受挫，开始怀疑自己的传统，这棵滋养了无数代人的老树，是否应该被砍了，给外来的植物和种子腾出地方。如在美国接受教育的中国留学生，他们太高看自己的力量，认为学到的那些知识可以改变整个国家的命运。

葛妈妈引用了日本的例子来说明，欧洲的科学、管理的力量可以被介绍，而不破坏传统。日本是融合新旧、东西的典范。日本学了铁路、汽船、电话、机器、枪炮和各种设备；但是，日本没有推翻皇室，没有否认古老的信仰，只是在旁边按照最新、最有效的标准建立了新学校、军营和工厂。建立了议会，保留了天皇，天皇的地位甚至更高了。日本不仅将新酒装在旧瓶里，而且将有价值的新枝接在老树上，需要高超的技巧，也需要老树供养新枝，直到新枝成活，成为老树的一部分，给久经风霜的老树带来新的美。

同样，外国的发明、机构、铁路、邮局和议会等都已经介绍到中国了，怎么样了，给人悲伤的印象。它们作为外来的，被扔得到处都是，和中国民众的真实需要没有多少关联。显然不是引进一些机器和管理就能解决的。那是一种信念，根植于民众血液中，是一种活力，触动了民众的心，释放出他们潜藏的力量。这种信念，是爱国主义，能影响到全国各地、各阶层，使得理想中强大、独立的中国得以实现，这是最好的爱国主义。

中国尝试了最坏的，不是出于对国家的爱，而是出于对外国人的恨，不是出于国家的责任，而是盲目、骄傲自大，就像 1900 年的义和团，不仅不能展现国家的尊严和力量，带来的后果是屈辱和灾难。很快发生了革命，看似是补救，到现在仍在实验阶段。在这样深重的危机中，换领袖是很少会有效的。中国的危机远远比表现出来的严重。中国，最古老的帝国很可能依附于最年轻的国家，在虚假地对进步、民主、文明的追求中，一个拥有好的伦理、精美的艺术品、优美诗歌的民族，成为苦力、廉价劳动力的聚集地。慢慢地将整个世界拽入了他们的触手中。

在这种情况下，公众思想是混乱的，分裂的，摇摆不定的，没法再按照古时的方法停船靠岸。中国需要和平，内部和外部的，需要喘口气，去想想自己失去的和得到的。不是靠卑躬屈膝或是表面模仿外国的发明，抑或是时断时续的武力冲突，能帮助中国经受住暴风雨。葛妈妈举普鲁士的例子，说明如何在危机中将爱国情怀转换为力量。爱国情怀/精神是微妙的品质，根植于自豪，需要自力更生的意识或是潜在的伟大信念长期滋养。它不会来自现在或是可见的未来，只能到过去寻找。中国无比辉煌的过去，足以成为爱国精神的持续动力。中国人更应从自己的精神财富中汲取力量，需要分辨历朝历代给经典所做的注解，不都是有价值的。中国还是需要去自己圣人的教导中寻求指引。

葛妈妈的视野宽广，不局限于中国，将中国与其他文明相比较，将中国古代的历史与埃及、罗马等比较，近代的发展与欧洲、日本相比较。《京畿笔谈》在很多在华外国人轻视中国的时候，看到中华文明的闪光点。诚如书评中所说，葛妈妈在书中展示出对中国人深切的同情，对中国哲学由衷的欣赏，从很多方面看，《京畿笔谈》都是一本有价值的书。① 葛妈妈对中国传统文化的论述，同样具有重要的现实意义。除《京畿笔谈》外，葛妈妈还写了多本讨论中国历史与文明的著作和小册子。如 1927 年出版《中国历史画卷：从起初到乾隆》(*Hills of blue, a picture – roll of Chinese history from far beginnings to the death of Chien Lung*)；1934 年出版的《一位满族皇帝：嘉庆帝传》(*A Manchu Monarch：An Interpretation of Chia Ching*)；还曾写过关于"天坛"(*The Temple of Heaven：A Short Study*) 的小册子，出版年份不详。从学界的研究来看，目前外国学者多关注她作为诗人和女性的研究，国内学者则关注不多。总体来说，葛妈妈在"中学西传"的过程中，所起到的作用还没有得到足够的重视。无论从史料还是从专题研究的角度，这些将中国文化介绍到西方的著述，亟须得到学界的重视。

---

① Notices of Books [J]. The Journal of the Royal Asiatic Society of Great Britain and Ireland, 1919 (4)：273.

张荫桓清讼方案的提出及其效应

姜金顺[*]

考虑到"戊戌变法"在中国近代史上的重要性，在此期间出现的重要细节几乎都受到了重新审查与验证，不过也存在例外情况。光绪二十四年（1898 年）七月二十日，户部左侍郎、总理衙门大臣张荫桓向光绪帝进呈了《时局艰危亟宜增修内政以戢民志而杜乱萌折》，并且提出了清理积案的法律改革方案（以下简称"清讼方案"）。对于这个细节，学界并未给予足够重视，所以大多只是简略提及，[①] 但是并未讨论如下问题：张荫桓清讼方案的提出背景是什么，实践过程中产生了何种效应？结合新近出版的史料，笔者尝试对这两个问题展开讨论。

一、张荫桓清讼方案的提出背景

光绪二十四年（1898 年）二月二十九，总理衙门代奏康有为的《外衅危迫分割洊至急宜及时发愤大誓臣工开制度新政局革旧图新折》（以下简称《上

＊ 作者简介：姜金顺，中国政法大学人文学院历史研究所讲师。

① 参见：何炳棣. 张荫桓事迹 [J]. 清华学报，1946（6）. 范耀登. 张荫桓与戊戌维新 [J]. 汕头大学学报（人文科学版），1992（4）. 茅海建. 戊戌变法史事考 [M]. 北京：生活·读书·新知三联书店，2005：175. 鄢洪峰. 晚清政局与张荫桓 [D]. 上海：华东师范大学博士学位论文，2015：149. 等。

清帝第六书》），核心是开设制度局以及十二个专局，"十二局立而新制举，凡制度局所议定之新政，皆交十二局施行。其直省藩、臬、道、府，皆为冗员；州县守令，选举既轻，习气极坏，仅收税、断狱，与民无关。故上有恩意而不宣，民有疾苦而莫告。千里之地，仅督抚一人能达于上，而层级十重隔于下。且督抚官尊，久累资格，故多衰眊，畏闻兴作。若督抚非人，下虽有才，无能为治，骤言尽革，其事既难"。①

由于隐含有架空现有政府机构、另起炉灶的企图，所以该折受到总理衙门、军机处的强烈抵制。五月十四，总理衙门在议复奏折中全面驳斥了康有为的建议。光绪帝对于议复结果并不满意，所以要求军机处会同总理衙门重新议奏。六月十五，军机处、总理衙门在议复奏折中，将制度局更改为由翰林院、詹事府、都察院派人预备召见的咨询服务，将十二个专局改为十二项需要开办的事务；此外在不增设新式机构的前提下，可以整饬吏治，"藩臬例得专折奏事，责重任繁，道府表率属吏，牧令职任亲民，不得谓尽属冗员、与民无关……此则不便施行者也。惟是近年以来，吏治日敝，地方有司专以承奉长官为事，而于闾阎疾苦、民生利弊视同秦越，诚有如该主事所谓习气极坏者。应请明降谕旨，令各直省认真考察属员贤否，核实举劾"。② 军机处、总理衙门的议复结果随后引出光绪帝的七道谕旨，其中有道上谕与整饬吏治有关：

> 朝廷于整饬吏治，不啻三令五申。乃各省大吏往往粉饰因循，于所属各员不肯认真考察，以致贤者无由各尽其长，不肖者得以自匿其短；甚至案关吏议，尚不免巧于开脱，误国病民，皆由于此。著各省督抚嗣后于属员中务当详加考核，贤能者即行胪陈政绩，保荐擢用；其旷废职事、营私舞弊之员，随时分别奏参，立予黜革。经此次申论之后，各该督抚身膺重寄，尚其振刷精神，秉公举劾，以期吏治日有起色，毋负谆谆告诫之至意。③

---

① 姜义华，张荣华，编校. 康有为全集：第4集 [M]. 北京：中国人民大学出版社，2007：15.

② 茅海建. 从甲午到戊戌：康有为《我史》鉴注 [M]. 北京：生活·读书·新知三联书店，2009：586 – 587，598 – 601.

③ 中国第一历史档案馆编. 光绪宣统两朝上谕档：第24册，光绪二十四年（1898年）六月十五 [M]. 桂林：广西师范大学出版社，1996：272页上.

对于这道上谕的意义，有学者认为"引出了各省大吏保荐其所属官员的诸多奏折"；① 其实它还提供了与康有为划清界限的思路——"整饬吏治"。

作为戊戌年间向清廷举荐康有为的幕后推手，张荫桓最初非常支持康有为的政治活动。例如，《上清帝第六书》能够以合法途径上呈光绪帝就是张荫桓幕后推动的结果。可是随着康有为的激进主张受到强烈抵制，以及自身也受到言官的弹劾，张荫桓开始尝试与康有为划清界限。为此，马忠文列举了两项直接证据：一是对于军机处、总理衙门议复《上清帝第六书》的结果，张荫桓仅对将造币交督办官银行大臣盛宣怀及总署选派司员游历两条提出不同意见，后来也未被采纳；二是反对康有为充任伊藤博文来华访问的迎送使，并反对光绪帝派康有为到日本坐探变法。②

其实还存在第三项证据，这就是本文开头提及的《时局艰危亟宜增修内政以戢民志而杜乱萌折》。在《上清帝第六书》中，法律局是十二个专局之一，它的职责为"考万国法律、公法，以为交涉平等之计。或酌一新律，施行于通商口岸，以入万国公法之会"。③ 比较来看，康有为采用的是法律移植的改革思路，并且需要交由新式机构来执行；而张荫桓采用的是整饬吏治的改革思路，并不需要设立新式机构来执行，两者之间的差别非常明显。

二、张荫桓清讼方案的内容及其推广

同治八年（1869 年）五月至十二月，为了解决积案过多的问题，直隶总督曾国藩制定了《直隶清讼事宜十条》及《直隶清讼限期功过章程》，并且取得了显著效果。八个月的时间共计审结、注销旧案 12074 起，新案 28121 起。④ 这种清理积案的经验后来被同治帝正式推广，"著盛京将军、刑部侍郎、奉天府尹、吉林将军遴派干练之员分赴各属，会同地方官迅将积年之案逐起查明，开具清册，据实申报，即行秉公审讯，勒限完结。如有举报不实、逾限不完，以及贪贿徇纵情事，即著严行参办，并将原任直隶总督曾国藩奏定

① 茅海建. 从甲午到戊戌：康有为《我史》鉴注［M］. 北京：生活·读书·新知三联书店，2009：602.
② 马忠文. 张荫桓、翁同龢与戊戌年康有为进用之关系［J］. 近代史研究，2012（1）.
③ 姜义华，张荣华，编校. 康有为全集：第4集［M］. 北京：中国人民大学出版社，2007：14-15.
④ 参见：马啸. 曾国藩与直隶清讼［J］. 石家庄师范专科学校学报，2001（2）；董丛林. 曾国藩督直期间的"清讼"处置［J］. 明清论丛，2015（1）.

《清讼事宜十条》酌量照办，以清庶狱"。① 既然曾国藩清讼方案受到清廷的正式推广，那么在此基础上稍有变通的张荫桓清讼方案自然拥有政治上的正确性。

《张荫桓诗文珍本集刊》收录有这份奏稿的修改稿，括号内为删去或更改的内容。为了便于比较，此处保留了较多原文：

> 窃维方今时局，整军经武固不容缓 [近日筹治每以练兵制械为亟]，臣之愚虑尤在通 [欲令] 民隐以 [得达渐] 振其尊亲之气，然通民隐莫要于清讼。上古之世官民相依，同关休戚；近则堂帘悬隔，只有听讼一事能通上下之情。一州一邑判断公明，无滞狱、无冤抑，则牧令贤声不胫而走，爱戴如慈父母，其肯自外生成乎……比者各直省州县听断一事久 [迄] 不讲求，往往户婚田产、钱财细故任意积压，累月经年。书役、门丁恣其 [为] 讹索，轻者按堂讲费，计日论赀。甚至悔过罢讼，而和息需钱；重者勾串诬攀，择肥而噬。甚至正案已销，而株连未释。蚩蚩者氓，有不惜其身家乎？欲保身家，有不翻然改计者乎？所以见异思迁，莫知所届，平日既可讹诈，临讼因而得直。列册注籍，揭橥示人，无恩无黜，毫不为怪。渊鱼丛爵之喻，其害有不可胜言者。民心一去，难于拾瀋，此臣所谓内政宜亟者也。

由上不难看出，张荫桓将清讼方案定位成对"整军经武"的反思，丝毫没有提及前不久《上清帝第六书》引发的争议。至于张荫桓的具体建议：

一是重申曾国藩直隶清讼经验的有效性，"窃见前大学士直隶总督曾国藩所撰《清讼事宜十条》《清讼功过章程十五则》于清厘积案之法巨细靡遗，而第七条严治盗贼、第十条奖借人才尤得锄暴安良、端本善俗之纲领。当时颁行各省，大都等诸具文，惟直隶一省奉行不息。至今直隶教案视他省为少，似亦收效于无形，拟请皇上明降谕旨，饬下各直省将军、督抚、府尹将曾国藩《清讼事宜十条》《清讼功过章程十五则》重为刊印，颁发各属实力奉行，实力稽考。凡实缺之计典、候补之委署，皆准此为予夺"。

二是增加《道府功过章程》，"凡道府于所属州县局员有记大过三起以上者，道府记过一次；有记大过六起以上者，道府记大过一次。于所属州县局

---

① 中国第一历史档案馆.咸丰同治两朝上谕档：第23册，同治十二年闰六月初六 [M]. 桂林：广西师范大学出版社，1998：135－136.

员有记大功三起以上者，道府记功一次；有记大功六起以上者，道府记大功一次。其有扶同徇隐，续经查出，或揭参隐匿，提案清结，除将州县局员照章记过外，道府亦应比例记功。督抚年终密考，更于清讼功过分别优劣，严道府考核之责，杜州县懈怠之萌。庶几上下相维，不至虚应故事。倘蒙俞允，即附刊章程之末，一律通行，必使内政日修，而后外患无可乘之隙"。①

对于该建议，光绪帝表示认可，并于当日发布上谕，要求各地汇报清理积案的进展，"该将军、督抚、府尹等务当认真考核，实力奉行，以期政平讼理。不准虚应故事，视同具文，并将遵办情形迅速具奏"。② 戊戌政变后，慈禧太后再次确认了清讼方案的有效性（但是没有提及张荫桓的名字），"内阁钦奉慈禧端佑康颐昭豫庄诚寿恭钦献崇熙皇太后懿旨，词讼为吏治最要之端，必须随到随结，毫不拖累，方足以恤民命而清讼源。近闻内外问刑衙门于应办案件往往经旬累月，延不审结；甚则创设候审、待质各所，以避班馆名目，滥押无辜……著刑部、都察院及各省督抚详订清讼章程，严覆官吏功过，所有月报各册务须实力奉行。如有不肖官吏仍前玩泄，视为具文，即著严参惩办，毋稍徇纵"。③ 也正因为此，光绪帝随后三次催促各省督抚汇报清讼进展。④

不仅如此，光绪三十年（1904 年）五月十四日，清廷颁布了州县政绩考核的新标准，理由为："中国官民隔绝，痼习已深。颇闻各省州县官多有深居简出、玩视民瘼，一切公事漫不经意，以至幕友、官亲朦蔽用事，家丁、胥吏狼狈为奸。公款则舞弊浮收，刑案则拖累凌虐。种种鱼肉，为害无穷。小民何辜，受此荼毒。深宫惓怀赤子，每一念及，常为泪下。嗣后责成各省督抚考察州县，必以为守俱优、下无苛扰、听断明允、缉捕勤能、为地方兴利除害，于学校、农、工诸要政悉心经画、教养兼资，方为克尽厥职。"在这些新标准中间，清理积案依然是重要的考核标准，"著自本年为始，年终各该督

---

① 曹淳亮，林锐. 张荫桓诗文珍本集刊：第 1 册 ［M］. 上海：上海古籍出版社，2013：76 - 83.

② 中国第一历史档案馆. 光绪宣统两朝上谕档：第 24 册，光绪二十四年（1898 年）七月二十日 ［M］. 桂林：广西师范大学出版社，1998：346.

③ 同②，第 475 页。

④ 中国第一历史档案馆. 光绪宣统两朝上谕档：第 24 册，光绪二十四年（1898 年）十一月十九［M］. 第 574 页下；同前，第 25 册，光绪二十五年（1899 年）正月初八，第 12 页上一下；同前，第 25 册，光绪二十五年二月初六：47.

抚将各州县胪列衔名，年岁、籍贯清单、注何年月日补署到任，经征钱粮完欠分数，及有无命盗各案、词讼已结/未结若干起，监禁/羁押各若干名，均令据实开报。其寻常公罪处分，准予宽免，不准讳饰。任内兴建学堂几所，种植、工艺、巡警诸要政是否举办，一并分别优劣，开列简明事实，不准出笼统宽泛考语，奏到后著交政务处详加查核，分起具奏，请旨劝惩"。① 根据学者的考证，由于中央官制调整的缘故，政务处、考察政治馆、宪政编查馆先后主持了光绪三十年（1904 年）至三十二年（1906 年）的州县考核；其后的两年，由宪政编查馆、民政部共同负责；宣统元年起，转交民政部、学部、巡警部、法部等主管衙门。自光绪三十年起至清亡，州县考核实际进行了六届。②

三、作为参照系的清讼方案：以袁世凯为例

需要注意的是，清廷在推广张荫桓清讼方案的同时，也在推广其他的法律改革方案（尤其是沈家本主导的法律改革方案）。这就意味着，无论是积极响应，还是消极应对，地方官员需要应对这两种法律改革方案，并且在此过程中积累丰富的应对经验。假若遇到合适的场合，他们还可能会对自己积累的应对经验进行比较、评判。

光绪二十八年（1902 年）至三十三年（1907 年），袁世凯担任直隶总督。在此期间，他积极清理积案，并将其作为州县官员政绩考核的重要标准。为此，他任命了专门的清讼委员，职责为收集州县官员提交的月报清册（统计已结/未结案件的报表），然后每半年汇总一次，并且分别功过给予奖惩（当然功过可以相互抵消）。③ 为了充分调动州县官员清理积案的积极性，袁世凯进一步规定：根据辖区面积、治理难度，州县可以分为大、中、小三类，考

① 中国第一历史档案馆．光绪宣统两朝上谕档：第 30 册，光绪三十年（1904 年）五月十四［M］．桂林：广西师范大学出版社，1998：80.
② 关晓红．清末州县考绩制度的演变［J］．清史研究，2005（3）.
③ 骆宝善，刘路生主编．袁世凯全集：第 11 卷《饬臬司上年各属所出盗案已获未获分别记功记过札》，第 349 - 351 页；同前，第 11 卷《饬臬司清讼案内记过各员分别办理札》，光绪二十九年（1903 年）七月十四，第 351 页；同前，第 13 卷《本年上半年各属盗案功过酌予奖惩札》，光绪三十年（1904 年）十一月十八，第 48 - 49 页；同前，第 13 卷《卅年下半年各属盗案功过分别奖惩饬司查照办理札》，光绪三十一年（1905 年）六月十九，第 593 - 595 页.

核标准也应随之进行调整。①

对于州县官员提交的月报清册，袁世凯意识到其中可能有造假。不过他的解决办法是将某些"造假"行为规范化、合法化，"清讼月报流弊约有三端，亟宜明定界限，力除积弊。应如所拟，嗣后凡掳人勒赎之案，概列入盗案项下；窃案破获，即有纠伙持械、并无拒捕重情者，均列杂案项下。破获盗案，必须讯有确供，方作破获论。经此次定章以后，倘再意存趋避，造报纷歧，每起记过一次，以为取巧者戒。仰即遵照，并候通饬各属一体凛遵毋违"。②

从常理上讲，案件的类别牵涉到案件的定性，进而影响到将要援引的法律条文。由于分类（定性）不同，相同案件可能存在多个可供援引的法条，这应是"造报纷歧"的重要原因。而将"掳人勒赎之案"统一归入"盗案"、将"窃案破获，即有纠伙持械、并无拒捕重情者"统一归入"杂案"，无疑是出于规范案件分类（定性）的需要。不过要想将案件分类（定性）的多种可能性简化为案件分类（定性）一种可能性，最好的方法就是简化案情。

更有意思的是，这种简化案情的方法还获得了朝廷的认可。光绪二十七年（1901年）十二月十六，袁世凯上奏清廷，请求在直隶地区采取清理寻常命盗积案的变通措施（逆伦重案例外），"窃查直隶上年拳匪拘衅，联军深入，道路多梗，各属例应审勘各案暂饬停解，俟军务平定再行起限，前已由司详咨在案。现在军务已平，道路疏通，亟应照常解勘。惟直隶辖境辽阔，常年案件本较各省为多；况值军兴年余，各州县或遭洋兵蹂躏，或被土匪纷扰，或因教案鞿辂，未遑审案。积压既多，如仍责以例限，同时起扣，无论地方官顾此失彼，讯办不及；即臬司承总勘转，亦必应接不暇，有违定限"。具体的变通措施为，"拟请将光绪二十七年（1901年）九月所出，作为旧案，一律免其扣限……其例应具题者，由司摘叙简明案由，详请汇奏；一面将审看情形造册咨部，所有尸伤分寸、盗案贼数等类，均于册首分别开列，俾部中有所查考"。光绪帝的朱批为，"著照所请。该部知道"。③ 简单说来，直隶地

① 批滦州请将盗案科罚量予末减禀［M］//骆宝善，刘路生. 袁世凯全集：第12卷. 光绪三十年(1904年)八月十四. 开封：河南大学出版社，2013：463.

② 批清讼委员倪鉴遵查各属月报多有弊混请饬画一造报禀［M］//骆宝善，刘路生. 袁世凯全集：第14卷. 光绪三十一年（1905年）九月初十. 开封：河南大学出版社，2013：159－160.

③ 变通命盗旧案办法折［M］//骆宝善，刘路生. 袁世凯全集：第10卷. 光绪三十一年（1905年）九月初十. 开封：河南大学出版社，2013：72.

区的寻常命盗"旧案"不必计算审限，并且只提交简明案由（给皇帝）、审看清册（给刑部），不必提交两造的供词。与两造的供词相比，简明案由、审看清册提供的信息肯定会经过筛选与简化。

光绪二十八年（1902 年）九月二十二，袁世凯再次上奏清廷，请求光绪二十七年（1901 年）十月至二十八年（1902 年）十月之间的"新案"可以适用"旧案"的变通办法，"查自春间开办各州县将前积案陆续审解，数月以来，由司办出四百余起，而后来者源源不绝，新案复相继而至，直有应接不暇之势。在旧案因从简便，故得随到随转，无稍停留。新案如即归复旧制办理，全案供招则为数既多，旧案势难兼顾。若先尽旧案，而新案又必积压，仍非清厘之道。拟请将光绪二十七年（1901 年）十月以后新案展限一年，照前所拟旧案变通办法，由司摘叙简明案由，并造具审看清册，分别详送汇奏。所省不过笔墨之烦，于全案情罪并无出入。仍请免扣审限，以免逾违"。光绪帝的朱批为"著照所请。刑部知道"。① 光绪二十九年（1903 年）七月十二，袁世凯第三次上奏，直接请求新案可以不断展限，"查自二十八年春间开办以来，为时不过年余，已办出命盗杂案九百余起，数实不少。所以能绝无停留，皆得力于造册简便。各册到部，亦均照覆，从无因声叙不详，驳回另查。现在展请旨限已满，曾将新案办理供招与旧案造册相兼而行，此次不复陈请，则解到既多，感办不及，必致积压，殊非变通因时之道。拟请将造册简便办法暂无拘定限期，俟各属解到渐少，力能顾及供招，再行规复旧制。仍严催各属，将未结各案赶紧审明，拟结解司，以便及时清理"。光绪帝的朱批为"刑部知道"。② 光绪三十二年（1906 年）以后，袁世凯才不再请求"新案展限"，转而向刑部提供"供招清册"。③

就此而言，在清理直隶积案的过程中，袁世凯特别看重清讼结果，但并不介意具体采用的清讼方法。即便存在"造假"的嫌疑，他也会采取变通措施将其结果予以合法化。由此也就能够理解，在论证新式法律改革的优越性时，袁世凯倾向于从清讼结果的角度进行论证，"臣于上年迭饬天津府县暨谙

---

① 命盗新案仍照旧案办法折［M］//骆宝善，刘路生. 袁世凯全集：第 10 卷. 开封：河南大学出版社，2013：499 – 500.

② 命盗新案仍照旧案办法折［M］//骆宝善，刘路生. 袁世凯全集：第 11 卷. 开封：河南大学出版社，2013：346.

③ 摘叙命盗各案案由折［M］//骆宝善，刘路生. 袁世凯全集：第 15 卷. 开封：河南大学出版社，2013：502 – 506.

习法律并法政毕业各人员拟议章程，稿凡数易，至本年二月初十日始克成立。现经试办数月，积牍一空，民间称便"。①

四、作为参照系的清讼方案：以樊增祥为例

光绪二十七年（1901年）至三十二年（1906年）间，樊增祥担任陕西按察使、陕西布政使（中间屡有变动，以下不再区分）。在此期间，他将清理积案作为州县官员政绩考核的重要标准。例如，上任伊始，樊增祥就对三原县知县未能及时提交月报清册以及存在造假等行为提出批评，"本司六月初九日到任。该县近在三原，于六月二十日具申，犹用前署司之衔，此即糊涂昏聩之一端，原册一并掷还，著据实另造。每月有案若干，一一注册，不准遗漏一案。此饬。查阅来册，四月一月上控十六案，自理无。三原之民竟一月不打官司乎？抑因该令不能问案，不屑告状乎？该令·颜注册，深堪怪异。以后倘再如此率意填写，定行详撤不贷。再阅五月一日，每五日之中必报有自理一案，不少不多，竟是印版文字。此系何等劣幕所为？仰即日驱逐出署，免致该令受累"。②

当然樊增祥的关注重心也存在变化。光绪二十八年（1902年），他认为月报清册所能提供的信息太少，所以要求州县官员提交"每月摘录数起呈核"的词讼册，"正如房考阅卷，但有题目而无文章，亦何从判其优劣哉？今令叙录供判，既可觇牧令之断才，而每册加批又可见局员之识见。其不合者，以管见商之，窃附直谅之义，似觉彼此有益"，③并且择优刊载于《秦中官报》。光绪三十一年（1905年），樊增祥只要求提交词讼册，不必再提交月报清册，"所谓六项月报，徒费纸墨，毫无取义，一律免造。今该令仍送清册两厚本，书办亦人子也，写许多字，买许多纸，殊觉可怜。应仿大集璧谢之例，分别发还，以免下次忘却"。④光绪三十四年（1908年），樊增祥就任江宁布政使。此时的他一方面依然重视清理积案，"至谓职所当尽力所能及者，惟在清理狱

　①　天津地方试办审判情形折［M］//骆宝善，刘路生．袁世凯全集：第16卷．开封：河南大学出版社，2013：303．
　②　批三原县六项月报清册［M］//樊增祥．樊山政书·卷一．北京：中华书局，2007：5-6．
　③　批凤翔府傅守襄［M］//樊增祥．樊山政书·卷六．北京：中华书局，2007：164．
　④　批咸宁县词讼册［M］//樊增祥．樊山政书·卷一五．北京：中华书局，2007：427．

讼，尤与鄙衷相合。氓之蚩蚩，每以小事结讼，而市魁衙蠹又播弄而鱼肉之。苟牧令不了事，拖延辗转，因讼破家者多矣……吾侪此时做官，惟有我尽我心，我行我法而已"，① "现值岁暮，务将积案多多断结，俾免各乡民或在城中、或在押所过年，则积福多矣"；② 另一方面同样只要求提交词讼册，并不要求提交月报清册。

这种变化表明，樊增祥逐渐不再关注清讼结果，而是仅仅关注清讼方法。通过评阅词讼册，樊增祥显然想要对清讼方法进行规范；而择优刊载于带有官方色彩的《秦中官报》，显然是想推广自己认可的清讼方法。归纳起来，樊增祥认可的清讼方法可以分为三类：

一是提高受理案件的标准、降低撤销案件的标准。例如，在担任渭南知县时，樊增祥曾经尝试恢复类似于明代的里老人制度（但用乡正代替里老人），"如系寻常细故，亦由乡里处和，勿任控县……倘讼者不服调处，必欲来县具控。讯系原告无理，必倍加惩责；如系乡正所处不公，亦必随案申饬，决不瞻徇情面"；③ 除了允许原告自行撤销案件，还重申逾期销案的规定，"原告无故两月不到者，即将原案注销。覆控至日，坐以诬告之罪"；④ 此外，轻易不受理上控案件，"本司久在关中，深知上控呈词多虚少实，是以从不轻准"。⑤

二是变通断案程序。在审理一起上司交办的案件时，时任渭南知县的樊增祥推翻了此前的判决，但是以天气寒冷为理由，直接将事主、证人释放回家，而不是押送到上司处，"卑职研讯明确，即将该事主等分别保释，令其还家度岁。若宪台必求确据，则请将全卷宗及盗伙胡启蒲等分别申赍批解，以备讯鞫。盖讯民人不如讯盗伙之得实，求确供不如初供之足据。此理至明，定蒙照察"。⑥ 在审理某些可能会判处死刑、军流刑案件时，樊增祥倾向于使

① 批淮安府禀那思陆 [M] //樊增祥. 樊山政书·卷二〇. 北京：中华书局，2007：571.
② 批江宁府禀那思陆 [M] //樊增祥. 樊山政书·卷二〇. 北京：中华书局，2007：579.
③ 樊增祥. 樊山公牍·卷二·劝修堡寨示. 载氏. 樊山集 [M]. 中国台北：文海出版社，1978：2677–2678. 更多讨论，参见：魏淑民. 张力与合力：晚清两司处理州县小民越讼的复杂态度——以樊增祥及其《樊山政书》为例 [J]. 河南社会科学，2013 (8).
④ 汇销李泰盛等上控各案详稿 [M] //樊增祥. 樊山政书·卷二. 北京：中华书局，2007：2597.
⑤ 批蒲城县民武赞谟呈词 [M] //樊增祥. 樊山政书·卷四. 北京：中华书局，2007：99.
⑥ 夹单禀李首府 [M] //樊增祥. 樊山公牍·卷二. 北京：中华书局，2007：2635–2639. 更多讨论，参见：胡谦. 从《樊山政书》看晚清州县刑罚嬗变 [J]. 兰台世界，2015 (36).

用杖毙、锁系铁杆或石墩的替代性刑罚，"本司向来治刀匪之法，重则杖毙，轻则系石。若照例详办，则宪幕之驳斥、罪犯之翻供、案证之拖累、招解之繁费，有不胜言者。死法而活用之，缓狱而速成之，老手灵心，往往于不合例之中而有极快心之举，特难为初学及不知者言耳"。①

三是突破"断罪皆须引律"的限制。在对自理词讼、上控案件的批词中，樊增祥反复强调"断案与办案不同，不必尽拘成例，当以简当为主"，②"州县终年听讼，其所听之讼皆户婚田土、诈伪欺愚，贵在酌理准情，片言立断，不但不能照西法，亦并不必用中律"等观点。③

与此同时，樊增祥始终认为当时尚不具备推行新式法律改革的条件，"鄙意非不主变法也，惟凡事须循序渐进，为政亦因时因地而各制其宜……此吾所以学堂、工艺、巡警、路矿以及常备新军无一不实力举行，而法政独从其后也"；④"办理新政，先除积弊，本司向来持论如此。吾中国之所以不竞，曰情面，曰贿赂，曰丁役婪索舞弊，曰官员纵丁渔利、暗地分肥、事犯又庇之。只此数端，而天下事不可问矣"。⑤面对正在展开的新式法律改革，樊增祥的批评主要聚焦于两个方面：

一是断案程序。例如，在雒南县知县提交的词讼册上，樊增祥有过如下评语，"通阅四案，判断允协，情理兼尽。若使上海律师问之，可作《申报》四十日之料。盖一案即可消靡十日也。吾甚不解，今人学西政专学，其不必学者，如《申报》所登各案，有由一讯至三十余讯者，而卒莫知其究竟。每一堂结束处，则曰'商至此，已鸣钟几下，下期再审'。使两造中有一急性者，三讯以后，必暴跳而死矣。吾陕州县中问案好手高出外国律师奚啻万倍，固不必事事推逊，以为中不如西也"。⑥此处的"上海律师"应是上海租界会审公廨的律师。受到西方法律的影响，会审公廨更加注重程序正义，而非结

---

① 批渭南县张令禀［M］//樊增祥.樊山公牍·卷一三.北京：中华书局，2007：361.
② 阅洪李两令判语书后［M］//樊增祥.樊山公牍·卷一〇.北京：中华书局，2007：279.
③ 批拣选知县马象雍等禀［M］//樊增祥.樊山公牍·卷二〇.北京：中华书局，2007：395. 更多讨论，参见：赵娓妮.晚清知县对婚姻讼案之审断——晚清四川南部县档案与〈樊山政书〉的互考［J］.中国法学，2007（6）.霍存福.沈家本"情理法"观所代表的的近代转换——与薛允升、樊增祥的比较［J］.华东政法大学学报，2018（6）.
④ 批泾阳县蔡令宝善禀［M］//樊增祥.樊山公牍·卷一八.北京：中华书局，2007：512－513.
⑤ 牌示［M］//樊增祥.樊山公牍·卷一九.北京：中华书局，2007：543.
⑥ 批雒南县丁令词讼册［M］//樊增祥.樊山公牍·卷一三.北京：中华书局，2007：355.

果正义。作为参考，曾经轰动一时的上海公堂案"会讯二十余堂，却找不到确切的证据"。① 而樊增祥之所以表示"甚不解"，显然是站在变通断案程序的立场。

二是审讯方法。作为变通断案程序的配套措施，樊增祥认为使用刑讯在所难免，所以非常反对沈家本主导的废除刑讯的改革方案，"贤者出宰数月，裁判数十百案矣。试问不用笞杖，能结案否？两造立谈，能吐实否"。② 为了增强说服力，有时他也会从增加经济负担的角度进行论证，"今刑部改订律例，应笞不笞，一律罚金……两造皆不名一钱，若令罚金，从何处罚起，是笞之一法断不能免"；③ "现在刑部新章改笞杖为罚金，而新章之内更有新章。勿论罚款有无，亦无论缺之大小、讼之繁简，每属各认解百金以为部饭。部中则吃饱饭矣，刁民则免笞挞矣。而所谓罚二两、罚四两者，毫无着落，仍归地方官摊赔。是民有罪而无罚，官无辜而反受罚也"。④

结　语

综上所述，马忠文等学者注意到张荫桓在戊戌年五月以后存在与康有为划清界限的现象，并且列举了两项证据。本文认为还存在第三项证据，这就是同年七月二十进呈的《时局艰危亟宜增修内政以戢民志而杜乱萌折》。在这道奏折中，张荫桓提出了清理积案的法律改革方案，与康有为在《上清帝第六书》中提出的法律改革方案截然不同。这是因为，前种方案并不需要设置新式机构，并且采取的是"整饬吏治"的改革思路（这种思路在军机处、总理衙门议复《上清帝第六书》的结果中也有所提及）；后种方案需要新式机构（即法律局），并且采取的是法律移植的改革思路。

与张荫桓于戊戌政变后受到政治清算不同，张荫桓清讼方案先后获得了光绪帝、慈禧太后的认可与持续推广；光绪三十年（1904 年）清廷颁布的州县政绩考核的新标准中，清理积案依然是州县政绩考核的重要标准。也正因

---

① 杨秀云. 1905 年中英上海公堂案的后续交涉 [J]. 历史档案，2012（1）.
② 批泾阳县蔡令宝善禀 [M] //樊增祥. 樊山政书·卷一八. 北京：中华书局，2007：513.
③ 批韩城县张令瑞玑词讼册 [M] //樊增祥. 樊山政书·卷一八. 北京：中华书局，2007：499.
④ 批葭州赵牧思诚详 [M] //樊增祥. 樊山政书·卷一八. 北京：中华书局，2007：515.

为此，无论是积极响应，还是消极应对，地方官员都需要对张荫桓清讼方案做出应对，并且在此过程中积累丰富的应对经验。至少从袁世凯、樊增祥的个案来看，这种经验也是他们观察、评判其他法律改革方案的重要参照系。这也意味着，以往将西方法律作为清末法律改革唯一参照系的研究前提，有必要重新展开反思与校正。